福島の原風景と現風景

原子力災害からの復興の実相

川﨑興太 編

新泉社

目次

Ⅲ 福島の原風景と現風景を語り伝える

ブックデザイン　北田雄一郎
カバー写真　川﨑興太

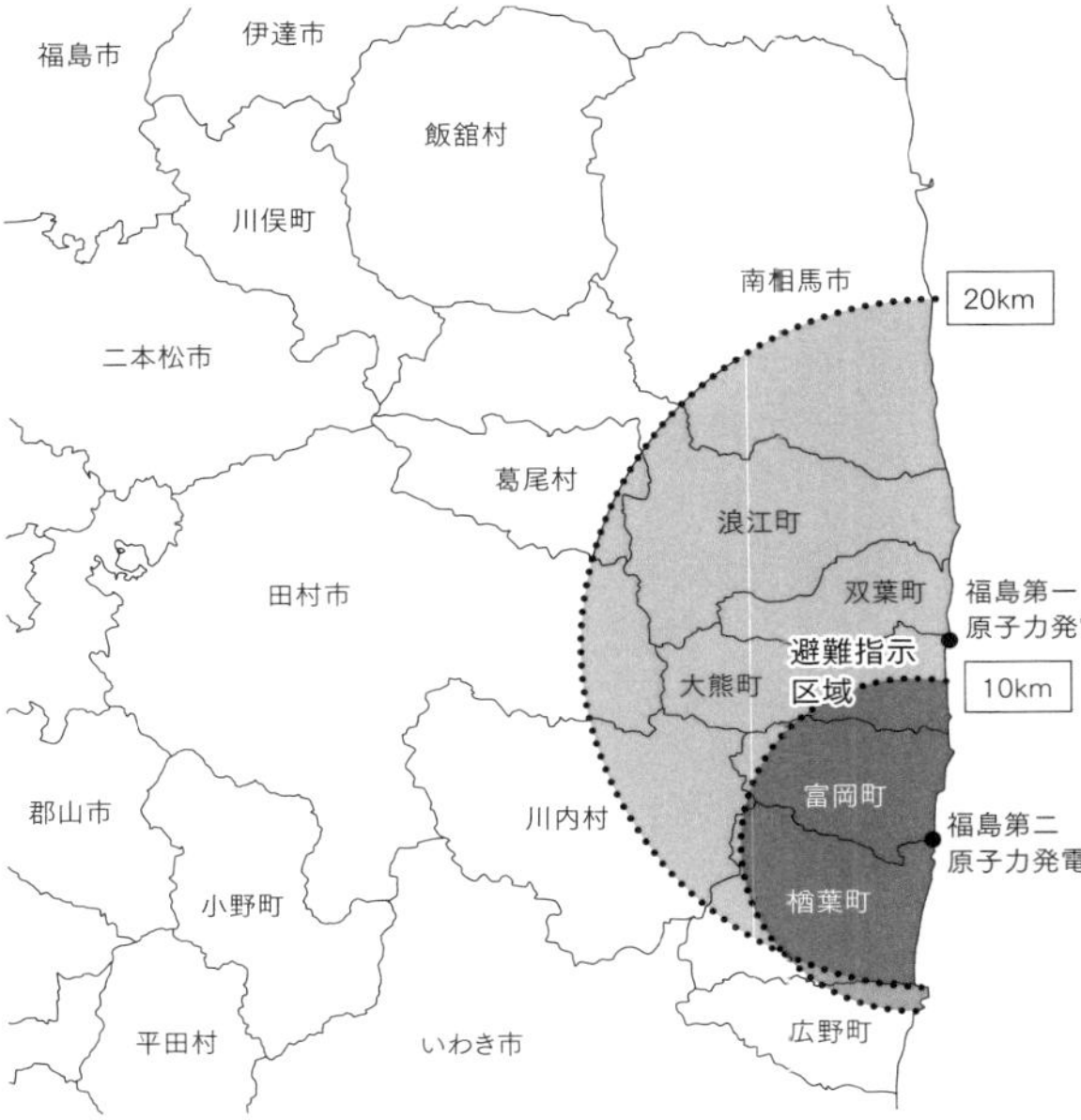

図-a 2011年3月12日に設定された避難指示区域
出所：福島県ウェブサイト「避難指示等の経緯」をもとに作成.
（https://www.pref.fukushima.lg.jp/uploaded/attachment/254764.pdf）

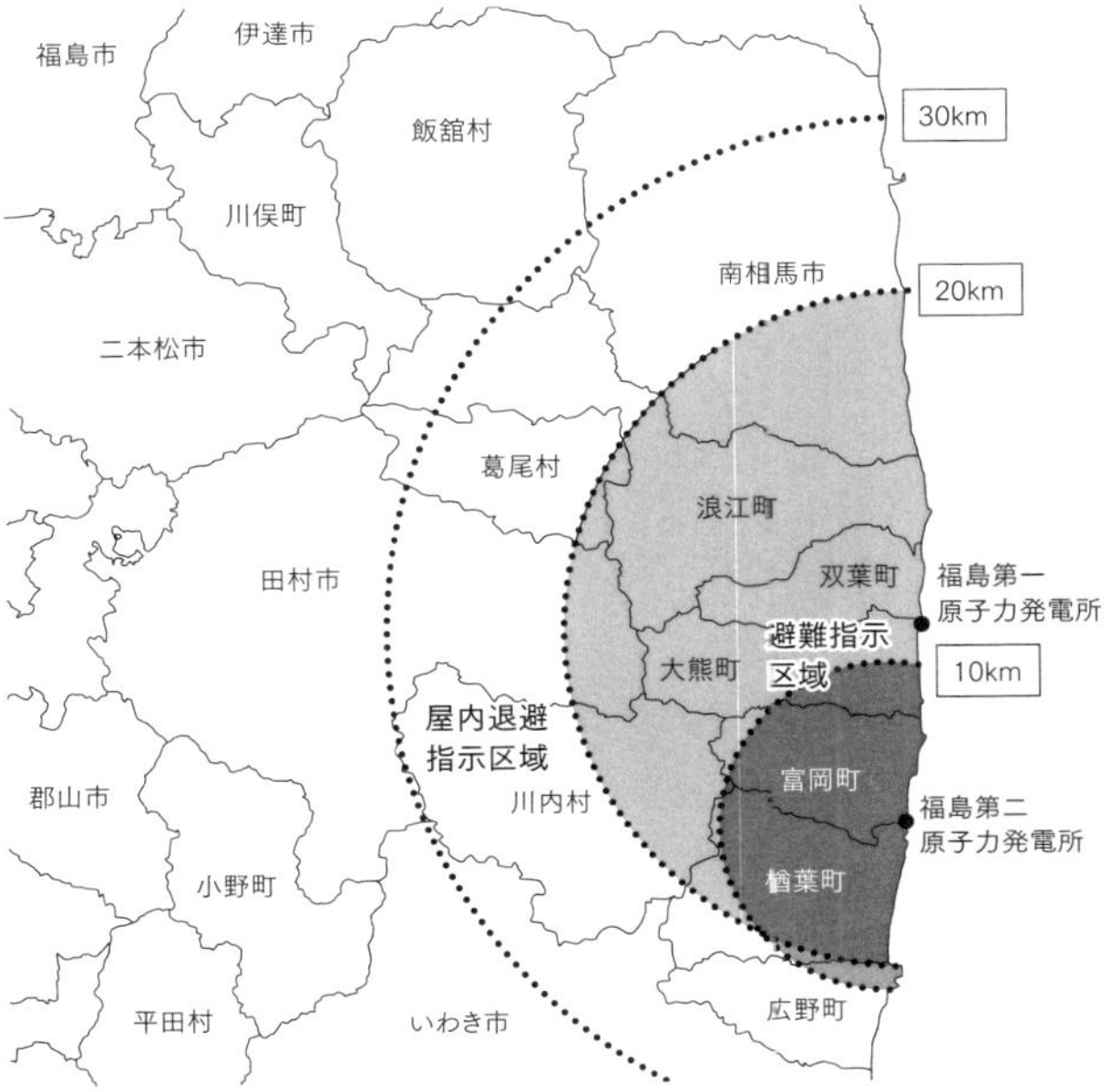

図-b 2011年3月15日に設定された屋内退避指示区域
出所：福島県ウェブサイト「避難指示等の経緯」をもとに作成.
（https://www.pref.fukushima.lg.jp/uploaded/attachment/254764.pdf）

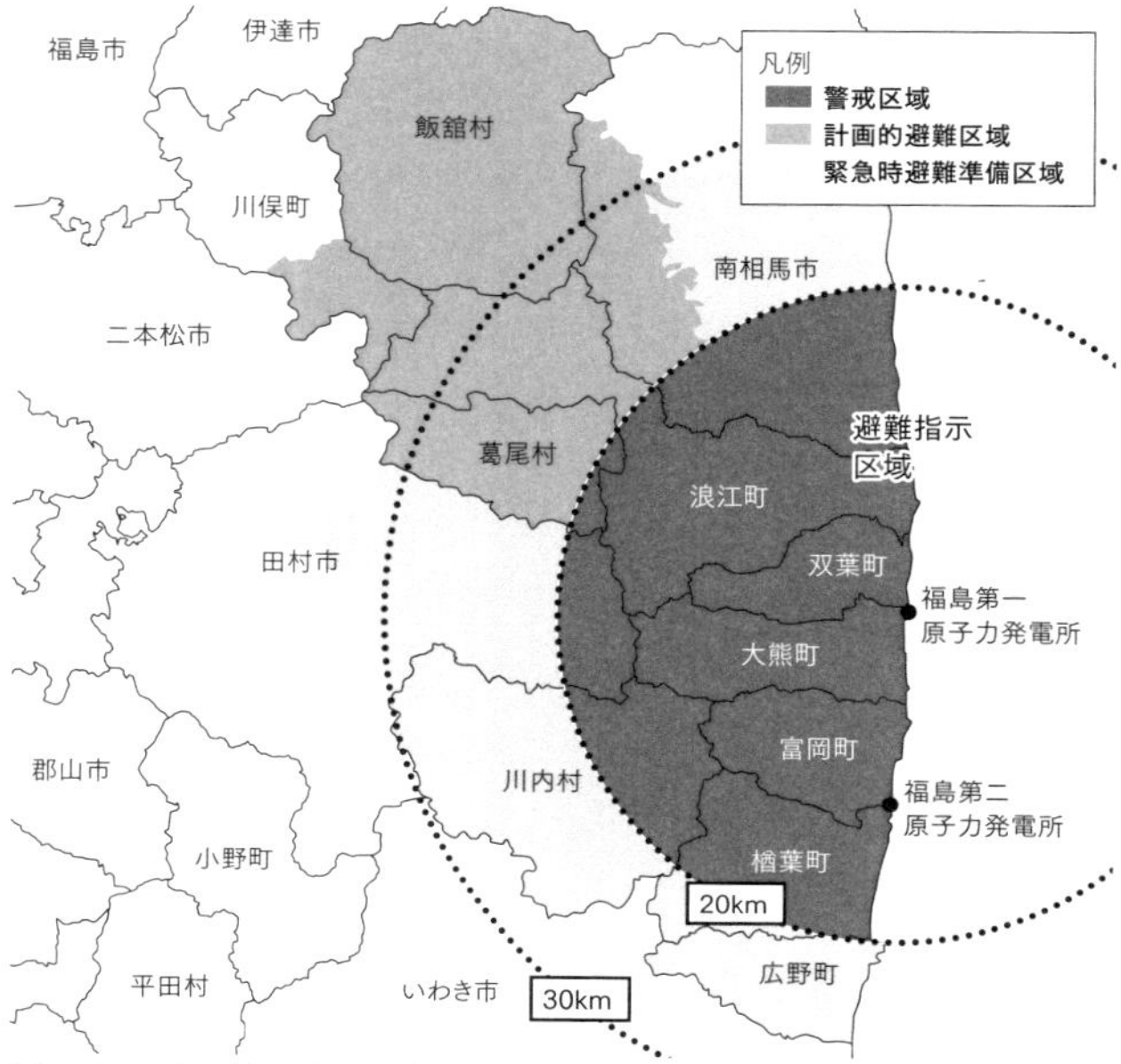

図-c 2011年4月22日に設定された警戒区域，計画的避難区域，緊急時避難準備区域

出所：福島県ウェブサイト「避難区域の変遷について―解説―」をもとに作成.
（http://www.pref.fukushima.lg.jp/site/portal/cat01-more.html）

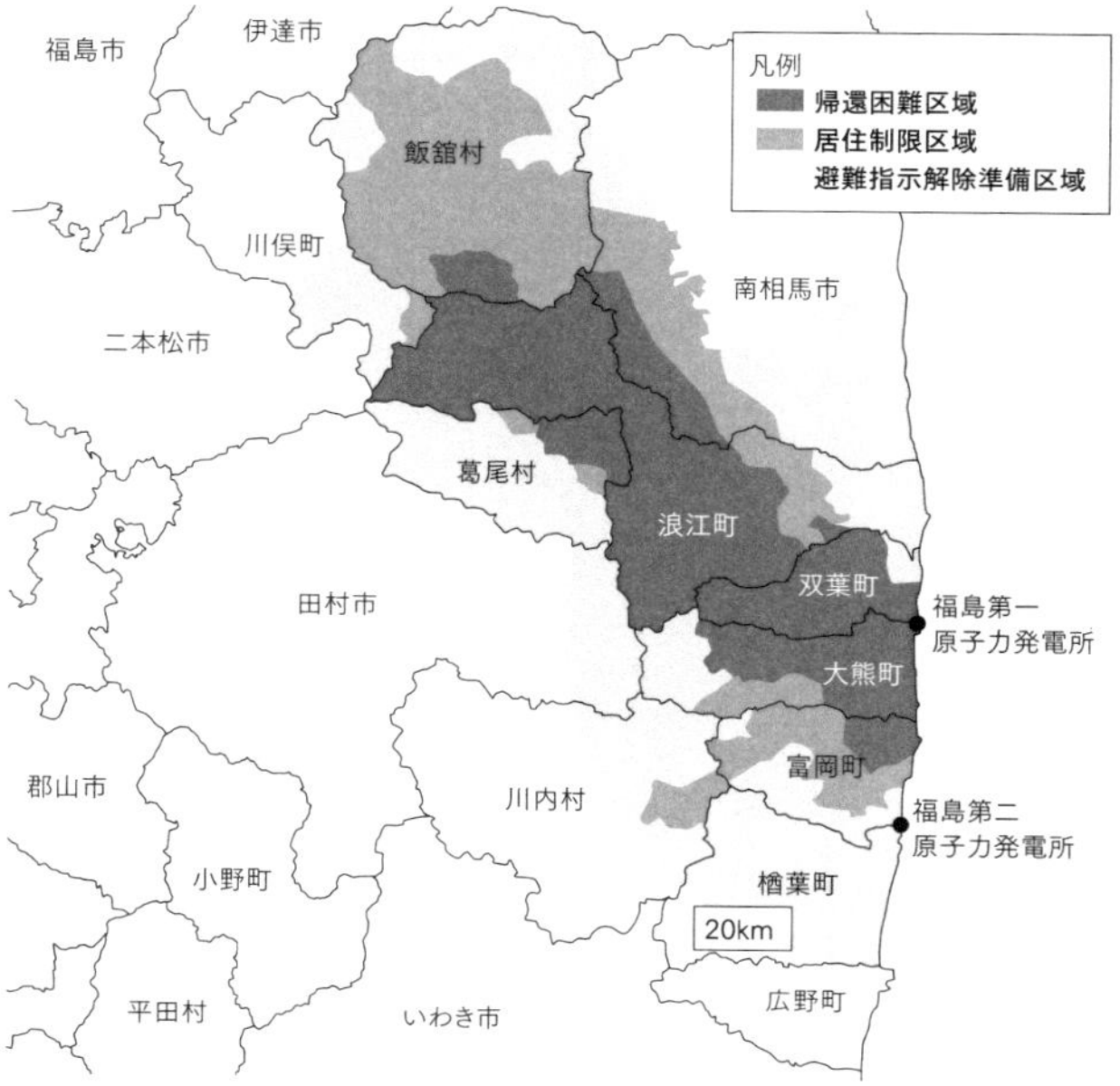

図-d 避難指示区域の再編状況（2013年8月8日時点）

出所：経済産業省ウェブサイト「避難指示区域の概念図」をもとに作成.
（http://www.meti.go.jp/earthquake/nuclear/pdf/130807/130807_01c.pdf）

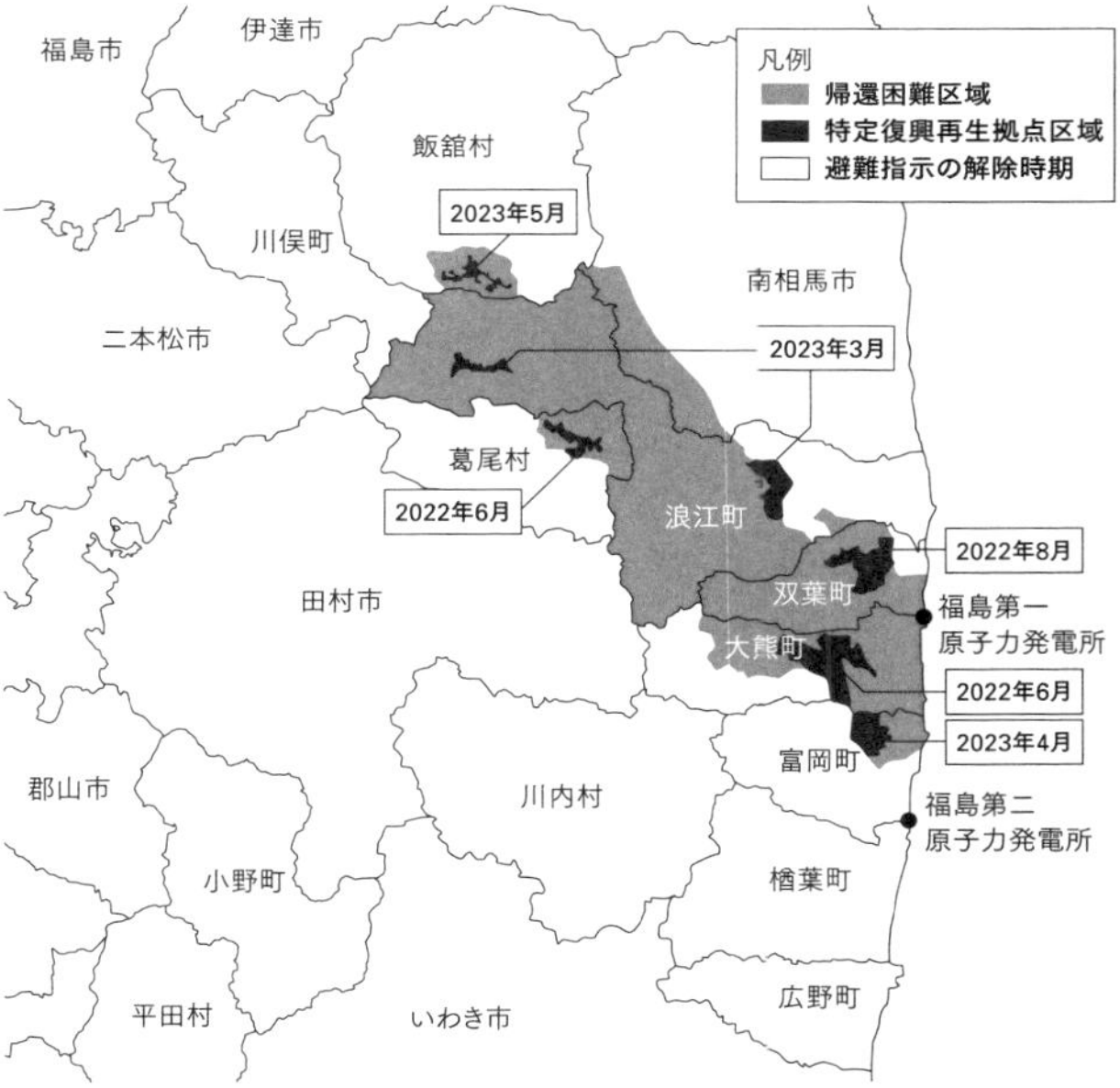

図-e 帰還困難区域内の特定復興再生拠点区域の設定
出所：環境省ウェブサイト「特定復興再生拠点区域」をもとに作成.
（http://josen.env.go.jp/kyoten/index.html）

序章

福島復興の光と影

――本書の目的と意義

川﨑興太

1 本書の背景

福島復興の光と影。

光は、放射能汚染状況の大幅な改善、避難指示解除の段階的な進展、福島イノベーション・コースト構想の推進などである。影は、廃炉作業の遅延、除染土の県外最終処分に向けた見通しの悪さ、居住人口の急減に伴う自治体存続の危機などである。光をもっと前に推し進め、影を解消する政策を実施すれば、福島は復興を果たしうるということになる。きわめて常識的な理解であるが、こうした復興政策の延長線上に福島の明るい未来が待っていると確信をもって言える人はいるだろうか。

福島原発事故の原因と責任について再考する必要があるように思う。原因は地震と津波であり、責任は東京電力と国にあるというのが通説である。たしかに福島原発事故は天災であると同時に人災であるが、文明災でもあるとは言えないか(1)［東日本大震災復興構想会議 2011］。文明災という捉え方が正しいとすれば、国民一人ひとりが原因者であり加害者であるということになる。(2) 戦後、国民は自由、民主主義、経済成長という光を追い求め、現代文明を享受しながら日々の生活を営んできたが、その結果として福島原発事故が発生したという理解が可能である。福島原発事故は、現代文明の、戦後日本の縮図である。

福島原発事故が発生したとき、多くの国民はこれでようやく日本が変わる、変わらなければならない、変えなければならないと思っただろう［わかな 2021］。しかし、福島原発事故から一三年以上が経過したが、私たちの目の前に広がる風景はどうであろうか。福島原発事故をきっかけに何か変わったことはあるだろうか。時間の経過とともに、福島原発事故は福島のローカルな問題になり、忘却の忘却が進むことで事故はなかったことになりつつある。日本の政治経済構造も国民の精神構造も変わらないままでは、同じ過ちを繰り返すことになりかねない。福島の、戦後日本の、現代文明の光こそが影ではないか。そういう問いすら立てながら、福島原発事故とその後の今日に至るまでを検証し、未来の福島と日本の姿を描いていくことが求められている。

2 本書の目的

福島長期復興政策研究会の会員の有志は、福島原発事故が発生してから一〇年以上が経過した時点における福島の復興に関する多様な視点・論点を提示することで、福島の復興に向けた学術的かつ社会的な知的基盤に厚みを加えるとともに、国民の一人ひとりが福島の問題を当事者として経験する手がかりを供することを目的として、二〇二四年二月に『福島復興の視点・論点――原子力災害における政策と人々の暮らし』（川﨑興太・窪田亜矢・石塚裕子・萩原拓也編、明石書店）を上梓した［川﨑編 2024］。本書は、いわば同書の第二弾であり、福島長期復興政策研究会の会員の有志が、福島原発事故が発生してから一三年が経過した二〇二四年時点において、それぞれの目に映る福島の復興の風景を描出することで、福島の復興に向けた学術的かつ社会的な知的基盤に厚みを加えるとともに、国民の一人ひとりが福島の問題を当事者として経験する手がかりを供することを目的とするものである。

福島長期復興政策研究会とは、福島の長期にわたる復興のあり方や復興政策のあり方を検討することを目的として二〇一八年五月に設立された任意の研究会である。設立以来、福島原発事故の発生に伴って避難指示等が発令された原発避難一二市町村、すなわち、双葉町《ふたばまち》、大熊町《おおくままち》、富岡町《とみおかまち》、浪江町《なみえまち》、飯舘村《いいたてむら》、葛尾村《かつらおむら》、楢葉町《ならはまち》、川内村《かわうちむら》、南相馬市《みなみそうまし》、川俣町《かわまたまち》、田村市《たむらし》、広野町《ひろのまち》を主たる対象として、現地視察、研究発表会、ヒアリング調査を月に一、二回のペースで続けてきている。設立当時の会員は間野博先生、鈴木浩先生、田村泰生先生、筆者の四人であったが、二〇二四年三月現在、職種も多様な一三三人となっている（表序-1）。

本書の出版に至るまでの経緯は、『福島復興の視点・論点』と同様である。二〇二三年七月に、筆者が福島長期復興政策研究会の会員に本書の原稿の執筆について打診した。その際、福島の復興に関する内容とすること、A４判のフォーマットで一～二〇枚程度のボリュームとすること、自分が持っている力をフルに使うこと、この三点をお願いした。その結果として集まった原稿を筆者が編集し、一四章から構成される書籍とした。

なお、福島長期復興政策研究会の会員は、『福島復興の視点・論点』のほか、『福島復興一〇年間の検証――原子力災害からの復興に向けた長期的な課題』〔川崎編 2021〕、『福島原発事故と避難自治体――原発避難一二市町村長が語る復興の過去と未来』〔川崎編集代表 2022〕を出版しているので、本書は同研究会の会員が上梓した四冊目の本ということになる。あわせて読んでいただければ幸いである。

3　本書の意義

本書の意義も、基本的には『福島復興の視点・論点』と同様である。

福島の復興に関しては、同書で整理したように、福島原発事故が発生してから一〇年という節目を迎えたことを背景として、川崎編〔2021〕、川崎編集代表〔2022〕、川崎〔2022〕、今井・朝日新聞福島総局編〔2021〕、高木ほか編〔2021〕、鈴木〔2021〕など、多数の研究成果が発表された。その後も研究成果が発表されており、例えば、成・牛島編〔2023〕は福島原発事故の発生に伴う分断の現状と課題について明らかにし、蟻塚〔2023〕は原子力災害の被災者のトラウマについて報告し、関・原口編〔2023〕は福島原発事故の加害―被害構造や復興をめぐる問題点などについて考察し、松本〔2023〕は富岡町を対象としてコミュニティの変容について分析し、吉田〔2024〕

表 序-1 福島長期復興政策研究会の会員（2024年3月現在）

氏　名	所　属	専　門
川崎興太（代表）	福島大学	都市計画，まちづくり
荒木笙子	東北大学	都市計画，ランドスケープ
安東量子	福島ダイアログ	リスク・コミュニケーション，意思決定プロセス
池田千恵子	芸術文化観光専門職大学	観光地理学，都市地理学
石崎芳行	東日本国際大学福島復興創世研究所	エネルギー政策，地域づくり
石塚花音	福島民報社	報道制作
石塚裕子	東北福祉大学	バリアフリー計画学，まちづくり
礒野弥生	東京経済大学（名誉教授）	行政法，環境法
磯前順一	国際日本文化研究センター	宗教学
磯前礼子	国際日本文化研究センター（共同研究員）	日本近現代史
市古太郎	東京都立大学	都市計画，都市防災
伊藤 航	福島大学（地域未来デザインセンター）	災害ボランティアマネジメント
糸長浩司	NPO 法人 EAS（元日本大学）	農村計画
井上博夫	岩手大学（名誉教授）	財政学
今井 照	元福島大学	地方自治
今中哲二	京都大学	原子力工学
井本佐保里	日本大学	建築計画
植田啓太	東北大学	都市デザイン
牛木 力	東北芸術工科大学	コミュニティデザイン
姥浦道生	東北大学	都市計画
遠藤秀文	ふたば，ふたばラレス	建設コンサルタント
大崎要一郎	日本放送協会	原子力政策
大島草太	Kokage	商品開発，まちづくり
太田 亘	UR 都市機構	建築，再開発，生活復興
大西 隆	東京大学（名誉教授）	都市計画，地域計画
大森文彦	東京工業大学	都市デザイン
尾崎修二	毎日新聞社	報道制作
長田滉央	久米設計	都市計画，建築設計
加賀谷 環	福島大学（地域未来デザインセンター）	スタディツアー
葛西優香	東日本大震災・原子力災害伝承館	コミュニティデザイン，まちづくり
柏崎 梢	関東学院大学	都市計画，コミュニティ開発
片岡直樹	東京経済大学（名誉教授）	公害・環境問題と法
加藤孝明	東京大学	都市計画　地域安全システム学
川澄厚志	金沢大学	コミュニティ開発，観光まちづくり
菅野孝志	全国農業協同組合中央会（副会長理事）	農業協同組合
木野正登	経済産業省資源エネルギー庁	原子力工学
木下 勇	大妻女子大学	都市計画，農村計画
窪田亜矢	東北大学	都市・地域の計画設計
倉野泰行	首都高速道路（国土交通省）	法律
黒石いずみ	福島学院大学	都市・建築史
黒瀬武史	九州大学	都市デザイン，都市計画
Julia Gerster	東北大学	日本の災害文化人類学
小泉秀樹	東京大学	コミュニティ再生，まちづくり
古結健太朗	共同通信社	報道制作

越山健治	関西大学	都市防災，都市復興計画
小松理虔	ヘキレキ舎	ローカルアクティビティ
小森麻由	エックス都市研究所	コミュニティデザイン
古山周太郎	早稲田大学	地域福祉，都市計画
齊藤充弘	福島工業高等専門学校	都市・地域計画
坂地麻美子	福島大学（地域未来デザインセンター）	災害復興支援
坂村 圭	東京工業大学	都市計画，まちづくり
櫻井聖子	福島大学（地域未来デザインセンター）	教育環境整備
佐々木晶二	土地総合研究所	都市計画制度，防災・復興制度
佐藤亜紀	HAMADOORI 13	起業支援
佐藤孝雄	福島大学（地域未来デザインセンター）	震災記録，ルポタージュ
里見喜生	古滝屋	原子力考証館の企画・運営
塩崎由人	防災科学技術研究所	都市工学
塩谷弘康	福島大学	法社会学
柴崎直明	福島大学	水文地質学
島田早紀	共同通信社	報道制作
島田久弥	チャーリー＆カンパニー	ソーシャルデザイン，マーケティング
じんのあい	アトリエ My Color	漫画制作
菅 千都	ライデン大学（修士課程）	セキュリティと危機管理のガバナンス
杉田早苗	岩手大学	コミュニティデザイン
洲崎玉代	東京大学（修士課程）	都市デザイン
鈴木敦己	福島大学（東京大学博士課程）	建築計画
鈴木 浩	福島大学（名誉教授）	地域計画，住宅政策
関 耕平	島根大学	財政学，地方財政論
高木竜輔	尚絅学院大学	地域社会学
高久ゆう	環境エネルギー政策研究所	コミュニティデザイン
高橋大就	NoMA ラボ	まちづくり
ダグルス久美	よりあいコミュニティソーシャルワークス	コミュニティ・ソーシャルワーク
橘 清司	地方公共団体金融機構（総務省・元福島県）	地方自治，地方財政
田中聖也	スポーツ庁（国土交通省）	社会資本整備
田中尚人	熊本大学	土木計画，土木史，景観論
田中正人	追手門学院大学	都市計画学，災害復興論
田村省二	環境省	緑地環境科学
田村泰生	オープンデータラボ	メディア，映像アーカイブ
佃 悠	東北大学	建築計画
坪倉正治	福島県立医科大学	放射線健康管理学
寺町六花	毎日新聞社	報道制作
外岡 豊	埼玉大学（名誉教授）	環境政策
土肥真人	東京工業大学	コミュニティデザイン
中井淳一	国土交通省	原子力災害被災地域の復興支援
中川智之	アルテップ	集団規定，団地再生，密集市街地
中村 勉	中村勉総合計画事務所	建築計画，都市計画
難波謙二	福島大学	環境微生物学
西田奈保子	福島大学	行政学
Natalia Novikova	玉川大学	国際日本研究
萩原拓也	名城大学	都市計画
はっとりいくよ	ほっと岡山	被災者支援

服部圭郎	龍谷大学	都市・地域政策
林 薫平	福島大学	農業経済学，食料・資源経済学
林 美帆	水島地域環境再生財団	公害研究
平野勝也	東北大学	景観・デザイン，景観まちづくり
廣井 悠	東京大学	都市防災
廣木雅史	京都大学（環境省）	環境政策
深谷信介	ノートルダム清心女子大学	マーケティング，都市デザイン
福地慶太郎	朝日新聞社	報道制作
藤沢 烈	RCF	社会事業コーディネイター
藤室玲治	福島大学（地域未来デザインセンター）	災害ボランティア支援
Cécile Brice	フランス国立科学研究センター	都市社会・都市計画
古谷かおり	結のはじまり	シェアハウスの運営
堀川直子	早稲田大学（招聘研究員）	社会人類学，災害人類学
前川直哉	福島大学	ジェンダー
前野有咲	ヘキレキ舎	コミュニティデザイン
牧 紀男	京都大学	防災学，災害復興
増田 聡	東北大学	地域計画
益邑明伸	東京都立大学	都市計画，まちづくり
松井克浩	新潟大学	地域社会学
松下朋子	都市防災研究所	建築，防災
松本奈々	MARBLiNG	地域プロデュース会社運営
松本浩司	日本放送協会	災害報道
間野 博	県立広島大学（名誉教授）	都市計画
Elizabeth Maly	東北大学	建築
丸谷耕太	金沢大学	コミュニティデザイン
御手洗 潤	東北大学	まちづくり，エリアマネジメント
薬袋奈美子	日本女子大学	住環境計画，住宅政策
宮定 章	和歌山信愛大学	住まい・コミュニティの復興
村上大和	三菱総合研究所	防災計画，防災まちづくり
森 優斗	建設技術研究所	都市計画
門馬好春	30年中間貯蔵施設地権者会	用地補償
柳瀬有志	アルテップ	建築・都市計画，福祉計画
山崎義人	東洋大学	まちづくり，地域再生
山田美香	福島大学（地域未来デザインセンター）	コミュニティデザイン
山本大樹	地区防災研究所	地区防災
除本理史	大阪公立大学	環境政策論，環境経済学
横塚有貴	大日本コンサルタント	都市計画
横山秀人	いいたてネットワーク	住民交流
吉田 学	HAMADOORI 13	起業支援
義平真心	結 YUI	貧困地域のまちづくり
綿井稜太	読売新聞社	報道制作
渡辺淑彦	浜通り法律事務所	法律

は福島原発事故後における一八人の人生について記録し、日野［2024］は元双葉町長の福島原発事故後における闘いの意味を浮き彫りにしている。本書は、こうした既往研究を踏まえつつ、都市計画、建築計画、都市デザイン、コミュニティデザイン、社会学、宗教学など、多様な学問分野の観点から、福島の復興に関する多彩な原風景と現風景を提示するところに最大の特色を有するものであり、出版を通じて国民の一人ひとりが自分の興味・関心をもとに福島の問題を当事者として経験する手がかりを供するものである。

原子力災害からの復興は、自然災害からの復興とは異なって、長い歳月が要される。しかし、特別な政策には必ず終期がある。政府は、終期を明示しているわけではないが、福島原発事故が発生してから二〇年後の二〇三〇年度を一つの節目として捉えているように思われる。こうした原子力災害からの復興の長期的な必要性と特別な政策の終期ということを考えあわせた場合、福島原発事故が発生してから一三年以上が経過したいま、福島復興の〝出口〟を国民全体で見定めることが重要だと考えられる。本書は、国民全体で福島復興の〝出口〟を見定めるための原風景と現風景を多角的に示す学術的にも実践的にも有用な書籍だと考えられる。

4　本書の構成

本書は、全三部、序章を含めて全一五章から構成されている。

第Ⅰ部は、福島の原風景と現風景から課題を探る五つの章から構成されている。第1章では、政治・経済システムも復興のあり方も福島原発事故の発生前と何も変わっていない一三年後の日本の状況について描写し、今後の課題を提示する。第2章では、訴訟案件を通じた被害者の被害の内容とこれに対する司法判断の状況を概観したうえで、被害者が望んでいることを整理し、地域デザイン学による現場への貢献の可能性を検討する。第3章では、原発被災地あるいは被災者の置かれた状況をより不正でないものへと変革するためにわれわれが分有すべき責任について、住宅・居住地選択に関する政策のあり方という観点から考察する。第4章では、避難指示区域外に居住する福島県民を対象として実施したアンケート調査の結果に基づき、復興に対する意識を明らかにするとともに、意識の規定要因について明らかにする。第5章では、福島原発事故を資本主義の自己増殖と民主主義がもたらす平準化という観点から論じ、そのうえで見えないものを可視化する認識論的転回が求められていることを論じる。

第Ⅱ部は、福島の原風景と現風景を解き明かす五つの章から構成されている。第6章では、福島県浜通り地域における原発事故発生前のまちの原風景を明らかにするとともに、原発をどのように位置づけてまちづくりが展開されて現風景が形成されてきたのかを整理したうえで、今後のまちづくりのあり方と課題について考察する。第7章では、市街地における避難指示解除後の建物再建状況と、解体後の空き地を含めた市街地の空間変容の実態を明らかにすることで、空間の活用のされ方が被災前と比べてどのように変化したのかを明らかにする。第8章では、富岡町民を対象に行ったインタビュー調査をもとに、「通い」の実態を整理するとともに「通い」を支えてきた空間的資源を明らかにしたうえで、「通い」のための空間資源のあり方を考察する。第9章では、広域避難者に対する適切な行政サービスの提供および住所移転者と避難元自治体との関係の維持を目的として福島原発事故の発生直後に公布・施行された原発避難者特例法の運用実態と自治体の認識を明らかにする。第10章では、西日本における避難当事者を主体とした二つの団体による広域避難者支援の実態を整理したうえで、広域避難者支援において当事者が担う民間組織の役割と意義を明らかにする。

第Ⅲ部は、福島の原風景と現風景を語り伝える四つの章から構成されている。第11章では、原発避難一二市町村に住む人たちの事故後の歩みや日常を紹介するパネル展を企画・運営するにあたって取材した帰還住民や移住者ら一二人の横顔を浮き彫りにすることで福島の今を俯瞰する。第12章では、楢葉町において新しい祭りとして誕生した「ならは百年祭」が開催されるまでのプロセスについて整理し、原発事故被災地における人と人のつながり、コミュニティに関する考察を行う。第13章では、紙芝居の上演を続けている「浪江まち物語つたえ隊」の隊員の聞き書きを通じて、大切な場所を失うことと、再び大切な場所と新しい関係をつくっていくことについて考察する。第14章では、二〇二三年に開催された「パシフィックリム国際会議（環太平洋コミュニティデザインネットワーク会議）」の概要を報告するとともに、同会議への参加者を対象とするアンケート調査の回答を分析することを通じて、コミュニティデザインの観点から福島の復興に向けた本質的な論点を提示する。

本書は、『福島復興の視点・論点』に続く、福島の復興に関する多彩な風景を描出する類例のない書籍であると自負している。それぞれが独立した章になっているので、第1章から順番にではなく興味・関心のある章から読み進めていただければと思うが、それぞれの章が力のこもったものになっているので、ぜひすべて読んでいただければ幸いである。

註

（1）「文明災」とは、第一回東日本大震災復興構想会議（二〇一一年四月一四日）での梅原猛特別顧問の言葉である。

（2）原因者および加害者には、厳密には「国民」のみならず、少なくとも日本で生活していた者が含まれるが、表現が煩瑣になるため「国民」と記した。以下、本章、第1章、編者あとがきにおける「国民」という用語に関して同様である。

I　福島の原風景と現風景から課題を探る

第1章

戦後の原風景と復興ごっこ

川﨑興太

1 はじめに

福島原発事故が発生してから二〇二四年三月で一三年が経過した。

福島原発事故は、日本の政治・経済システムと科学技術の欠陥を余すところなく露呈させた文明災である。しかし、原発事故後には何も変わらず、戦後に形成された原風景が復元されつつある。第2節では、こうした福島原発事故が発生してから一三年後の日本の状況について描写する。

何も変わらないのは復興も同じである。戦後に形づくられた被災者の被害や生活の実態を直視しない手段で復興が進められており、また、被災者の被害や生活の実態に即した目標が設定されることなく復興が進められている。第3節では、こうして復興が〝復興ごっこ〟になってしまっていることについて論じる。第4節では、第2節と第3節での論述を踏まえて、今後の課題を提示する。

2 戦後の原風景

●2－1 天災・人災・文明災

第二次世界大戦末期の一九四五年に広島と長崎に原爆が投下され、日本は世界で唯一の戦争被爆国になった[(1)]〔川﨑 2023a〕。その日本で、約半世紀後の二〇一一年に福島原発事故が発生した。福島原発事故は、直接的には巨大な地震と津波によって引き起こされた天災である。

しかし、福島原発事故は同時に人災であり、日本史上最悪の公害である〔宮本 2014: 716–728〕。一九七九年にアメリカ合衆国でスリーマイル島原発事故が発生し、一九八六年にウクライナ・ソビエト社会主義共和国でチョルノービリ（チェルノブイリ）原発事故が発生した。日本政府や東京電力はこれらの事故の反省を活かさずに日本の原発は絶対に安全だと主張し、国策として原発を推進してきた。また、学術界などから原発事故の可能性が指摘されてきたが、日本政府や東京電力は事故防止対策を怠ってきた。原発の安全神話が存在した。原発が安全だからその存在が認められるのではなく、原発が存在しているから安全と認めざるをえなかったのである〔金井 2012: 42–44〕。

さらに言えば、福島原発事故は文明災である[(2)]〔東日本大震災復興構想会議 2011〕。福島原発事故は科学技術を基礎とする現代文明が引き起こした事故であり、現代文明の象徴的な産物である原発が事故によって現代文明に警告を発したと言えるだろう。火の獲得による第一次エネルギー革命から石油の利用による第六次エネルギー革命に至るまでは、原子の外殻を形成する電子の運動からすべてのエネルギーが取り出されていたが、原発による第七次エネルギー革命では、原子核の内部にまで踏み込んで、

写真1-1 中間貯蔵施設（手前）と福島第一原発（奥）（2023年6月）

生態圏の内部にその外部の太陽圏に属する核反応の過程を無媒介のままに持ち込むことで、エネルギーが取り出されることになった。

その原発は、いまの人類の知識段階では、生態圏の中で安全に運用することがきわめて困難であり、原発からの脱出こそ人類の選択すべき正しい道であるとの指摘がある［中沢 2011］。その一方で、人類が積み上げてきた科学技術の成果を放棄するということは人類が動物から独立したその歴史を否定することであって、人類としての進歩を大事にすることで文明を築いていくという近代の考え方を貫徹させ、原発に内在化されている危険に対する完璧な防御方策を発達させていくべきという指摘もある［吉本 2015］。

いずれにせよ、「原発推進／反原発」というワン・イシューで判断されるべき問題ではない。私たちの文明のあり方を根底から問い直す必要がある［矢野 2021］。

●2－2 国の法的責任

最高裁は、二〇二二年六月に福島原発事故損害賠償請求集団訴訟四件について、国の法的責任を認めないという判決を下した。経済産業大臣が長期評価を前提に規制権限を行使して東京電力に適切な措置を講ずることを義務づけ、東京電力がその義務を履行していたとしても、福島原発事故と同様の事故が発生した可能性は相当にあるといわざるをえないので、国家賠償法に基づく損害賠償責任を負うということはできないと

写真1-2 福島第二原発（2023年4月）

いうものである。
これは、結果回避可能性についてのみ判断した結果であり、もう一つの争点であった津波の予見可能性については判示されていないため、原子力安全規制法令の趣旨・目的に照らし合わせた場合の国による安全規制のあり方に関する判断は不明である。しかし、福島原発事故の発生前における国の安全規制のあり方を所与の前提とすることで結果回避可能性が否定され、国の法的責任が否定されていることについては、批判の余地があるように思われる。国が合理的で正当だと認めた安全規制では事故を防ぐことができなかった場合に、どのような被害が生じたとしても、その安全規制の合理性と正当性が問われることなしに、国に法的な責任はないということになってしまうからである。

もっとも、この最高裁判決は裁判官四人の全員が一致して下されたものではない。三浦守裁判官は反対意見を述べている。その結論は、「私は、多数意見と異なり、上告人は、被上告人らに対し、国家賠償法一条一項に基づく損害賠償責任を負い、本件上告を棄却すべき」であるというものである。理由は、「生存を基礎とする人格権は、憲法が保障する最も重要な価値であり、これに対し重大な被害を広く及ぼし得る事業活動を行う者が、極めて高度の安全性を確保する義務を負うとともに、国が、その義務の適切な履行を確保するため必要な規制を行うことは当然である。原子炉施設等が津波により損傷を受けるおそれがある場合において、電気供給事業に係る経済的利益や電気を受給する者の一般的な利

写真1-3 双葉町の旧帰還困難区域のメインストリート（2023年2月）

益等の事情を理由として、必要な措置を講じないことが正当化されるものではない」といったものである。

この反対意見に反対することが難しい。

●2−3 安全神話の再構築

福島原発事故は、原子力防災にかかわる安全規制体制の形骸化という問題を白日のもとに晒した。福島原発事故の発生後には、その反省として、第一に、規制組織と推進組織の分離が行われた。すなわち、原子力安全・保安院が廃止されるとともに、経済産業省からの安全規制部門の分離に伴って環境省の外局組織としての原子力規制委員会、そしてその事務局としての原子力規制庁が新設された。原子力規制委員会は、原子力規制委員会設置法において、「原子力利用における安全の確保を図る」ことや「委員長及び委員が専門的知見に基づき中立公正な立場で独立して職権を行使する」ことが定められている。第二に、規制基準の強化が行われた。すなわち、原子炉等規制法の改正に伴う新規制基準の策定などが行われた。新規制基準のポイントとしては、大規模な自然災害への対策を求めること、重大事故（シビア・アクシデント）への対応を求めること、既設の原発にも適合を義務づけること（バックフィット制度）が挙げられる。

こうした規制組織と推進組織の分離や規制基準の強化は、原発事故の防止や住民の被曝量の最小化などの原子力防災という目的を実現するための手段である。しかし現実には、その原子力防災という目的が原発の再稼働

写真1-4 浪江町の旧避難指示解除準備区域のメインストリート（2023年2月）

や原子力政策の推進のための手段になってしまっているという逆説的な状況、見方によっては順接的な状況が生まれてきている［関谷 2021］。避難計画が原子力発電所の設置許可等にかかわる法律上の要件とはされず、むしろ原子力災害対策指針が改正されるたびに、どんどん住民に被曝リスクの受容を求めるものへと変化しているのはその典型的な例である。安全神話が再構築されつつある状況である。

二〇二三年五月には、ロシアによるウクライナ侵略に伴うエネルギー需給構造の変化などを背景として、六〇年を超える原発の運転を可能にするなど、原発を最大限活用するためのＧＸ（グリーン・トランスフォーメーション）脱炭素電源法が成立することになった。原子力政策を推進することがグリーンな日本経済の競争力強化や成長につながるという。いまなお福島原発事故の発生後に発令された原子力緊急事態宣言は解除されていないにもかかわらず、安全神話と無限成長神話が福島原発事故の過小評価と被害の軽視を誘発させており、東京電力と国の責任が不明確なままに、原子力政策の推進にドライブがかかる状況になっている［長谷川 2023］。

●２－４　再帰的戦後化の進展

横軸に時間、縦軸に被害や復興の水準を設定し、折れ線グラフで災害復興が説明される場合がある［中林 2011など］。ここでは被災前と被災後との連続性が前提とされているが、私たちは福島原発事故の前と後とをこうした連続した延長線で理解してよいのだろうか。

東日本大震災と福島原発事故によって、長く続いた「戦後」の時代が終わり、「災後」の時代が始まったとの指摘があった［御厨 2014］。巨大地震・津波と原発事故という強烈な共通体験によって、その限界が露呈していた高度成長型の政治・経済・文化に終止符が打たれ、新しい価値観のもとでの「国土創造」という課題に立ち向かうことが必要であるとの指摘である。

しかし、先述の原子力政策の転換に象徴されるように「戦後」の回復力が著しく、至るところで反転現象が起こり始めている。そこには、「戦後」に育まれた心の習慣で呼吸を整えようとする国民自身の姿が投影されている。たしかに東日本大震災と福島原発事故は国民の共通体験となったが、国民はその共通体験に基づく新たな理念や目標を共有することができなかったということである。かえって、「災後」には国土強靱化や原発再稼働といったことが行われていることからすると、「戦後」のある種の成功の結果として、東日本大震災と福島原発事故が触媒となって新たな「戦後」化が進むという、再帰的戦後化が進展しつつあるという見方ができるだろう［ベックほか 1997］。

福島の内側では、あたかも原発事故がなかったかのように復興事業が進められている。その一方で、福島の外側では、復興政策によって福島原発事故とこれによる被害が福島の内側の問題として押し込められてきた影響もあって、福島のことはほとんど自分ごととして捉えられていない。この国は、福島原発事故から何を学び、何をどこに刻み込んだのか。私たちが生きてゆくためには何が大切なのか。こうした問いが空疎なものとはならない空間が現前したとき、「災後」の時代が到来したことを実感できるのだと思う［ナンシー 2012］。

3 復興ごっこ

復興が〝復興ごっこ〟になってしまっている[3]［川﨑 2024; 江藤 2015］。〝復興ごっこ〟は、復興手段と復興目標の両方に関してみられる現象である。以下、それぞれ順に述べる。

写真1-5 浪江町津島地区の旧帰還困難区域のメインストリート（2023年6月）

●3―1 復興手段の〝ごっこ〟

①昭和時代の復興モデル

復興に関する教科書の冒頭には、ほぼ例外なく、無人の砂漠のど真ん中で地震や洪水が発生しても、それは災害とは言わないと書いてある。被害を受けた人がいて、はじめて災害と呼ばれるということである。ならば復興とは、被災者の被害の実態を把握して、被害の回復に注力するものかといえば、必ずしもそうはなっていない。

わが国の防災・復興法制度の枠組みは、一九六一年に災害対策基本法、一九六二年に激甚災害法が成立することでほぼ確立された。市町村が国から補助金を得て、インフラの復旧・再生を行うというものである。中規模・一過性の自然災害であることが念頭に置かれた［生田 2013］、被災者ではなく被災地を対象とする政策である(4)［荒木田 2020; 今井 2023］。被災地の「空間の復興」を進めれば、結果として被災者が被災地に戻って家を建てて「人の復興」が進むだろう、やがて地域経済が回復し、ひいては国富が増大するだろうという暗黙の仮説が存在する。人口が増加し、経済が成長していた時期に構築された「昭和時代の復興モデル」である。

この昭和時代の復興モデルは、度重なる災害の発生に伴って、少しずつ進化することになった。とくに、平成期に発生した阪神・淡路大震災と東日本大震災を契機として、インフラの復旧・再生のみならず、被災者の生活再建にも注意が向けられるようになり、住宅再建と生業再建を支援する法制度が整備・拡大された［牧 2023］。これは、「私有財産の形成に公費の支出は認められない」という原則に風穴を開けたという意味では、公共政策上の重要な転換であったが、その予算配分額からしてもマイナー・チェンジといえばマイナー・チェンジであって、いま私たちが手にしている復興モデルは、半世紀以上前に確立された昭和時代のものである。

しかし、平成期に人口減少・非成長の時代に突入した。東日本大震災の発生後にも昭和時代の復興モデルが使われたが、被災地は人口減少と少子高齢化が顕著であった地域である。インフラの復旧・再生、そして、住宅再建と生業再建の支援が行われたものの、発災から一三年以上が経っても空き地が目立つ地域が少なくない。これまでインフラの復旧・再生一辺倒の復興モデルが使われてきたが、被災地の「空間の復興」を進めてもそこに被災者が戻らなくなりつつあり、復興が公共の福祉を増進させるものではなく、未来への投資にもならなくなりつつある。都市計画は、関東大震災が発生してからの一〇〇年間、つねに花形的な復興手段であり続けてきたが、「復興に都市計画は必要か？」と問い返されるべき状況になっている[5]［川﨑 2023b］。

昭和時代の復興モデルの正当性が認められるための要件は、被災者の生活再建に資するものであること、被災地の安全性の向上に資するものであること、被災地の理想の実現に資するものであることである［越山 2024］。これらの要件を満たすための前提条件は、多くの被災者が被災時に居住していた市町村内にとどまること、あるいは、少なくとも将来的に戻ってくるということであり、言い換えれば、多くの被災者による被災地での生活再建の需要があり、市町村という空間単位では「空間の復興」と「人の復興」とがほとんど重なり合うということであるが、そうはならなくなりつつある。

「人の復興」の必要性については、とくに阪神・淡路大震災の発生後に盛んに論じられた。それは主として、市町村という空間単位では「空間の復興」と「人の復興」とがほとんど重なり合うという状況のなかで、「空間の復興」に偏重した復興政策の実施、そしてそれに伴う社会的弱者の切り捨てや社会的不平等・格差の拡大を批判する立場から主張されたものである［田中 2022］。しかし、東日本大震災の発生後には、復興予算が投じられる被災地にほとんど被災者がいないという状況が生じつつある。つまり、「空間の

写真1-6 南相馬市小高区の旧避難指示解除準備区域のメインストリート（2023年4月）

復興」の実施による社会的弱者の切り捨てや社会的不平等・格差の拡大さえ問題にならないほどまでに、復興が〝復興ごっこ〟になりつつある。

② 制度的慣性

これが顕著であるのが福島原発事故の被災地である。原子力災害は、自然災害とは異なって、原因者の存在、被害の広域性と長期性（続発性を含む）、避難の広域性と長期性という特性を有する。特性が大きく異なるにもかかわらず、制度的慣性が働いて、昭和時代の復興モデルがほぼそのまま適用されることになり、除染とインフラの復旧・再生を行った後に避難指示を解除するという「空間の復興」が進められてきた〔川﨑 2018〕。放射能汚染という固有の事態に対応するために除染と避難指示という要素が加えられたものの、地震・津波被災地と同様に、市町村が国から補助金を得て公共事業を実施して被災地の復旧・再生を進めるということが行われてきたのである(6)（図1―1）。

福島原発事故の発生後には一二市町村において避難指示が発令され、九市町村では役場を含めて全町・全村避難となった。その後、段階的に避難指示が解除され、二〇二二年にはすべての市町村の住民が避難元の市町村に帰還することが可能になったが、二〇二三年三月三一日現在、避難

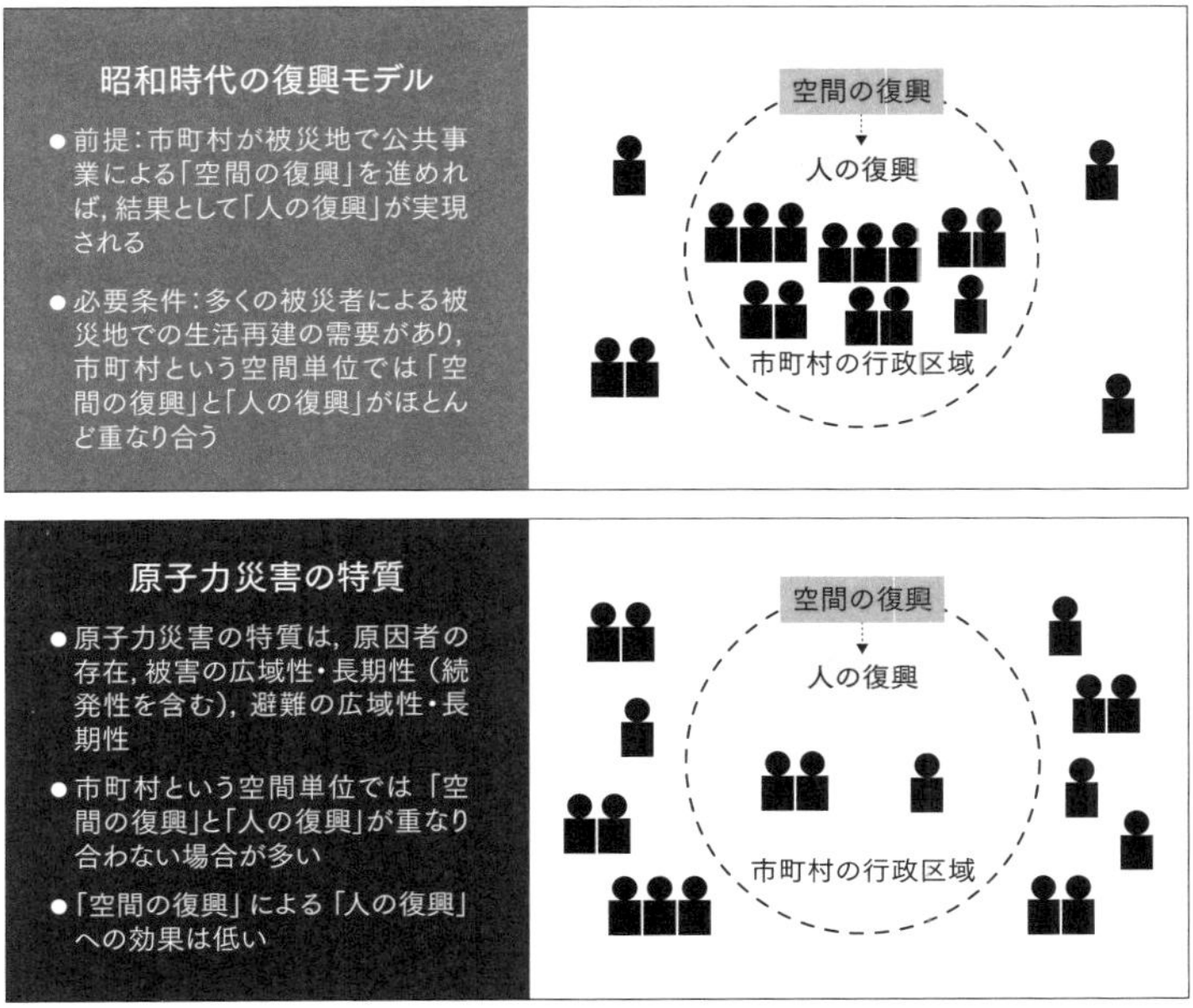

昭和時代の復興モデル
●前提：市町村が被災地で公共事業による「空間の復興」を進めれば，結果として「人の復興」が実現される
●必要条件：多くの被災者による被災地での生活再建の需要があり，市町村という空間単位では「空間の復興」と「人の復興」がほとんど重なり合う
空間の復興
人の復興
市町村の行政区域
原子力災害の特質
●原子力災害の特質は，原因者の存在，被害の広域性・長期性（続発性を含む），避難の広域性・長期性
●市町村という空間単位では「空間の復興」と「人の復興」が重なり合わない場合が多い
●「空間の復興」による「人の復興」への効果は低い
空間の復興
人の復興
市町村の行政区域

図1-1 昭和時代の復興モデルと原子力災害の特質

指示・解除区域内に住民票があるのは六万八〇一八人であり、そのうち避難指示が解除された地域に居住しているのは一万九九七四人であるので、居住率（≒帰還率）は二九％である（表１－１）。多くの被災者は、「空間の復興」の恩恵を直接的には受けてこなかったということである。

もちろん、避難している被災者にとっても、故郷が荒廃してゆく姿を見るのは忍びないであろうから、被災地で復興事業を行うことが必ずしも悪いというわけではない。しかし、被災者の生活再建状況はどうなのか、被災者はどういう意向を持っているのか、こうした被災者にかかわる基本的なことさえ十分に調査さ

表1-1 原発避難12市町村の避難指示・解除区域における居住率（2023年3月31日現在）

	避難指示等の解除時期	2011年3月11日	2023年3月31日（または4月1日）			
		住民登録数（人）	住民登録数（人）			
				避難指示・解除区域内の住民登録数（人）【A】		
					居住者数（人）【B】	居住率【B÷A】
合　計	——	209,231	165,006	68,018	19,974	29%
広野町	2011年9月30日, 2012年3月31日	5,490	4,673	4,673	4,181	89%
田村市	2011年9月30日, 2014年4月1日	41,662	33,963	231	198	86%
川内村	2011年9月30日, 2014年10月1日, 2016年6月14日	3,038	2,333	252	133	53%
楢葉町	2011年9月30日, 2015年9月5日	8,011	6,580	6,580	4,296	65%
葛尾村	2016年6月12日, 2022年6月12日	1,567	1,297	1,297	463	36%
南相馬市	2011年9月30日, 2016年7月12日	71,561	57,031	7,050	4,330	61%
川俣町	2017年3月31日	15,877	11,858	664	251	38%
飯舘村	2017年3月31日, 2023年5月1日	6,509	4,767	4,767	1,500	31%
浪江町	2017年3月31日, 2023年3月31日	21,434	15,395	15,395	1,996	13%
富岡町	2017年4月1日, 2020年3月10日, 2023年4月1日	15,830	11,625	11,625	2,087	18%
大熊町	2019年4月10日, 2020年3月5日, 2022年6月30日	11,105	9,986	9,986	487	5%
双葉町	2020年3月4日, 2022年8月30日	7,147	5,498	5,498	52	1%

注：この表は，市町村に対するヒアリング調査の結果を整理したものである．

れることもなく、被災地では避難指示の解除によって帰還しうる法制度的な環境が回復したということで、福島原発事故の原因者の一者である国の責任は果たされたことにされ、被災者の生活再建状況や意向にかかわらず、支援を打ち切るということが行われてきた。

福島では、震災関連死と震災関連自殺が被災三県の中で突出して多い（図1-2・1-3）。震災関連死は直接死の一・五倍である。長期避難による体調悪化、生きがいの喪失、先行きの不安によって死に追い込まれた方が多い［NHK 2021］。震災関連死と震災関連自殺は、復興の過程で発生した死であるから、復興政策のあり方によっては防ぎえた可能性のある死である。発災後に被災三県を中心に三〇兆円を超える莫大な復興予算が投じられてきたが、これまで「空間の復興」を目指して実施されてきた復興政策とは、多くの震災関連死や震災関連自殺を防ぐことができない政策だったということである。震災の言い方をすれば、一三年以上も経っているのに、なぜ心のケアが必要とされるのか、その理由が問い返されるべきだということである。

今もなお、福島に関しては、被災地でどれだけ除染が行われ、どれだけ避難指示が解除されたのか、あるいは、どれだけ営農が再開され、どれだけ事業所が立地し、どれだけ総生産が回復したのかといった、被災地の様子にかかわる物差しで復興の達成状況が評価されている。それはそれで復興の一面を示すものだとは思うのだが、あわせて被災者の一人ひとりの生活再建状況や意向について調査を行い、その結果に基づいてしっかりと支援を行う必要がある［川﨑 2022］。

写真1-7 福島市の仮設住宅に入居する浪江町の避難者（2011年5月）

●3－2　復興目標の〝ごっこ〟

①戻れる場所

先取り適応型復興という言葉がある。被災後に、将来の社会経済状況の変化を先取りしながら被災地を変革させることで復興を果たそうというものである。阪神・淡路大震災の発生後に掲げられた「創造的復興」、東日本大震災・福島原発事故の発生後に掲げられた〝Build Back Better〟は、その考え方が内包された復興理念である。

先述のとおり、福島では除染とインフラの復旧・再生を行った後に避難指示を解除するという「空間の復興」が進められてきたが、これとあわせて先取り的適応を意図した「空間の復興」が行われてきた。その代表的なプロジェクトは福島復興再生特別措置法に基づく「福島イノベーション・コースト構想」である。同構想は、福島原発事故によって失われた浜通り地域の産業基盤の再構築に向けた国家プロジェクトであり、廃炉、ロボット・ドローン、エネルギー・環境・リサイクル、農林水産、医療関連、航空宇宙を重点分野として、産業発展を図ることが目指されている。

たしかに、明るい未来への飛躍は必要である。しかしその前に、福島原発事故によって何を失ったのか、何を

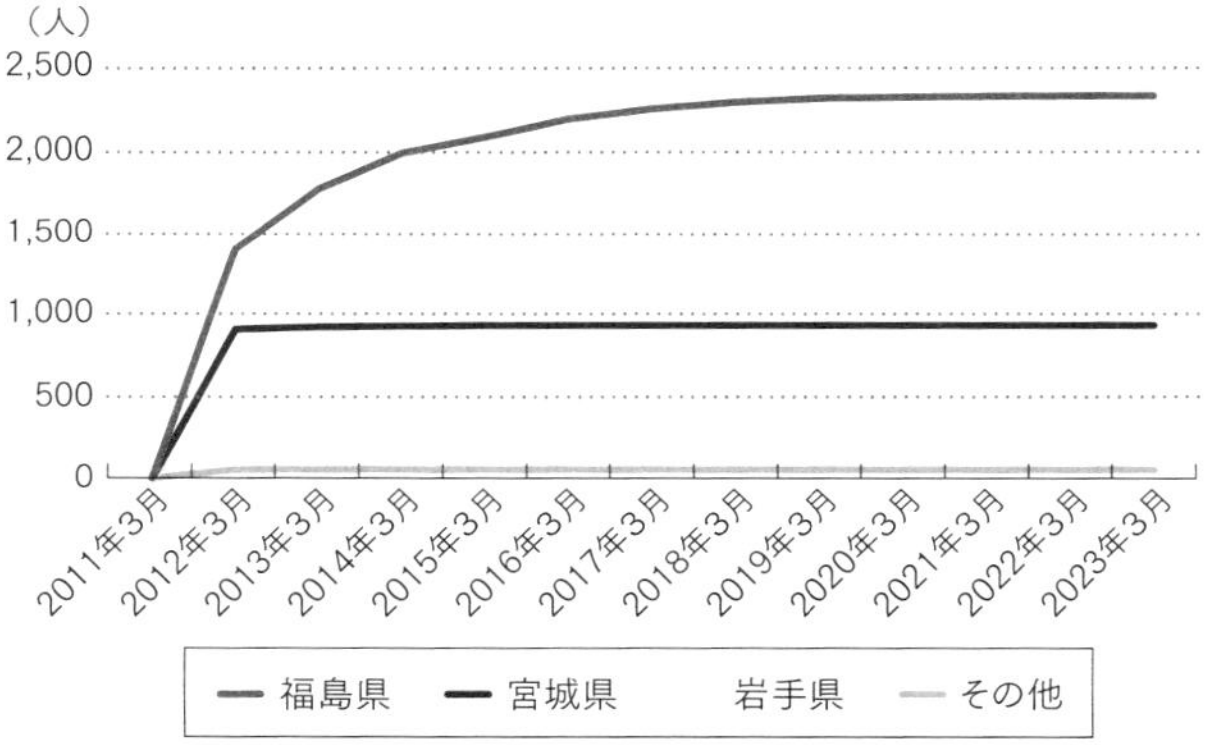

図1-2　震災関連死の死者数の累計推移

出所：復興庁・内閣府（防災担当）・消防庁［2023］「東日本大震災における震災関連死の死者数（令和5年3月31日現在調査結果）」をもとに筆者作成．

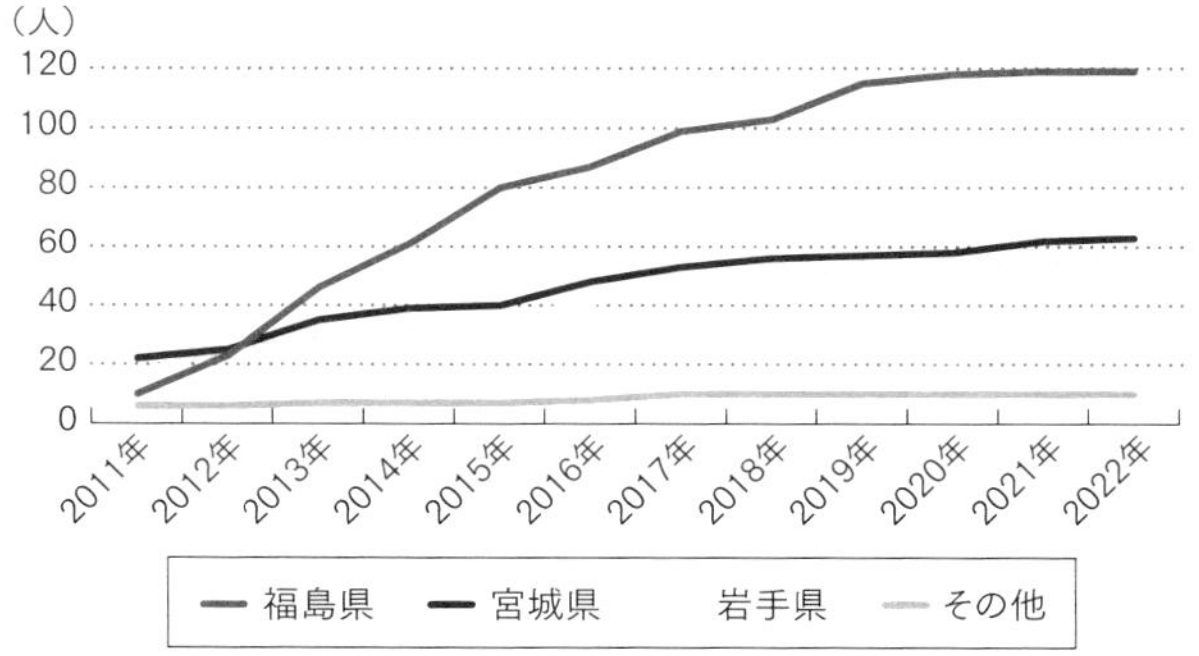

図1-3　震災関連自殺者数の累計推移

注1：自殺者数は，発見日・発見地ベースの数値である．
注2：2011年の数字は，6月から12月までを足し合わせたものである．
出所：厚生労働省自殺対策推進室［2022］「自殺の統計：地域における自殺の基礎資料（令和4年）」をもとに筆者作成．

回復させるべきなのかということを的確に把握することが必要である(7)〔今井 2023〕。福島原発事故の発生後に、一方では復興政策として大規模公共事業が実施され、もう一方では生活・生業の存立基盤（ふるさと）の喪失については賠償の対象外とされてきた。じつは、この両者の根は同じである。原発事故によって失われた最も根源的なものが生活・生業の存立基盤であるとすれば、復興政策として何よりも回復されるべきものはその生活・生業の存立基盤のはずである。しかし、そうした復興政策が実施されてこなかったということは、原発事故によって何が失われたのかという実態の把握も、復興政策として何を回復させるべきかという目標の設定も不十分であったということである。これでは何をやっても〝復興ごっこ〟になってしまう。

災害は、すべからく被災者に人生の不連続を強いるが〔加藤 2024〕、ひとは「戻れる場所」さえあれば生きていける〔琴寄 2018〕。戻れる場所とは、それぞれのひとの人生の時間的・空間的なようすがのことであり、それが生活・生業の存立基盤である。福島原発事故の発生に伴って、多くの方々が長期にわたって広域的な避難を強いられ、人生の連続性が時間的にも空間的にも断ち切られることになった。これを回復するのではなく、誰にもどうなるのかわからない未来を追いかける事業にばかり気をとられているようでは、被災者の戻れる場所はますます擦り減ってしまう。

復興計画に限らず、計画は過去や現在に対する不満を原因として、将来の変化に向けてつくられる。しかし、原発被災地における過去の暮らしはそんなに否定されるべきものだったのか。将来の変化に向けた取り組みによって被災者の生活再建を妨げてしまうようなことにはならないか。先取り適応が必要だとしても、設計主義的な復興予算に振り回されることなく〔ハイエク 2010〕、守るべき価値は何なのか、腰を据えて見定めることが必要だと思う。

② 住民主体の地方自治

福島では、被災者の意志とは関係なく、あるいは、被災者の意志に反して、復興政策が実施されてきたと感じている被災者が少なくない。加害者主導の避難指示区域の設定・解除や賠償基準の策定、あるいは、一方的な被災者支援の打ち切り、さらには、地元が反対するなかでのＡＬＰＳ処理水の海洋放出など、枚挙にいとまがない。被災者に寄り添うと言いながら、なぜこんなことになってしまうのか。この疑問には、権力対反権力のような二項対立的な図式に立脚していては、うまく答えることができないように思われる［先崎 2019］。なぜなら、例えば「人の復興」にほとんど効果を発揮しないインフラの復旧・再生やハコモノの整備は、地元が要望していることでもあるからである。全国のまちが東京のようになりたいという欲望を持っているのと同じことである。〝ごっこ〟は、黙契と共犯の上に成立する世界である。

先述のとおり、福島原発事故は、天災であると同時に人災であり、さらには文明災という捉え方が可能である。文明災ということとは、国民一人ひとりが原因者であり加害者であるということである。わが国は、戦後に曲がりなりにも自由や民主主義や経済成長を手にしたが、同時に失ったものも多かった［藤田 2003］。例えば、地域共同体を失い、〈わたし〉は砂漠と化した他者とのあいだにある世界のなかで、自己の内面に埋めるべき空白を抱えながら彷徨う根無し草になり、孤独で不安な砂粒になった。地域共同体の束縛から解放され、自分一人で判断し生きてゆくことを誇りに思いながら自由の感覚を享受する〈わたし〉は、その反面、身近な他者と疎遠になり、身のまわりのことですら力を合わせて対処することができず、遠い国家権力に依存することになるという一種のパラドックスがある［宇野 2010］。

災害・復興のプロセスは社会のトレンドを加速させるといわれる。被災者が復興を自らの意志とかけ離れたものになっていると感じるのは、被災前から遠い国家権力に依存した社会のなかで暮らしており、そうした暮らしが被災後の復興の場面で顕著になったということの裏返しではないか。推測の域を出ないが、原発被災地では、原発を誘致したときに国依存・行政依存のまちが形づくられ始め、その延長線上で原発事故が発生したにもかかわらず、復興を通じてそうしたまちが再生産されつつあるとは言えないか。

どういう暮らしをしたいのか？　どういうまちでありたいのか？　民主主義とは、統治者と被治者の同一性を基礎とする政治原理である［シュミット 2015］。住民が話し合い、意志決定を行って、自分たちでまちをつくりあげていくこと、すなわち住民の自律（autonomy）と住民の自己統治（self-government）による住民主体の地方自治が重要だと思う［西尾 1990: 373–392］。〈わたし〉の個別的利害を寄せ集めても、そのままでは集合的利害に変換されず、むしろ個別的利害が相殺し合うことになる。孤立した孤独な〈わたし〉は本質的に力を持ちえない［アーレント 2017］。住民一人ひとりの意志が尊重される復興を実現するためには、生活場所を基盤として、〈わたし〉と〈わたし〉のあいだの世界を、必然性なき生存の無意味性と偶然性という感覚を包摂するものへと回復・再生させ［ブルデュー 2009: 353–420］、〈わたし〉の生存の意味と方向性を確認できる安定した〈わたしたち〉の共通感覚をつくることが必要である[8]［川﨑 2023c］。言い換えれば、生活場所を基盤とする〈わたしたち〉の価値とこれに包摂された〈わたし〉の居場所をつくることである[9]［庄司 2012; トクヴィル 2005a, 2005b, 2008a, 2008b］。これは、福島復興論を超えた、近現代の〈わたし〉の生のありようなり精神構造なりを問い直す、わが国の未来への挑戦である[10]［東 2015; ルソー 1954; アルチュセール 2015］。

4 おわりに

福島原発事故後に何も変わらず、戦後に形成された原風景が復元されつつある。何も変わらないのは復興も同じであり、復興が〝復興ごっこ〟になってしまっている。あたかも福島原発事故は無であったかのように、原発の再稼働やＡＬＰＳ処理水の海洋放出などがなし崩し的に進められている。福島原発事故を経てもなお、日本は外圧によってしか変われないのであろうか［江藤 2013］。

アリストテレスは、知のあり方として、テクネー（techné：技術）、エピステーメー（epistéme：学問的知識）、フロネーシス（phronésis：思慮・実践知）、ソフィア（sophia：知恵）、ヌース（nous：知性・思惟）の五つがあると述べ、とりわけテクネー、エピステーメー、フロネーシスの三つの重要性を強調した［アリストテレス 1971: 279–324］。エピステーメーとは、自然的世界に存在する必然的なもの・永遠的なものに関する理論的知識であり、テクネーとは、自然的世界に潜在している変更可能な余地において働く製作に関わる知であり、フロネーシスとは、個別的状況において全体的な観点から善に関して思案できる実践的な知である［岩田 1985: 55–79; 中畑 2023］。先述のとおり、福島原発事故は人災としての側面がある。官邸チームや東京電力のフロネーシスの欠如が招いた事故だという指摘があるが［野中編 2012: i–vi］、それは同時に、選挙を通じて国策としての原子力政策を支持してきた国民のフロネーシスの欠如だと言うこともできるだろう。原発の再稼働や新設・増設へと原子力政策が大きく転換しつつあるなかで、国民の未来に向けたフロネーシスの涵養が求められている。

国民全体で福島原発事故と事故後の復興に関して検証することが必要である［川﨑ほか編 2024］。少なくとも、福島原発事故の発生の原因の究明と責任の所在の解明、福島原発事故による被害実態の包括的・総体的な把握と追究、福島原発事故の被災者の生活再建と被災地の復興・再生に関する実態に即した課題の抽出、原発事故の再発防止策と再発した場合の被害の最小化策の合理性に関する確認を行うことが必要である。こうした検証の結果に基づいて教訓をしっかりと導き出し、一人ひとりの被災者の生活再建と被災地の復興・再生に活かすとともに、将来の不測の事態に備えて教訓を原子力災害対策基本法というかたちで法制度化することが検討されてよい［川﨑編 2021］。

福島には、静かに土地と向き合いながら自分の責任を果たそうとしている方々がいる。〝復興ごっこ〟の世界とはかかわりなく、ときにはそれに妨害されることさえありながらも、かけがえのない大切なものを守ろうとしている方々である。語りえぬものについては沈黙しなければならないという言葉があるが［ヴィトゲンシュタイン 1968: 200］、わたしたちは黙ってこうした方々から学ぶことが求められており、そこから福島原発事故後の未来を切り拓くことができるのだと思う。

註

（1）本節は、川崎［2023a］を加筆修正したものである。

（2）「文明災」とは、第一回東日本大震災復興構想会議（二〇一一年四月一四日）での梅原猛特別顧問の言葉である。

（3）本節は、川﨑［2024］を加筆修正したものである。

（4）近世における藩政村は、土地の区画という意味での領域性ではなく、地縁社会の共同性（人の集団）を意味していたが、明治維新期を経て国土を分割した領域を前提とする自治体となった。このとき、自治体は人々を統治するだけではなく、領域とされる土地を「国土」の一部として管理しなければならなくなった。被災者ではなく被災地を対象とする復興政策の淵源の一つはここにある。

（5）わが国の場合、都市計画はインフラの整備手段として誕生し発展してきたが、多くの被災者が帰還しない地域において、復興の手段として都市計画によってインフラの整備を行うことは、効果の低い手段ありきの復興政策にほかならない（逆に、多くの被災者が帰還する地域においては、すでに土地区画整理事業などを通じてインフラの整備が完了している場合が少なくないと推察されるが、その場合には都市計画は復興の手段たりえない）。これを少し敷衍すると、多くの被災者が市町村の行政区域を越えて避難し、かつ、帰還しないことが予想される場合に、防災・復興法制度において復興を担う基本的な行政主体とされている市町村では、被災者の生活再建を十分には支援しえないということである。すなわち、「復興に都市計画は必要か？」との問いには、復興の手段に関する問いと復興の主体に関する問いの双方が含まれている。

（6）福島原発事故の原因者の一者である東京電力による損害賠償が被災者の生活再建支援の一つとして位置づけられることがあるが、損害賠償とは侵害された権利・法益に対して金銭的な塡補を行うものであって、生活再建支援とは異なるものである。

（7）今井［2023］は、原発事故被災者が望む最低にして最大の希望は地域環境の原状回復であったこと、それはいずれその土地に被災者が戻ることを前提としていたこと、すなわち「生活の復興」「関係の復興」の末に「空間の復興」が考えられていたが、福島復興再生特別措置法の制定によって原発事故被災地の「復興」の蹉跌が方向づけられ、同法に基づく福島イノベーション・コースト構想が「生活の復興」「関係の復興」「空間の復興」の関係性を切り離したと指摘している。福島イノベーション・コースト構想に紐づけられた無数の「計画」が立案されたが、これらの「計画」は地域社会や市民生活からの切実性や必然性から生まれたものではなく、東京の机上で考えられたアイデアが実体となって「空間」に降り注がれただけであるので、それらの中心は空洞でできていると指摘している［今井 2023: 143–198］。つまり、筆者の言葉で言えば、福島においては、市町村という空間単位では「空間の復興」と「人の復興」とがほとんど重なり合わないにもかかわらず、「空間の復興」に偏重した復興政策が展開されてきたが、その「空間の復興」さえも「人の復興」に資するものではなかったということだから、被災者は二重の意味で復興政策から疎外されてきたということになる。

(8) これは、一人ひとりが強い自意識を持ち、〈わたし〉と〈わたし〉とが結ばれにくいという現代社会の状況に加えて、福島固有の状況を背景とする難しい課題である。福島原発事故やその後の復興政策によって、〈わたし〉と〈わたし〉のあいだの世界の隅々に至るまで分断が発生してしまったうえに、避難指示が発令された市町村では、行政区域内で暮らしていることを基礎とする伝統的な政治的・行政的共同性と、かつてはその行政区域内で暮らしていたものの現在はその行政区域外で暮らしている住民や住所移転者・特定住所移転者を加えた、行政区域を越えた政治的・行政的共同性が併存しているからである。

(9) このとき、〈わたし〉と〈わたしたち〉との距離が重要であり、生活場所の規模が問題となる。例えば、合併によって市町村が広域化・大規模化したところでは、〈わたし〉の自治意識と市町村との間には距離が開きすぎている場合がありうる。生活場所を基盤とする〈わたしたち〉を形づくる単位として代表的なものは近世の藩政村を基礎とする行政区であろう。しかし、現代では個人が砂粒のように個別化していることを勘案すると、行政区がそのような個人の関心と利益を一元的に受け止めることができるかどうかはわからない。むしろ、規模も性質も異なるさまざまな生活場所に根ざした〈わたしたち〉を構築・再構築し、こうした多元的な〈わたしたち〉の意向を自治体の権能に関する意志決定とこれに基づく事務事業の執行に反映させることで、多元的な自治を実現することが重要だと考えられる。

(10) 私的な利害や共感を乗り越えたところに公的な倫理や政治の可能性が宿るという古典的な社会思想を現代社会に適用するには限界があることは明らかである。こうした背景をもとに、東［2015］は情報技術の活用によって大衆の無意識（一般意志2・0）を可視化し、間接民主主義と無意識民主主義を組み合わせることで統治するという社会思想を提起している。その合理性と妥当性について判断することはできないが、民主主義や政治といったもののアップデートが必要であることはそのとおりであり、「福島の復興」でもそれが問われているように思う。

column A

双葉郡八町村の自治体職員の実態

川﨑興太

わが国の防災・復興法制度では、市町村が防災・復興を担う一義的な行政主体として位置づけられている。東日本大震災・福島原発事故の発生後にも、復興を担う行政主体は市町村が基本という方針が定められ［東日本大震災復興対策本部 2011］、市町村が国から補助金や交付金を得て復興事業が進められてきた。

図A−1は、福島原発事故の発生に伴って全町・全村避難を強いられた双葉郡八町村における普通会計当初予算額の推移を整理したものである[1]。福島原発事故前の二〇一〇年度には三九五億円であったが、ピークの二〇一九年度には一四七六億円（うち復旧・復興分は六七％）と三・七倍になった。その後、少しずつ減少しているが、それでも二〇二三年度は一二三一億円（うち復旧・復興分は六一％）と福島原発事故前の三・一倍になっている。

二〇二二年に、こうした予算を執行している双葉郡八町村の自治体職員の現状と課題を把握するための調査を実施した［鈴木ほか 2023］。その結果によると、一般行政職員の人数は、福島原発事故前の二〇一〇年四月一日時点では六八五人であったが、二〇二二年四月一日時点では一二七一人と一・九倍になっている（図A−2）。雇用形態別にみてみると、正規職員は一・二倍の増加であるのに対して、会計年度任用職員などの非正規職員は一〇・三倍の増加となっている。正規職員と非正規職員の割合は、二〇一〇年四月一日時点ではそれぞれ九三％、七％であったが、二〇二二年四月一日時点ではそれぞれ五九

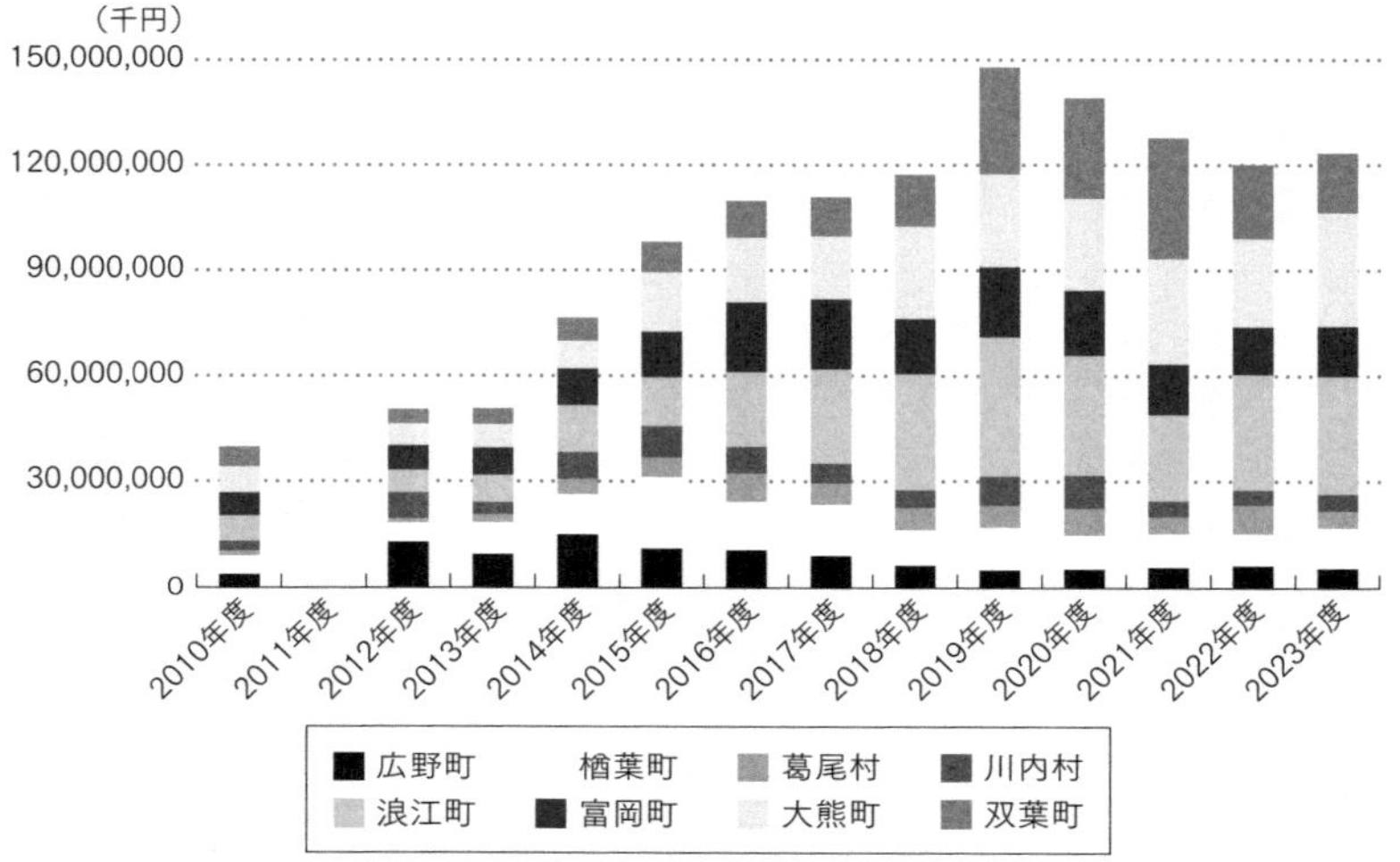

図A-1 双葉郡8町村の普通会計当初予算額の推移
出所：福島県市町村財政課「市町村普通会計当初予算の概要」(2010～2023年度).

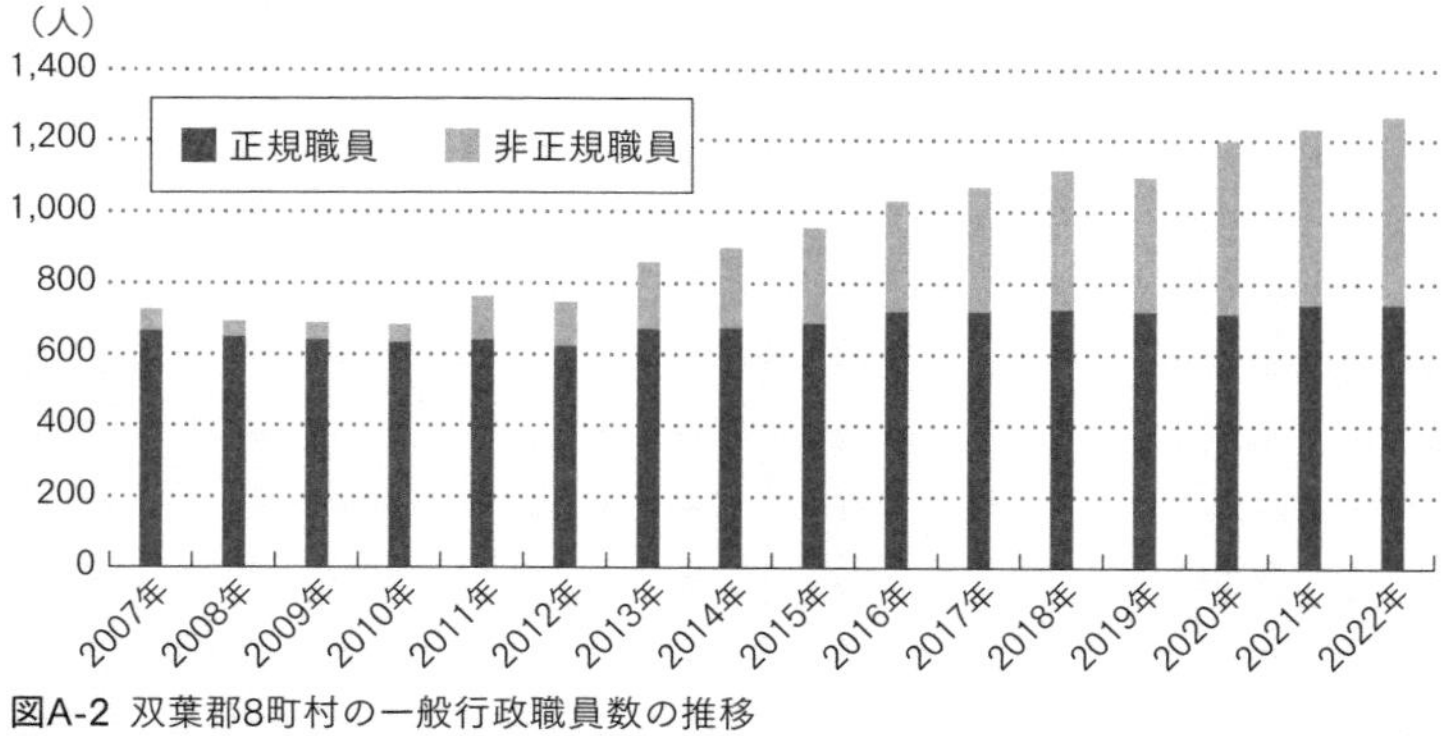

図A-2 双葉郡8町村の一般行政職員数の推移
注1：この図は各自治体に提供していただいたデータをもとに，各年4月1日時点での職員数を整理したものである.
注2：非正規職員のうち，会計年度任用職員について，制度が施行される2019年度以前は現在の会計年度任用職員に該当する職員を計上している.
注3：非正規職員については各自治体で把握している職員数のみ計上している.
注4：富岡町，大熊町，双葉町の会計年度任用職員については，常勤職員のみのデータとなっている.

%、四一%となっている。また、一般行政職員を対象とするアンケート調査の結果によると、福島原発事故前の採用が四一%、福島原発事故後の採用が五九%である。

復興の場面においては、元の暮らしや元のまちの姿に戻すことが基本であり、それが被災者の最大の願望でもあると考えられる。しかし、双葉郡八町村の一般行政職員の内情はといえば、今後も中長期にわたって復興の行政主体の中心的な存在であり続けると推定される正規職員であり、かつ、原発事故前の住民の暮らしやまちの姿を知っている職員は四分の一しかいないという状況である。しかも、アンケート調査の結果からは、それぞれの職員が業務に忙殺されており、役場内で復興のあり方を十分に議論できているとは言いがたい状況にあることが読み取れる。

国は、復興予算を確保するのみならず、こうした市町村の実態を踏まえた支援策のあり方を検討する必要がある。

註

(1) 福島県市町村財政課「市町村普通会計当初予算の概要」(二〇一〇~二〇二三年度)による。

第2章

地域デザイン学は「原発事故」にどう向き合うか
――訴訟にみる被害に対応する修復的実践からの示唆

窪田亜矢

1　地域デザイン学にとって「原発事故」とは何か

人々が暮らす環境を人為的につくり出したり、維持したりする技術やそれに関連する理論などの学として、建築、土木、造園、都市工学など、工学系だけに限ってもさまざまな分野がある。それらの総体を、本稿では「地域デザイン学」と呼ぶとしよう。地域デザイン学にとって、原発事故はどう理解すべき事態なのだろうか。福島第一原子力発電所の事故から一三年以上を経てもなお、どう理解すべきか、という規範論すら整理できていないといえよう。地域デザイン学にとって原発事故は周縁の問題である、と位置づけることで、原発事故に関する問いを去《い》なそうとしているのではないか、とすら思う。

環境社会学者の飯島伸子は、公害の現場において被害者に表れている被害が社会構造の中で拡大していく過程を「被害構造論」として論じた［飯島 1984］。それが基点になって、同じく環境社会学者の舩橋晴俊は、「加害論・原因論」「被害論」「解決論」として公害問題を整理して、被害構造論と加害構造や解決過程を関係づけていった

〔舩橋 2001〕。こうして拓かれてきた環境社会学という学問分野だからこそ、被害構造論の視座に則り、潜在的な被害を探索的に発見したり、被害と加害が連関して時間とともに拡大していく現象を把握したりすることが可能になっているといえよう〔藤川 2012〕。

そうした蓄積の中で、被害は長期化するからこそ、被害に対しては、その不正を糾弾したり反対運動にとどまったりしていては不十分であり、順応的な対応が必要とされていること（順応的ガバナンス）〔宮内編 2013〕が、実例研究として論じられる〔青木 2024〕に至っている。すなわち「被害論」と「解決論」の接近といえようが、このことは地域デザイン学にとって参照すべきだろう。なぜなら地域デザイン学とは、その時点での「解決」を模索する学問という側面があるからだ。もちろん「解決」とは、問題をフレーミングしたうえでの対応策にすぎず、一つの「解決」策が隣接する状況を悪化させることすらありうる。だからこそ、常に「被害論」や「加害論」も視野に入れたうえで「解決論」に臨む必要がある。

環境社会学の蓄積に着目すると、被害を加害と結びつけるという外部者の視点ではなく、被害を被害者がどのように捉えているのかという視点に立つ植田今日子は、津波被災を当該地域にとっての海難史の一つとして位置づけたうえで、「被害を引き受けることと引き換えに、被災した人びとが享受してきたものを見落としてしまうこと」を警戒する〔植田 2012〕。だからこそ、原発事故を研究対象にしても、放射能汚染に伴う除染は汚染部分だけでなく豊かな土まで除去する作業であるので、耕作者にとってはアポリア（解決のつかない難問）であること、しかし、それに対してもなお農民的技術を駆使する姿に着目している〔植田 2015〕。

被害者は、被害の渦中において、どこに避難するのか、どのような再建をするのか、といった多くの問いに対して選択しなければならない状況に陥る。しかし、その選択は被害者の自由意思のもとでなされるわけではないし、そのうえ望みもしない選択肢しかなく、さらには選択に必要な前提情報も欠落している〔堀川 2012〕。地域デザイン学が、そのような状況に対して、せめて被害者が、これなら望ましいかもしれない、希望があるかもしれない、と思えるような選択肢を用意できないならば、その存在価値はない。蛇足ながら補足すると、もし地域デザイン学が、被害者にとって希望を感じることができる選択肢を用意できたところで、それでも実際にはうまくいかなかったとしよう（そもそも一時点で切り取った結果などに意味はないし、うまくいく、うまくいかないという判断も単純なものではありえないが）。そうした結果、選択した人の自己責任として片付ける議論は間違っている［髙﨑 2021］。

さて、被害者は、被害の渦中において、せめて何を望むのだろうか。その選択肢とは何であろうか。こうした問題意識に基づいて、本章では訴訟を対象とする。なぜなら、被害を言葉にするという、二次被害ともいえる苦しい作業を被害者が自ら取り組んでいるからだ。まず次節で、訴訟として明確になっている被害者からみた被害の内容、それに対する司法の判断の状況を概観したい。そして、浪江町の津島《つしま》地区と飯舘村を事例として、原告となった被災者が求めている内容をみる(1)。この両地域はともに、原発の立地や稼働とは強い関係を持っていなかったが、原発事故によって厳しく汚染され、しかし当初の情報が不足していたために無用の被ばくをして、さらには帰還困難区域などに指定されて、全町避難・全村避難となった。これらの事例を対象として、被害者が何を望んでいるのか、整理する。それらから、地域デザイン学による現場への貢献の可能性を検討する。

2　被害者の要求と裁判による判断

●2－1　訴訟の経緯

法廷で原告の意見陳述を聞いていると、いかに厳しい被害の中に置かれてきたのか、という点に愕然とするとともに、どうしてこんなことが放置されたままなのだろうかと不思議に思う。

福島原発事故をめぐっては、まず、東京電力の幹部の刑事裁判を求めて告訴があった。二〇一二年六月に一三二四人の福島県民が福島地方検察庁に第一次告訴を行っている。その後、告訴団のメンバーや賛同する署名を増やしてきたが、二〇一三年九月に東京地検が不起訴処分を決定したので、東京検察審査会に申し立てをした。その結果、二〇一四年七月に東京第五検察審査会は、幹部三人に起訴相当（起訴すべきという判断）、一人に不起訴不当（さらに詳しく捜査すべきという判断）の議決を出した。二〇一五年一月には東京地検が再度不起訴にしたものの、東京第五検察審査会が二度目の審査を開始するなどの動きがあるなか、二〇一六年二月に検察審査会は強制起訴を決定し、公判を請求した。二〇一七年六月三〇日に初公判となり、二〇一九年九月一九日の判決の主文は「被告人らは、いずれも無罪。」だった。原告団による控訴とその棄却が四度続き、上告の申し立て中となっている（二〇二四年三月現在）。

また、二〇一三年三月一一日には、福島県民八〇〇人が原告となって、国と東京電力に対して福島地方裁判所に訴えを起こした。訴状の六―七頁を再掲しておく。

〈原告らが求めるもの〉

本件訴訟で原告らが求めるものは、第一に、もとの美しい福島（うつくしま）、ふるさとを返せ、という住民の叫びそのものである。

法律の形式としては、事故による放射能汚染を取り除き事故前の原状に戻せという形をとる。しかし、原告らの根源的な要求は、単に線量の問題には留まらない。原発事故で失われたのは、水や土の清らかさだけではない。そこにおいて育まれてきた原告らの生業と生活そのもの、そして、地域社会のコミュニティーの総体としてのふるさと、これを回復することが、原告らの真の要求である。

第二に、原告らは、福島原発事故により、日々、放射線被ばくによる健康影響を危惧しながら生活せざるを得なくなり、または、こうした被ばくを避けるために避難を余儀なくされるという深刻な被害を受けている。こうした被害は、被告東京電力と被告国の、故意とも同視しうる重大な過失責任によってもたらされたものである。

原告らは、本件訴訟を通じて被告らの加害責任の重大性を明らかにした上で、原告らの受けている甚大な被害に対する当然の賠償を求める。

さらに、本件訴訟の射程を超えるが、こうした原告らの要求の延長上には、原発事故による被害は福島を最後にしてほしいという要求がある。

二度と原発事故をおこすな！ すべての原子炉をすみやかに廃炉とせよ！

これが、原告らの究極の願いである。

その後、原状回復とふるさと喪失の賠償（それに伴う慰謝料、避難と居住用不動産の賠償）を求める同様の集団訴訟が、被災者が避難している先で、すなわち全国の二〇の地方裁判所などにおいて三二件起きている。原告の数は、今や一万二〇〇〇人を超えるという。この裁判では、賠償額の量と事故の責任が、主な争点となっている。賠償額については、山形訴訟判決を除いた判決はいずれも、文部科学省に設けられた原子力損害賠償紛争審査会による中間指針（二〇一一年八月五日、第五次追補二〇二二年一二月二〇日）の都度の額よりも超えて認容されている。しかし、請求額に比しては著しく低いという指摘がある［吉村 2020: 222］。一方、事故の責任は、予見可能性と結果回避可能性についての判断となる。予見可能性は、二〇〇二年七月三一日、政府の地震調査研究推進本部の地震調査委員会が公表した「三陸沖から房総沖にかけての地震活動の長期評価について」（以下、長期評価）の信頼性に基づく。すべての判決で、東京電力の責任は認めているが、国については地裁や高裁では半々程度で判断が分かれていた。二〇二二年六月、四つの高裁（一つの高裁が国の責任を認めず、三つが認めていた）の統一判断となる最高裁判決は、長期評価や予見可能性については判断を示さず、結果回避性を否定して、国の責任を認めなかった。続く二〇二三年三月の仙台高裁と同一一月の名古屋高裁も認めなかった。しかし、いずれも長期評価の信頼性は認めた。

日本における三つの権力の一つである司法が、原告らが求めるものをどう判断するのか、私たちは主権者として注視しておく必要がある。(2)

●2―2 事例――津島地区

こうした集団訴訟の一つとして「ふるさとを返せ　津島原発訴訟」がある（以下、津島訴訟）。

①浪江町津島地区の原発事故をめぐる経緯

福島県浪江町は、双葉郡の中でも最大規模の自治体で、陸前浜街道沿いにおける商業の集積地であり、町民は被災前には二万人を超えていた。原発事故当初の緊急避難時の福島第一原発二〇キロメートル圏に浪江町の東部は含まれていたが、西部の山間地域である津島一帯は含まれていなかった。そのため多くの浪江町民らが津島に避難した。津島診療所では屋外に列ができた。屋内で、三月一二〜一五日に診察していた医師が身につけていたガラスバッジは、〇・八ミリシーベルトの被ばくを示していた。三月一五日、津島支所に機能を移転していた浪江町役場において、国や東京電力から何の情報もないまま、町長は全町避難を決断した。

実は津島の方が、福島第一原子力発電所の半径二〇キロメートル圏よりも汚染状況が厳しいことは、後から明らかとなった。

全町避難は約六年続き（図2―1）、二〇一七年三月三一日、避難指示解除準備区域と居住制限区域において避難指示が解除された。

②津島訴訟にみる被災住民の意思

浪江町津島地区の住民の約半数にあたる二二八世帯六五九名（結審時）は、国と東京電力を相手として、原発事故を引き起こした法的責任の追及と原状回復させることを目的として、二〇一五年九月、福島地裁郡山支部に提訴した。

二〇二一年七月三〇日の一審判決において、予見可能性と結果回避可能性を認めたうえで、国の過失責任を断罪した。また、「津島地区の自然、津島地区の歴史、人と人とのつながり、自然との共生などふるさと剝奪慰謝料にかかる要素を認め、また避難状況についても慰謝料の要素として認めた。さらに被ばく不安についても」住民「が浴びた放射線量の具体的な数値が不明であることは、かえって」「不安を増幅させる要因となる」として、慰謝料の考慮事由と判断した（「」内は「ふるさとを返せ　津島原発訴訟」原告団弁護団による「福島地裁郡山支部判決に関する声明」二〇二一年七月三〇日より引用）。しかし、原状回復については認めなかった。

原告団長の今野秀則氏によれば、提訴からの六年弱で原告の中で五〇人以上が鬼籍に入ったが、「みんな津島に帰りたいと言いながら亡くなった」［東京新聞 2021.7.30］。「みんな顔見知りで、何かあればお互いに助け合った。原発事故で地域の歴史や人の絆、伝統や文化、一切合切が壊された。それが悔しい」、「津島は廃村の危機。難しいと分かっているが、原状回復して住めるようにしてほしい。ふるさとに帰れるのなら、賠償はいらない。津島に帰りたい。このままでは終われない」と語っている。

二〇一七年五月より制度化された「特定復興再生拠

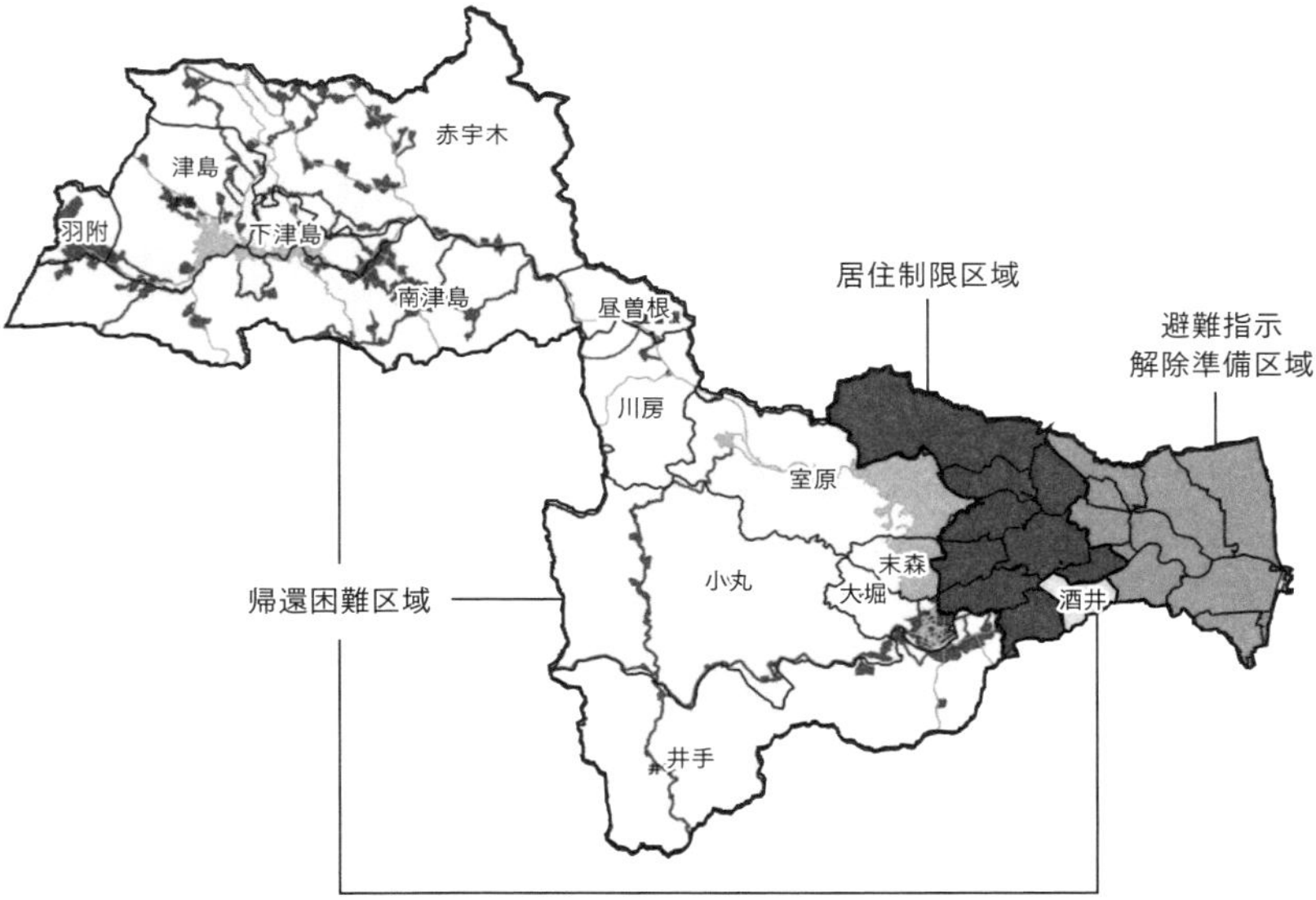

図2-1 浪江町における避難指示区域の再編（2013年4月）
注：全町が旧警戒区域と旧計画的避難区域だったものが，避難指示が出されたまま3つの区域に再編された．
出所：浪江町ウェブサイト「区域再編及び避難指示解除について」をもとに作成．
（https://www.town.namie.fukushima.jp/soshiki/2/13457.html）

点区域復興再生計画」に基づいて、二〇一七年一二月に浪江町は津島地区の一部を特定復興再生拠点区域に申請して認定された。だが、指定された除染区域は、津島地区全体面積の一・六%となっている。これに対して原告団は、一・六%だけではなく津島地区の住民の生活圏をしっかりと除染すべきであると主張している。

また、二〇二三年三月三一日に避難指示が解除された一・六%においても（図2―2）、行政が考える「住民の帰還が可能となる」状況と、避難者にとって暮らせる環境には差がある。そうした主張を実際に理解してもらうために、自分の「城」だった我が家が朽ちていく様子を、裁判官や視察希望者を何百人も受け入れて見せている原告の三瓶《さんぺい》春江氏がいる（写真2―1）。新聞記事によれば、「帰るたびに変わり果てた家を見るのは悲しい。この家を人に見せるのは切ない。でも、原発事故で平穏な生活を奪われた現状を見てもらわなければと思い、見学者を案内した」、「私たち夫婦が津島に帰りたいと言えば、子どもたちは私たちをほっておけないと苦しむ。また家族がばらばらになる。故郷がなくなるのは怖い。でも、帰りたいとは言えない」

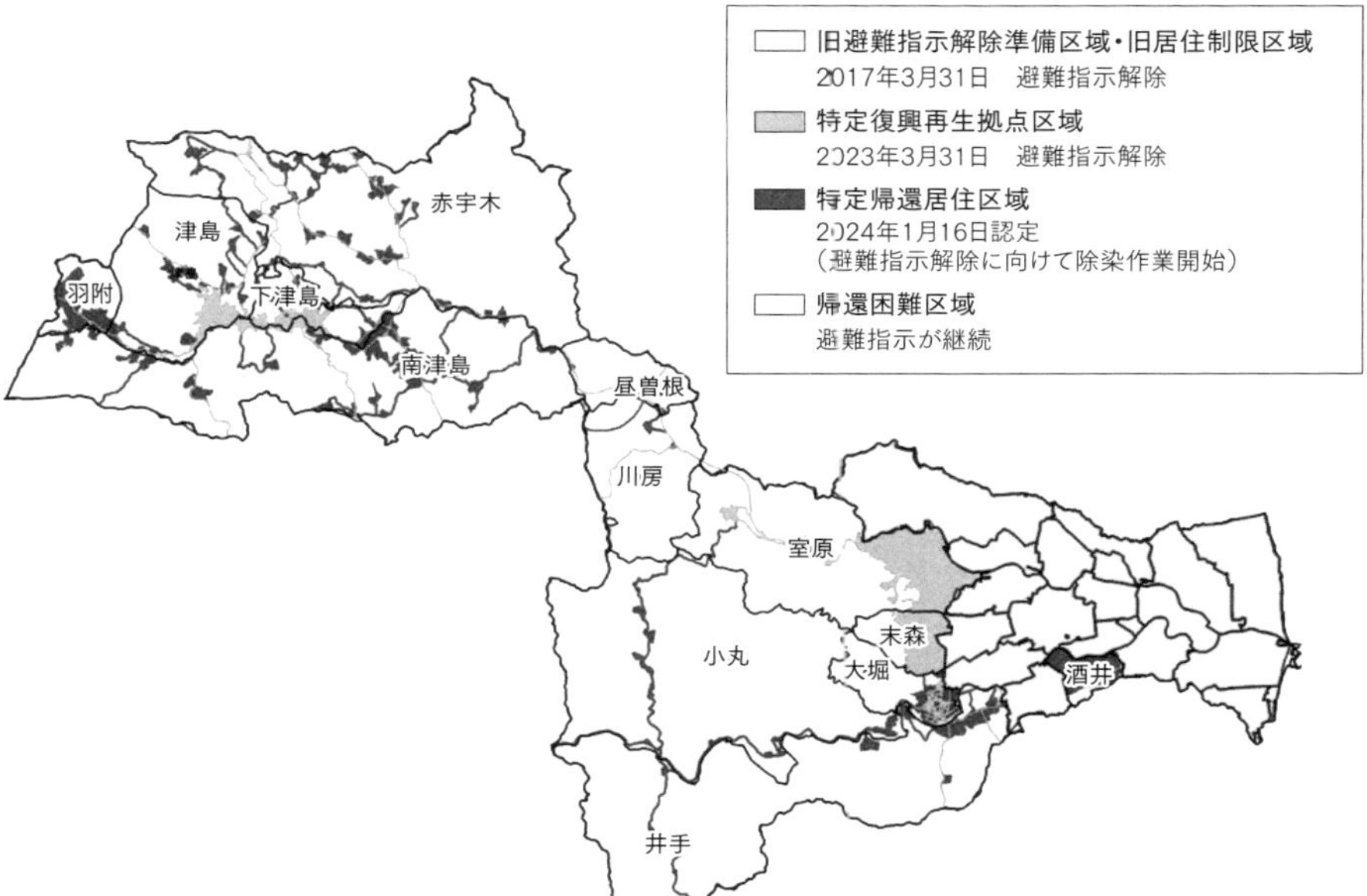

図2-2 浪江町における特定復興再生拠点区域・特定帰還居住区域の設定
出所：浪江町ウェブサイト「【初めての方へ】すぐわかる浪江町の現況」をもとに作成.
（https://www.town.namie.fukushima.jp/site/understand-namie/namie-factsheet.html）

と話している［東京新聞 2023.3.15］。

それでもあえて帰還した人もいる。元の家を修理して住んでいる帰還者は一世帯だ（二〇二四年三月二〇日時点）。新聞記事によれば、「誰かが戻らなければ次が続かない。何とか津島を取り戻したい」という［福島民報 2023.3.26］。二〇〇年続く古民家をリフォームして、以前とほぼ同じに再現したという。「『前と全然変わらないね』って言われたら、うれしい。津島に今も変わらぬ風景があると、感じられるようにしたかった」、「事故から一二年たち、住民それぞれが深い悩みや複雑な事情を抱える。今度こそ、一人一人の声を聞き、個別の事情に合ったやり方で解除してほしい」［東京新聞 2023.3.20］。

先述の二〇二一年七月三〇日判決を受けて「ふるさとを返せ　津島原発訴訟」原告団と弁護団が出した共同声明は、「裁判による解決にこだわることなく」、「国（及び東京電力）に対し、速やかな復興事業着手を強く求める」としている。

写真2-1 開拓記念碑建立者名簿の前にて語られる津島の人々の歴史（語り手は三瓶春江氏）

●2–3 事例——飯舘村

① 飯舘村の原発事故をめぐる経緯

福島県相馬郡飯舘村の事例も挙げておきたい。津島の北に接する、阿《あ》武《ぶ》隈《くま》山系北部の高原に開けた村だ。被災前の住民登録者数は六四五三人だったが、二〇二四年四月一日現在四六〇八人、うち避難者数が三〇九二人となっている（飯舘村ウェブサイトによる）。二一の行政区から構成されている。行政区とは、明治期に町村制が導入されるにあたって、その前からあった集落のまとまりを生かした単位だ。明治政府を頂点としたヒエラルキカルな体制の末端として位置づけられたともいえるが、同時に、暮らしを営む自治の根幹が今も生きている、ともいえよう。飯舘村においては、二つの集落が一つの行政区に合併した場合もあったのだということが、名前から推測される（例えば、「八木沢・芦原」）。逆にいえば、行政区になるときに、集落の名前を変えずにそのまま残すという強い意志があったということだ。

原発事故当初は、ほぼ全域が第一原発の三〇キロメートル圏外であった飯舘村に、避難指示は出なかった。しかし、一か月以上が過ぎた二〇一一年四月二二日の避難指示再編によって、飯舘村は全域が計画的避難区域となった。つまり、この約四〇日間の期間に、飯舘村民や飯舘村に避難してきた人々は無用の被ばくを強いられた。二〇一二年七月には再々編によって、帰還困難区域（長泥《ながどろ》行政区）、居住制限区域、避難指示解除準備区域となった（図2-3）。

二〇一七年三月には、居住制限区域と避難指示解除準備区域において、避難指示が解除された。二〇一八年四月には特定復興再生拠点区域の計画が認定されて、帰還困難区域である長泥地区において、除染や環境再生事業が着手された。二〇二三年五月には長泥地区の一部で避難指示が解除された。

② 飯舘訴訟にみる被災住民の意思

二〇一四年一一月一四日に、旧計画的避難区域の住

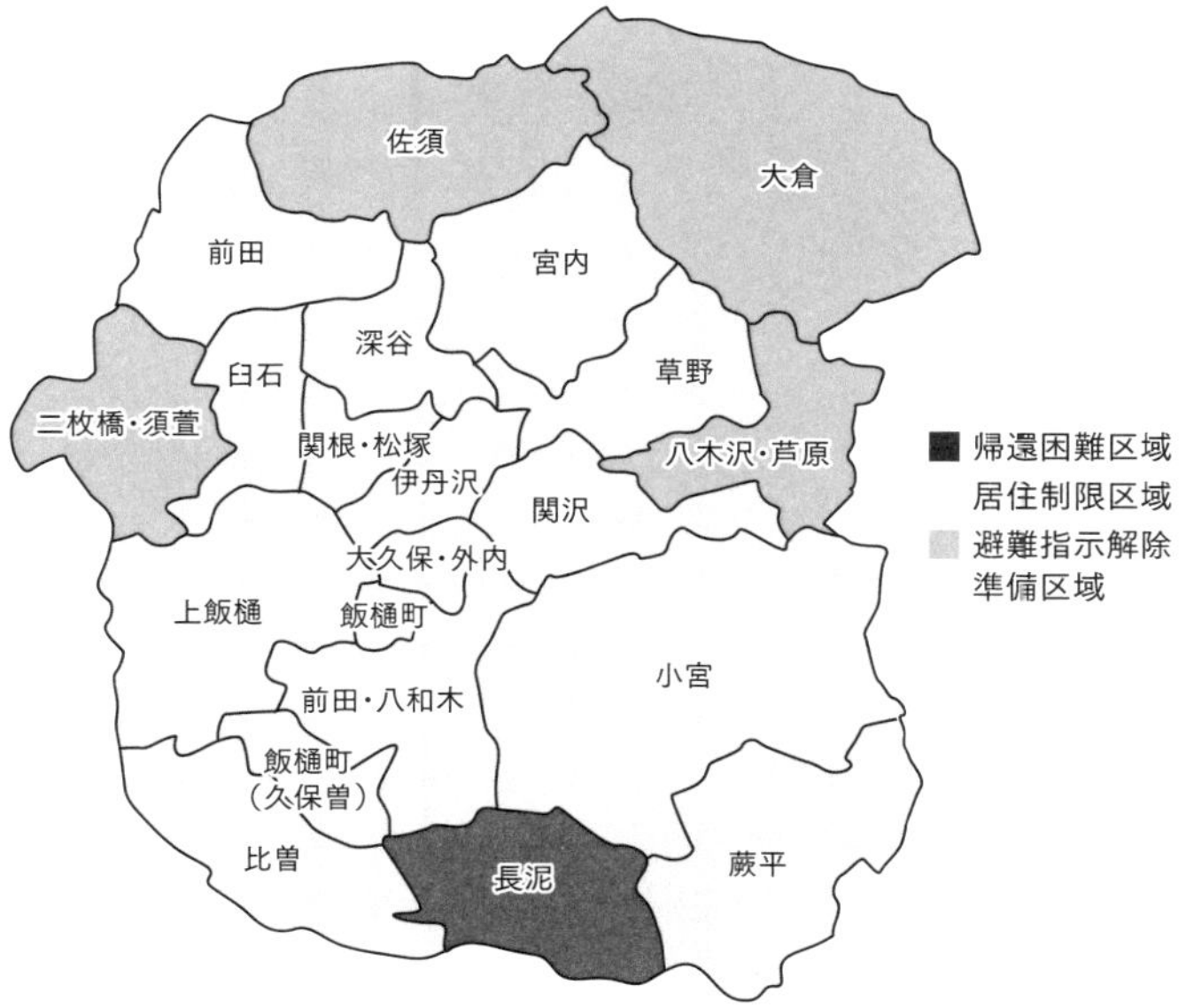

図2-3 飯舘村における避難指示区域の再編（2012年7月）
注：全村が旧計画的避難区域だったものが，
避難指示が出されたまま3つの区域に再編された．
出所：飯舘村「避難指示解除までの経緯」（『広報いいたて』2023年5月号）をもとに作成．
（https://www.vill.iitate.fukushima.jp/uploaded/attachment/13808.pdf）

民によるＡＤＲ（原子力損害賠償紛争解決）集団申立があった。村民の半数である七七六世帯三〇七二人がＡＤＲに参加していた。二〇一七年、国のＡＤＲセンターから提示された和解案のうち、避難慰謝料の増額に関する部分については住民と東電の双方が受諾した。一方、初期被ばく慰謝料については東電が拒否した。「謝れ！償《まや》え！かえせふるさと飯舘村」を掲げた「原発被害糾弾 飯舘村民救済申立団」の団長として広く人望を集めながら運動を進めてきた長谷川健一氏は、甲状腺がんを患い、二〇二一年一〇月二二日にお亡くなりになった。

飯舘村の住民一二世帯二九名は、同じく「謝れ！償《まや》え！かえせふるさと飯舘村」を掲げ、国と東京電力を被告として、損害賠償請求訴訟を起こした。二〇二一年三月五日のことだった。事故直後の被ばくを、国の対応の過失として、その慰謝料を求めている点に、本訴訟の特徴がある。

原告団長となった菅《かん》野《の》哲《ひろし》氏は、二〇二二年八月四日の第一回口頭弁論における意見書において、「１ はじめに」「２ 初期被曝について」「３ 飯舘村と村民の原状」「４ 訴訟で求めるもの」「５ 最後に」と整理して次のように主張している。「１ はじめに」では、飯舘村において農や森や役場にて職を務めてきたこと、定年後は父が苦労して開拓した農地を受け継ぎ、村を愛し、村に貢献すべく畑仕事に従事していたこと、そのような村民らが何代にもわたってつくり上げてきた平和な美しかった村が、放射能汚染によって一瞬にして失われ、村民は散り散りばらばらになっていることを説明している。「２ 初期被曝について」では、飯舘村民はどこの市町村よりも高い放射線被曝を被る結果となったこと、しかし避難のときにも、スクリーニングや線量検査がなされなかったのはなぜなのか、問いただしている。「３ 飯舘村と村民の原状」では村域の八〇％が除染されておらず、野山の恵みである山菜やキノコは何百年も食べられない状況が続くということが象徴的に示しているように、住民は苦悩しながら生きていかねばならないと訴える。今なお八割近くの村民が避難先で暮らし続けているのは、生業の目途が立たないだけでなく、長期的汚染の被害が実在しており、事故前のような暮らしができないからなのだ。国や県が進める移住政策では、村民の生活再建を支えられない。そのことを国民に知ってほしいと訴える。「４ 訴訟で求めるもの」として挙げているのは、原発事故の過酷さ、悲惨さへの理解だ。「何十年、何百年という何代にもわたって培ってきた自分の生まれ育った飯舘村は変り果て、美しかった自然環境は崩れ、黄金色に輝いていた田面は、至るところで真っ黒い大型フレコンパックに埋め尽くされていますから、異様に見えて涙が出ます」という文章からは、同じ風景を見ているようにみえて、村民に見えているものと、涙が自ずと出てこない人々（筆者を含む）が見ているものはまったく違うことがわかる。「私たちは国と東電が避難者に今後も被曝に対する不安を残して、安住生活を破壊してしまった責任をきちんと認める姿勢を質したいのです。併せて、飯舘村の村民の暮らしに欠かすことのできない、美しかった自然環境の破壊と安定した社会生活を形成してきたコミュニティの崩壊を引き起こし、飯舘村で安心・安全な、そして充実して暮らしてきた生活の破壊に対する代償を求めます」と結んでいる。「5　最後に」の部分は全文掲載しておこう。

飯舘村は再生の途上にあります。しかし、一言では言い表すことができないほどに、場所も人の心も崩壊してしまっているのが現状なのです。インフラの整備と移住政策の推進に邁進する国家政策では、事故前のような村の再生は叶わないと思っていますが、しかし、それでも長期的放射能汚染が続く飯舘村でも、安心して暮らせる生活環境が、必ずや来る日を心待ちしているのが多くの村民の願いなのです。

長年暮らしてきた我が家のあった飯舘村の光景は、毎日のように脳裏に映ります。そんなに簡単に消えることはないのです。

先祖代々から何故山村に暮らしてきたのか。それは自然の魅力があり、暮らしに不可欠な自然の恵みがあり、暮らしやすい環境が整っていたからなのです。

私たちは、飯舘村という大地に根を張った飯舘村民なのです。

それを放射能によって長期的に汚染されてしまった悔しさは計り知れません。

どうか理解してください。

私たちは、日に日に老いていきますので、早期解決を期待しております。

どうぞよろしくお願い申し上げます。

二〇二四年四月一七日には第一二回口頭弁論を迎えた。

3 修復的司法／正義／実践

ここで、まずは修復的司法／正義／実践について整理しておきたい。

修復的司法／正義（restorative justice）とは、一九七四年にカナダで起きた器物損壊事件に起源があるという。信仰心の厚かった保護観察官らが、加害者であった青年らを、被害者に面会させて弁償についても直接交渉させたという［ゼア 2003: 161–162; 山辺 2010］。つまり、損なわれた正義＝あるべき姿を、当事者である加害者と被害者が、修復もしくは回復するという取り組みだ。こうした取り組みは、刑事司法から始まり、医療や教育など、人間関係の修復が必要な現場で進展してきた。

修復的司法を支える修復的正義という思想について研究したハワード・ゼア（Howard Zehr）は、従来の刑事司法と修復的正義の違いを表2－1のように二つの軸によって整理している［ゼア 2003; 石原 2021］。

ゼアに学んだ石原明子によれば、修復的正義とは、①犯罪に限らず、傷ついた関係性の修復を対象にする、②加害者や被害者が一義的に同定できなくても、修復的正義は実践可能である、③被害者と加害者の直接対話がなくても、修復的正義は実践可能である［石原 2021］。そして医療現場での詳細研究に基づき、「特に侵襲性のある医療行為は、最初からある種のリスクのある行為を患者や家族が医療者に合意の上で委任して実施してもらうという構造にあり、この侵襲行為は、特に医療者から見れば、患者・家族にもある、ということ」になると述べる［石原 2021: 33］。医療行為と原子力発電は大きく異なるが、それらを必要として実施可能になるような法制度やガイドラインを設けて運用しているのは、国であり、それを求めているのは私たち国民（もしくは市民）だといえよう(3)。

具体的な手法としては、被害者・加害者カンファレンスやサークルプロセスなどの形態（プログラム）があるが、修復的正義とは、プログラムというよりも、表2－1で示した「修復的な視点に沿って、被害者、加害者、その関係者も含めて、協働的に探求し、傷ついた人・関係性・ものの修復や回復に取り組んでいこうとするプロセス」であり、そのプロセスの方向性を示すコンパスだという［石原 2021］。

従来の刑事司法が要らないわけではない。しかしそれだけでは、被害者が感じている「ニーズ」すなわち正義＝あるべき姿は実現できない。たしかに、先にみたように福島原発事故については刑事訴訟もあるが、行政・民事事件の範疇である訴訟も多く、原告と被告の間での交渉は成立しうる。しかし、裁判は時間がかかるので原告となる被害者は裁判が終わるまで待っていられない（待たせるべきではない）こと、被害は現在進行形であり緊急的な対応が必要であること、原発事故そのものやその後の状況に深く関係しているはずの国民や市民が裁判には直接的には関与できないことを踏まえれば、修復的正義の考え方は、もしかしたら被害者の希望につながるのではないだろうか。

福島原発事故の被害には、明らかに不正義だと断じるべき点がある。これだけの被害を経験した後の社会が、正義＝あるべき姿として、少なくともこれだけは達成すべきだと共有できること、すべきこともあるだろう。また、正義か不正義かという問いの立て方を避けた方がよいこと

表2-1 従来の刑事司法と修復的正義の差異

従来の刑事司法	修復的正義
◎問われる論点	
どの法律を破ったのか?	誰が害を受けた（傷ついた）のか?
誰が破ったのか?	害を受けた（傷ついた）人のニーズは何か?
破った人はどのような刑罰に値するか?	そのニーズへの責任は誰が負うか?
◎視　点	
犯罪＝法や国家に対する侵害	犯罪＝人々や関係性に対する侵害
侵害行為＝罪をもたらす	侵害行為＝責任をもたらす
正義＝国家が罪を決定し，苦痛を与えることを要する	正義＝ことを正しく修復するための取り組みに，被害者・加害者・その関係者が参加することを要する
中心的焦点＝加害者がしてしまったことに対して受けるべき刑罰を受けること	焦点＝損なわれたもの，傷つけられたものを修復していくための被害者のニーズと加害者の責任

出所：ゼアに基づき石原が整理した表［石原 2021］をほぼ再掲.

も含まれるように思われる。よって、以降は修復的正義ではなく、修復的実践と言い換えることにしたい。

原発事故によって傷ついた地域において、どのような修復的実践が可能なのだろうか。最後に、そのような問いへの応答としての地域デザインを考えたい。

4 修復的実践としての地域デザイン

津島と飯舘の原告の主張は、とても似ている。美しい風景の中で、周りの住民同士が深く知り合い、協力しながら、水や土や木に働きかけて、日常を暮らしてきた。その日常の暮らしに、人々は誇りを感じ、家族を慈しみ、満ち足りていた。四季の恵みを享受し、また来年も同じように暮らしたいと願っていた。その暮らしを取り戻したいのだ。

しかし悲しいことに、原発事故の前とまったく同じ暮らしを取り戻すことはできないと彼ら彼女らは知っている。

●4―1 価値観の変化

原発事故前とまったく同じ暮らしを取り戻せない理由の一つには、一三年以上の年月を経て、亡くなった人々がいることだ。住民らは年をとり、身体は前と同じように動かなくなっている。同じところで暮らしていれば、一三年前の暮らしと今は連続しているので、取り戻すべき対象にはならない。しかし、流れた年月はどうしようもない。これについては、司法的正義としては賠償であろうが、修復的実践としては、被害者が失った、あるいは現在進行形で失っている、コトやモノへの理解を深めることがまず為されるべきことだろう(4)。それは、清らかな水や土や木がある山あいの集落において人間関係を構築してきた、足るを知る暮らしだ。とりわけ自然のモノや、限られた集落の中での人との関係を構築するのは容易いことではない。周りへの配慮や先人からの知恵が、個人のレベルや集落のレベルにおいて蓄積されていればこそ、可能だった。

こうした価値の対極に、モノや人との関係を、貨幣で入手可能な物品やサービスによって代替する暮らしがある。これら二つの暮らしはまったく異なる。モノや人との関係は唯一無二であり、代替不可能な時間的価値を含むものだった。一方、貨幣で入手可能な物品やサービスは、むしろ均一なものであり、使用方法も難しくなく、その方が望ましい、と考える都市住民は少なくない。たしかに、薪を拾ってきて火にくべて暖をとることはできないけれど、電気料金を払ってスイッチをひねって暖房をつけることならできる人は多い。自分にとってその方が望ましいと考えるにとどまらず、そのように変えていくべきだという風潮もあるように思われる。労力が楽というだけでなく、年がら年中いつでも電気が（お金さえ払えば）いくらでも使えるという点にも価値が置かれているのではなかろうか。そうした価値を実現する手段として原子力発電は、足るを知らずに限度のないエネルギーを実現しようとする。それが事故を起こして破壊したのは、気候危機の時代の今、私たちの誰もが願わなくてはならない満ち足りた暮らしのあり方の一端だった。

こうした状況についての理解を深めるということは、被害者が失った、あるいは失いつつあるコトやモノの価値を自分の価値観とすることだ。

●4－2 汚染の問題

原発事故前と同じ暮らしを取り戻せない理由として、汚染の問題もある。広大な環境汚染に対して徹底的な除染を望む声がある。汚したら元に戻すのは当たり前のことだ。しかし現段階で除染とは、山林においては樹木の伐採や地形の改変であり、農地においては肥沃な土の除去でもある。さらに除染事業者の被ばくという問題もある。

また除染とは、汚染物質が物理的に存在しなくなるわけではなく、汚染物質の移動だ。そのため、移動した先での保管の問題が生じている。中間貯蔵施設は、最初の搬入から三〇年を迎える二〇四五年三月には原状回復し、汚染物質などは最終処分場に移送されることが、中間貯蔵・環境安全事業株式会社法（JESCO法）第三条二項において定められている。[5] しかし最終処分場の場所が決まっていない。立地の選定問題は、受け入れるかどうかの選択に揺れる新たな場所における住民の間で、賛成派と反対派という分断を生じさせている。また、原発から出る高レベル放射性廃棄物＝核のゴミを地層処分とする法律（特定放射性廃棄物の最終処分に関する法律、二〇〇〇年成立）に基づき、地層処分を進めようとしている政府に対して、二〇二三年一〇月三〇日、地学の専門家ら有志三〇〇人余りが「世界最大級の変動帯の日本に、地層処分の適地はない―現在の地層処分計画を中止し、開かれた検討機関の設置を―」とする声明文を発表した。地層処分とは、核のゴミの放射能が、自然のウラン鉱石と同程度のレベルになるまでの一〇万年間、地下三〇〇メートル以深の処分地に保管するという方法だ。すでに地層処分を開始したフィンランドや処分場を決定したスウェーデンなどの北欧の地質条件と日本のそれを比較すれば、後者において「今後一〇万年間にわたる地殻の変動による岩盤の脆弱性や深部地下水の状況を予測し、地震の影響を受けない安定した場所を具体的に選定することは、現状では不可能」だと断じている。そのうえで、同声明文は、二〇一二年九月に日本学術会議より示された、原子力委員会からの審議依頼に対する回答[6]、すなわち地層処分を前提とした政策の抜本的見直しを求め、地上での暫定保管と、放射性廃棄物をこれ以上増やさない総量管理を柱とする政策枠組みを支持している。

　除去土壌などをなるべく減らすために、公共事業などにおいて再利用することが企図されている。そのための実証事業の受け入れについては、受け入れ拒否の意向を、埼玉県所沢市や東京の新宿御苑周辺の住民が示した。こうした状況に対して、福島と新たな受け入れ先の間の対立につながると、三〇年中間貯蔵施設地権者会の会長である門馬《もんま》好春《よしはる》氏は指摘している。「本来、国・政治側が批判を受けなければいけないが、いつの間にか批判の矛先が福島県に向けられてくる。事故を起こしたわけではない被害者側に向けられる」［テレビユー福島2024.3.10］。

　こうした一連の問題は、実際の空間を必要とする具体的で差し迫った課題だ。それぞれの現場において一時点での解決策を検討して試行することも重要だが、同時に、それぞれの現場が連帯して同時代の私たちの問題として議論する場も形成されなければならない。

では、原発事故前とまったく同じではなかったとしても、せめて同じような暮らしを取り戻すことは実現できるだろうか。

●4-3 町外コミュニティ

もちろん、実現できるもできないも断言できるわけではない。しかし、同じような暮らしを取り戻すための取り組みの存在を、ここでは強調したい。原発事故後を振り返れば、「仮の町（町外拠点）」や「町外コミュニティ」という動きがあった［今井 2014］。すぐには帰還できない状況のなかで、いつ避難が終わるのかがまったく不明ななかで、それまで暮らしを共にしてきた共同体が同じ場所に避難しながら生活し続ければ、そこではその共同体の特徴を継続できるだろう、そしていつか線量が下がって帰還できるようになったときには、また元の土地で原発事故前と同じような暮らしを取り戻すことができるだろう、という考え方だ。ここでは、第2節で取り上げた浪江町と飯舘村の状況をみておこう(7)。

浪江町での「町外コミュニティ」は、商工会の原田雄一氏らを中心に具体的な検討が進んだ［窪田 2020］。原田氏は、とくに子どもなど自分で住める場所を選べない人々を念頭に、避難指示の解除を急ぐべきではないと考えており、「ふるさととは生まれ育った場所だけではなくいろんな人と築き上げた人間関係でもある。みんなでまとまって暮らせば浪江はいいなとなる。いつかみんなで帰れる」と考えていた。理想的な土地が見つかり、その土地所有者らとの交渉も順調に進んだ。しかし、うまく実現されなかった。「町外コミュニティ」を推進する町民らと、同じ土地に戻ることを重視する町政との間で齟齬が生じたからだ。しかし、実現していないからといって「町外コミュニティ」が実現できないとは断言できない。まだ取り組まれていないからだ。未知の問題に対しては、「〜たら」や「〜れば」という、事実には反する状況を真剣に想像する態度である「反実仮想」によって臨む必要がある［赤上 2018］。

　また、飯舘村の原告団長である菅野哲氏は、自著の中で「飯舘農民が故郷を見守りつつ、故郷とは離れた土地で、〈農〉という生業の本質に立ったコミュニティを築き、何十年先になるかわからないけれども、故郷の放射能汚染が危機を脱するようになったら、もう一つの村で大切に守り育ててきた〈農の原点〉に立った農業を携え、故郷の土地に帰還したいと思う」［菅野 2020］と述べている。実際に菅野氏は、各地に避難している飯舘村民らの仮設住宅の周辺で、畑などを確保して共同で農作業ができるように計らった。二〇二四年現在も、こうしたつながりを再定住先の畑にて継続している。

　集団で避難する権利を認めるべきという議論はこれまでもあった。それを実際に実現するためには、集団の避難者らを受け入れる場所が必要になる。場所とは空間を意味するだけでなく、避難者らが自律的に他者や他物との関係を構築できる条件が備わっている必要がある。その条件とは何か、という点は今後の研究課題だ。「町外コミュニティ」と見立てられる実例を探索的に発見して、現在進行形の実態を理解して、実例をつくり出していくことも、地域デザインの仕事だといえよう。

註

（1）本章では、新聞記事における被災者や原告の声を積極的に活用させていただく。インタビュー調査はインタビューされる方への負担が大きいこと、新聞記事の中には広く共有すべききわめて貴重な記事があることなどの理由による。

（2）他にも、きわめて重要な裁判が起きている。例えば、二〇二二年一月二七日、子ども甲状腺がんを発症した原告六人は、東京電力を相手に損害賠償訴訟を起こした。原発事故当時六〜一六歳で、全員が手術を受け、甲状腺の全部または一部を摘出している。目に見えない放射性物質による被害がいかに社会と共有しにくいものであるか、公益事業における工学技術に関する被害に関して被害者に課される挙証責任がいかに困難なものであるかを表している。筆者は、公益事業における工学技術の被害の挙証責任を、被害者に課すべきではないと考えている。また、県が原告となって避難者を訴えている訴訟もある。避難指示が行政から出されなかった区域からの避難者に対して、福島県は、仮設住宅と借上げ住宅への入居の支援を行ってきた。しかし四度目の延長を経て、二〇一七年三月末に支援を終了した。その後、福島県議会は明け渡し訴訟の実行を議決し、二〇二〇年三月に明け渡しと損害賠償を求めて避難者四世帯の提訴に至った。一方で二〇二二年三月には東京都や埼玉県の公的住宅に入居している区域外避難者が、福島県を提訴した。平時の住宅政策の貧困が、緊急時に最悪の形で露呈している。避難指示が行政から出されなかった区域からの避難者のことを、自主避難者と呼称することがある。自主避難者という呼び方には、本人からすれば自主的に避難したわけではなく、危険だから強制的に避難させられたのだという認識が当然あるので、不合理である。また自主避難者と呼称することで、勝手にやっているのだから行政の対応は必要ないという論調として語られることもある。であるから非常に慎重になるべきであるが、筆者としては、たとえ行政から避難指示が出なかったとしても、本人がさまざまな情報を収集し、熟考して、判断して避難しているという状況に、私たちの社会はむしろ希望を見いだすべきではないかと考えている。

(3) 発電事業は公益事業の一つとして位置づけられている。公益事業というと、良いことをもたらしてくれるものとして社会は受け入れているように思われる。しかし今回の原発事故のように、公益事業だからこそ大規模に運営されてきて、大規模な被害につながったともいえよう。工学技術による事業が公益だけで存在すると想定するべきではなく、公益と公害をセットにして考えるべきだろう［窪田 2022］。

(4) 暮らしを知るためには住民の声を聴くことが一番だが、直接話ができなくても多くの記録がある。例えば、関編［2023］。

(5) 中間貯蔵・環境安全事業株式会社法（国の責務）第三条「国は、中間貯蔵及びポリ塩化ビフェニル廃棄物の処理の確実かつ適正な実施の確保を図るため、万全の措置を講ずるものとする。2 国は、前項の措置として、特に、中間貯蔵を行うために必要な施設を整備し、及びその安全を確保するとともに、当該施設の周辺の地域の住民その他の関係者の理解と協力を得るために必要な措置を講ずるほか、中間貯蔵開始後三十年以内に、福島県外で最終処分を完了するために必要な措置を講ずるものとする」（二〇一四年一一月二〇日改正）。

(6) 当該回答とは、二〇一〇年に内閣府原子力委員会委員長から日本学術会議議長宛てに「高レベル放射性廃棄物の処分に関する取組みについて」という審議依頼があり、審議継続中に東日本大震災が生じた。そこで予定を延長してまとめた「高レベル放射性廃棄物の処分について」だ。結びとして「国民的合意に立脚して高レベル放射性廃棄物の処分問題を解決するため」の視点・論点や国民的協議と政策決定の手順を整理している（二二頁）。第一に、高レベル放射性廃棄物の問題を考慮したうえで原子力政策について考えるべきであり、第二に、地層処分の法制度的枠組みを固定化して考えるのではなく、また主要な事業担当者も再検討すべきであり、第三に、開放的なネットワークのもとで専門家の知識と知恵を結集しつつ、常に批判的検討が継続する態勢を構築し、第四に、すでに存在している使用済み核燃料も含めて、相当の労力と相当の費用もかけて積極的に取り組むべきことが挙げられている。

二〇一二年九月の公表から一二年経っているが、いずれも実現していない。

(7) 二〇一一年一二月、双葉町の井戸川克隆《いどがわかつたか》町長（当時）は、国が出した避難区域の見直し方針により、町域の大部分が少なくとも五年間は帰還できない指定となったことを受けて、「五年間、『仮の町』を設けなければならないと思う」と述べた［今井 2014: 119］。「仮の町」という表現への違和感などの指摘もあって、その後「町外拠点」という言葉が使われるようになる。双葉町は、いわき市に建設した勿来《なこそ》酒井団地を「町外拠点」と位置づけて、診療所や高齢者福祉施設、商業施設、集会所などを整備した。双葉町からの居住者の多くが高齢者であり、双葉町に帰還するという目的の実現は厳しいかもしれないが、コミュニティが一定程度維持されたことが明らかとなっている［高野ほか 2020］。他にも、今井［2014］は、二〇一一年一一月の大熊町長選挙で新人候補が新たな土地に町をつくって移住する政策を示したが、元の町内の比較的線量が低いところにニュータウンをつくる構想を示した現職が勝ったことを紹介している。「新人が予想以上に善戦をした」という報道などの評価を紹介している［今井 2014: 83］。富岡町の避難所支援をしていたグループによるセカンドタウン構想や、飯舘村の菅野典雄《かんののりお》村長（当時）による「二つの住民票的なもの」などもあった［今井 2014: 118–127］。

第3章 原子力災害に対して住宅政策が分有すべき責任を問う
――長期避難生活の連続的な安定性の保障に向けて

田中正人

1 はじめに[1]

福島第一原発事故により、福島県浜通りを中心とした一帯の生活空間が破壊されたことに対し、住宅政策はいかなる責任を果たすべきか。言うまでもなく原発事故[2]は人為災害であり、明らかな「加害―被害構造」を有する。したがって、まずもって帰責されるべきは加害行為の主体である。飯島［2000］によれば、公害・環境問題における「加害―被害構造」とは「さまざまな人間活動の結果として発生した環境悪化が、ひとびとの健康や生活に悪影響を及ぼし、そこで生じた健康被害や生活被害が、もろもろの社会的関係のなかで連鎖的に拡大していく事態の総体を、加害行為と被害現象との社会的な関連性を基軸として考える枠組」である。福島第一原発事故においては、発災から一三年以上を経て、今なお健康被害や生活被害が「連鎖的に拡大」していることは多くの研究が示すとおりである[3]。

一方、この災害が「さまざまな人間活動の結果として発生した」のだとすれば、われわれ一人ひとりもまた、まちがいなくその活動に関与している。I・M・ヤングの言葉を借りるならば、「危害はわたしたちの多くが容認された制度や実践の範囲内でともに行為することで引き起こされ」、ゆえにわれわれは「その危害についての責任を分有している」[ヤング 2022: 195]。ここでいわれる「危害」には、貧困や人種差別、性差別、ホロコーストなどさまざまな不正義が想定されているが、我が国の原発政策が引き起こした事故災害もまた、これに妥当することは明らかだ。彼女はまた、「特定の個人の行為は、他のひとにとっての不正義に対して、直接的に関与するのではなく、多くの人びとの行為に構造的制約を与え、一部の人びとにとっての特権的な機会を生み出しながら、むしろ間接的、集合的、そして累積的に関与している」とも述べている。よって、この「不正な結果を生む構造上のプロセスに参加」してきたわれわれは、「そのプロセスをより不正でないものに変革する義務がある」[ヤング 2022: 172]。

住宅政策が福島第一原発事故の責任を分有するということの意味は、一つには遡及的にこの分野の加害構造を明らかにする点にあるだろう。(4) いま一つは、原発被災地あるいは被災者の置かれた状況を「より不正でないものに変革する」ための、この先の責任について問う必要がある。本稿は、後者に関して、とくに長期避難生活を支える住まいのあり方について考察を行うものである。

手がかりとして、公的住宅に避難を続ける自主避難者と呼ばれる人々に対し、福島県が原告となって明け渡しを求めた「立ち退き訴訟」を取り上げる。非常事態下における住宅政策の根本的な欠陥と歪みを前景化した、これは象徴的な出来事だと考えられるからだ。同訴訟は一審・二審とも原告が全面勝訴し、避難者の窮状は極限に達している。この司法判断の背後には、まちがいなく「不正な結果を生む構造上のプロセス」が潜在するはずだ。

J・シュクラーは、災禍を受けた人々の状況に対して「手早く結論を出してしまう」こと、そしてかれらの状況を改善できる可能性があるにもかかわらず、その議論の場から立ち去ってしまうことを「受動的不正義」とみなす[シュクラー 2023: 53]。今後、住宅政策が「受動的不正義」に陥らないためには、どのような責任を分有すべきなのか。原子力災害によって余儀なくされた長期避難生活に対し、われわれはどのような選択肢を構想できるのか。

2 何が生活の安定を回復するのか

●2―1 生活拠点を定めるということ

原発事故によって放出された放射性物質は、長期にわたって刻々と移動・堆積を続け、線量は複雑に増減を繰り返す。必然的に、遠隔地への退避要請は時間的・空間的な変化を伴う。当事者の視点に立てば、その変化は、いつ（まで）、どこに、どのような住まいを確保し、どうやって安定した生活を取り戻していくのか、換言すれば、再定住の場をどの時点において定めることが可能なのかを逡巡し続けるプロセスを意味している。

すなわち、長期避難生活の厳しさとは、単に仮住まいがいつまでも続くということではなく、再び暮らしを立ち上げるための「生活拠点」という安定した空間を見いだせないままに不安定な時間を生きるということにある。生活拠点を定めることなしには、生活再建のスタートを切ることは困難であり、よって居住地選択の機会を保障することは、原子力災害に限らず被災者の生活再建にとっての基本的条件と言える。事実、その機会からの疎外はかれらの生命・生活の途絶に結びついてきた［田中 2022a］。

二〇一一年三月一一日以降、今日までの間に実行されてきた政府の避難政策あるいは帰還政策が抱える問題については、すでに多くの重厚な議論がある。生活拠点確保の場面に直結する、根本的な二つの論点について触れておく。

第一に、空間区分（ゾーニング）の意思決定の他律性である。国は、原発を中心に幾何学的な距離に応じて立ち入りや居住を制限し、時間の経過とともに、あるいは除染作業の進展、空間線量の低下とともに、その線引きを操作してきた。ゾーニングのプロセスは一貫して政府によって管理され、他方、「被災者や被災地域の自己決定を実現する」という動機が発現する場面はなかった［窪田 2019］。

自己決定の質を評価するうえで、柏木［1992］は当事者の自己決定能力以外に「関係の質」と「時間」の二つの変数を挙げている。この柏木のアイデアは社会福祉の分野におけるソーシャルワーカーとクライエントの関係を前提として導出されたものであるが、原発被災地での自己決定の分析にも援用することが可能であろう。国は被災者に対し、どこまで信頼に基づく関係性を築こうとしてきただろうか。そのために、どれだけの時間を費やしてきただろうか。

第二に、ゾーニングの目的の歪曲化である。当初の目的は、人体その他に蓄積する被曝線量を制御するための規制であっただろう。ところがその目的は変質した。一つは、工業団地開発など大規模国家プロジェクトの推進に向けた規制緩和策としての機能への変化であり、いま一つは、各種の賠償や仮設住宅入居期限などと連動した「避難終了政策」としての機能への変化である［日野ほか 2016］。前者は当事者の生活再建とは基本的に無関係であり、後者は当事者に対し、被曝リスクの制御が不確かな従前居住地への帰還か、不安定な居住リスクを覚悟した避難先への移住か、という過酷な二者択一を迫るものであった(5)。

他律的に決定されるゾーニングによって、不安定な居住を継続せざるをえないこの間のプロセスを理解するならば、当事者らの境遇が単なる不運ではなく政治的な不正義によって引き起こされてきたことは明らかである。ところが実際には、かれらは自己決定機会を剝ぎ取られた状態で生活拠点を選択するという、矛盾を抱えたなかでの判断を迫られている。自ら選ぶことと自体を自己決定と呼ぶならば、たしかにかれらの選択は自己決定なのかもしれない。だがそれは、たとえるならば暗闇のなかで手を伸ばした先にあった何かを、やむをえず手繰り寄せるようなものであっただろう。手繰り寄せたものが、再び暮らしを立て直すための手がかりになりうる可能性は低い。それでも何とか生き延びるためには、そのつかみ取ったものを手放すわけにはいかない。ところが後にみるように、国や自治体の政策は、その微かな手がかりさえも当事者から引き剝がそうとしている。

●2−2「生活構造」の維持

そもそも、何が生活の安定を回復するのか。鍵を握っているのは被災者一人ひとりの「生活構造」である。田中［2022a］によれば、「生活構造」とは生活圏域の重複、生活行動の連続、生活空間の継承の三要素によって構成される（図3−1）。すなわち、被災の前後において、日常的に移動する圏域が重なりを有すること、日々の中心となっていた行動が続いている、もしくは再開されること、ふだん主に身を置いている空間の質が部分的にでも継承されていることが、一人ひとりの「生活構造」の維持につながり、生活の安定をもたらす。こうした「生活構造」の回復可能性を確信し、あるいは少なくともその予兆をつかみ取ることが、生活再建に向けてスタートを切る必要条件となる。生活拠点とは、こうした確信や予兆に裏打ちされた住まいと居住地の別称である。

以下では、まず自然災害によるいくつかの被災地を事例に、生活の回復過程において展開されてきた被災者の実践が「生活構造」の維持にどのように結びついてきたのかをみておきたい。そのうえで、原発事故に

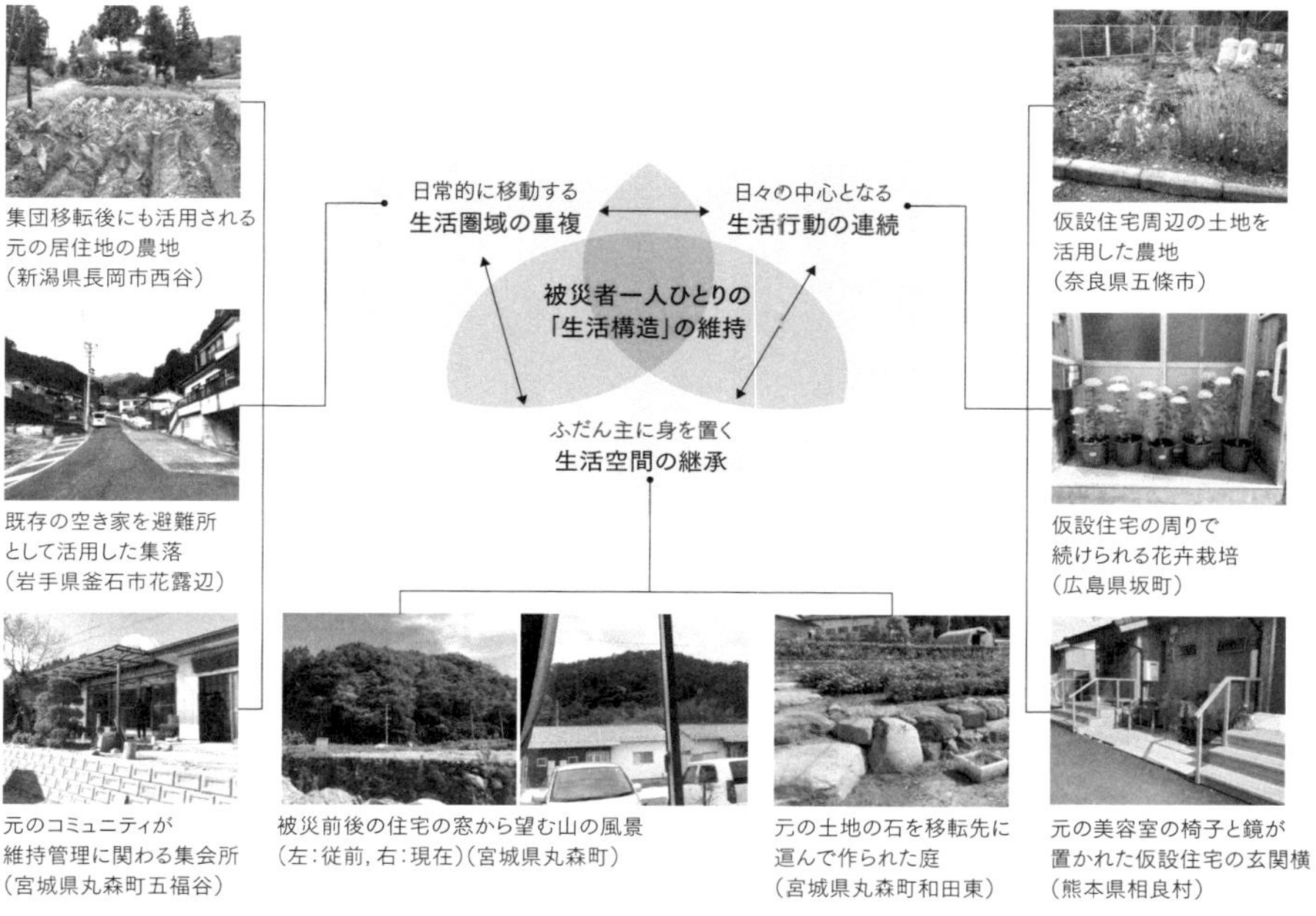

図3-1「生活構造」の維持に向けた実践事例（自然災害の場合）

よる避難者にとっての「生活構造」の回復可能性について検討する。

① 生活圏域の重複

被災後にはしばしば居住地移動が起こる。必然的に被災前の生活圏域とのずれが生じるが、その圏域が部分的にでも重なりを保つことが生活の安定維持につながる。もともと多様な社会関係を有する人々にとって居住地移動は特段の影響をもたらさないかもしれない。しかしながら、そうでない人々にとって、とりわけ他律的に決定される移動は深刻なダメージを伴う。

例えば阪神・淡路大震災（一九九五年）の仮設住宅では、一部の例外を除いて抽選によって入居先が決定された。結果的に、多くの被災者が従前の生活圏域から離れることになった。遠隔地への移動は、多数の入居者の社会的孤立を引き起こし、仮設住宅が解消されるまでの五年間に二三三人もの孤独死を生み出した［田中ほか 2010］。他方、新潟県中越地震（二〇〇四年）での防災集団移転促進事業では、住機能を移動させつつ、ほとんどの場合、生産機能としての農地は従前居住地に残され、生活圏域の一部として引き継がれている［田中・中北 2010］。東日本大震災（二〇一一年）後の復興事業において防潮堤の建設を拒んだ岩手県釜石市花露辺《けろべ》では、集落内の漁村センターを避難所とし、さらに被災を免れた空き家を福祉避難所的に活用することで、住み慣れた地域での避難生活の継続を可能にした[6]。東日本台風（二〇一九年）において、自力での集団移転が試みられた宮城県丸森町《まるもりまち》五福谷《ごふくや》では、部分的な浸水リスクを許容し、従前居住地の近傍に移転地が設定され、なおかつ、いくつかの世帯は元の集落の集会所との関係を保っている[7]。これらはいずれも生活圏域の重複を保つことで、被災による日常の断絶を緩和した事例と考えられる。

② 生活行動の連続

仮設住宅入居者に対して「最も辛く感じることは何か」を尋ねるとき、身内や知人の死亡や安否の不明を除くならば、災害の異同を超えて共通して頻度が高いのは「やることがない」という回答だ。日常の中核を占めていた生活行動は、いわば人生をかたちづくってきた履歴そのものであり、その途絶が当事者に激しい喪失をもたらすのは想像に難くない。

「やることがない」状態の継続は、とりわけ単身生産年齢層の孤立の固定を決定づけた。東日本大震災の仮設住宅や災害公営住宅で孤独死を遂げた六〇歳未満の入居者のうち、約六〇%は死亡時点で仕事を持っていなかった［田中 2022b］。終わりの見えない失業の厳しさを、A・ケースとA・ディートンは次のように表現した。「仕事はただ収入源というだけではない。……人生の意義、尊厳、誇りを失い、婚姻関係やコミュニティを失うことで自尊心も失い、それが絶望をもたらす」と［ケース・ディートン 2021: 9］。

他方、厳しい環境のなかで、被災者自身がかつての生活行動を取り戻す動きがあった。例えば西日本豪雨（二〇一八年）後においては、広島県坂町《さかちょう》の仮設住宅に暮らす男性が、被災前から力を入れていたという花卉《かき》の栽培を玄関周りで再開していたし、熊本豪雨（二〇二〇年）後の同県相良村《さがらむら》に建設された木造仮設住宅団地では、ある高齢女性がもともと経営していた美容室から運んできたという椅子と鏡が玄関横のアルコーブに設置されていた。これらはいずれも「やることがない」状態を脱するべく、当事者自らが空間に働きかけることによって、生活行動の連続性が部分的に保たれた事例と言えよう。

③生活空間の継承

われわれが日常的に身を置く生活空間は、われわれ自身の意識的／無意識的な働きかけによって刻々と整えられ、修正され、多かれ少なかれ身体に接続されている。だとすれば、生活空間の他律的な変化とは、その接続がいったんリセットされることを意味する。接続が深く、密であるほど、リセット後の影響は大きく、時に日常の回復は困難になる。

例えば、一戸建てや連棟建てといった接地型住戸から積層型、とくに高層階の住戸への移転は激しい生活空間の変化を伴う。大規模な災害公営住宅への入居は、しばしばその変化をもたらした。入居者の社会関係が切断され、孤立化が進んだ［塩崎ほか 2007; 田中 2022b］。また、阪神間の市街地に分布していた路地や東北の住まいに付随していた縁側は、人的な交流を生み出す空間として機能していたが、それらの多くは復興事業によって姿を消した。田中［2022a, 2023b］によれば、同じく交流機能を担うと考えられる集会所はその代替えとはなりえない。

他方、完全なリセットを免れた事例がある。例えば、前述の丸森町五福谷では、適切な事前の避難行動が実施されたことで人的被害は皆無であったものの、その後の土石流によって集落の半数近くの家屋が流失または大破した。長年暮らしてきた自宅を失い、二キロメートルばかり離れた災害公営住宅（町営住宅）に入居することになった八〇代の女性は、窓越しに見える山の景色が元の家からの眺めと似ていることに安心したという。また、同じく丸森町での自主的な集団移転に参加したある世帯は、元の土地にあったたくさんの石を移転先に運んで庭をつくり、小さな木を移植し、移転先を造成した際の土を逆に元の土地に運んで畑にし、二年後にはその土を今度は新たな住まいに運んで庭の畑に使っている。(8) きわめて限定的な継承にすぎないのかもしれないが、言い換えれば、たとえ限定的であったとしても、日々長く働きかけてきた生活空間が（窓から外を眺める、といった決して能動的とは呼べない行為も含めて）日常をつなぎとめうることを、これらの事例は示唆していよう。

●2―3 宙吊り状態を暫定的に安定させる

以上のような「生活構造」を維持する試みは、はたして原発被災地においても実践可能だろうか。第一に、生活圏域は汚染され、被災者はそこからの撤退を余儀なくされている。かつての圏域との重複は、一時的あるいは長期的に不可能である。もっとも、汚染のレベルは一律ではなく、また除染作業の進展と線量の低下によって、徐々に帰還の動きがみられる［川﨑 2022］。

帰還すれば、生活圏域は従来のものと重なる。だとしても、第二に、生活行動の連続性が保たれることはきわめて困難と考えられる。放射性物質の影響は人体だけでなく、動植物や土壌、湧水などあらゆる自然環境に及ぶ。

そのような自然環境に根差した営為が日々の中心にあったとすれば、帰還後の土地に残された再開の手がかりはあまりにも乏しく、他方、断念を動機づける材料はあまりにも多い。

第三に、仮に自らの被曝リスクを受容し、元の生活圏域に戻ったとしても、元の世帯構造を維持したまま帰還が可能かどうかは不確かである。帰還／移住をめぐっては、おびただしい世帯分離が生じてきた［吉田 2016; 山口ほか 2017; 田中 2016, 2017, 2019］。とくに高齢世代と子育て世代が分離し、前者のみが帰還するという傾向が顕著にみられる。帰還によって、たしかに生活圏域は重複する。生活空間の継承についても、元の住まいや土地をメンテナンスする機会が確保されることで、部分的には可能になると言えるだろう。しかしながら、その圏域に暮らす成員は必ずしも以前と同じではない。その空間にともに働きかけていた親密な顔はもはや近くにはない。世帯分離が必ずしも一様に不幸な結果を招いたわけではない。ただ生活再建の土台を構えるというステージにおいて、世帯分離は決して少なくないケースに対して激しいぐらつきを与えたはずだ。

以上のように、原発被災地において、かつての「生活構造」を維持することはほぼ不可能である。ならば、居住の安定はどこで確保されるのか。二〇二二年八月以降、原発が立地する双葉町、大熊町を含むすべての自治体に、帰還可能なエリアが設定されている。つまり制度上、すべての避難者は現在の避難先と元の居住自治体の二つ（以上）の選択肢を有することになる。だが、これらは当事者にとっては意味のある選択肢にはなっていない。田中［2016, 2024］が実証したように、かれらは暫定的に帰還もしくは移住を選択しているとしても、本質的には何も選び取っていない。避難政策から帰還政策への流れに翻弄され、どこにも再定着を図ることができないまま、暮らしは宙吊りにされている。そのような宙吊りの暮らしを「選んだ」のは当事者らの自己決定ではないし、望むべき暮らしを「選べない」のは当事者らの自己責任ではない。だとすれば、宙吊りの状態を暫定的に安定させる以外に、かれらの尊厳をわずかなりとも回復させる手立てはない。避難生活が少しでも安定に近づくならば、やがてその場所を拠点として人々は日々の生活行動を開始し、自分なりの生活空間を立ち上げ、いつしか新たな生活圏域を再構築しうるかもしれない。

ところが、このわずかに残された可能性すら閉ざされようとしている。自主避難者（区域外避難者）のいわゆる「立ち退き訴訟」と「住まいの権利訴訟」において下されてきた一連の司法判断は、その象徴的な不正義と言えるだろう。前者は、避難先となっていた国家公務員宿舎の明け渡しを求めて福島県が福島地裁に提訴した裁判、後者は逆に、同被告らが居住の権利を主張して福島県を提訴した裁判である。以下、とくに「立ち退き訴訟」をもとに、非常事態下における住宅政策の論点を検討する。(9)

3 自主避難者の住まいの権利はなぜ保障されないのか

●3－1 自主避難者の「立ち退き訴訟」までの経緯

原発事故による避難者は、避難指示等の発令により法的に退避が要請される「強制避難」者と、それ以外の区域から自らの意思で撤退を選択する「自主避難」者に分かれる。両者の区域は地理的に明確に線引き（ゾーニング）されるが、前述のとおり、その判断と実行主体は国であり、当事者の意向が関知する機会は存在しなかった。ゾーニングの作業過程においては、当然ながら科学的知見は参照されるが、線引きが同心円や市町村界に基づくことから、政治的判断が介在するのは明らかだ。放射性物質の拡散現象は複雑系であり、線量は連続データでありグラデーションを伴う。にもかかわらず、被災地は政治的判断によってデジタルに区分され、よく知られるとおり、公的な支援や補償は区域の内外によって圧倒的な格差が生じてきた。

たしかに、何らかのゾーニングは必要となる。そこに政治的判断が介在せざるをえないのもまた事実であろう。であるならば、その判断が引き起こす副作用としての不公正を認識し、絶え間なく変革していく義務が政治にはあるはずだ。ところが、ゾーニングに伴う不公正は自覚されないまま、むしろ揺るぎない与件として扱われてきた。以下の裁判の経緯をみる限り、そのように理解せざるをえない。表３－１に、原発事故発生以降の住宅政策、

表3-1「立ち退き訴訟」をめぐる動き

2011年	3月11日	東京電力福島第一原子力発電所事故
		14時46分，マグニチュード9.0の巨大地震発生
		原発事故による避難者数はピーク時（2012年5月）16万人超
2012年	6月	議員立法による「子ども・被災者支援法」衆議院本会議で可決成立
	12月	新規の県外借上げ住宅（民間賃貸住宅／UR賃貸住宅／公営住宅／雇用促進住宅／国家公務員宿舎等）の受付を終了
2014年	5月	自主避難者を含む避難者への仮設住宅・借上げ住宅の入居を2016年3月末まで延長（県）
	9月	子ども・被災者支援法に基づき「支援対象避難者（※）」の公営住宅の優先入居を通知（復興庁）
		（※）避難指示区域を除く福島県中通り・浜通り居住者
2015年	5月	自主避難者の住宅支援を2017年3月末で終了することを決定（国）
	6月	自主避難者の住宅支援を2017年3月末まで1年延長（＝1年で終了）を発表（県）
2016年	5月	入居者に対し，2017年3月末をもって現在供与している仮設住宅を退去する旨の文書を郵送で通告（国）
	7月	東京都の自主避難者向け都営住宅300戸の入居者募集開始
		収入要件・世帯要件をクリアし入居した世帯は602世帯中の142世帯
	8月	入居者に対し，2017年3月末をもって現在供与している仮設住宅の供与を終了する旨を通知（県）
	12月	国家公務員宿舎（東京・江東区東雲）に入居する自主避難者に対する入居継続の意向調査（県）
		最長2年間は有償で入居継続可能（県から国に要望し了承）
2017年	2月	国家公務員宿舎に入居継続希望者に申込書・誓約書・貸付概要書面を送付（県）
	3月31日	仮設住宅の供与終了
		低所得者に限定して民間賃貸住宅への避難者に月額3万円（2年目は2万円）の家賃補助を2年限定で実施
		自主避難者の国家公務員宿舎への入居を2年限定・有償で承認（国家公務員宿舎セーフティネット使用貸付）
		→申し込みは5世帯（その他に未契約のままの入居世帯）
	4月	「国家公務員宿舎セーフティネット使用貸付」契約書を送付
		「契約終了後も明け渡さない時は貸付相当額の2倍の損害金を請求する」等の記載（申込時の書面には無記載）
2018年	3月	福島県知事が国家公務員宿舎使用許可書を受領（財務省より）
	4月	民間賃貸住宅避難者への家賃補助を2019年3月末で終了することを発表（県）
		国家公務員宿舎避難者に対し，2019年3月末での退去を通知（県）
		退去できない場合は使用料の2倍の損害金を請求するという賃貸契約書を送付
	5月	国家公務員宿舎避難者は弁護士を通して損害金ではなく使用料の支払を申出（県は拒否）
	7月	未退去の世帯に損害金の納付書を送付（退去者には日割りで損害金を請求）
	9月	福島県議会9月定例会
		内堀雅雄知事が国家公務員宿舎未退去者に対する訴えの提起に関する議案書を議会に提出
		帰還困難区域（富岡町，浪江町，葛尾村，飯舘村）の仮設住宅の2020年3月末での供与終了を発表（知事）
		避難指示解除区域（南相馬市，川俣町，葛尾村，飯舘村）は特例延長を除き2019年3月末での終了を発表
2019年	3月14日	衆議院東日本大震災復興特別委員会
		「3月末までに退去できない避難者の強制退去等の事態が生じないよう努力」していくとの答弁（政府）
	28日	民間賃貸住宅避難者1840世帯への家賃補助を終了
		未退去者には2倍の家賃を請求するとの通知を送付（県）
	7月	国家公務員宿舎避難者63世帯に対し，使用料2倍相当の請求を開始（県）
	9月	国家公務員宿舎避難者5世帯を提訴する議案，県議会で賛成多数により可決
2020年	3月25日	**【立ち退き訴訟】県が福島地裁に提訴**
		国家公務員宿舎に入居する自主避難者4世帯に対し，明け渡しと家賃未納分の支払いを求めて福島地裁に提訴（県）
		2世帯が職場・住居のある東京地方裁判所への移送を申立（福島地裁・仙台高裁・最高裁は申立を却下）
		4世帯のうち2世帯は和解

2020年	5月14日	**【立ち退き訴訟】第1回期日**
		退去済みの避難者に対しては未払い家賃(131万8647円)の支払い,未退去の避難者に対しては,明け渡しと未払い家賃(147万5268円)と明け渡しまでの家賃(月額6万4863円)の支払いを命じる判決
2022年	3月11日	**【住まいの権利訴訟】自主避難者が東京地裁に提訴**
		住まいの権利を求め,福島県に対して東雲住宅と埼玉に住む自主避難者11世帯が東京地裁に提訴
	7月26日	**【立ち退き訴訟】第8回期日**
		被告代理人から出されていた証人尋問は全て却下
	10月 7日	国連人権理事会の国内避難民人権特別報告者として,セシリア・ヒメネス・ダマリー氏が来日
		「国内避難民がその生命や健康がリスクにさらされる恐れのある場所に不本意ながら帰還することを予防する対策がとられないまま,公的な住宅から国内避難民を立ち退かせることは,国内避難民等の権利の侵害であり,いくつかの事例では強制退去に相当すると考える」
	17日	**【立ち退き訴訟】福島地裁は判決期日を10月27日11時に指定**
	25日	被告代理人弁護士が民事訴訟法に基づく「裁判官忌避申立書」を提出,受理
		審理の途中打ち切りによる「裁判を受ける権利」の侵害
	11月 2日	福島地裁は申立を却下,仙台高裁に即時抗告するが同じく却下
	12月21日	最高裁に特別抗告
2023年	1月13日	**【立ち退き訴訟】第9回期日(小川理佳裁判長)**
		避難者側が全面敗訴
		国家公務員宿舎未退去2世帯(2人)に対し,福島県の主張を全面的に認める判決,さらに仮執行宣言(※)
		(※)判決確定前においても強制執行を可能とする宣言(民事訴訟法259条)
		2世帯は仙台高裁に控訴
	1月16日	**【住まいの権利訴訟】第3回口頭弁論**
	7月10日	**【立ち退き訴訟】控訴審第1回**
		原審において実行されなかった争点解明及び6名の尋問申請を退け,即日結審を宣言,審理終結
	26日	「弁論再開申立書」を仙台高裁に提出→「再開しない」
	9月19日	仙台高裁民事部に対し瀬戸口壯夫裁判長ら3人の裁判官の忌避を申立→「再開しない」
	10月 2日	**【住まいの権利訴訟】第4回口頭弁論**
	12月 4日	**【住まいの権利訴訟】第7回口頭弁論**
2024年	1月15日	**【立ち退き訴訟】控訴審(瀬戸口壯夫裁判長)**
		即日結審,避難者側が敗訴(福島地裁の判断を支持),一審の「仮執行宣言」の存続
		具体的立証も本人尋問のないまま,避難者側の控訴を棄却
		避難者側は最高裁に上告(県は最高裁の判断を待たずに権利を行使)
	3月 8日	**【立ち退き訴訟】東京地裁の執行官6名が避難者宅を訪問**
		未退去者に対する強制執行の「催告書(4月7日までに明け渡さなければ翌8日13時に執行)」の手渡し
		最高裁の判断を待たずに未退去1世帯への強制執行を申立(県知事)
	11日	強制執行の撤回と国際人権法に基づく人道的措置を求める緊急オンライン署名を開始(支援者)
	21日	**【立ち退き訴訟】避難者の代理人弁護士が執行停止申立書を仙台高裁に送付**
		「上告審についての判決ないし決定があるまでこれを停止する,との決定を求める」
		執行停止の申立人は一定の担保金の納付が必要(金額は裁判官次第)
		避難者の生活状況を考慮し,無担保で強制執行停止を発令することを要望

とくに仮設住宅の供与に関する国・県の判断の変遷と、「立ち退き訴訟」をめぐる動きを示す。(10)

福島第一原発事故における仮設住宅は、自然災害の場合と同様、災害救助法を根拠として供与が開始された。広域避難が要請されたため、福島県外においても、民間の賃貸住宅をはじめ、UR賃貸住宅、公営住宅、雇用促進住宅、国家公務員宿舎などが借上げ住宅（みなし仮設住宅）として提供された。事故発生の翌年末、その新規受付が終了する。ただ被害の継続のもとで、入居期間は延長が繰り返された。この間、入居対象には自主避難者も含まれていたが、二〇一五年五月、国は供与を二〇一七年三月末で打ち切ることを決定した。予定どおり自主避難者への仮設住宅の供与は終了し、民間賃貸住宅に避難する低所得者に対しては二年間の限定つきで家賃補助（月額三万円、二年目は二万円）が実施された。国家公務員宿舎に避難していた世帯に関しても、有償にて二年間の居住が認められた。

その二年が過ぎた二〇一九年三月末、民間賃貸住宅の家賃補助や国家公務員宿舎への入居は延長されず、未退去者にはペナルティ（家賃の二倍相当額の損害金の支払い）が課せられることとなった。国家公務員宿舎に避難していた自主避難者は、行き場のないまま入居を続けるしかなく、過剰な損害金を支払うことも不可能であった。二〇二〇年三月二五日、福島県はこれらの自主避難者四世帯に対し、明け渡しと家賃未納分の支払いを求めて福島地裁に提訴した（うち二世帯は和解）。これが「立ち退き訴訟」である。

具体的な裁判の経緯については、すでにいくつかの報告がある。(11) また、法的な論理の瑕疵《かし》についても説得的な議論が展開されている［清水・髙橋 2024; 髙橋ほか 2020, 2021, 2022; 竹沢ほか 2020］。他方で、この裁判における司法の判断は、我が国の非常事態下における住宅政策が抱える根源的な問題をえぐり出す契機となった。「立ち退き訴訟」が提起した主要な論点として、さしあたり次の四点を挙げることができる。①災害救助法は原子力災害に対応できるか、②仮設住宅の使用期限制限の論拠は何か、③生活保護制度は強制退去を正当化するか、④避難者は帰還以外の選択肢をどのように見いだしうるか。

これらの問いへの接近は、自主避難者の住まいの権利はなぜ保障されないのか、というより本質的な論点を浮かび上がらせ、その背後にある「不正な結果を生む構造上のプロセス」を解き明かすための手がかりを与えるだろう。窪田［2024］が言うように、「今とは異なる現代社会を考えるためには、福島原発事故とその後を考えるしかない」のだとすれば、現行の住宅政策をどのように転換すべきかを問ううえで、われわれはこれらの論点を素通りすることはできない。

●3－2 非常事態下における住宅政策の論点

① 災害救助法は原子力災害に対応できるか

二〇二四年一月一五日、「立ち退き訴訟」の控訴審において、仙台高裁の瀬戸口壮夫裁判長は福島地裁の判断を支持し、退去済みの避難者には未払い家賃（一三一万八六四七円）の支払いを、未退去の避難者には明け渡しと未払い家賃（一四七万五二六八円）と明け渡しまでの家賃（月額六万四八六三円）の支払いを命じた。[12]

瀬戸口裁判長は、応急仮設住宅の供与は災害救助法等に基づく措置であり、法の欠缺《けんけつ》状態にあるとはいえないとしつつ、国家公務員宿舎を応急仮設住宅に充てること自体が原発事故の発生という緊急事態に対処するための時限的例外的措置であったとの見方を示した。[13] この背景には、そもそも災害救助法は長期避難が必要となる原子力災害を想定しておらず、被曝を避ける権利を保障する災害法制度が不在であるという被告側の主張があった。清水・髙橋［2024］は、ゆえに、上位規範である国際人権法を参照する必要性があると指摘する。国際人権法に則るならば、避難者は「国内避難民」であり、「その生命や健康がリスクにさらされる恐れのある場所に不本意ながら帰還することを予防する対策がとられないまま、公営住宅から国内避難民を立ち退かせることは、国内避難民等の権利の侵害」である[14]［Jimenez-Damary 2023］。

筆者はこの主張に完全に同意するが、さらに言えば、災害救助法は原子力災害のみならず、中長期避難が生じる災害全般を想定していない。生田［2016］によれば、我が国の災害法制は「『中規模一過性』の災害を念頭に」おいているため、「被災した者に対する応急救助もまた短期間の避難を想定している」という。一九四七年に成立した災害救助法は、戦中から終戦直後に発生した東南海地震・南海地震等の反省を踏まえ、応急救助に対する自治体間の格差を是正するべく、国の責任を明確に規定した[15]。このこと自体はきわめて重要であり、法的意義は今日においても少しも失われていない。一方、中長期の避難生活や被災者の生活再建過程をカバーする法制度は抜け落ち[16]、政策決定の主体は不在のままだ。また奇しくも一九四七年には内務省が解体され、従来、中長期を射程に含んだ政策の運用主体も分割され、現在に至っている[17]。とりわけ避難者の住まいを保障するべき法の分断は重大な瑕疵と言える。仮設住宅のあとを支える災害公営住宅の根拠は、災害救助法ではなく公営住宅法である。所管する国の機関は厚労省と国交省に分かたれ、後者のミッションはハードウェアとしての住宅供給にある。そこには、避難生活の延長線上にある一人ひとりの入居後の暮らしをまなざすという動機はない[18]。

二〇一一年の福島第一原発事故は、こうした法制度的な不具合がもはや繕《つくろ》いえない状態のもとで起きた。法の欠缺は、いわば一九四七年から潜在的に続いてきたのであり、原発事故はその欠損を拡張しつつ露呈させたにすぎない。そのように解するべきである。「国家公務員宿舎を応急仮設住宅に充てること自体が原発事故の発生という緊急事態に対処するための時限的例外的措置であった」という裁判所の主張は、その欠損を裁判所自らが認めたものとは言えないだろうか。いずれにせよ、長期的な避難生活を「例外的措置」で対処すること自体に決定的な限界がある。事故から一〇年以上を経てなお、避難者の災害関連死が止まらないのはその証左である[19]。

②仮設住宅の使用期限制限の論拠は何か

同じく二〇二四年一月一五日の「立ち退き訴訟」の控訴審において、瀬戸口裁判長は「緊急事態に対処するための時限的例外的措置であった」という点に続けて、ゆえに「応急仮設住宅としての使用期間に制限があるのは自明のこと」であると述べている[20]。

そもそも仮設住宅に設定されている使用期間の制限は建築基準法に準拠する。同法八五条は、「非常災害があった場合において、非常災害区域等……内においては……建築基準法令の規定は、適用しない」と定めている。

大量の住宅が破壊された際、迅速な仮設住宅の供給を開始するため、構造・設備基準等の単体規定、用途規制等の集団規定が時限的に緩和（除外）され、ただし耐用年数等の制約から原則二年間（完成から最長二年三か月）という条件が課される。

つまり、二年間という使用期間は、入居者の避難生活やその後の安定居住への移行といった観点とは無関係に設定されている。たしかに「一般的な恒久住宅の建設が可能である等を考慮」して、二年間という期間が定められたという面はある［厚生労働省 2008］。しかしながら、そこには「大規模な災害を除けば」という「但し書き」が付帯しており、結局のところ、二年間の根拠は被災者ではなく建築の側にあると言えるだろう。

裁判所が主張するとおり、現行の法体系のもとでは、当該裁判の案件にかかわらず、「仮設住宅としての使用期間に制限があるのは自明」である。しかしながら、長期的な避難生活を前提とするならば、仮設住宅の使用期間の考え方自体を根本的に変える必要がある。具体的には、すでに述べたように災害救助法と公営住宅法の分断をいかに解消するのか、建築の単体規定・集団規定をクリアした立地や設計に基づく避難者の住まいをどのように実装するのか、という二点が問われる。

前者については、特定非常災害法の適用に基づく一年単位での延長措置という不安定な仕組みを含めた改革が必要と言えるだろう。また後者については、すでに東日本大震災や熊本地震、熊本豪雨等で、仮設住宅を恒久住宅に転用した実践例があり、二〇二四年元日に発生した能登半島地震でも同様の仕組みが検討されている。中でも、熊本豪雨の被災地となった相良村の仮設住宅（松葉団地）は重要な参照事例と言える。二年間の供与期間の後、県から村に譲渡され、村有住宅として元の入居者の大半が住み続けている(21)。

長期避難が要請される災害は例外的ではない。そして、原子力災害による居住の不安定化を引き起こした責めを避難当事者には帰すことはできない。ならば、われわれは「時限的例外的措置」をアドホック（暫定的）に講じてきたこと自体に問題の原因があったことを自覚し、まずは「仮設住宅の使用期間に制限があるのは自明」という認識を改める必要がある。

③生活保護制度は強制退去を正当化するか

控訴審から遡ることおよそ一年、二〇二三年一月一三日の「立ち退き訴訟」第九回期日において、福島地裁の小川理佳裁判長は、国家公務員宿舎が一時使用であることを、避難者自身が「供与開始当時から当然認識していたと推認される」と述べている。この推認の先に意図されるのは、避難者はいずれ退去することを理解しており、ゆえに明け渡しの要請は当事者側にとっても想定されえたはずだという論理であろう。しかしながら、ここには明らかな飛躍がある。

なぜなら行き場のない状況において、一時的安定を求めることはむしろ当然である。とりわけ先の見通せない境遇にあるとき、一時性は積極的な価値を持つと言える。ぐらついた態勢においてわれわれが求めるのは、恒久的な居場所ではなく、とりあえず身体を支えることのできる手すりであるからだ。またそれは、次の安定を模索するための仮の支えであり、同時に、次の安定が見通せない限り、決して手放すことのできない支えである。避難者にとっての仮住まいも同様であるだろう。次の安定居住が見込めないなかで、退去に向けた行動はありえない。したがって、避難者は「入居開始当時から一時使用であることを認識していた」という解釈が仮に事実であったとしても、それをもって退去の準備が整っていたと判断するのはあまりにも短絡的である。

それでも司法が避難者に退去を迫る理由は何か。一審と二審はいずれも次のように結論づけた。退去を迫られた避難者がどれだけ困窮するとしても、それは「生活保護その他の社会保障制度によっても補完しうるものであり、本件各建物への居住の継続が認められないことをもって被告らの生存権が侵害されたとはいえない」。避難者は、県による「支援措置を受けてもなおその生存権等の保障に欠ける具体的な事情が生じた場合には、生活保護その他の既存の社会保障制度等を活用して当該具体的事情に応じた保護がされるべき」である、と。すなわち両裁判官は、生活保護等が居住保障の欠落を埋めるものと解している。

しかしながら、第一に、安定した居住の確保は「生活再建の出発点」であり［津久井 2012］、住宅供給は「事後的」であってはならない［平山 1988］。よって、居住継続に先んじるべき社会保障は存在しない。第二に、「生活保護その他の社会保障制度」が避難者の暮らしの何を補完しうるのかは自明ではない。生活の困窮にはグラデーションがある。避難者は、現在の住まいに居住できる限り、やがて来るべき安定した暮らしの実現に向けて、希望をつなぎながら日々を生きていくことが可能だと考えられる。一方、退去して生活保護を利用することは、現在の貯蓄や収入源となる生業、その他の財産のほとんどを放棄するリスクを受け入れることを意味する。どちらが当事者にとっても社会的にも合理性があるかは明白である。

④避難者は帰還以外の選択肢をどのように見いだしうるか

同じく「立ち退き訴訟」第九回期日において、小川裁判長は、被告らは福島県への帰還以外にもさまざまな選択肢を有していたと述べている。ただ、言うまでもなく暮らしは住まいだけでは成り立たない。住まいを中心としながらも、周辺に分布するさまざまな機能が生活を支える。いわばそれが「暮らしのインフラ」となり、一人ひとりの生活圏域を構成する。生業、通勤、通学、通院、介護、買い物、社交、余暇など、生活を支えるために必要なインフラは多様かつ個別的である。居住地の選択肢があるかどうかは、こうしたインフラの再構築可能性を無視して判断することはできない。原発事故の避難者にとって、その可能性は十分に高いと言えるだろうか。

第一に、「暮らしのインフラ」は自律的・主体的な関与を必要とする。例えば、第一次産業における土地への関わりを筆頭に、生業の場は自らの働きかけのプロセスなしには成立しえない。通院や買い物に関しても、継続的・反復的な行き来を通して自らにとって大切な場としての信頼性が確立される。そうした生活の履歴と蓄積が「暮らしのインフラ」をつくる。身体的・経済的な制約の大きい避難者ほど、その構築には長期の時間を要することになる。かれらにとって、「帰還以外のさまざまな選択肢」はただのフィクションにすぎない。

第二に、避難者は必然的に元の「暮らしのインフラ」の多くをいったん失っている。しかも、被ばくリスクを避けるためには元の住まいに接近することもためらわざるをえない。そのような状況で移転先の選択肢を思い描くことは困難である。なぜなら通常、われわれは現在の暮らしを「原点」として、それとの比較考量を通して移転先での新たな「暮らしのインフラ」の取得可能性を想像しつつ、最終的には経済的なアフォーダビリティ(適正負担感)のもとで居住地を選択する。しかしながら、放射性物質の拡散による突発的な退避要請は、そのような「原点」となる生活拠点を無効にし、将来を考量・想像するための時間的猶予もないままに、避難者を不安定な暮らしに陥れた。その長期にわたる避難生活のなかで、「暮らしのインフラ」を再構築するための土地や場所に対する働きかけの機会を避難者が獲得することは困難である。換言すれば、不安定な仮住まいを可能な限り安定に近づける以外に、「暮らしのインフラ」をつくり出す機会を保障することはできない。「帰還以外のさまざまな選択肢」がフィクションではないと言い切れるのは、「暮らしのインフラ」をどこでも自由に手に入れることのできる者だけだ。

一審判決は、被告＝避難者の主張を全面棄却するにとどまらず、明け渡しに応じない場合の強制執行を可能とする「仮執行宣言」を付した。控訴審もまた、一審の判決を支持し、仮執行宣言は温存された。それは判決の確定を待つことなくして、明け渡しの強制執行がいつでも行われうることを意味した。

自主避難者の住まいの権利はなぜ保障されないのか。背景には、次のような「不正な結果を生む構造上のプロセス」があった。現行の災害法制は、原発事故が引き起こす長期避難生活に対応できない。建築法制に由来する使用期限制限に固執している限り、仮設住宅は、避難者の居住の安定に向けた移行プロセスを支えるという基本的機能を果たしえない。住まいの確保に先んじるべき社会保障は存在しないにもかかわらず、生活保護制度の存在が避難者のホームレス化を正当化している。原発政策と過酷事故を起点に、その後のゾーニングに基づく避難政策と帰還政策、さらに補償、賠償の歪みをつくり出した政治的判断は、自らの歪みを自覚しようとしていない。このような一連の不正義のもとで、不安定な仮住まいを可能な限り安定に近づけるための避難者の選択は、暴力的に棄却されようとしている。

4　結　語

避難生活は終わっていない。福島第一原発事故による避難者は、今なお確たる生活拠点を見いだせていない。原子力災害の被災地は、被害の蓄積する空間であり、そこに流れているのはさまざまな喪失の連続する時間である。だとすれば、たとえ宙吊りにされたような暮らしであったとしても、それを可能な限り安定させることが、社会的に果たされるべき最低限度の責任であるはずだ。避難生活が少しでも安定に近づくならば、人々はその場所を拠点として新たな生活行動を開始し、自分なりの生活空間を立ち上げることができる。そうして日常を取り戻すための生活圏域が再構築される可能性はひらかれる。

可能性を確かなものにするためには、第一に、非常事態に対応した法の欠缺状態を自覚し、長期避難を前提した仮住まいの連続的な安定性を保障する政策の確立が求められる。具体的には、まず災害救助法の基礎的な限界への理解が必要である。同法は、原子力災害のみならず、そもそも長期避難生活を想定していない。よって、仮設住宅の使用期間についても、単なる建築基準法上の緩和措置に基づく制限であることに無自覚である。長期避難の不安定性をやわらげ、暫定的にでも安定化させることを目的とした仮住まいのシステムへの転換が決定的に重要である。またそのためには、恒久住宅への移行期、とくに公営住宅法との接続を意図した再編も求められよう。

第二に、制度運用の前提となる強制避難／自主避難というゾーニングによって不可避的に現れる不公正を認識し、それを絶えず是正していくという視座に立つ必要がある。ゾーニングの科学的根拠はあいまいである。政治的判断の介在は避けられず、避難指示区域の内外という単純な線引きに連動して多大な補償や賠償の格差が生じている。避難政策から帰還政策への流れのなかで、格差は拡大再生産されている。ただし、誤解してはならないのは、是正すべきは両者の格差ではなく、危機的な状況に陥っている人々の境遇であるという点だ。住宅政策にはその是正作業を引き受ける義務がある。

第三に、本来的にはゾーニングの決定プロセスが見直されるべきであっただろう。住むための場所をめぐる政治的判断の主体となるべきは、言うまでもなく当事者自身である。しかしながら、避難者は一度も主体にはなりえなかった。すでに事故から一三年が経過し、その不公正は取り返しのつかない分断と悲劇を生み出してきた。われわれは、避難者の自己決定機会が保障されてこなかったことの致命的な過ちから目をそらすことなく、その権利の回復に向けて、先に述べた政策転換に力を尽くす必要がある。

二〇二四年四月八日、福島県は「仮執行宣言」を盾に、自主避難者の暮らしていた国家公務員宿舎への立ち入りと家財道具などの撤去に踏み切った。入居していた母子世帯は、家賃負担の不安を抱えながら、やむなく民間賃貸住宅に移った[22]。新たな家賃負担と損害金の請求は、彼女らの暮らしをどこまで追い詰めることになるのだろうか。だが「立ち退き訴訟」はまだ終わってはいない。すべての避難者に対して切れ目のない居住が保障されるまで、終わらせてはならない。訴訟の渦中にあるのは二世帯の自主避難者だけではない。背後には、長期避難生活のなかで困窮し、関連死を遂げ、あるいは不遇な状況下におかれながらも生命／生活をつないできた無数の人々がいるはずだ。容易には可視化されないかれらの存在を、今回の強制執行とともに消し去ってはならない。

そして、この国に暮らすわれわれ一人ひとりもまた、「立ち退き訴訟」の当事者であることを免れてはいない。なぜなら原発避難者を生み出したのは、われわれ一人ひとりの選択に基づく間接的、集合的、累積的帰結であるからだ。さまざまな政治的恣意がうごめくそのプロセスにおいて、強制避難／自主避難という線引きはなされた。たまたまこぼれたインクが描いたいびつな円弧のように、それは偶然の所産にすぎない。にもかかわらず、一連の審理のなかで、別の偶然もありえたという想像力は手放され、さまざまな政治的恣意に満ちた線引きの帰結が疑われる場面はついに一度も訪れなかった。

「ほとんどの不正義は、法のシステムが実効性をもって機能している安定した政治体の枠組みの中で、平時において、絶え間なく起こるものである」［シュクラー 2023: 36］。J・シュクラーは、このように述べる。いまだ非常事態にある原発事故被災者の境遇を、もはや平時と捉えるかのようにして書き換えられてきた一連の政策を思うとき、たしかにそのプロセスには絶え間ない不正義の絡まりがあった。これまでの住宅政策もまた、絡まりに手を添え、あるいは傍観するという不正義に加担してきた。ならば、われわれはその自覚のもとで、自らが分有すべき責任を絶え間なく問い続けていくしかないだろう。それが、「受動的不正義」を逃れるための、唯一の態度だと思うからだ。

註

（1）本稿の一部（主に第1節、第2節）は、田中［2023a］をもとに加筆・修正したものである。

（2）本稿では、二〇一一年の福島第一原発事故に関する場合に「原発事故」「原発被災地」等、より一般的な場合に「原子力災害」という語を用いている。

（3）例えば、都市工学においては窪田らによる一連の研究［窪田 2019, 2020; 窪田ほか 2020 など］、人文科学では佐藤・田口［2016］、社会科学においては除本・渡辺編［2015］、山川・瀬戸編［2018］、山川・初澤編［2021］などがある。

（4）加害を特定し、その責任を問う「帰責モデル」に対し、ヤングは「社会的つながりモデル」を構想する。ヤング［2022］によれば、「帰責モデル」が誰かに帰すべき罪や過失を見極めるという点で過去遡及的であるのに対し、「社会的つながりモデル」は「より不正でないものに変革する」という点で未来志向的である。

（5）福島県では、避難指示区域からの避難者に関しては災害救助法に基づく仮設住宅として国家公務員宿舎をはじめ、多様な仮住まいの場が提供されてきた。ところが、二〇一七年三月以降徐々に支援対象が絞り込まれ、二〇二〇年三月には、帰還困難区域の避難者についても住宅の無償提供が打ち切られた。

（6）花露辺では、被災時点において少なくとも八軒の空き家があり、津波で住宅を失った住民に対し、それらが仮住居（避難所）として貸し出しされた。一連の手続きは集落が独自に行っている。当時の町内会長S氏へのインタビュー（二〇二三年三月二八日）によれば、空き家となっていた八軒については被災前から集落が管理を引き受けており、相互の信頼関係が築かれていた。よって、仮住居として被災者に提供することについても支障なく了解が得られたという。

（7）当初、集落は防災集団移転促進事業の適用を行政に提案するが受理されず、その結果、自力での移転が検討され、実施に至った。最終的に一〇世帯が集団的な移転事業に参加している。従前居住地は必ずしも同一の集落ではない。移転先の土地は一部浸水しているが、最も標高の低いところで二メートル弱嵩上げをしたという。事業の代表者S氏へのインタビュー（二〇二三年七月二日）による。また、S氏をはじめ数名は、移転後も従前集落の集会所の管理運営に携わっている。

（8）竹谷地区の町営住宅入居者のO氏および註7に記載のS氏へのインタビュー（二〇二三年七月一〜二日）による。

（9）参照した裁判記録は以下の二つである。①裁判年月日：令和五（二〇二三）年一月一三日、裁判所名：福島地裁、裁判区分：判決、事件番号：令二（ワ）五七号・令二（ワ）五九号・令三（ワ）一七一号、事件名：建物明渡等請求事件・損害賠償請求反訴事件、裁判官：小川理佳・岩竹遼・渡邉小百合、②裁判年月日：令和六（二〇二四）年一月一五日、裁判所名：仙台高裁、裁判区分：判決、事件番号：同、事件名：建物明渡等（本訴）・損害賠償（反訴）請求控訴事件、裁判官：瀬戸口壯夫・綱島公彦・北川瞬。

（10）表3－1は、福島県のほか、以下の複数のウェブサイトをもとに作成した（最終アクセス日はすべて二〇二四年三月三一日）。

・東京新聞［2021.7.20］「『原発事故は長期的な対応が必要』自主避難者への住宅退去請求に支援者が反発　福島県に訴訟準備も」
（https://www.tokyo-np.co.jp/article/117909）
・NHK［2019.10.3］「公務員宿舎に自主避難退去求める提訴議案可決」NHK政治マガジン
（https://www.nhk.or.jp/politics/articles/statement/23787.html）
・牧内昇平［2021.11.22］「【国家公務員宿舎立ち退き訴訟】県は『自主避難者』への提訴を取り下げよ」月刊政経東北
（https://note.com/seikeitohoku/n/n2637af8726b5）
・田中えり［2024.3.13］「『国内避難民』としての福島第一原発事故避難者――区域外避難者の人権保障を問う裁判」Dialogue for People

(https://d4p.world/news/24994/)

・渡辺一枝［2021.6.23］「『原発避難者住宅追い出し裁判』傍聴記『「戻る権利」があるように「戻らない権利」もあって然るべき』」マガジン9

(https://maga9.jp/210623-1/)

・渡辺一枝［2022.11.23］「いくつもの『住宅追い出し裁判』——『立ち退きはそこに住む国内避難民に対する人権侵害になりかねない』」マガジン9

(https://maga9.jp/221123-3/)

・渡辺一枝［2023.8.30］「『原発避難者追い出し裁判』控訴審傍聴記——『国内避難民の居住権』の保障を」マガジン9

(https://maga9.jp/230830-4/)

・鈴木博喜［2020.3.29, 2023.1.14, 2024.1.16, 2024.3.23］「原発避難者から住まいを奪うな」民の声新聞

(http://taminokoeshimbun.blog.fc2.com/blog-entry-766.html)

(11) 註10に同じ。

(12) 控訴審は「控訴人らの反訴請求をいずれも棄却した原判決は相当であり、本件控訴及び控訴人らの当審における遅延損害金についての拡張請求はいずれも理由がないから、主文のとおり判決する」と結論づけ、被告人に対し、一審どおりの損害金の支払いを命じた。

(13) 裁判所の判断は以下のとおり。「同法〔特定非常災害特別措置法——引用者注〕八条は景観法による応急仮設住宅の存続期間の特例に関する措置を定めたものであるから、その趣旨が直ちに国家公務員宿舎を応急仮設住宅に充てた場合に妥当するものとはいい切れないが、国家公務員宿舎はもともと国有財産法及び関連法令に基づきその用途が定められており、災害救助法等に基づく応急仮設住宅に充てること自体が本件原発事故の発生という緊急事態に対処するための時限的例外的措置であった……」。

(14) 「国内避難民の人権に関する特別報告者」として二〇二二年九月から一〇月にかけて来日したセシリア・ヒメネス・ダマリー（Cecilia Jimenez-Damary）は、「二〇一一年の東日本大震災と津波に続いて発生した福島第一原子力災害によって避難を余儀なくされた国内避難民（日本では『避難者』としても知られる）の人権状況を評価すること」を目的として実行された調査を踏まえた報告書において、「『強制的な』国内避難民と『自主的な』国内避難民の間の差別的な区別は、すべての行政的および法的政策、並びにそれらの実際の実施において完全に撤廃される

べきであると強く勧告する」と述べている。原発事故による避難者（国内避難民）の権利保障に関する政府の見解については清水・髙橋［2024］を参照。なお、本稿で引用した、ヒメネス・ダマリーの報告書の日本語訳は徳永恵美香による。訳者の注によれば、これは仮訳であり、国連による公式な日本語訳ではない。(https://hrn.or.jp/wpHN/wp-content/uploads/2023/12/ea37e2e751287c758631b70d9f307f36.pdf)［最終アクセス日：二〇二四年三月三一日］

(15) 災害救助法は「国が地方公共団体、日本赤十字社その他の団体及び国民の協力の下に、応急的に、必要な救助を行い、災害により被害を受け又は被害を受けるおそれのある者の保護と社会の秩序の保全を図ることを目的とする」（第一条）。一八九九年の罹災救助基金法を前身とするが、同法は基金に関する法律であり、支給基準が地方により異なっていたため、地域格差が生じることとなった。

(16) 例外的に、阪神・淡路大震災をきっかけに「市民立法」として制定に至った被災者生活再建支援法がある。

(17) 本来、復興庁がこれに相当する役割を果たすべきであるが、各省庁の調整機能にとどまっており、しかも時限的な組織（二〇二四年現在のところ二〇三一年まで）である。塩崎［2014］は、「災害が日常化しているこの国には、被災と復興の経験を系統的に蓄積できる組織を設け、専門的な人材を蓄えるべきである」として、「常設の防災・復興省」の必要性を指摘している。

(18) 法的な分断についての問題意識は共有が進んでおり、例えば佐々木［2019］は、「被災者の住まいの安定を図る法制度」の一つとして「応急仮設住宅と災害公営住宅を円滑に連携させる仕組み」に着目し、二つの法に関する論点と具体的な改正事項を検討している。ただ今のところ、両者の溝は埋まっていない。

(19) 復興庁の公表データによれば、東日本大震災における被災三県（岩手・宮城・福島）の災害関連死の発生件数は、二〇二三年三月一〇日時点で三七九四人である。うち福島県が六割以上を占めるが、より注目すべきは発生時期である。発災後六か月以内の発生件数は、岩手・宮城では九一・一%を占めるが福島では四四・六%である。発災から五年目以降においては、岩手・宮城では三人に対し、福島では二四二人にのぼる。

(20) さらに続けて「仮に同法〔特定非常災害特別措置法――引用者注〕八条の適用ないし類推適用がないとしても、いったん応急仮設住宅として供与した国家公務員宿舎については国による決定がない限りその供与を打ち切ることができないという控訴人らの主張は、建設型仮設住宅の供与を受けた被災者らとの公平の見地からしても、採用できない」と瀬戸口裁判長は述べている。第一に、供与の打ち切りの決定主体が国か県のいずれにあるのかが裁判上は争点になっているが、住宅政策のあり方を議論するうえではほとんど無意味である。被告＝避難者側がこの点を持ち出した理由は、決定主体のあり方を問うためではなく、国が巧妙に決定責任を回避しようとする姿勢を問題視し、つまりは長期避難の安定確保という責務が国にあることを明確化する点にあったはずだ。第二に、「建設型仮設住宅の供与を受けた被災者らとの公平の見地」から、供与の打ち切りは妥当性を有するとの見方が示されているが、そもそも何の公平性が問題にされているのかが不明である。建設型仮設住宅を退去後に困窮化した人、関連死を遂げた人、不遇な状況のなかで避難を継続している人と同じ苦難を被告らも味わうべきだということではあるまい。ならば、誰との何の公平を論拠に、避難者の主張を棄却できるのか。司法府は、この点をこそ追求すべきではなかったか。

(21) 相良村総務課財政係へのEメールでのインタビュー(二〇二三年一二月一一日)による。

(22) 朝日新聞(二〇二四年四月九日)によれば、「強制執行の対象となった一世帯は、原発事故当時、福島県南相馬市鹿島区で生活していた、五〇代の女性と当時小学生の女児の親子二人」である。「女性の自宅は国の避難指示は出なかったが、市が独自に避難を呼び掛けたため……国家公務員宿舎に、都内の専門学校に通っていた長女を含め三人で入居した」という。しかし「次女は慣れない土地での学校生活で不登校になり、女性は持病の腰痛が悪化し、短期の仕事にしかつけなかった。家賃を払っていける賃貸住宅はなかなか見つからず、転居できずにいた」。強制執行前日の七日に別の民間賃貸住宅に移ったものの、「家賃を支払っていけるか不安を抱えたままだという」。

第4章

福島県民の原発事故からの復興への評価とその規定要因

高木竜輔

1　問題の所在

福島第一原発事故から一〇年以上が経過した。当初設定された避難指示区域も、放射線量に基づく避難指示再編とその解除を経て、本稿執筆時点（二〇二四年）では帰還困難区域においても部分的に避難指示が解除されるようになった。避難指示区域においては除染ならびに生活基盤の整備が行われ避難者が戻れるようになったが、住民の帰還は進んでいない。それ以外にも廃炉作業も継続されているが、現状において燃料デブリを取り出すための技術さえいまだ確立されていない。

他方、原発事故からの復興は被災地だけにとどまらない課題が山積しており、その解決に向けた関係機関の取り組みが行われてきた。被害者への賠償の支払いとそれをめぐる全国各地での訴訟が行われている。また除染は避難指示区域外でも実施されており、そのあり方をめぐって問題も生じている。そして避難者のための復興公営住宅が区域外の県内各地に建設されてきた。さらに先ほども述べた廃炉に関しては、その遂行のために、地元漁協を中心とする関係機関の反対を押し切って政府はＡＬＰＳ処理水（汚染水）の海洋放出を進めてきた。

このように見ていくと、福島第一原発事故からの復興は被災地再生をめぐる論点だけではなく、実に多様なものを含んでいる。そのなかで、果たして福島県民は、原発事故により被害を受けた福島県の復興をどのように捉えているのだろうか。

原発事故からの復興における論点の多様性は、必然的に「誰に責任があるのか」という論点と関係してくる。加害企業である東京電力は第一原発の廃炉を含めて被災地の復興に責任があると多くの人々は考えているだろう。また政府は被災地の復興事業をはじめとして各種論点に関わっている。それ以外にも福島県庁や地元市町村なども復興に関係する主体であるだろう。これら復興に関係するさまざまな主体に対して、福島県民はどのように評価しているのだろうか。

ただし同じ福島県民といっても、原発事故や復興に対する意識は居住地によって大きく異なる。もちろん大きな影響を受けたのは、避難指示区域内に居住していた人々であろう。事故により長期にわたる避難を強いられ、生活基盤を喪失した。これまで避難元で築き上げてきた人間関係や地域社会も喪失した。これらの人々が自らの復興をどのように捉えているのかについて、さまざまな調査研究がある［山本ほか2015; 高木ほか編2021; 関・原口編2023］。

それに対して本稿で注目するのは、避難指示区域外の福島県民である。避難指示区域外の人々は、避難を余儀なくされた区域内居住者とは質的に異なる被害を受けている[1]。放射性物質による汚染は区域内にとどまらず生じていること、彼ら彼女らの中の少なくない人々もまた緊急避難を余儀なくされ、その後において長期にわたる避難を強いられる人々も存在するという点では区域内と同じかもしれない。しかし区域外においては、放射性物質による汚染に対する認識が人々の間で異なることにより人間関係の悪化が生じた［成編2015］。また、原発事故に伴う風評被害により、観光や農業など地域経済に大きな影響を受けた。そしてこれらの被害は、自らの居住地に対する誇りやアイデンティティを損なうことになった。そのことが県民の復興に対する認識にも大きな影響を与えていると思われる。

ただし同じ福島県民といっても、居住地によりその認識に大きな違いが存在すると思われる。福島県の沿岸部では津波による被害も受け、さらに原発事故によって多くの住民が緊急避難を余儀なくされた。それに対して福島県の会津地方は、それほど大きな地震の揺れではなかったし、津波被害も受けていない。ただし原発事故に伴う風評被害により、観光や農業などへの影響は相対的に顕著に見える。津波の経験、原発事故による避難の経験、放射能汚染の経験などは、同じ福島県内でも受け止め方を含めて異なる。

そのため本章では、筆者が二〇一七年に実施した避難指示区域外の福島県民を対象とした質問紙調査のデータを用いて、原発事故から六年が経過した時点における彼ら彼女らの復興に対する意識とその規定要因を明らかにする。区域外の福島県民は原発事故からの復興をどのように捉えているのだろうか。復興に対して誰に責任があると県民は考えているのだろうか。さらに放射能汚染に対する不安などの原発事故に対する意識が、県民の復興に対する認識にどの程度影響しているのだろうか。

以下、本章の構成を確認しておきたい。第2節では原発事故と調査の概要を簡単に確認しておく。そのうえで第3節から第5節まではそれぞれ、県民の復興に対する認識、取り組み主体への評価、原発事故に対する意識を見ていく。そして第6節では県民の復興に対する認識を被説明変数とした重回帰分析を行い、それら調査結果を踏まえて最後の第7節において結論を述べる。

2 先行研究と調査データ

●2-1 原発事故の概要とその論点

まずは本稿に関連する限りにおいて福島第一原発事故の概要を紹介しておきたい。二〇一一年三月に発生した原発事故によって、第一原発周辺から約九万人の居住者が避難を強いられた。その後の警戒区域の設定、二〇一一二年四月からの避難指示区域の再編、そして二〇一四年四月からの避難指示解除を経て、二〇一七年春には帰還困難区域を除いて避難指示は解除された。その後は帰還困難区域内の特定復興再生拠点の整備が進められ、事業が終わった区域から避難指示が解除されている。そして二〇二二年にはすべての自治体において避難者が事故前に居住していた自治体に戻ることができるようになった。とはいえ、いまも避難指示が出ている区域は存在しており、避難指示が解除された区域においても住民の帰還は進んでいない。

原発事故によって放射性物質が県内、そして県外へと拡散していった。とくに三月一五日には北西方向へと放射性物質が拡散し、福島県中通りにおいても汚染された。避難指示区域外においては自治体による除染作業が行われてきた。また、放射線被ばくをめぐっては福島県による健康調査が実施されてきたが、それに対するさまざまな問題点も指摘されている［日野 2013］。福島県中通りの母親に対する調査研究を行っている成元哲によれば、放射線被ばくへの不安は全体として徐々に低下しているが、その経年変化にはいくつかのパターンがあり、時間が解決してくれるといった単純な話ではないという［成編 2015］。

原発事故に伴う賠償については、避難指示区域内と外とで大きく異なる。区域内の被災者に対しては避難に伴う精神的賠償（月一〇万円）の他に財物賠償や就労損害賠償などが出るが、区域外の被災者に対しては、いわき市や相馬市などの浜通りと福島市や郡山市などの県北、県中地区に対しては二〇万円（母子は四〇万円）のみである。[2]そのため避難指示区域からの避難者を受け入れている県内各地においては、避難者と受け入れ住民との間で軋轢が生じた［川副 2013; 高木 2023］。

さらに原発事故は、福島県民としての自己イメージへも影響した。事故直後には県外に避難してきたいわきナンバーを付けた自動車に対する嫌がらせが発生した。福島県を訪れる観光客が減少したり、福島県産の農産物を避けたりするなどの風評被害が発生した。結果として、多くの福島県民は、他県の住民が福島をどのように見ているのか、非常に気にするようになったといえる。

原発事故から一〇年以上が経過した現段階における最大の復興課題は、福島第一原発の廃炉だといえる。事故後、東京電力は事故炉から出る放射性物質を含んだ汚染水をタンクで管理し、その後ＡＬＰＳでの処理を進めてきたが、ただしトリチウムだけは取り除くことができなかった。そのため東京電力は廃炉作業のために処理水を管理するタンクを減らす必要があるとし、タンク内の処理水を海洋放出するかどうかをめぐって政府は地元漁協などと調整してきた。最終的に政府は地元漁協の意向を押し切って海洋放出に踏み切った。とはいえ、処理水管理をめぐってさまざまなトラブルが報道されている。他方で廃炉作業の技術的目処は立っておらず（本稿執筆時点）、本当に廃炉が実現できるのか見通せない。課題は山積している。

●2－2　原発事故からの復興に対する福島県民の評価

では、福島県民は原発事故からの復興をどのように評価しているのだろうか。管見の限り、そのような研究はあまり多くはない。これまで行われてきた調査結果をいくつか紹介しておきたい。

福島県は毎年、「福島県政世論調査」を実施しており、福島県民に対して事故からの復興・再生に関する認識を尋ねている［福島県 2021, 2022, 2023］。二〇二一年から二〇二三年にかけて「あなたは、福島県の震災・原発事故からの復興・再生が進んでいると思いますか」と尋ねており、肯定的に回答した割合は、二〇二一年は四二・一％、二〇二二年は四四・五％、二〇二三年は五〇・三％だった。多くの福島県民は、震災・原発事故からの復興が進んでいると判断していることがわかる。ただしこの設問は、復興・再生が進んでいるかどうかを尋ねているもので、どれくらい復興・再生が進んでいるかを尋ねているわけではない。

また同調査では、事故被災地の復興に対する福島県の取り組み姿勢についても尋ねている。具体的には、「県は、原子力災害の被災地域の復興・再生に向けて、十分な取り組みを行っていると思いますか」と尋ね、肯定的に回答した割合は二〇二一年が三七・四％、二〇二二年は四一・〇％、二〇二三年は四三・九％だった。このことからは、福島県民は原発事故に対して県が一定程度役割を果たしていると考えていることがわかる。

三菱総合研究所は二〇二三年に震災・復興に対する東京都民と福島県民の意識調査を実施している。調査では

「福島県内の復旧・復興は進んでいると感じる」という質問がなされており、それに肯定的に回答したのが東京都民の三六・九%なのに対して福島県民は五二・六%であった。また、「原発事故のあと、福島県の方が、特別な目で見られる場合があると思う」という質問に対して、肯定的に回答したのが東京都民の三四・五%なのに対して福島県民は五三・〇%であった。これらの調査結果からは、原発事故とその後の復興について、東京都民と福島県民の間で大きな認識の違いがあることがわかる。

最後に福島民友新聞社が二〇二一年に実施した県内五九市町村長に対する調査結果を紹介しておきたい。この調査では市町村長に対して「復興を実感しているかどうか」を尋ねているが、実感していると回答しているのは六市町村（一〇%）、ある程度実感していると回答したのが四一市町村（六九%）であった。また、実感は少ないと回答したのが大熊町、双葉町を含めて一〇町村（一七%）であった。[3] この調査はあくまでも市町村長の認識であるので福島県民の認識とは異なるだろう。ただしここで重要なのは、回答に対する市町村長のコメントである。南相馬市長は「地域により実感が異なる」、会津若松市長は「観光客、教育旅行も震災前の約九割まで回復した」とコメントしている。このことは、同じ福島県民といっても、その立ち位置によって原発事故やそこからの復興をまなざす視点が大きく異なることを示している。

●2―3　問いと分析方針

これまで述べてきたことを踏まえて、本稿における問いを再確認しておきたい。ここでは主に、以下の四つの問いを設定し、検証していきたい。

(1)　原発事故からの復興を福島県民はどのように評価しているのか。その評価は、居住地によって異なるのだろうか（第3節）。

(2)　原発事故からの復興に対して、福島県民は誰に責任があると認識しているのか（第4節）。

(3)　原発事故に対する認識と復興に対する評価はどのように関係しているのか（第5節）。
(4)　福島県民の原発事故からの復興認識は何によって説明されるのか（第6節）。

(1)については、原発事故後六年が経過した時点で福島県民が原発事故からの復興をどのように評価しているのかを見ていきたい。被災地の復興だけでなく、第一原発の廃炉、そして福島県全体の復興をどのように評価しているのか（復興認識）、そしてそれが居住地によって異なるのかどうかをデータによって見ていきたい。

(2)に関しては、復興に向けた取り組み主体として国、福島県、東京電力を取り上げ、それら関係機関の取り組みを福島県民がどのように評価しているのかを見ていく（機関評価）。そのうえで、これら機関評価と、第3節で取り上げた各種復興認識との関係を見ていくなかで、福島県民は復興に対する責任が誰にあると認識しているのかを見ていきたい。

(3)に関しては、放射能汚染に対する不安や賠償のあり方など、復興過程のなかで生じた福島県民の認識を取り上げる（事故認識）。これらと復興認識との関係を見ていくことで、復興認識の多様性ならびに居住地による差異を明らかにする。

(4)に関しては、これまで紹介した機関評価や事故認識などによって、福島県民の復興認識がどのように説明されるのかを明らかにしたい。

●2-4　調査概要

本稿では、福島県内の避難指示区域外の居住者に対して実施した質問紙調査の結果から、福島県民の復興に対する評価を明らかにする。そのために用いるデータを紹介しておきたい。本稿で用いるのは、筆者が二〇一七年八月に実施した「原発事故からの復興における福島県民の意識と行動に関する調査」のデータである。この調査は、会津若松市、郡山市、いわき市の住民を対象に原発事故からの復興に対する意識を明らかにする目的で実施した。そのため対象者は避難指示区域外の居住者であり、原則として区域内の避難者は含まれていない。ただし事故後に住民票を異動した場合もあるので、区域内からの避難者が含まれていないとは言い切れない。

この調査で前記三都市を選定した理由を紹介しておきたい[4]。いわき市は避難指示区域に近く、事故後において多くの避難者を受け入れている自治体である。人口は三二万人であるが、東日本大震災でも沿岸を中心に津波被害が生じ、原発事故によって約半数の住民が緊急避難した［高木 2015］。郡山市は福島県中通りに位置する震災前人口三三万人の中核市である。東日本大震災による地震被害はあるものの、津波による被害は受けていない。しかし原発事故による市内各地の放射線量が比較的高く、県外へ避難する郡山市民も発生した。会津若松市は福島県会津地方の中心都市であり、震災前人口は約一二万人である。東日本大震災による地震・津波被害はほぼ見られず、原発事故による放射能汚染もほぼ見られなかった。しかし、観光や農業において原発事故の影響が見られた。原発事故後は原発周辺地域から避難者や行政機能を受け入れている。

調査では、避難者に対する受け入れ住民の意識を明らかにするという調査目的のために、各都市の原発避難者向け災害公営住宅（復興公営住宅）を二か所ずつ選び、その周辺居住者を調査対象とすることにした[5]。対象者数は各団地周辺住民二五〇人、各都市五〇〇人ずつ、合計一五〇〇人であり、選択された投票所から選挙人名簿を用いて対象者を抽出している。抽出方法は系統抽出法を用いており、投票所が団地周辺という偏りはあるものの、その中では対象者が無作為に選ばれている。そして郵送法にて調査票を配布・回収した[6]（督促状は一回送付）。その結果、五四二名の方より回答を得た（会津若松市一七〇名、郡山市一六五名、いわき市二〇七名）。回収率は三七・〇％である（会津若松市三四・五％、郡山市三三・二％、いわき市四三・五％）。

なお、三都市における回答者の属性（性別、年齢、学歴、世帯年収など）において、統計的に違いは見られなかった。このことは、三都市における居住者の復興に対する意識が基本的に居住者特性によって説明されるわけではないことを示している。

3 原発事故からの復興に対する評価

最初に、本稿で注目する事項として原発事故からの復興に対する福島県民の評価を確認しておきたい。この調査では、五つの項目を設定し、それぞれについて「すでに復興した」「ある程度進んでいる」「あまり進んでいない」「まったく進んでいない」の中から一つ選択してもらった。

(1) あなたのお住まいの自治体の復興
(2) 原発被災地域（避難地域）の復興
(3) 福島県の津波被災地の復興
(4) 福島第一原発の廃炉
(5) 福島県全体の復興

ここでは、(2)原発事故被災地の復興、(4)第一原発の廃炉、(5)福島県全体の復興、の三項目を取り上げる。その結果が表4－1・4－2・4－3である。それぞれについて結果を表記する際に、各地域別にみた分析結果も示したい。

最初に、(2)原発事故被災地の復興についての評価を見てみたい（表4－1）。これをみると、多くの回答者が原発事故被災地の復興は進んでいないと評価していることがわかる。全体に関しては、「すでに復興した」と回答したのは〇・八％にすぎず、「ある程度進んでいる」と回答した二九・一％を加えても三割程度にとどまる。五三・六％が「あまり進んでいない」、一六・五％が「まったく進んでいない」と回答している。地域別にみると、郡山において「まったく進んでいない」という回答が多く、被災地の復興について厳しい評価が多くなっているが、居住地によって大きく評価が異なるわけではない。

次に、(4)第一原発の廃炉についての評価を見てみたい(表4－2)。これをみると、原発事故被災地の復興以上に厳しい評価になっていることがわかる。全体に関しては、「すでに復興した」と回答したのは〇・二%にすぎず、「ある程度進んでいる」と回答したのも九・八%にすぎなかった。「あまり進んでいない」と回答したのが四〇・七%、「まったく進んでいない」と回答したのが四九・三%となっており、九割の回答者が評価していない。地域別にみると、こちらも郡山や会津若松において「まったく進んでいない」という回答が多くなっている。

最後に、(5)福島県全体の復興について見ていきたい(表4－3)。取り上げた三項目の中では評価が一番高いよ

表4-1 原発事故被災地の復興に対する評価

		原発事故被災地の復興				
		すでに復興した	ある程度進んでいる	あまり進んでいない	まったく進んでいない	(n)
地域	会津若松	0.6%	26.9%	56.3%	16.2%	(167)
	郡　山	1.3%	23.9%	53.5%	21.4%	(159)
	いわき	0.5%	35.0%	51.5%	13.0%	(200)
合　計		0.8%	29.1%	53.6%	16.5%	(526)

χ^2=9.07　*df*=6　*p*=n.s.

表4-2 福島第一原発の廃炉に対する評価

		福島第一原発の廃炉に対する評価				
		すでに復興した	ある程度進んでいる	あまり進んでいない	まったく進んでいない	(n)
地域	会津若松	0.6%	13.1%	35.7%	50.6%	(168)
	郡　山	n.d.	3.1%	43.8%	53.1%	(162)
	いわき	n.d.	12.3%	42.4%	45.3%	(203)
合　計		0.2%	9.8%	40.7%	49.3%	(533)

χ^2=15.57　*df*=6　$p<0.05$

表4-3 福島県全体の復興に対する評価

		福島県全体の復興に対する評価				
		すでに復興した	ある程度進んでいる	あまり進んでいない	まったく進んでいない	(n)
地域	会津若松	0.6%	31.0%	61.3%	7.1%	(168)
	郡　山	n.d.	37.4%	56.4%	6.1%	(163)
	いわき	n.d.	48.1%	44.7%	7.3%	(206)
合　計		0.2%	39.5%	53.4%	6.9%	(537)

χ^2=14.69　*df*=6　$p<0.05$

うに思われる。全体に関しては、「すでに復興した」と回答したのは〇・二％にすぎないが、「ある程度進んでいる」と回答したのは三九・五％であり、両者を合わせると四割弱の回答者が、ある程度以上は復興していると認識している。「あまり進んでいない」と回答したのが五三・四％であり、多くの人がそのように評価している。「まったく進んでいない」と回答したのは六・九％にとどまり、そのように評価する人はごく少数にとどまる。地域別にみると、いわきにおいて「ある程度進んでいる」と回答する割合が高く、会津若松において「あまり進んでいない」という回答割合が高くなっている。ここからは、第一原発から遠い地域ほど県全体に対する復興への評価が低いことがわかる。

これまでの調査結果を整理しておきたい。事故から六年が経過した時点における避難指示区域外の福島県民の復興に対する評価は総じて低く、とくに廃炉に関する評価が低いことがわかる。被災地の復興についての評価は居住地による違いはみられないが、廃炉に関しては郡山市民において評価が低く、県全体の復興についてはいわき市民において評価が高いことが明らかになった。

また、これら三項目間の関連度も確認しておくと（表は割愛）、事故被災地の復興と県全体の復興との間の相関係数が〇・四五、廃炉と県全体の復興との相関係数が〇・四一となっており、関連度は高い。つまり、県民の福島県全体の復興に対する認識を高めるためには、事故被災地の復興と廃炉が進まないと高まらない、ということになる。

4　関係機関への評価

●4―1　関係機関への評価

次に見ていくのは、復興に取り組む関係機関への評価である。調査では「あなたは、以下の機関の福島原発事故後の取り組みについてどの程度評価しますか」と尋ね、以下の四項目について、「評価する」「ある程度評価する」「あまり評価しない」「まったく評価しない」の四つの中から一つ選択してもらった。

(1) 国
(2) 福島県
(3) あなたの住む地域の市役所
(4) 東京電力

ここでは(3)を除く三項目について取り上げてみたい。まずはそれぞれについて調査結果を見てみたい。表4−4・4−5・4−6がその結果である。これらの調査結果についても読み解いていきたい。

最初に、(1)国の復興に向けた取り組みについての評価を確認していきたい(表4−4)。これをみると、国の取り組みに対する福島県民の評価はあまり高くないことがわかる。「評価する」と回答したのは三・七%にとどまり、「ある程度評価する」と回答した二九・一%を加えても、多くの人は国の取り組みを評価していないことがわかる。「あまり評価しない」と回答したのが四七・六%であり、多くの人がそのように回答している。「評価しない」という回答は一九・六%であった。「あまり評価しない」「評価しない」を合わせると、七割弱の回答者が評価していないことになる。地域別にみると、郡山において「評価しない」という回答割合が若干高いが、ほぼ違いはみられなかった。

次に、(2)福島県の復興に向けた取り組みについての評価を見てみたい(表4−5)。これをみると、福島県の復興に向けた取り組みは比較的評価が高いことがわかる。「評価する」と回答したのは九・九%にとどまるが、「ある程度評価する」と回答したのは五八・八%であり、両者を合わせると七割弱の県民が福島県の取り組みを評価していることがわかる。それに対して「あまり評価しない」と回答したのは二六・八%、「評価しない」と回答したのは四・五％であり、両者を合わせると三割強となる。地域別にみると、会津若松やいわきにおいて「評価する」「ある程度評価する」という回答割合が若干高く、郡山において「評価しない」という回答割合が若干高い。

最後に、(4)東京電力の復興に向けた取り組みについての評価を確認しておきたい（表4－6）。これをみると、東京電力の復興に向けた取り組みへの評価は低く、国の復興に向けた取り組みへの評価よりも低いことがわかる。「評価する」と回答したのは三・七％にとどまり、「ある程度評価する」と回答した二一・九％を加えても、多くの人は東京電力の取り組みを評価していないことがわかる。「あまり評価しない」と回答したのが三六・八％であり、「評価しない」という回答は三七・六％であった。「あまり評価しない」「評価しない」を合わせると、七割強の回答者が評価していないことになる。国への評価との違いでいうと、「評価しない」という割合が非常に多いことが特徴である。ここからは、県民の東京電力に対する厳しいまなざしを読み取ることができる。地域別にみると、郡山におい

表4-4 復興に向けた国の取り組み評価

		国の復興に向けた取り組み評価				
		評価する	ある程度評価する	あまり評価しない	評価しない	(n)
地域	会津若松	3.0%	32.7%	43.5%	20.8%	(168)
	郡　山	3.1%	23.9%	50.9%	22.1%	(163)
	いわき	4.9%	30.2%	48.3%	16.6%	(205)
合　計		3.7%	29.1%	47.6%	19.6%	(536)

χ^2=6.13　*df*=6　*p*=n.s.

表4-5 復興に向けた福島県の取り組み評価

		福島県の復興に向けた取り組み評価				
		評価する	ある程度評価する	あまり評価しない	評価しない	(n)
地域	会津若松	11.4%	64.7%	20.4%	3.6%	(167)
	郡　山	8.0%	58.3%	30.1%	3.7%	(163)
	いわき	10.3%	54.4%	29.4%	5.9%	(204)
合　計		9.9%	58.8%	26.8%	4.5%	(534)

χ^2=7.83　*df*=6　$p<0.05$

表4-6 復興に向けた東京電力の取り組み評価

		東京電力の復興に向けた取り組み評価				
		評価する	ある程度評価する	あまり評価しない	評価しない	(n)
地域	会津若松	4.2%	24.4%	35.1%	36.3%	(168)
	郡　山	2.5%	17.8%	38.0%	41.7%	(163)
	いわき	4.4%	23.0%	37.3%	35.3%	(204)
合　計		3.7%	21.9%	36.8%	37.6%	(535)

χ^2=4.22　*df*=6　$p<0.05$

て「評価しない」という回答割合が若干高くなっていることがわかる。

●4－2 関係機関への評価と復興評価との関係

このような関係機関に対する評価は、福島県民の復興に対する評価とどのような関係があるのか。ここでは第3節で取り上げた三項目の復興への評価と、前項で取り上げた関係機関への評価との相関係数を確認してみたい。表4－7がその結果である。

まずは福島県全体から見ていきたい。事故被災地の復興については、国の取り組み評価との関連が一番高かった。国の取り組み評価との相関係数が〇・三九で一番高く、次に高いのは東京電力の取り組み評価の〇・三一である。それらと比べると、福島県の取り組み評価との関連度は〇・一八であり、前二者と比較するとそれほど高くない。

福島第一原発の廃炉に関しては、東京電力の取り組み評価との関連が一番高かった。東京電力の取り組み評価との相関係数が〇・四一と一番高く、次に高いのは国の取り組み評価との関連であった（〇・三四）。それに対して福島県の取り組み評価との関連度は〇・一八であり、これらも原発事故被災地と同じく、前二者と比較してそれほど関連度は高くない。

福島県全体の復興に関しては、国の取り組み評価との関連が一番高かった。国の取り組み評価との相関係数が

表4-7 各種機関への取り組み評価と復興への評価との関係

		原発被災地の復興	福島第一原発の廃炉	福島県全体の復興
全　体	国の取り組み評価	0.39 **	0.34 **	0.40 **
	福島県の取り組み評価	0.18 **	0.18 **	0.32 **
	東京電力の取り組み評価	0.31 **	0.41 **	0.31 **
会津若松	国の取り組み評価	0.51 **	0.30 **	0.44 **
	福島県の取り組み評価	0.21 **	0.08	0.24 **
	東京電力の取り組み評価	0.43 **	0.41 **	0.34 **
郡　山	国の取り組み評価	0.36 **	0.33 **	0.39 **
	福島県の取り組み評価	0.18 *	0.16 *	0.34 **
	東京電力の取り組み評価	0.26 **	0.32 **	0.27 **
いわき	国の取り組み評価	0.30 **	0.37 **	0.38 **
	福島県の取り組み評価	0.17 *	0.26 **	0.40 **
	東京電力の取り組み評価	0.24 **	0.45 **	0.32 **

* $p<0.05$ ** $p<0.01$

〇・四〇で一番高く、福島県民は県全体の復興について国に一番責任があると捉えている。そして福島県全体の復興については、福島県もある程度責任があると県民が捉えている。もちろん、東京電力も同程度において責任を有していると認識しているが、被災地の復興や第一原発の廃炉と比べてその関連度が強いのが特徴である。

これらの結果からは、原発被災地と福島県全体の復興に関しては国が、第一原発の廃炉に関しては東京電力が、重要な責任主体であると福島県民が認識していることがわかる。また福島県民は、県全体の復興に対して福島県が重要な責任主体であると認識しているが、原発事故被災地や第一原発の廃炉に関してはそれほど強い責任主体ではないと考えていることがわかる。

次に、これらの関係の地域による違いを確認しておきたい。第一に会津若松においては、原発事故被災地の復興に対する評価と国の取り組み評価との相関係数が〇・五一と非常に高くなっている。郡山においては〇・三六、いわきにおいては〇・三〇となっており、会津若松市民は事故被災地の復興に対する国の責任を強く意識していることがわかる。

第二に、第一原発の廃炉に対する福島県の取り組みとの相関係数を見ると、いわきにおいては〇・二六と一定程度関連がみられるが、会津若松市において関連がみられなかった。いわき市民は第一原発の廃炉に対して福島県に責任があると捉えているが、会津若松市民はそのように認識していない。

第三に、福島県全体の復興に対する福島県庁の取り組みとの相関係数を見ると、いわきにおいて一番高く（〇・四〇）、郡山（〇・三四）、会津若松（〇・二四）の順となっている。とくに、いわきにおいては、福島県全体の復興に対して県の取り組み評価との相関係数が一番高い。いわき市民が県全体の復興に対して福島県庁の責任を重視するのに対し、遠方の会津若松においては県庁の責任をそれほど重視していないようにみえる。

これらの結果を整理すると、同じ福島県民といっても、事故に対して誰に責任があるのかについて、居住地により違いがみられることがわかる。とくにそれは、被災地の復興をどのように捉えるのか、という点に表れている。会津若松市民において事故被災地の復興を国ならびに東京電力の責任として捉える意識が強く表れており、郡山市民やいわき市民とは認識が異なっている。また、福島県の責任をどう捉えるのかという点でも違いがみられる。いわき市民は第一原発の廃炉に関して福島県の責任を強調しているのに対し、郡山市民、そして会津若松市民においては福島県に責任がないと認識しているように思われる。

5 原発事故に対する認識

●5―1 原発事故に対する認識

最後に確認するのは、原発事故に伴い生じた出来事に対する福島県民の意識である。本稿では以下三点に関して、取り上げてみたい。具体的な設問は以下のとおりである。

(1) 放射能の健康影響への不安が大きい
(2) 原発事故の補償をめぐって不公平感を覚える
(3) 県外の人が福島をどのように見ているのか気になる

この三項目について、「そう思う」「ややそう思う」「あまりそう思わない」「そう思わない」の四つの中から一つ選択してもらった。

最初に、(1)「放射能の健康影響への不安が大きい」について確認していきたい(表4―8)。これをみると、原発事故から六年が経過した時点においても、一定数の福島県民が健康への不安を感じていることがわかる。「そう思う」と回答したのが一三・〇%、「ややそう思う」と回答したのが二一・〇%であり、三人に一人が不安を感じていることがわかる。それに対して「あまりそう思わない」と回答したのが三五・〇%、「そう思わない」

と回答したのが三〇・〇％であり、多くの県民はそのように感じていない。地域別にみると、郡山やいわきにおいて「そう思う」「ややそう思う」との回答割合が若干高いが、明確な差はない。

次に、(2)「原発事故の補償をめぐって不公平感を覚える」について見ていきたい（表4－9）。これをみると、多くの福島県民は原発事故の補償をめぐって不公平感を感じていることがわかる。「そう思う」と回答したのが四〇・五％、「ややそう思う」と回答したのが二三・四％であり、三人に二人が不公平感を感じていることがわかる。それに対して「あまりそう思わない」と回答したのが一五・六％、「そう思わない」と回答したのが二〇・四％であり、不公平感を感じていない人はそれほど多くいない。地域別にみると、第一原発に近いいわきにおいて不公平感が高いことがわかる。いわきにおいて「そう思う」と回答したのが五二・七％、「ややそう思う」と回答したのが二三・四％であり、半数以上のいわき市民が強く不公平感があると考えている。

最後に、(3)「県外の人が福

表4-8「放射能の健康影響への不安がある」

		「放射能の健康影響への不安がある」				
		そう思う	ややそう思う	あまりそう思わない	そう思わない	(n)
地域	会津若松	10.1%	20.2%	31.0%	38.7%	(168)
	郡　山	13.9%	22.4%	38.2%	25.5%	(163)
	いわき	14.5%	23.2%	35.7%	26.6%	(207)
合　計		13.0%	22.0%	35.0%	30.0%	(540)

χ^2=9.40　*df*=6　*p*=n.s.

表4-9「原発事故の補償をめぐって不公平感がある」

		「原発事故の補償をめぐって不公平感がある」				
		そう思う	ややそう思う	あまりそう思わない	そう思わない	(n)
地域	会津若松	30.8%	20.1%	18.9%	30.2%	(169)
	郡　山	35.4%	26.8%	17.1%	20.7%	(164)
	いわき	52.7%	23.4%	11.7%	12.2%	(205)
合　計		40.5%	23.4%	15.6%	20.4%	(538)

χ^2=32.21　*df*=6　$p<0.01$

表4-10「県外から福島への視線が気になる」

		「県外から福島への視線が気になる」				
		そう思う	ややそう思う	あまりそう思わない	そう思わない	(n)
地域	会津若松	16.0%	33.1%	22.5%	28.4%	(169)
	郡　山	17.0%	25.5%	24.8%	32.7%	(165)
	いわき	13.0%	30.9%	21.7%	34.3%	(207)
合　計		15.2%	29.9%	22.9%	32.0%	(541)

χ^2=4.22　*df*=6　*p*=n.s.

島をどのように見ているのか気になる」について確認してみたい（表4－10）。これをみると、半数弱の福島県民が県外からのまなざしを気にしていることが明らかになった。「そう思う」と回答したのが一五・二％、「ややそう思う」と回答したのが二九・九％であり、両者を合わせると約四五％となる。それに対して「あまりそう思わない」と回答したのが二二・九％、「そう思わない」と回答したのが三二・〇％である。地域別にみると、会津若松において「そう思う」「ややそう思う」と回答した割合が若干高くなっている。

●5－2 原発事故に対する認識と復興評価との関係

このような原発事故に関連する認識は、福島県民の復興に対する評価とどのような関係があるのだろうか。ここでは第3節で取り上げた三項目の復興評価と事故意識との関係をみていきたい。表4－11がその結果である。

まずは全体から見ていきたい。事故被災地の復興については、賠償の不公平感との関連が一番高かった。賠償の不公平感との相関係数はマイナス〇・一三であり、不公平感が高いほど事故被災地の復興への評価が低くなっている。また、放射能の健康影響への不安との相関係数はマイナス〇・一一であり、同程度の関連がみられた。県外から福島への視線が気

表4-11 原発事故に対する各種意識と復興への評価との関連度（相関係数）

		事故被災地の復興	福島第一原発の廃炉	福島県全体の復興
全　体	放射能の健康影響への不安がある	-0.11 **	-0.18 **	-0.16 **
	原発事故の補償をめぐって不公平感がある	-0.13 **	-0.09 *	-0.18 **
	県外から福島への視線が気になる	-0.11 *	-0.11 *	-0.17 **
会津若松	放射能の健康影響への不安がある	-0.10	-0.18 *	-0.11
	原発事故の補償をめぐって不公平感がある	-0.13	-0.02	-0.15
	県外から福島への視線が気になる	-0.03	-0.11	0.03
郡　山	放射能の健康影響への不安がある	-0.14	-0.16 *	-0.17 *
	原発事故の補償をめぐって不公平感がある	-0.24 **	-0.19 *	-0.22 **
	県外から福島への視線が気になる	-0.12	-0.18 *	-0.24 **
いわき	放射能の健康影響への不安がある	-0.13	-0.20 **	-0.21 **
	原発事故の補償をめぐって不公平感がある	-0.10	-0.15 *	-0.27 **
	県外から福島への視線が気になる	-0.16 *	-0.07	-0.26 **

* $p<0.05$ ** $p<0.01$

になることとの間の関係もマイナス〇・一一であり、県外からの視線を気にしている人ほど事故被災地の復興を低く評価していることがわかる。とはいえ、第4節で確認した機関評価と復興評価との関連ほど強い相関係数は確認できなかった。

第一原発の廃炉については、放射能の健康影響への不安との関連度が一番高い。両者の相関係数はマイナス〇・一八であり、健康影響への不安が高い人ほど廃炉が進んでいないと認識していることがわかる。賠償の不公平感や県外から福島への視線が気になることとの関係については、五%で有意な結果は得られたものの、明確な関連はみられない。

最後に福島県全体の復興に関してみると、賠償の不公平感との関連が一番高かった。賠償の不公平感との相関係数はマイナス〇・一八であり、不公平感が高いほど県全体の復興への評価が低くなっている。県外から福島への視線が気になることとの相関係数はマイナス〇・一七、健康影響への不安との相関係数はマイナス〇・一六であり、県外から福島への視線を気にする人ほど、そして健康影響への不安がある人ほど県全体の復興を低く評価していることが明らかとなった。

これらの結果からは、原発事故に対する各種意識は福島県民の県全体の復興に対する認識と一定程度関係していることが明らかとなった。言い換えると、これらの不安や不公平感が解消されなければ、県全体の復興評価が高まらないといえる。

次に、これらの関係の地域による違いを確認しておきたい。第一に、会津若松においては原発事故に関連する意識と復興に対する認識との間にほとんど関連がみられなかった。それに対して郡山やいわきにおいては、これら意識と復興に対する認識との間に一定程度の関連がみられる。とりわけ県全体の復興に対する認識に対しては、原発事故に対する三つの意識との関連が、とくにいわきにおいてより強い関連が確認された。このことは、郡山市民やいわき市民においては、健康影響への不安や賠償の不公平感が解消されないと県全体の復興がなされないと認識しているのに対し、会津若松市民においてはそれらを結びつけて捉えていない、ということになる。

　第二に、賠償の不公平感と事故被災地の復興に対する認識との間の関連について郡山と会津若松、いわきにおいて違いが確認された。郡山市民においては賠償の不公平感と被災地の復興評価を関連づけて捉えているが、会津若松市民やいわき市民はそのように捉えていない。とくに表4－9では、いわき市民においては賠償の不公平感を強く感じていることを確認したが、そのことと事故被災地の復興に対する認識は別物であると捉えていることになる。

6　原発事故からの復興に対する認識を規定するもの

　では、原発事故からの復興に対する認識を規定するものは何か。最後にそれを被説明変数とした重回帰分析を実施してみたい。**表4－12**には分析に投入した変数一覧を示している。分析における被説明変数は、(1)事故被災地の復興、(2)第一原発の廃炉、(3)福島県全体の復興に対する評価である。ここではそれぞれを被説明変数とした重回帰分析を行う。それに対して説明変数は、属性（性別、年齢、教育年数、世帯年収）と、復興に取り組む機関評価として(1)国、(2)福島県、(3)東京電力を、さらに原発事故に関連する意識として(1)放射能の健康影響への不安、(2)賠償の不公平感、(3)県外の福島へのまなざしを取り上げる。

　表4－13は重回帰分析の結果である。まずは、(1)事故被災地の復興について分析結果を見ていきたい。有意な

表4-12　重回帰分析に投入した変数一覧

被説明変数	復興に対する評価 (1) 事故被災地の復興 (2) 第一原発の廃炉 (3) 県全体の復興	0=まったく進んでいない 1=あまり進んでいない 2=ある程度進んでいる 3=すでに復興した（完了した）
説明変数	性別	1＝男性，0＝女性
	年齢	実年齢を投入
	教育年数	9=中学卒，12＝高校卒， 14=短大・専門学校卒，16=大学卒
	世帯年収	1=200万円未満，2=200～400万円， 3=400～600万円， 4=600～800万円，5=800万円以上
	復興への機関評価 (1) 国 (2) 福島県 (3) 東京電力	0=評価しない 1=あまり評価しない 2=ある程度評価する 3=評価する
	原発事故への意識 (1) 放射能の健康不安 (2) 賠償の不公平感 (3) 県外からのまなざし	0=あてはまらない 1=あまりあてはまらない 2=ややあてはまる 3=あてはまる

結果が得られた項目は、教育年数、国への評価、県外の福島県へのまなざしであった。教育年数が短いほど、国の取り組みを評価するほど、そして県外からのまなざしを気にしないほど、事故被災地の復興への評価が高くなることが明らかになった。この中では国への評価が一番大きな影響力を持つことがわかる。他方、東京電力の取り組み評価は有意な結果が得られなかった。表4－8においては両者の間に一定程度の相関が確認されたが、重回帰分析では東電の取り組み評価が事故被災地の評価に影響していなかった。

次に、(2)第一原発の廃炉について分析結果を確認してみたい。有意な結果が得られた項目は、教育年数、国への評価、東京電力への評価、健康影響への不安であった。教育年数が短いほど、国の取り組みを評価するほど、東京電力の取り組みを評価するほど、健康影響への不安がない人ほど、事故被災地の復興への評価が高くなることがわかる。この中では、東電に対する評価が一番大きな影響力を持つことが明らかになった。そして東京電力の取り組み評価と健康影響への不安に関しては、第一原発の廃炉評価においてのみ有意な結果が得られた。

最後に、(3)福島県全体の復興について分析結果を確認しておきたい。有意な結果が得られた項目は、国への評価、福島県への評価、県外からのまなざしであった。国の取り組みを評価するほど、福島県の取り組みを評価するほど、県外からのまなざしを気にしないほ

表4-13 重回帰分析の結果

	(1) 事故被災地の復興	(2) 第一原発の廃炉	(3) 福島県全体の復興
性別	-0.034	0.034	0.021
年齢	0.023	-0.009	0.033
教育年数	-0.114 **	-0.128 **	0.061
世帯年収	-0.010	-0.044	-0.020
機関評価(1)国	0.360 **	0.173 **	0.301 **
機関評価(2)福島県	-0.063	-0.043	0.104 *
機関評価(3)東京電力	0.071	0.291 **	0.084
事故意識(1)健康影響への不安	0.012	-0.065 *	0.013
事故意識(2)賠償の不公平感	-0.043	0.010	-0.039
事故意識(3)県外からのまなざし	-0.105 *	-0.063	-0.156 **
調整済みR^2	0.168	0.198	0.205
(n)	(502)	(508)	(511)

表における数値は標準編回帰係数を示している.
** p<0.01 * p<0.05

ど、事故被災地の復興への評価が高くなることがわかる。この中では、国への評価が一番大きな影響力を有することが明らかになった。他方で福島県の取り組み評価に関しては、事故被災地の復興ならびに第一原発の廃炉への評価に対して影響しておらず、福島県全体の復興においてのみ有意な結果が得られた。

7 結 論

本稿では福島県民の復興に対する意識を見てきたが、これまで明らかになったことをまとめておきたい。福島県民の事故六年後の復興に対する評価は総じて低い。事故被災地の復興や廃炉について、多くの県民は進んでいないと評価している。このことが、福島県全体の復興に対する評価が低いことに結びついているように思われる。そのために、国や東京電力の取り組みに対する評価は非常に厳しくなっている。ただし福島県の取り組みに対する評価はある程度得られており、かつ福島県民は被災地復興や廃炉の評価と県の取り組みをそれほど結びつけて捉えてはいない。県民は、県全体の復興に対してのみ福島県は責任を有すると捉えている。さらに原発事故に対する意識に関しては、どの地域においても賠償の不公平感が高いことが示された。ただし、そのことが事故被災地の復興や廃炉、県全体の復興に対する認識と強く結びついているわけではなかった。

地域ごとに特徴をみると、復興に対する認識や復興に取り組む機関への評価に大きな違いはみられなかった。大きく異なるのは、賠償の不公平感に対する認識であり、第一原発に近いいわきにおいて不公平感の高まりを確認できた。それは、第一原発に近い住民ほど自分たちも原発事故によってさまざまな被害を受けたという認識があるからであろう。

ただし、両者の結びつけ方において地域ごとの特徴が確認された。例えば会津若松においては、事故被災地の復興について国の責任と強く結びつけていたが、他方で第一原発の廃炉と福島県の取り組みを結びつけて認識してはいなかった。それに対していわきにおいては、第一原発の廃炉と福島県の取り組みを結びつけて認識している。また、原発事故に対する意識についても、会津若松では復興に対する認識と明確な関連がなかったが、郡山やいわきにおいては健康影響への不安や賠償の不公平感が県全体の復興に対する認識と関連していた。このように、復興に対する責任主体の捉え方が居住地によって微妙に異なることが明らかになった。

最後に、復興に対する認識を被説明変数とした重回帰分析を実施した。第一に、国には事故被災地の復興、第一原発の廃炉、福島県全体の復興に対して責任があると、福島県民は認識していることが明らかとなった。たしかに第一原発の廃炉についてはより東京電力に責任があると認識しているが、国にも責任があると福島県民は捉えている。事故被災地の復興や第一原発の廃炉に対して県民全体の評価自体が低いこととあわせて考えると、国や東京電力のさらなる取り組みが求められているといえよう。他方、事故被災地の復興に対して、福島県や東京電力よりも国に責任があると県民が認識していることは、事故被災地の復興が進んでいると評価する回答も低いこととあわせると、こちらも国のさらなる取り組みが求められているといえる。

第二に、福島県全体の復興に関する認識に対して賠償の不公平感は影響しておらず、他方において県外からのまなざしが影響していることが確認された。これまで筆者は、いわき市などにおける避難者と受け入れ住民との軋轢の問題を調査してきた。そして賠償の不公平感が大きく影響していることをみてきた。しかしこの調査結果からは、少なくとも受け入れ住民からすると、賠償格差の問題は県全体の復興とは別次元の問題であると捉えていると読み取れる。それに対し、県外から福島県へのまなざしが影響しているということは、県民の自己イメージが回復しなければ福島県全体の復興が成し遂げられないと認識していることになる。

これらの調査結果は原発事故から六年が経過した時点のものであり、本稿執筆時点ではさらに福島県民の復興に対する認識は変わっているだろう。また、紙幅の都合で重回帰分析については地域ごとの違いまで示すことができていない。その意味で今後も継続的な調査研究・分析が必要だと思われる。

註

（1） 原発事故による被害の受け方は、避難指示区域の内と外で単純化できるようなものではない。緊急時避難準備区域や特定避難勧奨地点など多様な避難指示のあり方があることを付け加えておきたい。

（2） 原子力損害賠償紛争審査会は二〇二二年一二月に中間指針第五次追補を発表した。これは全国各地で行われてきた避難者集団訴訟の結果を踏まえたものである。それを踏まえて東京電力は二〇二三年一月三一日に追加賠償についてその基準を発表した。警戒区域など政府からの避難指示区域に加え、区域外の地域に対しても追加賠償が支払われることになった。具体的には、区域外の浜通り、福島市や郡山市など県北・県中地域には八万円が、白河市など県南地域と宮城県丸森町《まるもりまち》には六万円が追加で支払われることになった。

（3） 『福島民友』二〇二一年三月八日付。

（4） 本調査の前段として、二〇一四年にいわき市の住民を対象として調査を実施した［高木 2015］。そこで得られた知見が県内の他都市でも確認されるかを確かめるべく、いわき市に加え、郡山市、会津若松市でも調査を実施した。

（5） 具体的には、会津若松の年貢町《ねんぐまち》団地と白虎町《びゃっこまち》団地、郡山市の八山田《やつやまだ》団地と柴宮《しばみや》団地五七号棟、いわき市の下《しも》神白《かじろ》団地と湯長谷《ゆながや》団地を選び、団地周辺一キロメートル圏内にある投票所に居住する住民を対象とすることとした。

（6） 調査においては、次の点を尋ねている。主な項目としては、①基本属性（性別、年齢、学歴など）、②被害の実態（自宅被害、避難の有無）、③コミュニティに対する意識、④原発事故に対する意識、⑤避難者に対する意識、⑥地域の復興度の評価、関係機関に対する評価である。

謝辞

調査に回答してくださった皆様に感謝申し上げる。本研究はＪＳＰＳ科学研究費 15K17193 の助成を受けたものです。

第5章

見えないものを語る

——生者の国で言葉を紡ぐ意義

磯前順一

1 人類史としてのフクシマ——自壊する資本主義

二〇一一年三月一一日、東日本大震災が起きた。福島第一原発では高さ一三メートルの津波が、海面高さ一〇メートルの敷地に並ぶ一号機から四号機のタービン建屋を襲った。多くの非常用発電機が停止し、三月一一日から一二日に日付が変わる頃には、一号機の格納容器の圧力が通常の六倍に達した。原子炉から大量の蒸気が格納容器に漏れ出して、水位が低下した原子炉の中では剝き出しになった高温の燃料が溶け出すメルトダウンを起こしている可能性が高まった。

格納容器の破損を防ぐためには、その内部の気体を外部に放出して、気圧を低下させる必要があった。それがベントであるが、内部の放射性物質を周辺地域に拡散させてしまう手法でもあり、本来は決してあってはならないことと周辺自治体に対して東電が安全を請け負ってきたことに反する事態であった。

ベントを行った一号機は、それから程ない三月一二日午後三時三六分に「どん」という轟音とともに水素爆発を起こす。燃料を覆う金属が水蒸気と化学反応を起こして、大量の水素を発生し続け、内部圧力の高まった建屋五階の最上階を吹き飛ばし、その鉄骨の骨組みが露《あら》わになってしまう。水の注入作業をしていた消防車や自衛隊の車両が吹き飛ばされ、建屋の壁が砕け散った瓦礫は一時間あたり三〇ミリシーベルトという異常に高い放射線を放っていた。

続いて、三月一四日には三号機も水素爆発を起こし、二号機と三号機の間に大量の瓦礫が降る。翌一五日も二号機と四号機で爆発が起き、建屋の壁に空いた穴から大量の放射性物質が大気中に漏れ出す事態が起きた。その結果、雪や雨にまじって大熊町、双葉町、富岡町のような海岸部から浪江町を経て飯舘村や葛尾村などの内陸部におよぶ地域に放射性物質が降り注ぎ、約一六万人の人々が故郷から離れる事態を招いたといわれる。

三月二九日の浪江町赤宇木《あこうぎ》集会場では毎時八〇マイクロシーベルト。日本国内の平均値である、毎時〇・〇六マイクロシーベルトの一三〇〇倍以上の数値を示していた。屋内でさえも、一号機の瓦礫と同じ三〇マイクロシーベルトを示していたのだ。いずれも信じがたい数字ではあるが、それでも現実を十分に反映したものとは考えられていない。

人々が住めない地域を生み出したというだけではない。動物たちは放射能に汚染された水を飲み、空気を吸い、動植物を食べる。牛や豚などの家畜、犬や猫などのペット、自然に住む動物と魚類、そして植物。何よりも、空気と土地と水に対する環境汚染である。地球そのものが汚染されてしまったのだ。ときに奇形の魚が網にかかったりしているが、そのほとんどが報道されることはまれである。

そして、いまだ行く先の見えない、福島の子どもたちが甲状腺がんにかかる危険性。被曝の事実は、それが目に見えないものであるがゆえに、なかなか因果関係をおさえられないままに、事態は水面下で深刻に進んでいる。しかし、二〇一三年六月に福島第一原発爆発時に一八歳以下だった子どもたち一七万四三七六人を検査したところ、甲状腺がんが累計一二人、その疑いがあるとされた子どもが累計一五人になったと福島県より報告された。百万人に一人か二人というのが、平時における甲状腺がんの発生率に関する通説であったから、その比率が原発事故以降の福島では異常に高いことになる。それに対して、「スクリーニング効果（精度の高い検査を網羅的に実施していることによって今まで見つかっていなかった病気が見つかること）である」という理由をもって、福島県は「被ばくによる影響の可能性はほとんどない」と公的見解を発表した［木村 2014: 41–42］。

カタカナで書かれるフクシマ、それは東日本大震災時に引き起こされた複合災害の空間、地震によって引き起こされた津波と原発爆発による放射能汚染の場としての福島となる。福島と書いたときには、それは地理的空間としての福島県を指す。あるいは福島市を指す。例えば、帰還困難区域などに当てはまらない福島県二本松市のマンションでは、二〇一一年末に新築であるにもかかわらず高い放射線量が測定された。因果関係を調べてみたところ、浪江町の採石場でとれた汚染された石が建物の一部に用いられていたのであった。

フクシマと書き表されるとき、その場所の境界線は定かではない。放射能汚染はどこまで及んでいるのか。浜通り地域だけなのか、福島県全体なのか、はたまた県の境界線を越えて東日本一帯、あるいは日本列島全体に及ぶのか。それとも、太平洋の海水を介して、環太平洋地域にまで及ぶものなのか。誰ひとりとして災害の影響下にある地域を明確に特定することはできない。なぜならば放射能とは目に見ることができず、何年も経った後に人体や生物への被害が顕在化するものだからである。

私の住む水戸市から程ない茨城県内の村では、放射線を測定する機器を持ち込むこともなく、福島第一原発一号機が爆発してからもそのまま井戸の水を飲み、自宅の菜園で採れた野菜を食べる生活を続けていたという。水戸から北に程ない地域ということは、福島第一原発から一五〇キロメートル弱の場所である。その村は、他の農村と同様に高齢化が進み、第一原発が爆発したときにも、都市民のようには避難が容易ではない諦念からか、いまさら現実を知ったとしてもどうなるものでもないという雰囲気が全村を覆っていたという。

そもそもこの農村では食料を基本的に自給自足で賄い、水も地下水を用いており、場合によっては薪で風呂も焚いているため、基本的な生活維持費が都会と比べて格段にかからない。しかし、今回のような放射能の雨が降ってしまえば、その生活手段のほとんどが使えなくなってしまう。そのために、現金収入が多くは必要とされない生活が、かえってその所得の少なさゆえに足かせとなる。

明確な調査の行われない茨城県央部では、その因果関係は立証されていないが、村の自給自足の生活は米作を主体とする生産様式のもとではプラスに作用するが、それが資本主義生産に転じた場合には、金銭による基本収入の不足事態を招くため、資本制生産の商品を購入したり、学校教育などを修める場合にはマイナスに転じるのである。

微妙な役割を果たしているのが「風評」という言葉である。「福島の食物が放射能に汚染されている」。そうした風聞は第一原発爆発直後から、日本国内外で沸き起こった。日本からの食品輸入を停止した国もあった。数値を測っているから安全だという主張も、そうした疑念と同じくらい存在する。

しかし、いつになってもその議論に結論が出るようには思えない。これまで、福島の人々あるいは福島を支援する人々に「福島を何から守るんですか」と尋ねると、「風評被害から」という答えが多くの場合に返ってきたという。しかし、原発に反対する原子力学者の小出裕章は、そうではなく「放射能から」福島を守るというべきだと説いている。小出は続けて言う。

人間は恐怖を抱えながら生きられない。なるべくなら汚染を忘れてしまいたいと思ってしまう状態になっています。[小出 2018: 56]

だからこそ、私たちは強い意志をもって現実を凝視する勇気を持たなければならない。現実に対する不安(anxiety)は、パニックを引き起こすような恐怖(horror)ではなく、現実に対する人間の畏れ(fear)、すなわち現実に対する謙虚さに転じていかなければならないのだ。問題は、たとえ放射能を構成する物質の数値を測って、その基準値以下だとしても、その基準値の設定が本当に妥当なものなのか。それまでは放射線の年間累積被曝線量は五ミリシーベルトが限界とされていたにもかかわらず、福島第一原発の爆発後には、突如として年間二〇ミリシーベルトまで問題なしとされた。明確な論拠も掲げることなしに、有無を言わさずにである。

そもそもチェック項目のリストにすべての危険な物質が挙げられているのか。セシウム137、ストロンチウム90、ヨウ素131、キセノン133など、それぞれのチェックは十分なのか。その物質をチェックするだけでよいものなのだろうか。その基準の設定に合意がないまま、測定された数値だけが一人歩きする現状では、誰も本当の意味では安心することはできない。現代日本の社会は、不十分ながらも民主主義にのっとった社会とみなされているが、こうした政策の決定過程が、本当に民主主義の原則にのっとった政治制度から生じるものなのかどうか、根本から疑ってみる必要がある。

では、誰がそうした数値の目安を決めているのか。当然のことながら、最終的には政府である。政府が原発政策の再開を基本方針に定めている以上、その数値設定は政府にとって都合のよいものにならざるをえない。政府のやっていることは、小出裕章が言うように、「逃げたいやつは逃げろ。補償なんてしない」、それが嫌なら「汚染地に帰れ」という脅しなのである［小出 2018: 74］。政府と東京電力の関係は、その計画の具体性をめぐって、多少の緊張関係を孕んではいても、原子力エネルギーによる資本主義推進という基本政策の点で合致している。原子力とは、きわめて資本主義的なエネルギーなのだ。

この被曝によって人体や自然に何が起きているのか、その立証の困難さは、ポストモダンの議論に典型的にみられる認識の相対主義に呼応する。ポストモダンの議論とは、ありのままの現実を捉えることができないという認識をその出発点とする。ジャック・ラカンの言葉を借りるならば、現実界そのものは語ることはできない。われわれが語ることができるのは、現実に対する個々の人間の解釈としての認識にとどまらざるをえない。

本来、哲学としてのポストモダンは、絶対的に真理の唯一性を標榜するイデオロギーを相対化する役割を担って登場した。いまだ真理の唯一性信仰が強固に存続する状況を前提として、その言説空間の内部においてこそ批評性を発揮したものである。ジャック・デリダが「哲学の余白」と、自分の思考のありかを言い表したように。しかし、現代においてはその言説の枠の絶対性が揺らいでしまったため、相対化によって揺らがす必要のある信憑性が消えてしまい、絶対性と重なるかたちで存在していた全体的な俯瞰の視点までを水に流すことになってしまった。

となれば、残されたのは、固定点を持たないままでの相対化作業の反復だけとなる。そこにおいて、かつての真理の排他性を唱えていた言説は、その輪郭を描いた曖昧模糊としたものとなり、固定化された大文字の他者から、正体不明な謎めいた他者へとその性質を転ずることで、人間からはいっそう把握しがたい影響力を行使することになる。

だとすれば、広島及び長崎への原爆投下で戦前の日本社会が終わり、反原爆の思いから始まった戦後社会は、それを平和エネルギーに転換したとされる原子力エネルギーの安全性が破綻したところで終わりを迎えたといってよい。そこで、放射能汚染は正確な認識が不能な現実を引き起こし、人間の技術による制御を超えた予想困難な現実を生み出したのである。

ここにおいて、人間は自分の生活する環境世界を認識できず、制御もできないという事態に陥る。それを白日の下に世界に知らしめたのが、旧ソ連、現ウクライナのチェルノブイリ原発の事故であり、福島第一原発の事故であった。チェルノブイリの原発近くでは、四〇年近くが経つにもかかわらず、いまだ放射能汚染が続いている。この現実を、私たちはどのように受け止めたらよいのであろうか。

さて、福島第一原発の事故から一三年以上が経った。その間にも、熊本大震災（二〇一六年）、広島への集中豪雨（二〇一四年）、福島県相馬地域を中心とする大地震（二〇二一年、二〇二二年）、能登半島地震（二〇二四年）など、日本列島の災害は収まることはなかった。いつでも老朽化した原発が自然災害に巻き込まれる危険性はある。そもそも日本に原発を造るというアメリカ傘下の方針は適切なものなのであろうか。福島第一原発やチェルノブイリの事故から、何を学び取るべきなのだろうか。

そこに「資本主義社会の破滅」を見るのは、果たして私だけなのであろうか。それがまさしく福島で起きている事態である。ジョルジョ・アガンベンの言葉を借りるならば、「例外状況の日常化」（『ホモ・サケル』原著一九九五年）、ミシェル・フーコーの言葉を用いるのならば、「人間の死」（『言葉と物』原著一九六六年）である［アガンベン 2007; フーコー 2020］。

資本主義社会の破滅とは何か。まさにマルクス主義者が望んでいた光景ではないのではないだろうか。資本主義という生産様式を徹底的に推し進める。すると、労働者としての人間の疎外がいっそう進展し、可能なかぎり人間を低賃金で雇用することで最大限の利潤が生まれるシステムが推し進められる。いわゆる消費者資本主義の興隆である。

資本主義にとって人間が第一義には消費者として存在するこのシステムは、消費者の商品購買欲求を刺激し続けることで資本主義の生産力を成長させていく。人間はまず消費者として資本主義のシステムの中に組み込まれる。他方、彼らは労働者としてその商品を消費者のために低賃金で作り続けなければならない。自分の消費者としての立場が、労働者である自身の立場を苦しくさせていく。

そこから明らかになることは、消費者資本主義とでもいうべき現在の資本主義システムは、生産力の上昇が新しい生産関係への移行をもたらすものではないということである。資本主義という生産様式を通した利潤追求だけを自己増殖させていく。社会革命なき、資本自体のための生産様式として、永続する資本主義というシステムの成立をそこに見て取ることができるのだ。

取り換えのきく単純作業に従事する労働者たちは、低価格の商品を薄利多売で作り出すために、その多くが非正規雇用者の立場に身を置き、自分の労働賃金も最低限の条件で売り渡さざるをえなくなる。同時に正規雇用者は、多数の非正規雇用者の仕事をきわめて少人数で補うために、いっそう過酷な労働条件に身を置かなければならなくなる。ただし、原発の場合はその電力を使うのは大手企業をはじめとする資本主義の担い手たちであり、あるいはマジョリティたる都会の住民たちが主になる。

そこに電気を送る原発の施設が置かれるのは、彼らの生活に支障をきたすことがないように、なるべくそこから離れた国民国家の辺縁部に該当する寒村に狙いが定められていく。彼らは彼らで自給自足の村落生活においてはつつましくも、多くを望まなければ過不足のない生活が可能なわけだが、資本主義の商品を購入したり、その社会をのし上がる教育を受けたりするためには金銭が絶対的に不足している。そこで、自分の村にいながら、資本主義的な欲望を満たすことができ、その社会秩序の階梯を昇り始める切符を手に入れることになる。

この原発という「平和エネルギー」のもとでの高度経済成長。労働者としての収入が消費生活を助ける労働資本主義。まさに冷戦下のアメリカの核の保護のもと、日本政府はそのような原子力エネルギー体制を推進してきた。しかし、どれほど原発の存在意義を語ったとしても、原発システムを作動し続けるためには、日本に住む誰かが代価を支払わなければならない。

万一、事故が起きたなら、住民たちの被曝、原発に依存した町の空洞化と壊滅。莫大な補償金と、そのための国民への課税。そして、なによりも放射性廃棄物の行方が未定であること。その放射性廃棄物の放射線は消すことができない。原子力発電所が老朽化しても、それを安全に処分できる技術の目途が立っていない。クリーンと謳われたエネルギーは、最終処理の不可能な汚染物を伴うかたちでしかエネルギーを生みえない、人間にとって制御不能なものでしかない。

映画「太陽を盗んだ男」の最後の場面を思い出してほしい。孤独に絶望した、沢田研二演じる主人公は原爆で東京を、自分もろとも吹き飛ばす。真っ暗になった画面、そこには何も映っていない。そこには荒涼たる風景が広がっていたのだろうか。あるいは、完全に世界そのものが吹き飛ばされたのだろうか。その想像は観客に委ねられたまま、映画は突如として終わる。

この作品が発表されたのが一九七九年。一九四五年の広島・長崎への原爆投下から三四年後、一九五四年のビキニ環礁での第五福竜丸の被曝から二五年後である。そして、映画「太陽を盗んだ男」が発表されてから三二年後、二〇一一年の東日本大震災の際には現実に原発が爆発した。ただし東京ではなく、福島である。

そこで当然のように原発の置かれた町に起きた原子力事故。原発マネーで潤った福島浜通りは、死の町となった。それが資本主義社会の行方である。一九四五年八月六日の広島に始まった戦後は、二〇一一年三月一二日の福島の被曝とともに幕を閉じる。アメリカ資本主義の傘下での原子力政策が悪夢にすぎなかったという結果とともに。

2 真鍮の神々――民主主義という虚妄

東日本大震災から一三年が経った。

「おまえさえいなければ」。

そのあいだ、何度も私の脳裏をよぎってきた言葉だ。私の心の深いところから聞こえてくる声なのだが、私の声ではない。誰の声なのだろう。「おまえ」とは誰のことなのだ。私のことなのか、それとも被災地の人間のことなのだろうか。あるいは死者か、異形の者たちのことなのだろうか。

「見えないものを言葉にするのが宗教学なんだよ」。東北の学生たちを前にした宗教学者、山形孝夫さんのこの言葉が私の脳裏を離れない。見えないものをかたちにしたのは、被災の各現場に置かれた石碑や観音像さらには資料館といったモニュメントの類いであろう。ドイツ人監督ドーリス・デリエが制作した映画「フクシマ・モナムール」(二〇一六年)で、見殺しにした自分の真弟子に老婆が花婿人形を渡した場面もまたそうした光景を収めた典型的なものであろう。

三年前にこの映画を見たとき、そこで死者と生者の間の和解が成り立ったと私は考えた。自分を見殺しにした生者に対するわだかまりが消えた死者は、受け取った花婿人形を大切に懐に抱いて暗闇の中に消えていく。では、ここで言う和解とは何なのだろう。まず言えることは、非業の死を遂げた死者が成仏するということである。成仏、生者やこの世に対する恨みの感情が消えて、魂があの世に帰っていく。本章では紙幅の関係で掘り下げることはできないが、記紀のイザナキ・イザナミ神話に見られるようなコトドワタシがここでも行われていたのである。

あらためて問おう。コトドワタシとは、いかなる行為なのか。『古事記』の注釈書では、「離別」を言い渡すこととされている[倉野校注 1963: 30]。その言い渡す主語が生者の場合もあれば、死者からの場合もある。『古事記』

のイザナキ・イザナミ物語では双方が言い渡すことになっている。
『フクシマ・モナムール』の場合には、生き残った老婆は自ら命を絶って、あの世に行くことを望んでいたものの、最後には第三者たる生者の介在によって生者の世界で生きていくことを決意する。それゆえ、謝罪と冥婚という来世での幸せを願って花婿人形を死んだ弟子に渡すことで、死者は納得して来世へと成仏する。生者が迷いから解放されることで、死者も我執から解放されたのだ。

この主題を扱った小説に、いとうせいこうの『想像ラジオ』（二〇一三年）がある［いとう2015］。震災から程ない時期に刊行されたこの作品では、死者が呼びかける声が生者たちを悩ませるという光景が描写されている。それは、死者が自分が死んでいたことに気づいていないためである。死者たちは、あまりにも突然の惨劇で、自分が命を失ったことに気づいていなかったのだ。だからこそ、死者たちはその死を自覚したときに生者に話しかける声が止む。すでに死んでいたことに気づくことで、はじめて成仏することができたのである。

そのためには、ボランティアのドイツ人女性というまったき他者が老婆を生者の世界につなぎとめる役割を果たす必要があった。老婆と同じように心に傷を持つ彼女こそが、死者と生者のもつれた関係を解きほぐしたのである。心に痛みを覚えたからこそ、この第三者は生者と死者の傷んだ関係を感じ取ることができたのだ。傷があったとしても、その自覚がなければ、その傷がこの第三者を支配してしまうだろう。すべてが無意識のままでは、魂の和解すなわち心の治療が進みはしない。無意識に心が同化されてしまうなら、生者は死者の国に呑み込まれてしまう。だからこそ、彼女のように傷つきながらも、その痛みを自覚している者の介在が必要であった。

その意味で、コトドワタシとは生者が自らの意識を回復して、経験した出来事を意識の中に体内化していく行為である。死の思いにとりつかれた人間は死の世界にコトドを渡さなければ、生者の国に黄泉帰《よみがえ》ることはできない。彼らのうち、誰が生者の国に蘇り誰が死者の国へとコトドを渡されるのか。その未決の状態を仏教では中有《ちゅうう》と呼んだ。そのとき、生者と異界の結界は破れ、生者と死者の行き交う未分離の世界が生まれる。では、そこで何が葬り去られたのであろうか。もちろん、死者にみられる現世への我執である。しかし、実は生者こそが、その死者に対する感情、震災でいえば生き残った者の罪悪感で、死者たちをこの世界に押しとどめていたことを見落としてはならない。

私は死者たちの集う夢を見る。一つ目は半魚人の住む沼。鬱蒼とした森の沼を自由に泳ぐ半魚人。裸体の身体は彼が裸族の出身であることを物語っている。頭は巨大なクロマグロである。沼から上がってきた彼は、私に沼で捕まえた子どものマグロを海藻に包んで渡そうとする。しかし、私は受け取り損ねて、その子マグロは再び沼の中に戻ってしまう。そして半魚人もまた、沼の中に泳ぎながら潜っていく。その姿が見えなくなるのを私は沼の岸から見送っている。

次の夢は、朝鮮半島の三八度線の南側、資本主義経済圏で起こる物語。怒り心頭で真っ赤になった鳥頭の人間だ、空から屋根の上に降り立つ。東京の空には巨大な円盤が何機も降下して、パニック状態に陥った人々が逃げまどう。今にも地上に爆撃を加えようとしている。私も最寄りの駅まで走り込んで電車に乗ろうとするが、駅員がもたもたしていて、怒鳴りつけてしまう。

風景が変わって、名古屋郊外。時代は戦争末期の日本。放課後に遊んでいて、最終電車を逃した私の義父は、空襲警報が出ているからと、駅員から学校の防空壕に戻るように命ぜられる。実際に長い空爆の時間があり、爆撃音が鎮まった後に、父が外を覗くと焼死体があちこちに転がっていた。教師に命ぜられてその遺体を片づけたのちに、駅に戻ると、父に避難するように命じた駅員も含めて多数の死者が出た。時間をかけて線路の上を歩いて自宅に戻る途中、今度は空爆の帰りに撃墜されたアメリカの爆撃機に乗ったアメリカの青年が殴り殺される場面を見てしまう。その青年の目が同世代の父を捉える。生涯忘れることのできないまなざしであったという。

おそらく、これらの光景は半魚人の沼と同じく、普通の人間が知らなくてよい妖怪の国、あるいは宇宙人の世界、あるいは心の爆破された非人間の社会である。広い意味で、いずれも死者の国。人間らしい魂を失った世界と言える。そこにいつまでもとどまる者は心が腐食されて、私の義父のように荒廃していくのである。あるいは気づかぬうちに偽物の神を平気で拝むようになってしまう。否、気づいてはいても、もはや異界から逃げ出る扉は閉じられてしまい、正気を装った狂人を演じるほかに道がなくなってしまう。そこでは人々の魂は鳥かごに捕らえられて、憤怒相《ふんぬそう》の鳥頭人間に支配されてしまう。

さらに第三番目の夢が続く。とある研究施設で、研究員がみんなで揃ってひな壇に並んでいる。だが、その場は、烏合の衆のように雑然としたままだ。どんどん人が並んでくるが、中央の主賓席だけ空席のままである。そこに学歴を詐称した外国人の女性が弁財天様と称して座る。人々は詐称に気づかないまま、あるいは気づいていないふりを装いつつ、彼女を拝み、山車に載せて街をパレードしている。そこには偽りの神に魂を奪われた人々の姿がある。いつしか盆踊りが始まる。組み立てた櫓《やぐら》の上で、死者に交じって踊っている彼らの姿が見える。私ひとりだけが切符を手に、故郷の水戸に戻る電車が来るのを待つ。

この夢は魂を失った世界が死者の国にあるだけではなく、生者の国にもあることを示している。アレントの言う「全体主義の社会」、あるいは「暗い時代」である。つまり、声の複数性がかき消されて、単一の均質な声しか存在しなくなる世界である。もちろん、全体主義の社会を生きる人々であっても、さまざまな声を自分の内面には有している。しかし、社会という公共圏においては、社会的制裁などによって、そうした複数の意見を言うことが自主的にはばかられてしまう社会が存在するのだ。

事実、吉村萬壱の小説『ボラード病』(二〇一四年)では、震災後の日本社会がそうした複数の声を封じた単一化された声の社会になっているという問いが出されている[吉村 2017]。『想像ラジオ』の著者、いとうせいこうが書いた簡便なあらすじの要約があるので、ここに紹介しておこう[いとう 2017: 187]。

かたくなな態度で毎日を送る狂気じみた母と、少女は生活している。/海塚市という場所で。人がぽろぽろ死に、だが死因が明かされないような町の中で。その場所の者らは「海塚の海産物はどれも美味しく安全である」と態度で示すことに執着している。

その背景にはまさにフロイトは否認と呼んできた、目の前に進行する現実の否定がある。

　同調圧力に満ち、自分たちの共同体が受けた傷を無理やり忘れ去ってしまおうとし、かえってわけもなく誇りを持つことを強要し合い、……その奥底で破滅がひたひたと低い波音をさせている事実に目をつぶり、耳をふさぎ、だからこそ他人にも同じように「絆」を求め続ける土地。

放射能汚染に怯える街、不安が高まれば高まるほど強まる現実の否認。それはフクシマであり、日本の社会全体である。いとうはその解説の中で、「東日本大震災後の社会そのものの硬直、痙攣」〔いとう 2017: 189〕と捉える。すでに二〇一三年の段階で、死者の声に耳を傾ける必要があるだけでなく、その声に生者がとりつかれていることをいち早く指摘した、いとうならではの慧眼である。その憑依現象がさらに日本全土に拡大し、固着化が始まったことを、草の根からの全体主義の興隆として、この吉村の小説は描き出していた。

　そう、フクシマという現実。高濃度の放射能に汚染され、もはや人間の住めなくなった「白い土地」が日本の国内に存在すること。そこでとれた動植物はいまだもって人体に摂取することができない方度《ほうど》の高濃度の汚染。それにもかかわらず、第一原発の廃炉作業の過程で出た汚染水を海に放水する東電。そうした危険な状況を「風評」として隠蔽しようとする政府。

　政府と東電だけではない。日本中の人々が、日本国内に「白い土地」が存在することを否認しようとしている。福島はあっても、フクシマという白い土地があることは認めようとしない。そう、自分たちの日常空間にどれほど放射能汚染が進んでいるのかという現実に向き合おうとはしない。他にどこにも生活する場所がないという諦念、その点に同調さえしておけば、とりあえず今はこの場所で滞りなく生きられる。その不安が他人に対する極端な同調圧力として機能する。それが『ボラード病』で描写された、全体主義の心理機制である。それは、いとうせいこうの指摘するように、現代の日本社会にほかならない。

決して否定しきることのできない不安こそが、極端な同調圧力を日本社会の人々に誘う。極端な均質さへの没入願望。多様性ではなく、むしろ異なることへの不安。自分だけが非国民であることへの不安。その均質さは共約不能なものを前提とした共約性でないかぎり、個人の個性を全面的に否定したもの、すなわち大文字の他者への同化を意味する。

大文字の他者のまなざしを捉え返す契機が個人の側にないかぎり、その主体性は決して獲得されることがない。まさに日本の政府の、日本の資本主義経済という大文字の主体の一部でしかアイデンティティを獲得することのできない個人。今の日本社会を生きる「国民」として均質化された人々の姿である。震災転移論［磯前 2024］における負の転移とは、こうした不安や同調圧力が現実否認というかたちをとって日本社会全体を覆っていき、さらにはその外側へと感染していくさまを呼び表したものである。

だとすれば、その全体化された社会の亀裂として存在するにすぎない「白い土地」、そしてその住人や動植物たちは、均質化された日本社会全体によってその存在を否認されることになる。存在することのない白い土地。存在することのない汚染水と汚染された動植物、そして甲状腺がんの疑いを抱える人間。そこでは消費者資本主義の矛盾が露呈しているにもかかわらず、否、そうだからこそ、その地域の存在は闇に葬られなければならないのだ。

現代資本主義社会によってつくり出された場所であるにもかかわらず、その社会の矛盾と行きづまりを示す存在であるがゆえに、その社会の禁忌として存在していないことにされる。まるで被差別部落民のように、海岸をさまよう幽霊のように、あるいは半魚人や鳥頭人間のような妖怪や宇宙人のように。禁忌とは実際には存在しているにもかかわらず、社会的認識の上では存在しないとされる状態である。その存在を社会的に言及した者は、自身もまた公共空間から抹殺されることになる。いわゆる、アガンベンの言う「ホモ・サケル」、人権を持った人間であることを抹消された人間ということになる。フーコーの言う「人間の死」に対する一つの帰結がここにある。

では、死者は死者の国に帰ればよいのであろうか。青髭は、お通は？　そして、彼らを死者の国に閉じ込めて、その国の存在そのものをなかったことにしてきてしまえばよいのであろうか。そうしたやり方こそが、近代西洋の世俗主義に端を発する典型的に類型化された思考法なのではなかろうか。

資本主義がもたらした新しい政治システム、それが民主主義（デモクラシー）だと多くの人たちは考えてきた。あらゆる人間に開かれた政治形態という理念である。デモクラシーという言葉は政治制度としては民主政と正確には訳出されるべきであろう。それが民主主義という思想的立場を表す「主義」という言葉とともに、日本語に訳出されて定着してきた。それは日本においては現実の制度のみならず、実現すべき理念としての思想内容でもあったからである。

思想と制度の重なるところに、マルクス主義という言葉と同様に、民主主義という言葉の二重性を帯びた意味がある。それは戦後日本社会で学校教育を受けた私もまた例外ではない。そして、西側の人たちは自分たちが自由の保障された社会に生きているという誇りをもって、それをリベラル民主主義と呼んできた。

しかし、奴隷制下の家父長制度を前提としたギリシャ・アテネの民会もまた民主主義の起源として準《なぞら》えてきたように、実際に多様な形態の民主主義が存在する。いわゆる自由主義経済下の民主主義もまた、その一形態にすぎない。だとすれば、最初から自らの民主主義政体を手放しで、民衆の自由の上に打ち建てられた制度と思い込むよりも、そこで与えられる自由と制約がどのような形のもとに可能になっているのか。まず、自分の足元を自覚に照らし出すべきであろう。

近代の民主主義とは、国民国家のもとでの十全な自由主義経済の進展を前提として踏まえたものである。国民国家とは、基本的に国民主権を前提として国民に平等な社会的権利、いわゆる人権を認める理念を有する。しかし、それは同時に国民でない者、いわゆる非国民には人権は認めない制度であることをも意味する。非国民とは敵国の人間であるだけでなく、外国籍の住民であり、近代日本の例では「新平民」と呼び表された旧穢多・非人である。あるいは戦前の制度でいえば、女性や嫡子以外の男性、そして植民地民も二級国民として不十分な人権しか認められなかった。

そして自由主義経済とは、自由競争を建前とする資本主義経済のことを指す。個人が思い思いに自らの欲望の実現のために経済活動をしていれば、自動的に社会全体の経済的競争力が進展し、より豊かな社会へと発展していくという主張にしばしば支えられる。この主張は主に社会上層部の人たちによって説かれる主張である。ただし、彼ら自身は他者との共存を本心で願っているわけではないことを見抜いておかなければならない。あくまで、自己存続を可能にする前提条件の範囲で、すなわち他者が自分の益する範囲で最低限存在していればよいというだけにすぎない。

そこにおいては、他者は自己保存のための手段としてその妨げにならない範囲においてということになる。そもそも自由主義経済とは、自己の欲望の無自覚な実現にほかならないのだから、その基本は自己保存の肯定でしかない。だとすれば、そのイデオロギーであるリベラル民主主義もまた、自己の欲望の自由闊達な実現を、「機会平等の自由」という名目のもとにて肯定する思想にほかならない。

フロイトが論文「トーテムとタブー」（一九一二年）で扱ったのも、同様の問題であった［フロイト 2009］。原父が共同体の女性たちを独占する状態に異議を唱えた若い男性たちが原父を殺害する。彼らは平等に女性たちを娶ることができるようになる。しかし、そこで原父を殺害したという罪意識が無意識に抑圧されるようになり、エディプス・コンプレックスが発生したのだとフロイトは推察する。

だが、私からすれば、若い男性たちは原父を仮想敵としているうちはよいが、また自集団の内に新たな原父を抱え込むようになるのではないだろうか。なぜならば、平等とは競争が生み出す格差状態への出発点にすぎないからである。そもそも、女性を所有したいという欲望そのものとは彼らはいまだ向き合っていないのではないだろうか。まさにこの所有欲求こそが、原父を生み出す根源ではないのだろうか。

こうした観点からすれば、民主主義に関する定義もまた慎重さを必要なものとする。一般に、民主主義（デモクラシー）とは、民衆（デモス）によるものとされる。例えば、近代民主主義の典型的なフレーズとして、後のアメリカ大統領になるリンカーンの「人民の、人民による、人民のための政治(government of the people, by the people, for the people)」である。これはアメリカの内乱、南北戦争期に劣勢であった北軍が、それまで奴隷の地位を押しつけられてきた黒人を、「自分たち」の味方に引き入れるために行った声明といわれる。

乱暴な言い方をすれば、「自分たち」とは社会的権利としての人権を有する社会的存在たる「人間」のことである。すなわち、公共空間に参入して、民主主義的な討議に加われる社会権を有する存在なのである。人権とは自然権ではない、それは理念としては自然権に近い存在になるように実現すべき当為としての目標ではあるが、所与としての事実ではない。黒人はここで、社会的現実としては理念にとどまるものにせよ、社会的存在としての「人間」であることを要求してもよい立場を獲得したのである。

しかし、もう一度リンカーンの言葉を見てみよう。「人民の、人民による、人民のための政治」は、公共圏において人民の政治を行う場合、その主体と客体が本来分かれていたことを記している。この文章の構文から言えば、同じ「人民の政治」と言っても、「貴族による、人民のための政治」のように、人民のために、貴族が政治を行うこともありえたのである。「人民による、奴隷のための政治」という表現も文法上は可能である。主体と客体は、ジョルジュ・アガンベンが指摘していたように、必ず一致するとは言えないものなのだ。

むしろ一致することなどそれまであったためしがないから、あえてリンカーンは主体と客体の一致を「人民」の名の下に行って見せたのである。すなわち、人民による、人民のための政治こそ、近代資本主義社会における民主主義の理念の成立を言い表した言葉なのである。まさに民衆あるいは国民に主権が置かれる民主主義のあり方を示したものと言えよう。しかし、現実の社会を見てみれば明らかなように、現実に民衆に主権がある社会が実現したことが歴史上あったとは思われない。

ここで、抜本的な問いを立ててみよう。そもそも「人民(people)」あるいは「民衆(common people)」とはどのような内実を持った存在なのであろうか。そこで社会的な権利を有することになった人民とは、どのような存在なのであろうか。例えば、二〇一七年五月に福島の女性が移住先の神奈川県の集合住宅のそばに少し外れた公園の洗濯用ロープで首を括った。その女性が支援団体の人に対して口にしていたことは、次のようなことであった。

ここにいるとお金がかかる。子どもたちに大学をやめてもらわなければならなくなる。私が死んでも、子どもたちにお金が渡るようにお願いいたします。

放射能漏れに伴い、彼女は子どもとともに東京に避難してきたが、子どもの学費の捻出のために、平日と週末のダブルワークで月二〇万円を稼ぎ、七万円を貯金に充てていた。しかし、東京の公的住宅に住みたいという意向も拒否されてしまった。その結果、突然、左下半身が麻痺し、実母、実父が相次いで亡くなっていた。その間にも、公的な学費支援は単身赴任である夫の収入を理由に拒否され、二〇一七年には福島県からの住居提供も打ち切られた。

例えば、女性は国民国家体制の下で平等であったかというと、そうではない。それは平等の二重性。男性と比べたときに、女性総体の不平等、とくに社会的進出における不平等。もう一つは、女性内部での不平等である。社会的存在としての女性の社会的進出は、労働力を家庭の中に求めて、社会的労働に組み込もうというやり方であった。そこにおいて、今まで私的空間になかば閉じ込められていた女性は、公的空間に移動させられる。

そこで、いかに私的空間が暴力に満ちたものであったかという隠蔽されてきた状況が明らかになった。だが、その公的空間における女性の活動圏域の拡大が、社会に確実な幸福な状況をもたらしたかというと、残念だがそうとも言い切れない。彼女たちは安価な労働力として公的空間を貫通する資本の論理に絡みとられると同時に、私的領域としての家族における親の存在の不在をもたらすことになった。経済的に苦しい家族こそ、親が長時間の労働時間に従事するために家庭を不在にせざるをえない。だが、今度は子どもたちが親の不在な私的空間の闇に放置されてしまう。

均質的に捉えられない民衆。その匿名性から「大衆」、その文化的親縁性から「民俗」、国民国家への帰属性から「国民」、身体的類縁性から「民族」など、多様な呼称が並ぶ。民衆という存在の属性は実に多様なものがある。この多様な形容が示すように、民衆なる存在の実体は不均質で複雑なものだ。それゆえに、民衆という世界に正面から対峙するならば、その対応も実に個々の置かれた状況に応じた多端なものにならざるをえない。

そうした多様な判断というものは、言うまでもなく、死者や半妖怪の世界に対峙する際の生者の側にも求められる。では、それが異形の者あるいは幽霊たちであったなら、自らが非人間であることに気づいたときに、その自覚は彼らの立場にどのような変化をもたらすのであろうか。

3 「菩薩が来りて衆生を済度する」とは?

二〇二三年春、一二年目の三月一四日が過ぎた後、大熊町で亡くなったまま、その遺体の大半が発見されていない汐凪《ゆうな》ちゃんの父親、木村紀夫さんにいわき湯本の旅館、古滝屋さんで偶然に出会った。「とても難しいと痛感することしきりです」。話が進んでいくなかで、木村さんはそのような言葉を口にした。私はいまだ思うようにいかない汐凪ちゃんの遺骨収集のことかと思った。

しかし、こうした活動の参加者の多くが、福島の出来事は自分の身の上にも起こりえるものとしてはなかなか想像しがたいことを懸念していた。つまり、福島で起きている出来事が、無限の広がりを置く被災状況を意味するフクシマとなって世界に広がっていることに気づこうとしないのだという。木村さんは娘の遺骨収集への姿勢が他人事だと責めているのではない。東電の原子力発電所が問題だということに一緒に憤る人は少なくないとしても、首都圏で自分たちが使う電気消費に対して想いを向けるものがほとんどいない、そのことを憂えているのだ。

汐凪は笑顔の似合う快活な娘でした。だから、私たちは遺骨の回収作業のときにも、他愛のないジョークを言ったり、笑顔で作業を進めるようにしています。

最初はうつむきがちな気持ちでの作業であった。しかし、木村さんは年月を経るなかで、気づいたのだという。

私が自分の娘のことだけを考えて、悲嘆にくれていてよいのかということに思いが至ったのです。娘の死を私たち家族の思いのなかだけに閉じ込めてよいものなのだろうかと。そうではないと、あるとき思い至ったのです。汐凪の死は私たち家族の中に閉じ込めるのではなく、教訓として私たちを知らない人たちのために役立てるべきものだと。

こういった認識論的転回は、原子力に対する自分の関心の弱さ、知識の少なさを反省するところから始まったものだという。そして、こうした活動に参加してくれる人たちと知識を共有した結果、自らの生き方、そして日常の姿勢を変えていくことになった。知識から生活態度への思考の実践は、かけがえのない娘を亡くした木村さんにとっては必至のことであった。

しかし、多くの活動の支援者に交わるなかで、私たちの躓《つまず》きの石が知識から実践へという過程にあることを感じたのである。情報として蓄積した知識が、自己のあり方を問いかけ、他者に自らを開いていく実践的契機になりえるか否か、その実践は受け入れがたい自己批判の契機を伴うがゆえに、容易ではない存在論的飛躍となる。

例えば、山形孝夫は宗教学という学問の役割を、「見えないものに形を与えること」に求めた。それを踏まえて言うならば、国民化とはその正反対の姿勢、「見えないものを見えないままにしておくこと」、さらには「今まで見えていたものを見えなくすること」と言えるだろう。既視化されていたものの不可視化。それは木村さんが懸念する、知識としては把握できていたものが実践になると消えてしまう動き。知識が、自己の主体への批判的契機を含まない狭い範囲でしか流通しない現代の学問の困難さを表している。

知識が実践と結ばない範囲で動いているうちには、その主体はその認識を更新することができない。そこでは知識は自らの主体のあり方を変更しない範囲で、あるいは現在の主体のあり方を肯定するかたちでしか受け入れられないものとなる。この境界性を突破することができるならば、主体は謎めいた他者のまなざしを批判的に捉え直すことに成功し、それまで自分を捉えていた自己幻想の殻から抜け出すことだろう。死者の国あるいは妖怪の国からの脱出、コトドワタシである。

そのためには自らの社会の傷から目を背けないことである。言うまでもなく、公共圏たる社会がつくり出した傷、それがフクシマである。その傷、「白い土地」という公共圏の外部あるいは余白で何が起きているのか、その傷跡を私たちはしっかりと見定めておかなければいけない。震災一〇年後でも癒えることのない傷を抱えた石巻、戦後の原子力政策の起点ともなった長崎、浜田研二が死者の魂を弔った南相馬、国家権力の拠点たる靖国神社、さらには福島第一原発周辺の「白い土地」に足を踏み入れ、近代国家の中枢と周縁の双方を視野に収める。そして最後に聖と俗界が交差する空間、いわきへと立ち戻ってきたのだ。

私もまた震災一〇年を超える歳月のあいだに、篤疾《とくしつ》や事故で、自分にとって大切な人たちを失ってきた。学者でいえば、国民国家を批判してきた西川長夫、民衆史を推し進めてきた安丸良夫とひろたまさき、そして希望の歴史学を暗い時代に唱えた藤間生大。彼らが等しく私に説いたことは、「他者に開かれた学問であれ」ということであった。他者とはいまだ見ぬ来たるべき対話相手を指す。実のところ、それが「社会」と呼ばれる多数の人間たちが行き交う場である。

アレントが複数性の空間として規定した公共圏とは、私たちにとって想像を超えた共約不能な他者と出会う場としての社会である。そうした他者とどのように対話をしていくか。その心づもりで、いまだ見ぬ相手に対して自分の文章を宛てなさいと、彼らは私に説いてきた。それが国民化という均質化された主体のあり方を打破する方途であり、理解の容易ではない民衆という内なる存在との対話の糸口なのだ。

かつて藤間らが信奉してきたマルクス主義の社会変革、すなわち革命は社会構造そのものの転換をもくろむものであった。社会構造とは唯物史観においては生産様式の転換を意味する。それゆえ、日本のマルクス主義者たちもまた天皇制国家に対抗するかたちで、来たるべき社会のかたちを模索してきた。しかし、生産関係が変わったとしても、人間の存在そのものを平準化することはできない。そこでまた人間の側に格差や多様性といった違いが現れてくる。自由と格差とのジレンマを、つねに社会は、それが複数性を内実とする以上、抱えざるをえないものなのである。

だとすれば、精神分析的立場から震災以降の日本社会のあり方を考えてきた本章としては、社会に生じた暗部に対する禁忌に対して、いかに各主体が目を見開くかが関心事となる。その暗部に目を見開くこと。それがまさに「見えないものを見る」、「見えないものに形を与える」学問の責務である。しかし、同時にその光景に緊縛されてはならない。鳥人間の鳥かごに、自分の魂を閉じ込められてはならない。鳥かご。それは、かつて殺戮が繰り返されたグリム童話の敵役、青髭の秘密の部屋のことでもある。怪談「牡丹灯籠《ぼたんどうろう》」で、幽霊に取り殺される新三郎の部屋の外側に無限に広がる闇の世界でもある。そこから成仏できない幽霊、お露はやって来る。

しかも、死者に対して生者がコトドを渡すだけでなく、逆に死者から生者にコトドが渡されることもある。次の例もまた私の義父の夢である。若い頃の遊び仲間が集まっている喫茶店があると聞き、父は名古屋駅に行く。地下道には大雨の影響で水が天井まで溜まっている。そのため、駅の反対側にある喫茶店にたどり着くのは容易なことではない。戻れという警備員の注意を振り切って、父はなんとか昔の仲間のいる喫茶店にたどり着く。

ドアを開けると、彼の若い頃の友人たちがみんな集まっている。しかしよく顔を見てみると、みんな死んだ人間である。生者は義父しかいない。父の親友が奥でタンブラーを振っている。そこは死者の国であった。入り口で父を見かけた、最近亡くなった友人が父に言った。「ここはおまえの来るところじゃない。早く帰れ」。そこで義父は目を覚ます。

死者たちが義父を追い返したのは、生者に対する死者たちの愛情である。空襲経験からずっと死にたいと思ってきた父に対する、死者の側からのコトドワタシである。死者たちの思いを生者の国で実現していくために、義父はまだ生き続けなければならない。

死者と生者の行き交う空間に終わりを告げるのだ。見よ。今や、死者の国の扉が閉じられていく。青髭と夕鶴がその扉を閉じているではないか。死者の世界、それは血塗られた殺戮の歴史、あるいは異形の者として傷つけられた歴史。そうした出来事を彼らは生きた歴史から、心の中の記憶として封印する。そうすることで、彼らが経験した負の出来事は、現実の世界に無限に漂い出ることをやめて、心の秘密の部屋のうちに生きた「記憶」として収められる。そのとき、症状は負の転移を展開することをようやく止める。

もちろん、彼らは自分が経験してきた出来事を忘れることはない。なぜならば、その経験そのものが青髭や夕鶴という主体をまぎれもなく歴史的につくり出してきた養分だからである。精神分析医のジャック・ラカンはその経験の歴史的所産を、主体をつくりあげる「症候（symptom）」と名づけた。だがその一方で、その症候にとらわれ続けるならば、青髭は何度でも娘たちを誘惑するだろう。そして故意に秘密の小部屋を開けるよう仕向けて、その罰として殺害を続けることだろう。夕鶴もその身を傷つけつつも、何度でも罠にかかり、人間の男性が通りかかるのを待つだろう。

その反復をやめさせるためには、忘却――周知のようにそれは否認でしかない――ではなく、その経験を結界で囲むことで一つのまとまりのある記憶として保持する必要がある。そして状況に応じてドアを開け、また閉じる。そうした開閉を適切に行う主体としての熟練が、自分の心の裏側と往来するためには不可欠になる。

次の夢は、私が高校三年生のときに見た夢である。家族関係に悩み、つねに自死の衝動に憑かれていた自分が、大学進学で実家を出る機会を得たときだった。

巨大な森に包まれた真っ黒な西洋館の中に私は迷い込む。屋敷の主である吸血鬼姉妹の姉と恋におちいる。姉は自分が吸血鬼であることを苦にしている善良な存在。妹は人の血を吸うことに喜びを覚えている典型的な吸血鬼である。万事において正反対な姉妹であった。呪われた屋敷を出て、生者の世界で暮らそうと、私は姉を誘う。逡巡した後に、姉は屋敷を出るための条件を一つ出す。

この屋敷は二人の姉妹が揃っていることで、その魂の力で維持されている幻の館である。自分がこの屋敷を出ることは宿願であったけれど、同時に取り残されていく妹の死を意味する。吸血鬼に同化してしまった妹にとって、屋敷の外に出ることは死を意味することにほかならなかったのだ。その彼女を屋敷に置いていくことは、その屋敷の瓦解、すなわち妹の死を意味するものであった。

「どうか、妹を強く抱きしめてあげて」。それが姉の願いであった。妹が死を迎えるのにあたって、せめて彼女に人間のぬくもりを感じてほしかったのだ。姉が、私たちが、屋敷の外に出るために、かつて開かれたことのなかった扉を開く。その瞬間、まぼろしの屋敷はその姿を瓦解し始め、妹も私の腕の中で息絶えていった。

死者や半妖怪と生者の世界を区切ると同時に、つなぐ蝶番《ちょうつがい》の役割。それが生者の側からの捉え返し、すなわち主体性の確立と呼ばれるものなのだ。半魚人の沼のほとりに立ち、そのまなざしを沼の出来事にしっかりと見定める。しかし、その足はあくまで湖畔の岸の上に踏ん張り、決して沼の中に呑み込まれていくことはない。それと同時に、大地に根ざした体は沼に向けられつつも、自分が見たものを他の生者に受け渡すために、その手は沼とは正反対の生者の土地に向かって差し出されている。

そのためにコトドワタシによる表の世界と裏の世界、生者の世界と死者の世界との切断が必要になる。現代日本社会にとって死者の国とは、福島第一原発周辺の白い土地、そこから日本全体へと広がっていったフクシマなのだ。

だからこそ、かつて藤間が私に語った予言を忘れてはならないだろう。見えている人間が、その視力の代価として支払わなければならない「孤独（solitude）」である。みんなが見えないものが見えてしまう状況は、他者と言葉が通じない関係をつくり出す。みんなが見えないもの、当然のことながら、それは社会を定礎づける際に生じた犠牲者という禁忌である。

そうした非共約な関係は、見える者に狂人の名を背負わせることで、社会から追放する。アガンベンの言うホモ・サケルのように。そこから、「おまえさえいなくなれば」という呪いの声が聞こえていたのだ。それは共同体祭祀によって聖化されることもなく、ただ無意味に殺害される非人間化された人間。かつての日本社会では、彼らは文字どおり「非人」あるいは「穢多」と呼ばれ、差別されてきた。なぜならば、公共圏から放逐された者たちには、もはや人権は認められていないからである。

だから、多くの人間はその孤独に耐えることができず、自らの目を潰すことになる。近親相姦という事実を知ったオイディプス王が、その現実に耐えきれず、自分の目を潰したように。「かけがえのないあなた」がそのまま「どこにもいないあなた」であらねばならないことへの無理が綻び出たのである。謎めいた他者の分身である「どこにもいないあなた」は現代版の神仏のようなものである。それを等身大の人間が演じることには無理がある。それゆえ、古来、シャーマンや聖僧など、信者とは日常をともにしない宗教者こそが、謎めいた他者のイコンとして機能してきたのである。その流れを汲むのが、決められた時間に限られた場所で出会う精神分析家である。

秘密の部屋でともに暮らすということは、等身大の人間として向き合い、その限界を許し合いながら、ときに地下室から聞こえていく謎めいた他者の声に耳を傾けつつ過ごすということであろう。その過程において、謎めいた者が投射されていた等身大の人間から分離をし始めて、「どこにもいないあなた」が人間の目の前に姿を現す。京都は七条通り、三十三間堂を訪ねたときのことである。千体の千手観音が並ぶ荘厳なお堂を巡りながら友人が呟いた。

人間の救済への願いがにじみ出ているわね。たがいの苦しみはわかっているとしても、人間は眼前の相手さえ救う力を持ちえないのだと思うわ。わたしたちが救われるかどうかは人間が決めることじゃないから、仏さまにお願いするほかないのよ。ここにいる仏さまの彫刻は人間の救済への切なる願いの顕われのように思えるわ。

そのとおりであろう。沢田研二たちザ・タイガースのメンバーが、東日本大震災のあった二〇一一年に五人、二〇一三年には六人全員で揃った。六〇代半ばを過ぎた再会であった。老人になって、かつて星の王子様と呼ばれた、その端麗な容姿も十分に年月の重みを感じさせるものになった。しかし、そうすることで、彼らの上で重ね合わされていた「かけがえのないあなた」と「どこにもいないあなた」が、ファンの心の中で分離を引き起こしたように思われる。

生身の人間が奏でる秀逸な音楽として認識されるようになったのだ。演奏をする彼らは生身の人間である。しかし、その彼らの奏でる音楽は、至上の音楽としてファンの人々の心に若き日へのノスタルジアを喚起させると同時に、老いて生き延びていく勇気を励ますものとなった。メンバーの一人、岸部シローが病身を押して歌唱したビージーズの「若葉のころ」は、なかでも私たちが年を重ねて大人になることの意味を問いかけるものとなった。

幼い頃、二人で一緒に迎えたクリスマス。樅《もみ》の木は僕たちの背よりも高かったね。大人たちがみんな、僕たちより高かったように。いつも僕たちは上を見上げていた。世界が僕たちを守ってくれているかのように。でも年を重ねた今、樅の木を僕たちが見下ろしている。今度は僕たちが大人になったんだね。あれから、二人は離れてしまったけれど、今度は僕たちが世界を見守る番だよ。さあ、もう一度手をつなごう。

行き着いたかたちは存在の「孤独（solitude）」。でも、自分だけが孤独なのではない。自分の孤独のなかで一人悲嘆する「孤立（loneliness）」とは違う。一人ひとりの存在の本源形態が孤独なのだ。だからこそ、自分の地下室から聞こえてくる声を聴くことで、「どこにもいないあなた」を介した間接的なかたちで、人間は他者と手を結ぶことができる。それが「共約不能なものの共約性」、すなわち「比較できないものを共に測る」ことのできる関係なのだ。ハンナ・アレントが『人間の条件』（原著一九五八年）で「人間関係の網の目」と呼んだ、社会の構成原理なのである［アレント 1994］。
　そのためにこそ、不可触の禁忌が必要になる。ホモ・サケルの出現である［アガンベン 2007］。社会秩序を構成する公共空間に排除が伴う理由である。そこから、向こう側から半魚人たちの沼が見える。そこを往来する半魚人、鳥頭人間、殺人鬼としての青髭、動物としての夕鶴、幽霊としてのお露。そして、フクシマという白い土地。私たちがそれを現実に人間や場所のみに重ね合わせ、自らの心の内に、そして社会の内にある地下室の存在を否認するとき、差別は特定の人間あるいは地域にのみ押しつけられる。あるいは私たちが自分を差別とは無縁の人間であると自己理解するとき、どこか具体的な場所で悲しむ人々の声が生じる。

　ここに至って、ようやく私たちは「菩薩が来りて衆生を済度《さいど》する」という言葉の意味が腑に落ちるようになる。それは社会の構造変革ではなく、現実に対する人間の見方を変えることを意味するものである。「見えるものを見えなくする」現状の認識様態から、「見えないものを見えるようにすることである」。言葉あるいは儀礼を通して、この認識論的転回を経たとき、衆生が菩薩になるのだ。成仏した仏になるのではない。他人が苦しむかぎりは、この世にともに残る菩薩になるのである。

　そこにおいて、自分が救われようとする欲望もまた相対化されることになる。そもそも「済度する」とは、キリスト教的な意味での救済とは異なる。済度とは橋を渡すことである。コトドワタシが切断のための行為だとすれば、済度とは、別の次元に人間を誘う橋である。強いて救済という言葉を用いるならば、自己の救いの願望に耽溺した状態から、他者の苦痛の理解への意向である。

　フクシマという白い土地、青髭の秘密の部屋、お通の障子の部屋。禁忌とされた地下の埋納室に目を遣り、耳を澄ます。そこでパニックになることなく、見放すことなく、彼らの傷とともに在ろうとすること。それが、異形の者が秘密の部屋の蓋を閉め、その記憶を保持しつつも、生身の人間として、互いの孤独を支え合って暮らす意味なのだ。ここにおいて、社会的な症候に捉えられていた個人をめぐる負の転移は、人間同士の信頼関係に基づいた生の転移へと変容を遂げていく。

心の秘密の部屋の扉を閉じた青髭とお通。彼らが出会う場所は、今度はこの世の中となる。フーコーが語った「人間の死」を経て、「人間の誕生」が起こったのだ。フーコーの言う「人間の死」とは、合理主義的な人間中心主義の行きづまりを告げるものであった。しかし、今度の「人間の誕生」は他者に対して自らの存在を開いた人間への新生を予告するものである。ここでいう他者とは、理解不能な他の人間は言うまでもなく、自然界の動植物、そして自身の心の闇に住む異形の者たちを指す言葉である。

自分が馴染んだ世界観のもとに他者の言葉を同化するのではなく、他者が語る言葉の世界に自ら赴き、自分自身の言葉をいったん宙吊りにしたうえで、相手の理解を試みる姿勢の誕生を意味する。自分を他者の世界観にさらして、自己変容をはかる捨て身の行為である。もちろん、自分が他者に同化されることでもない。同化という発想法そのものが、誰を本位にするにせよ、根本的に否定されるのだ。そこにおいて、はじめて「新たな人間」が誕生すると言えよう。

新たな人間たちが、心の中の青髭やお通と自身を二重化させることに成功したとき、彼らは自らに背負わされてきた症状のくびきから解き放たれ、日常世界で生活をともにする。魂のパートナー、ソウルメイトとしてこの世を生きるのだ。そう、言うまでもなく、青髭やお通とは、多くの亡くなった者たちのイコンであり、被曝した動植物たちのイコンなのだ。すなわち、フクシマという名を現代社会において背負う者たちなのである。

帰還困難区域であった浪江町請戸《うけど》地区の海に死者の遺品を取りに行く非合法のダイバーを取り扱った、天童荒太の小説に『ムーンナイト・ダイバー』（二〇一五年）という作品がある。「復興していく町、復興から取り残されている町、すでに日常を取り戻したかに見える町、あえて遺構として保存されることになった場所、慰霊碑の前に捧げられた新しい花束、心身にストレスのかかる作業に従事している人々、大切な人を亡くした記憶に耐えられずに町を去った人、汚染が懸念されても自宅に帰る決断をした人、避難先で新しい生活を始めた人、行方不明の家族をいまなお捜しつづけている人……」［天童 2019: 290］と、一〇年近く経った被災したフクシマの多様な生活に言及したうえで、天童は次のように語った。

「大切なあの人は、亡くなったのに、あるいはまだ行方不明のままなのに……私だけが幸せになっていいのかと、自分を責めるように考えていらっしゃる方々がいます。でも私は、生きている人たちは、幸せになっていいし……むしろ、幸せになることこそが、失われた命に向けての、誠実な祈りになる、と思っています」［天童 2019: 291］

自分たちが有限な人間である以上、どんなに考えても不条理な死に対する答えを見つけることは難しいであろう。だが、一つ確かなことは、私たちが自分の受け入れがたい悲しみを不条理として嚙みしめたとき、改めて歩き出す権利をすでに手に入れているということだ。今がどんなに苦しかろうとも、誰もがみな、他者とともに手を携えて幸せに生きていく義務がある。それが謎めいた他者が支配する運命から、人間が個人として解放されて、相互の信頼に満ちた「人間関係の網の目」を社会として築き上げていくための倫理である。

II 福島の原風景と現風景を解き明かす

第6章

浜通りの原風景・現風景

——寒村からエネルギー供給基地へ、事故発生からイノベーション・コーストへ

齊藤充弘

1 はじめに

未曾有の福島第一原子力発電所（以下、第一原発）での事故発生から一三年以上が経過した。その影響は各方面に数多く及んでいるが、福島県浜通り地域においてはそれまでのまちづくりや経済活動の中心に位置づけられてきた原子力発電所（原発）が運転を中止し、かかわる多くの人々を地域外に避難させた。それまでは多くの人々の生活を支え、地域社会の象徴であった原発は、多くの人々を地域外へと避難させ、地域イメージをダウンさせる象徴となった。事故発生後の復旧・復興の過程においても、その存在は大きく影響しており、各種計画の策定から事業の実施においてもその存在を念頭に取り組まれている。

本章では、福島県浜通り地域を対象として、原発事故発生前のまちの原風景を明らかにしたうえで、原発をどのように位置づけてまちづくりが展開されて現風景が形成されてきたのかを整理する。そのうえで、現風景からこの先の復興に向けてのまちづくりのあり方と課題について考察していきたい。

2　原発事故発生前の双葉八町村――復旧・復興が踏まえるべき姿

①福島県にみる人口特性

事故が発生した第一原発を中心とする福島県浜通り地域の事故発生前の状況について確認してみると（図6－1）、二〇一〇年国勢調査時点での双葉（郡）八町村の人口は七万二八二二人で、二〇〇五年からの変化率はマイナス一・八％である［総務省統計局 2010］。福島県全体の人口（二〇二万九〇六四人、変化率マイナス三・〇％）に占める割合は、わずか三・六％である。これを町村ごとにみると、第一原発が立地する大熊町の人口変化率が四・八％と増加しており、また福島第二原子力発電所（以下、第二原発）が立地する富岡町でも〇・六％とわずかながら増加傾向を示していた。他の六町村では、内陸の川内村（変化率マイナス九・八％）や富岡町に隣接する楢葉町（同マイナス六・〇％）をはじめ、県全体としての減少率（マイナス一・八％）以上に人口が減少している。そのようななかでも、原発が立地する二つの町においては、人口が増加を示す実態があった。

②年齢階級別人口にみる特性

同じく二〇一〇年の人口について、年齢階級別に表6－1に整理してみる。福島県全体（一五歳未満一三・七％、一五～六四歳六一・三％、六五歳以上二五・〇％）と比較して、大熊町（同一六・一％、六三・〇％、二一・〇％）では一五歳未満の年少人口や生産年齢人口の占める割合が福島県全体と

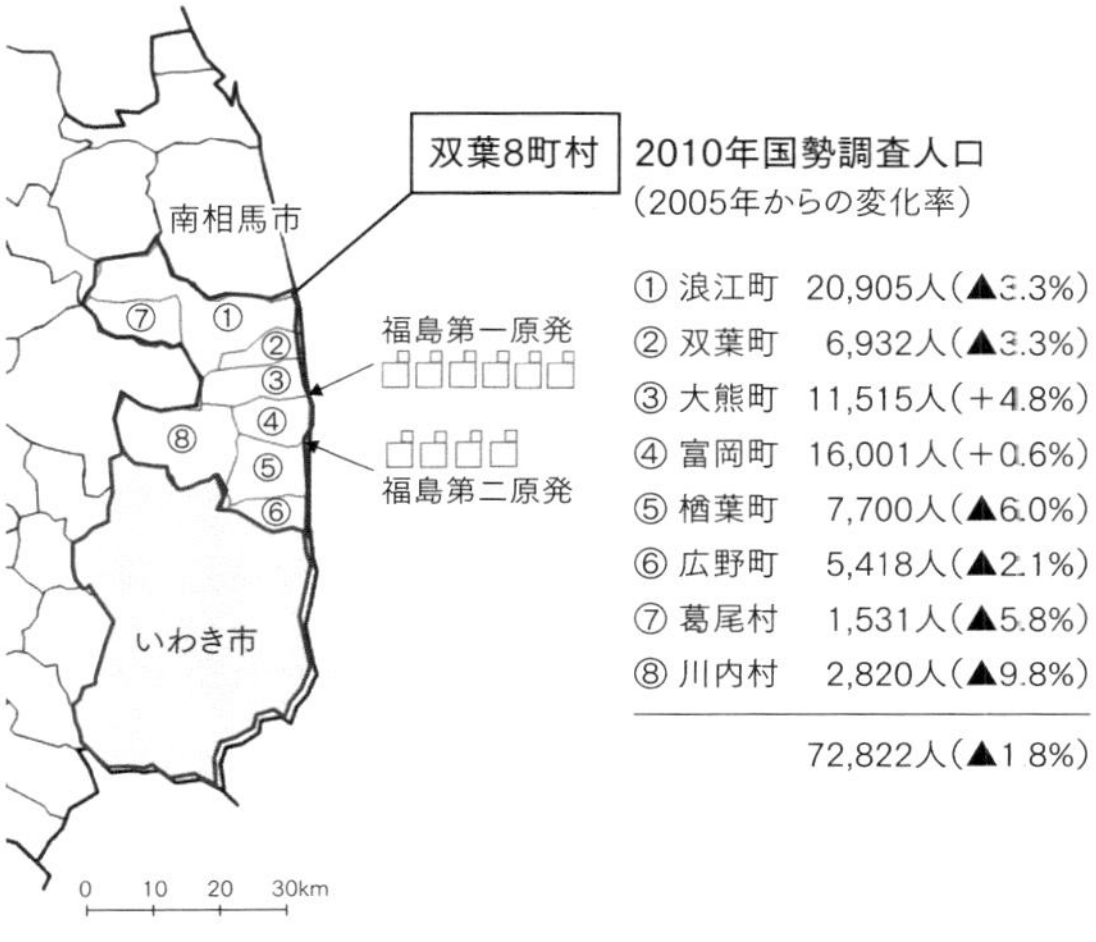

図6-1 原発事故発生以前の双葉8町村の人口と変化（2005年から2010年）

比較して高くなっている。また、富岡町（同一四・二％、六四・七％、二一・一％）においてもとくに生産年齢人口の占める割合が大熊町以上に高くなっている。その一方で、川内村（同九・二％、五五・六％、三五・二％）や葛尾村（同一一・三％、五六・五％、三二・二％）においては、とくに少子高齢化が福島県全体と比較しても急速に進んでいたことがわかる。

このように、事故発生後に原発立地地域として避難指示が出されるなどの大きな被害を受けた双葉八町村であるが、人口構造やその変化には町村ごとに異なる実態があったということができる。

③ 都市施設の立地にみる特徴

原発事故発生当時の双葉八町村における都市（公共）施設の立地について、当時の村勢および町勢要覧［広野町 2009; 大熊町 2008; 双葉町 2008］や現在の公共施設等総合管理計画［楢葉町 2017; 富岡町 2022; 浪江町 2017; 川内村 2018; 葛尾村 2017］より、表6−2のように整理することができる。

交通系施設については、JR常磐線が内陸に位置する川内村と葛尾村を除く六町村を通っており、それぞれの町村に駅が一つ以上設置され、特急が停車する駅もあった。高速道路については東京方面からは常磐富岡インターチェンジまでしか開通しておらず、広野インターチェンジとの二つが設置されていた。

学校については、人口一万人前後の町村にもかかわらず、高校が富岡町をはじめ沿岸の隣接する四町に設置されており、双葉高校は高校野球で甲子園出場経験があり、富岡高校はサッカーやバドミントンが全国的にも強豪校に挙げられていた。

文化系施設についても図書館・図書室はすべての町村が有しており、富岡町や大熊町では交流施設に併設され

表6-1 年齢階級別人口割合（2010年）

	15歳未満	15〜64歳	65歳以上
広野町	14.1	62.1	23.8
楢葉町	13.3	60.8	25.9
富岡町	14.2	64.7	21.1
川内村	9.2	55.6	35.2
大熊町	16.1	63.0	21.0
双葉町	13.4	59.5	27.1
浪江町	13.1	60.3	26.7
葛尾村	11.3	56.5	32.2
福島県	13.7	61.3	25.0

た蔵書数も多い立派な図書館が立地していた。また、八〇〇名収容可能な大ホールを有する楢葉町をはじめ、沿岸の六町村すべてがホール・交流施設を町村の施設として所有していた。川内村と葛尾村においても、コミュニティセンターとしての機能を持つ施設が役場に隣接する形で立地していた。

スポーツ・レクリエーション施設については、グラウンド・運動場と体育館はすべての町村が所有していたことに加えて、楢葉町にはおよそ五〇〇〇人を収容する観客席付きスタジアムを含め天然芝ピッチ八面、人工芝ピッチ二面、全天候型練習場、雨天練習場にホテルやフィットネスジム、さらにはアリーナやプールなどを兼ね備えたJヴィレッジが立地しており、そのすぐ隣の広野町にも観客席が設置された広野サッカー場があり、JFA（日本サッカー協会）アカデミー福島の練習場にもなっていた。JFAアカデミー福島は、中高一貫でサッカーのエリート教育を行う日本で初めての施設であり、男子は広野町に、女子は楢葉町に全国から集まる生徒たちの寮も設置されており、原発事故発生直前の報告によると、男子七二名、女子三五名が在籍していた［福島県企画調整部地域政策課 2011］。ま

表6-2 主な公共施設の立地（原発事故発生当時）

分類	施設	広野町	楢葉町	富岡町	大熊町	双葉町	浪江町	川内村	葛尾村
交通系	鉄道駅	1	2	2	[illegible]	1	1	0	0
	高速道路IC	○		○					
学校教育系	小学校	1	2	2	2	2	6	1	1
	中学校	1	1	2	1	1	3	1	1
	高校			○	○	○	○	○（分校）	
文化系	ホール・交流施設	○	○	○	○	○	○	○	○
	図書館・図書室	○	○	○	○	○	○	○	○
スポーツ・レクリエーション系	野球場	○	○	○	○	○	○		
	グラウンド・運動場	○	○	○	○	○	○	○	○
	体育館	○	○	○	○	○	○	○	○
	サッカー場	○	○	○	○				
	陸上競技場	○	○	○	○	○			
	テニスコート	○		○	○	○	○		
観光系	総合公園	○	○	○	○	○	○		
	宿泊・温浴	○	○	○	○	○	○	○	
	道の駅		○						

た、楢葉町に隣接する富岡町には総合スポーツセンターがあり、野球場や総合体育館、サッカーやテニスコート、武道場などの他に、ドーム型の全天候型運動施設もあり、充実したスポーツ施設が立地しており、中体連や高体連の県大会の会場としても使用されていた。楢葉町には照明施設が設置された野球場があり、一九九五年のふくしま国体での高校軟式野球大会の会場として使用されている。大熊町には第一から第三までの三つの体育館があり、それぞれバレーボールのコートは二面確保することができる規模であった。

観光系施設の総合公園も沿岸の六町村がそれぞれ所有しており、キャンプ場やバーベキュー広場にコテージなどの宿泊・温浴施設を兼ね備えた、同じような形態の交流施設が各町村に立地していた。

これらの施設の多くは、電源三法交付金を財源とした地域振興整備事業として整備されており、人口規模が一万人前後と小さい町村において交流人口をもたらし、社会的、文化的、経済的な効果が期待されていたということができ、原発立地地域の特徴であったということができる。

3 浜通りの原風景――寒村からエネルギー供給基地へ

一九六四（昭和三九）年一二月に大熊町で建設準備が開始された第一原発の一号機が一九七一年三月に運転開始し、福島県浜通り地域での原発の立地とまちづくりがスタートする。さらに、一九七五年八月には楢葉町で第二原発の一号機の建設が開始され、原発の立地とまちづくりの勢いがさらに加速している。ここでは、この原発が立地する以前の原風景と立地した後のまちの様子の変化をみながら、原発をそれぞれの町村はどのように位置づけて、まちづくりに取り組んできたのかについて既存資料より整理する。

●3－1 大熊町

① 第一原発の誘致運動

まずは大熊町についてみていきたい［大熊町 1975, 1978, 1982, 1983］。

一九六〇年五月一〇日に福島県が原子力産業会議に加盟して、県内での原発立地調査を開始している。その結果、大熊町と双葉町周辺が立地条件に最も適していることが確認されたという。そこで、翌一九六一年二月に東京電力が大熊町と双葉町にまたがる長者原《ちょうじゃはら》地内の元飛行場跡地周辺を原発の敷地として調査し始めたことをきっかけに、大熊町では原発の誘致に向けた積極的な協力体制を整えており、県と東京電力に対して原発の設置について陳情を繰り返す形で積極的な誘致運動が進められた。その結果、一九六三年一二月に当地が原発建設予定地に内定した。その後、一九六七年九月に着工、一九七一年三月に一号機が運転開始されている。

② 原発立地前のまちの様子と課題

第一原発の建設が始まる一九六四年以前のまちの様子については、次のように整理することができる。

・東北あるいは福島のチベットといわれた浜通りの一寒村。
・一九五四年の町発足以来、農業を産業の中心とする一寒村にすぎない。
・豊かな自然に恵まれた農業の町として生まれ、発展してきた。
・農業だけに頼っていくには貧しく、農家の約一六％が他県へ出稼ぎに行くという状態。

このように、農業を主産業とする地域であったことをうかがい知ることができるが、当時の町長のあいさつをはじめ「寒村」という言葉をたびたび目にすることができる。そのため、農業生産性の向上をはじめとする産業の活性化や人口流出への対応がまちづくりの課題であったことがわかる。

③原発立地により高まる期待

そうしたなかで、原発を誘致して建設が決定するが、町としては大きな期待をもつようになった。このことについては、次のように整理することができる。

・平均すると、一基につきおよそ二〇〇〇〜三〇〇〇人の作業員が必要とされる。
・原発のような大規模な工事では、一万人近い人々が建設工事に従事することになる。
・電力会社や工事関係者による町での消費、建設に関連した資材の調達など、商業、工業ともに発展をみせて、自然に雇用の増大をもたらすことが期待される。

このように、原発の立地にあたっては建設工事に関係する人口流入や、そのことによる商業や工業の産業の活性化が期待されていたことがわかる。

④原発の建設とまちの様子の変化

原発の建設が進められていくなかでは、人口がそれまでの減少から増加へと転じている。図6－2に第一原発着工前からの人口変化をみると、一九六五年から一九七〇年にかけて七六二九人から七七五〇人へと一・六％の増加へと転じている。その後も一九七五年八一九〇人（増加率五・七％）、一九八〇年九二九六人（同一三・五％）と年々増加率が高くなっている。また、性別人口でみると一九六〇年の男性三九〇一人、女性四三〇五人にみるように、町内ではもともと女性の方が多い人口構造であったことがわかる。それが一九八〇年になると、男性四八八五人、女性四四一一人と男性の人口の方が多くなる構造へと原発の建設とともに変化している。

この期間の人口変化については、同じく次のような現象を読み取ることができる。

・原子力発電所の建設による町民のUターン現象と、電力会社およびその関連会社の人々、また工事関係者などが多数移り住んできたことにより人口が増加している。

・さらに、こうした人たちを対象とする第三次産業の必要性に伴い、今まで農業が中心であった町に、雇用の場が開け始めたことも地元の人口流出に対するさらに強い歯止めとなっている。

・多くの人々が地元から雇用されており、今までに農閑期に県外へ出稼ぎに行っていた人たちも、この町にいながら現金収入を得ることができ、家族とともに安定した暮らしを送ることができるようになっている。

・今まで農業だけで暮らしを立てていた農家のほとんどが、兼業農家として発電所関係の仕事に従事している。

このような変化について、産業大分類別就業者数に着目して図6－3にみると、一九六〇年の就業者総数は三七二二人であり、そのうちの六三・八％（二三七六人）が農業であった。それが、その後は就業者数が増加するなかで農業の割合も低下し、一九八〇年には就業者数が四八八三人と大幅に増加するなかで、農業の割合は二一・五％（一〇五二人）に低下している。その一方で、第二次産業である建設業が一九六〇年には全体の六・六％（二四五人）であったものが、その後増加して一九八〇年では二四・四％（一一九〇人）とおよそ四倍にも増加している。また、第三次産業の電気、ガス、水道業が同じく一九六〇年のわずか〇・一％（四人）から一九八〇年には一〇・九％（五三三人）に増加しており、同じくサービス業も一九六〇年の七・五％（二八一人）から一九八〇年には一五・五％（七五八人）に増加しており、町の様子の変化を統計上でも確認することができる。

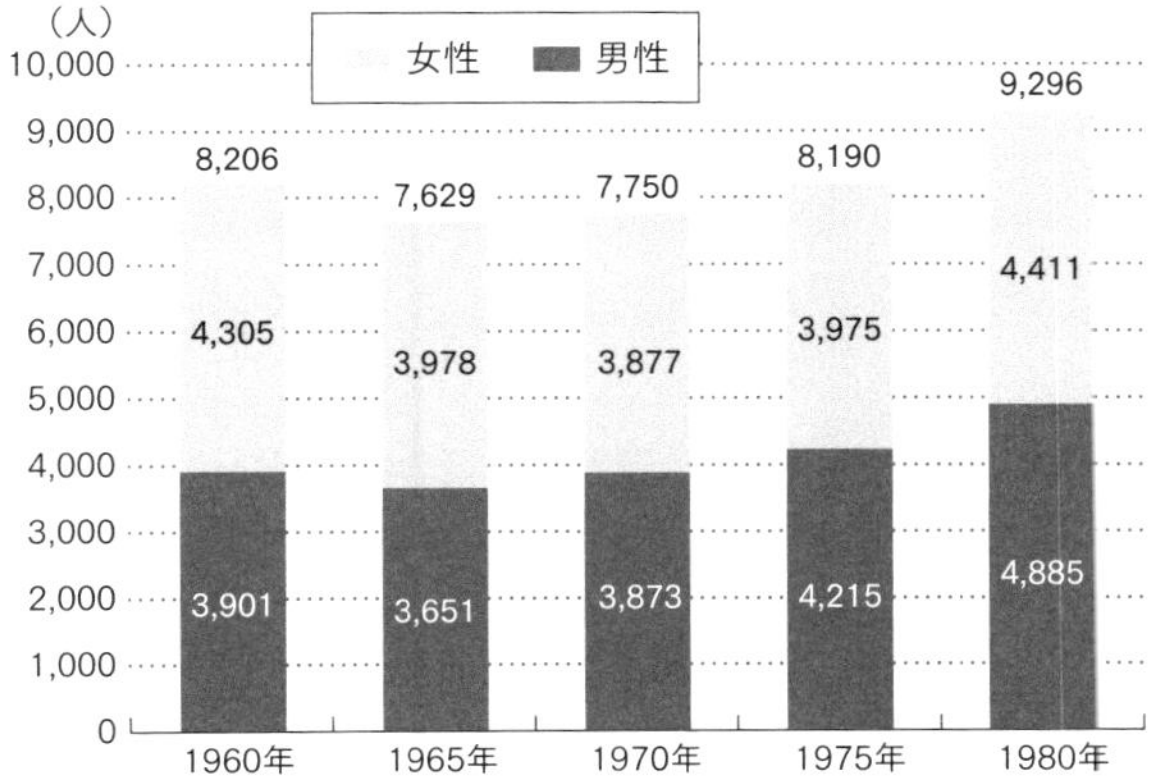

図6-2 大熊町の人口の変化（1960～1980年）

農業からの町内の様子の変化としては、次のような事柄をみることができる。

・農業構造改善事業、圃場《ほじょう》整備事業、農村総合整備モデル事業等により、圃場整備した水田、美しく整備された農道、コンクリートで舗装された水路が縦横に走り、大型機械が続々と導入されるとともに農業の協業化も進められた。

・また、こうした農家の近代化は、農家の人出を農作業から解放した。

・純粋で静かな農村であったが、一号機の建設以来、原子力エネルギー基地としての脚光を浴び、経済的、文化的に活気を呈して町の様相は近代化の波に大きく乗り変化し、住民の意識や農村としての様相が一変した。

・農家においては原発建設以来、農外収入の増大により農業所得の落差に補いをつけて明るいムードになった。

・長い間農業だけに頼ってきた町にとって、商業や工業のこうした発展が明るい未来をつくり出している。

・原子力発電所の建設により、町の農業構造は一変し、現在では農工商を一体とする豊かな町へと発展を続けている。

・商業面では発電所の建設が始まるとともに、町の人口が増加し、これらの人々の日用品、食料品などの購買が目立って増えてい

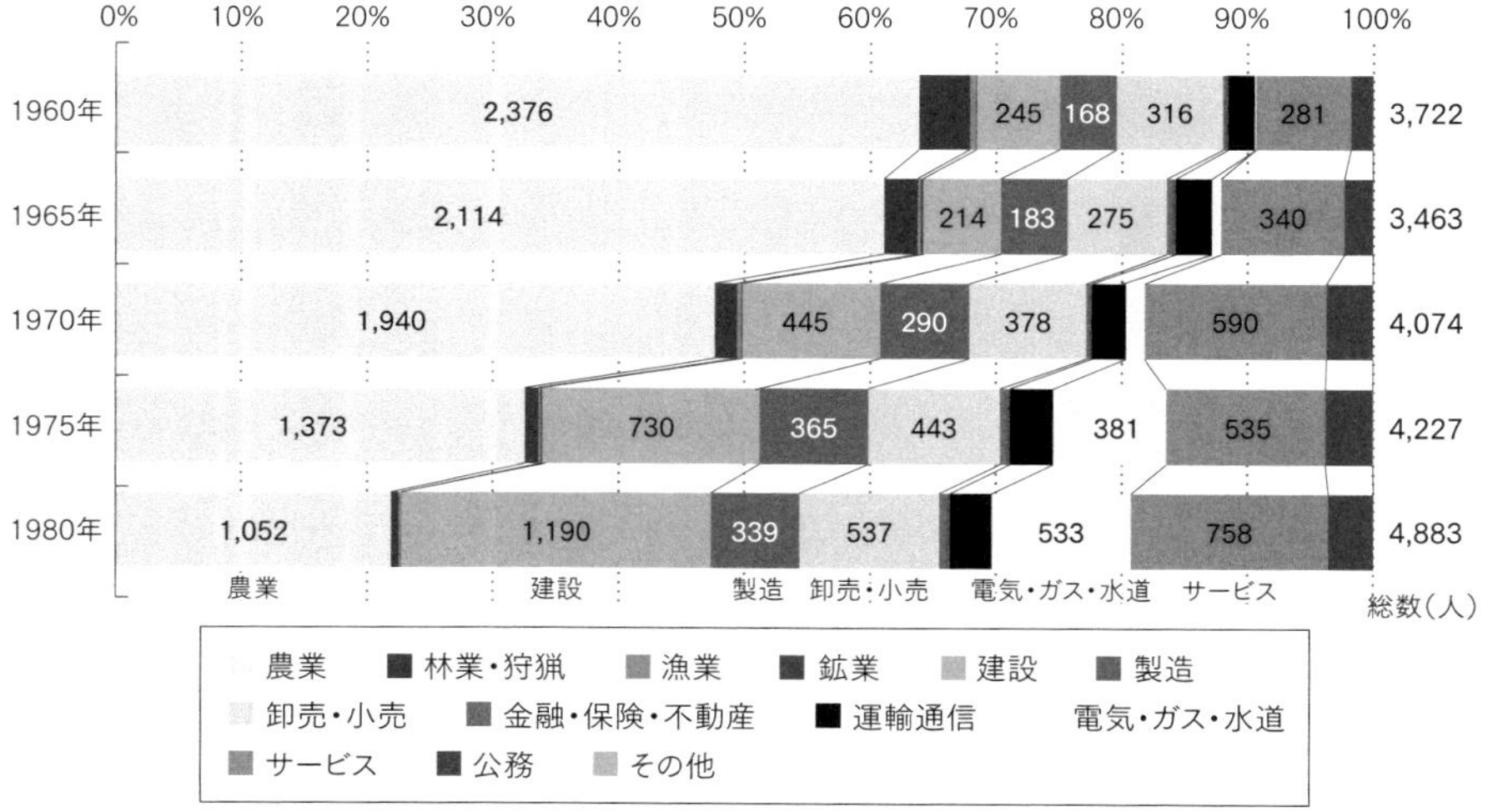

図6-3 大熊町の産業大分類別就業者数の変化（1960〜1980年）

る。

・発電所の建設工事に必要な資材、物資などについても地元から調達されるものが多く、こうした直接、間接の経済効果が大熊町の商業発展に寄与している。

・大熊町の商業販売額では、この一〇年間で八倍以上という高い伸びをみせている。

・全国からの参観者が月間五〇〇〇人にのぼり、東京電力においては専属の説明員を配するとともに、PR館も設置されている。

農業そのものの構造改善や近代化などへの発展とともに、商業や工業の発達についても報告されている。また、原発のPR館も設置され、全国から来館者が訪れて賑わいをみせていたことも報告されている。

そのうえで、町全体としての変化については次のように表現されている。

・日本を代表するエネルギー供給基地として生まれ変わった。

・減少の一途をたどっていた人口も再び増加するなど、今日の活気に満ちた大熊町に発展してきた。

「生まれ変わった」「活気に満ちた」という言葉が象徴するように、減少していた人口が増加に転じるなど、それまでの課題を解消し、まちの姿が大きく変化したことがわかる。

一方で原発の建設は、まちの構造そのものも大きく変化させている。

大熊町のもともとのまちの構造は、次のような形態であった。

・一八九八（明治三一）年常磐線の開通により、大野駅周辺に集落を形成し、町の商店街を形成するに至った。

・町内は二五の行政区に分かれ、町の中枢で市街地的形勢をなしている下野上《しものがみ》地区を中心に、散在一、散居一〇、集居三、密居一の一五集落からなっている。

・密居集落の町地区は、藩政当時から江戸に通ずる浜街道交通の要衝にあたり公益の場であり、「市」を形成し栄えた地区で旧熊町村の中心部であり、住居密集地区となった。

図6―4に当時の略図をみると、現国道六号線となる浜街道や常磐線沿線に集落が点在する形であったことがわかる。このようなまちの構造が、原発の建設に伴い大きく変化している。具体的には、次のようなことを挙げることができる。

・熊川浜《くまがわはま》以外の海岸は絶壁をなし、港と称すべきものはなかったが、一九七〇年に東京電力により夫沢《おっとざわ》地内に原子力発電所の冷却水を主目的とした専用港が造られ、重量物荷揚のため三〇〇〇トン級の船舶が出入りするようになった。

・町のほぼ中央部を常磐線が縦断し大野駅があり、これに並行して東部平坦地を国道六号線が走っている。このほか国道二八八号線、県道四路線があり、一部を除き舗装されている。

・福島交通バス路線一区間（郡山市―浪江町）と常磐交通バス路線五区間があり、ハイヤー二社の運行もあって交通にはいちおう恵まれている。

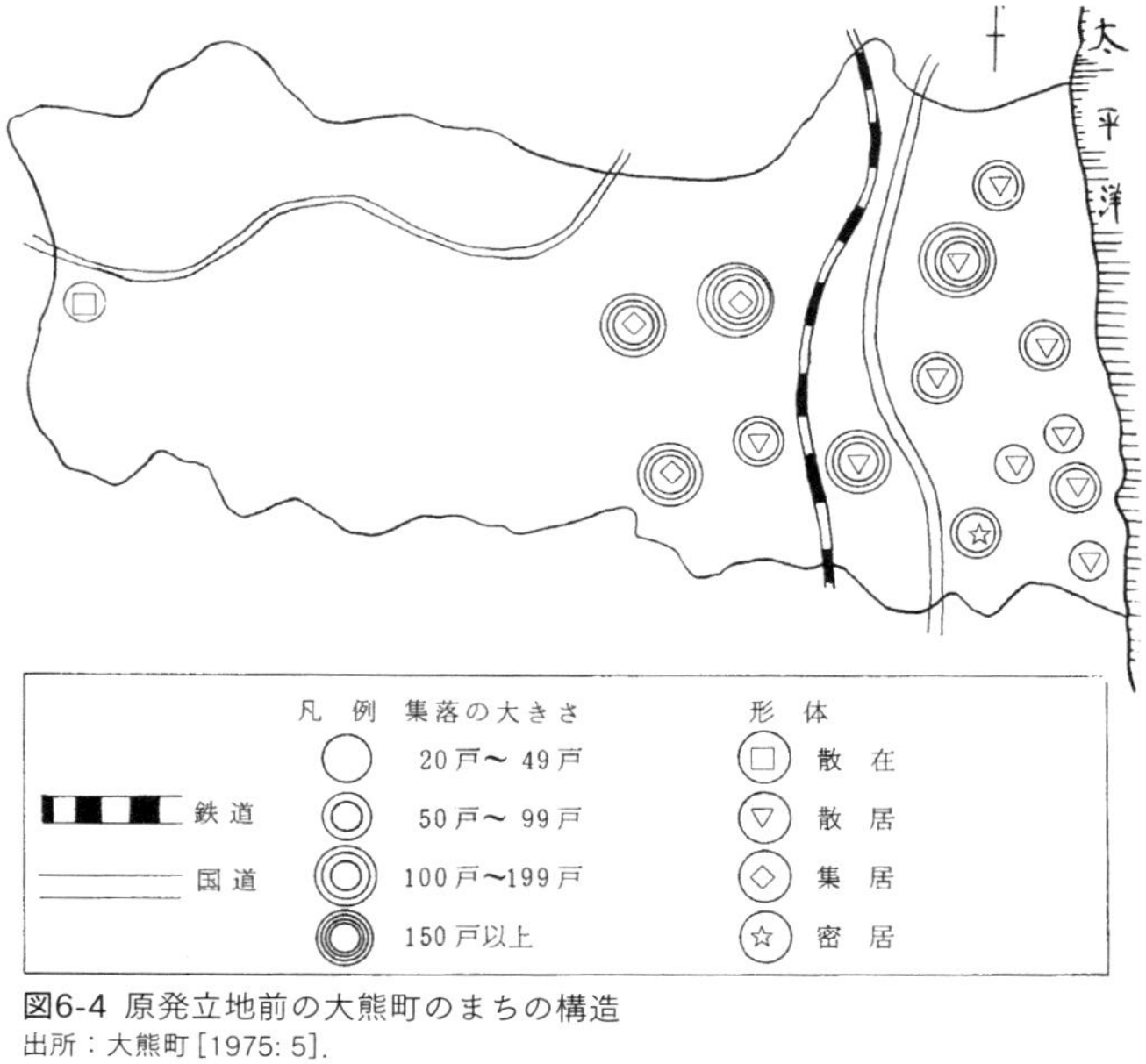

図6-4 原発立地前の大熊町のまちの構造
出所：大熊町［1975: 5］.

原発の立地に伴い専用港が整備されたことにより海岸線が開発されたり、複数のバス路線区間があるなど、幹線となる交通については恵まれた環境にあったことが報告されている。

⑤電源三法交付金事業の展開

原発の着工とともに、町には電源三法交付金が交付され、さまざまな事業が展開されてきた。その交付額は、大熊町だけで一九七四年度から一九八五年度の一二年間で二五億円以上となっている。このことによるまちづくりについても、次のように記載されている。

・原発着工以来、常に町民福祉の向上を念頭におき、電源三法交付金事業等で生活環境、スポーツセンター等の整備に努め、住みよいまちづくりを実施してきた。

具体的には、総合スポーツセンターおよびその中の体育施設整備が行われていたり、公民館などの文化施設の整備や教育関係では幼稚園や小中学校の新築や改築にとどまらず、ＬＬ教室や特別教室の整備まで行われており、先の表６－２において整理した現在の町内にみることができる都市施設の多くは、原発の建設に伴い整備されてきたということができる。

⑥計画・まちづくりの対応

原発の着工以降、大きく姿を変えるまちに対する町の計画対応としては、次のことをみることができる。

・今後の町の未来像を農、工、商の調和のとれた「緑と太陽と海のある理想郷」に集約し、活気あるまちづくりを進め、町民の笑い声が聞こえる行政を進めている。

・「光と緑の町造り」すなわち明るく健康でしかも緑豊かなまちづくりを積極的、計画的に推進し、行政の近代化、合理化に努めている。
・原発建設による雇用の増大、町の税収増加による生活環境の整備、施設の完備、福祉向上など次々と快適なまちづくりが進められた。
・体育レクリエーション施設としては町の北部に町民体育館があるが、その周辺に総合スポーツセンター施設の整備が地域住民の強い要望により計画中である。

その一方で、懸念される点、まちの課題については、次のように指摘されている。

・一九七七年に原子力発電所の建設工事が終了した場合、これらの労力をどのように配置転換し、当然おそってくる所得の落ち込みをどうカバーするかが重大な問題となっている。
・町全体としてはわずかであるが人口増加の傾向にあるものの、集落に目を向けると農業を主体とした散在、集居地区についてはなお減少の傾向にあり、一部集落ではコミュニティの維持さえも困難となっている。
・一九六六年の原発建設以来、町の産業構造は第一次産業から第二次、第三次産業へと逐年ウェイトが移行し、経済の成長による商工業の発展と相まって農業人口は減少の一途を辿っており、労働力の不足と農業後継者対策と専業農家の育成が重要な課題である。
・農業を主体とした集落においては農外就労に重点をおき、農業を従とする傾向にあり、以前の集落の労働と生活の形態は一変し、共同作業、援助の共同体であったものが一部集落においては隣人関係すら崩壊しつつある。
・住民（以前から町内に住む者）と転入者（東電関係）との間にコミュニティの構成が異なる、この相違はなぜかなど問題も多い。

・各集落の生活環境の整備はきわめて不充分である。
・道路網と上下水道の整備ができればその大半は整備されることになるが、さらにコミュニティの場を拡充することによって住民の生活意識の向上と公徳心の高揚をもあわせて配慮しない限り、物質文明の弊に陥り人間不在の索漠としたものだけが残るだろう。
・医療施設としては県立大野病院(一)、医療法人(一)、個人医院(二)となっているが、診療科目に外科がなく、交通事故が起きると隣接町村の救急病院に移送しなければならない現状にある。
→住民の不安を解消するためにも県立病院の総合診療化を図り、救急病院として受入体制を確立されるように県ならびに関係機関に要請する。
・町づくりは人づくりから、地域住民のコミュニティの場を豊富に提供するための憩いの場、レクリエーションの場、緑の広場が不足している。
・青年が田舎に落ち着けるような環境(文化、体育、娯楽)施設をつくり、人の心を豊かにするためにも適当な位置に、適当な時間、誰でも親しめる公園緑地施設がぜひ欲しい。
・最近自動車普及が急速のため、集落内の既存道路の不備が露呈しており、人命尊重の見地から安全施設の整備を積極的に進める。
・公営駐車場の設置にあわせて、各個人駐車場の設置を呼びかけ路上駐車の排除に努める。

このように、それまで基幹産業であった農業に関する問題をはじめ、後継者や住民間のコミュニティの問題、新しく発達する商業や工業と従来からの農業の格差の問題、原発が立地する地域や市街地地域から離れた集落の生活環境整備やコミュニティ維持の問題、若者をはじめ地域住民のコミュニティやレクリエーションの場の確保の必要性、人口が増えることにより交通量も増加し、道路や交通安全の整備が伴っていない実態など多くの問題点が指摘されている。

⑦原発の安全確保に向けて

原発の安全確保についても複数のことが指摘され、考慮されていたことがわかる。

・原子力発電所の運転については、町民の健康と安全確保に最大限の留意を払うべきと考え、福島県とともに数々の安全確保策を講じてきた。

・国の内外において原発をめぐり安全性、環境問題をはじめさまざまな問題が発生していることより、町としては町民各位の疑問や不安を解消するため、今後ともよりいっそうの監視監督、安全確保体制の充実、強化を図るとともに、原子力についての正しい知識や情報の提供に努めていく。

・全国的な原発に対する安全性や環境の保全などについての疑問や不安の声については、原子力発電が非常に専門的で誤解されやすい科学の分野であるため、十分な理解が得られないことが原因と思われる。

・原子力発電の仕組みや安全性、放射能管理といったさまざまな点について、理解を深めるとともに、これからの町の発展をともに考えていきたい。

一九七九年三月二八日にスリーマイル島での原発事故が発生したことを受けて、安全性の確保について対策を講じていることが示されている。しかしながら、「疑問や不安を解消する」や原子力が「誤解されやすい科学の分野」という言葉が表すように、「理解を深める」ことによって「まちの発展」を図ることにまちづくりの重心が置かれていたということができる。

町内では、原発の安全確保のために、次のような複数の取り決めも建設当時から行われていた。

・東京電力株式会社福島第一原子力発電所周辺地域の安全確保に関する協定書　一九七六年四月一日〜

・原子力発電所に関する通報連絡要綱　一九七六年四月一日～
・福島県原子力発電所安全確保技術連絡会運営要綱　一九七六年四月一日～
・福島県原子力発電所安全確保連絡会議運営要綱　一九七六年四月一日～
・福島県原子力広報連絡会議設置要綱　一九七七年五月二三日～
・原子力発電所建設に伴う漁業損失補償に関する協定書　一九六六年一二月二三日～

⑧急速な環境変化に伴う町の課題の解決・解消に対する町民の評価

町では一九七四年一二月に、町民に対してアンケート調査を実施している。その主な結果は次のとおりである。

・これからの行政運営に望みたいものは（産業・生活環境・社会組織について）

その他五三六件、道路整備に関するもの四三二件、上下水道に関するもの三一八件、排水施設に関するものの二九一件、公園・レクリエーションに関するもの二八七件、ごみ処理に関するもの二〇三件、土地基盤に関するもの一九九件、公共施設の整備に関するもの一四三件、交通安全施設に関するもの一三四件、住宅増設に関するもの六三件

・これからの行政執行上で反省すべきものは

道路整備に関するもの二二六件、その他一六三件、下水道に関するもの八四件、ごみ処理に関するもの四八件、公共施設の整備に関するもの四〇件

・その他の思いつきや意見について

社会福祉施設に関するもの一二九件、その他一〇六件、観光に関するもの八一件、保健衛生に関するもの八一件、教育に関するもの五四件

図6-5 原発立地後の大熊町の風景
出所：大熊町［1983: 28–29］.

この結果より、町内のさまざまな課題が指摘されるなかで、「道路整備に関するもの」が行政運営に望みたいもの、行政執行上で反省すべきものの両方の設問において回答数が多くなっている。このことは、先にみたまちの様子の変化でも報告されているように、従来からの道路体系はそのままに原発が建設され、関連する都市施設が立地し、人口も流入、増加したため、交通量も大幅に増加し、混雑や事故が発生するようになった。そのことに対する課題の指摘と、道路・交通体系の整備が原発の建設に伴うまちの様子の変化に対して後追い的となってしまったことが表れている。

この当時の各種計画の策定を調査すると、農業振興地域整備計画（一九七〇年度）をはじめ個別計画が策定されているなかで、当時の資料上では村の基本構想の地域指定年度は空白のままとなっていることにも、当時の町の課題をうかがい知ることができる。

⑨原発が立地したまちの風景

このように原発の立地とともに変化した町の様子を図6−5にみると、太平洋沿岸に原発が描かれているが、同じく沿岸には県の栽培漁業センター、熊川の海水浴場やキャンプ場、鮭のやな場も描かれている。一方、常磐線や国道六号線沿線には公共施設や住宅・建物が多く描かれ、内陸には山や湖沼などの豊かな自然や公園などが多く描かれている。原発の立地により、まちの様子は大きく変化してきたものの、「わたしたちのまち」としては、海から山まで豊かな自然に囲まれて生活するまちを多くの人々がイメージしていたことがわかる。

●3－2　楢葉町

①原発立地前の町の様子と課題

第二原発（一号機の着工が一九七五年、営業運転開始が一九八二年）が建設される以前の昭和四〇年代のまちの様子について、複数の資料から読み取り整理すると、次のように報告されている［楢葉町 1972, 1981, 1994; 楢葉町歴史資料館編 1996］。

・農業構造改善事業に着手し始め、大型機械化の農業が実現していく。
・その結果、余剰労働は企業の誘致を招き、磐城《いわき》無線や三晃《さんこう》ドレスなどの企業が進出してきた。

そのうえで、次のような課題が指摘されていた。

・人口の都市流出が激化し、町は過疎地域振興特別措置法による過疎地域に指定された。
・合併当時（一九五六年、木戸村と竜田村《たつたむら》が合併し、町発足）一万人を超えていた人口が、過疎化が年々進み、七八〇〇人まで減少した。
・一九六七年には、楢葉町産院が閉鎖された。
・一九六八年には、国保診療所も閉鎖された。

先にみた人口変化において、福島県全体の人口減少率以上に減少していた町の実態をここでも確認することができるが、国や町の診療所などが閉鎖するなかで、町は「雇用の安定確保や公共投資を期待して」第二原発の誘致に踏み切ることになる。

②原発立地後の町の様子と変化

一九七四年一〇月より、電源三法交付金によるまちづくり事業が開始され、町にとってはそれまでに例を見ない質と量で大型の地域整備が開始された。楢葉町でも、第二原発と隣接する第一原発、さらには広野火力発電所にかかる分も含めて九〇億円を超える交付金が交付されている。具体的には、新設と改良補修により町道の多くが砂利から舗装に変わる道路整備が町内で広く展開されたことが報告されている。また、南北幼稚園、南小学校、女平《おんなだいら》分校、乙次郎《おっとじろう》分校、中学校等の教育施設から天神岬スポーツ公園、総合グラウンドなどのスポーツ施設、さらには岩沢《いわさわ》海水浴場、コミュニティセンターなどの文化施設が整備されており、「町民にとっても忘れられない変化の激しい昭和四〇年代であった」と報告されている。これらの多様な都市施設が昭和五〇年代にかけて急ピッチで建設されており、ここでも、先の表6－2にみた原発事故前の町の特徴を示す都市施設の多くが、この時代に建設されていたことがわかる。

③急速な環境変化に伴う町の課題の解決・解消へ、その一方で後追い的な計画策定

前記の整備事業に伴うまちの様子の変化として、次のように報告されている。

・政治、経済、社会、教育文化の環境が整備され、町民の生活文化が向上し、町全体が飛躍した。
・一方で、急速に町の姿が変化したため、今後の未来像が十分に描き切れないままの慌ただしい時代でもあっ

た。

・原発着工の一九七七年に七八〇〇人であった人口が、一九八〇年には八三〇〇人と回復をみせて過疎化に歯止めをかけた。

このように、人口減少と過疎化の進行という課題は、原発の建設により緩和・解消されたということができるが、その一方で原発の建設に伴う町内の環境変化が急速に進み、今後の未来像が十分に描き切れないまま都市施設などが立地していき、計画の策定が後追い的になってしまった状況を把握することができる。

④原発が立地したまちの風景

原発の立地とともに変化したまちの様子について、図6-6にみると、太平洋沿岸の北側に第二原発が描かれているが、同じ沿岸には北田天満宮や天神岬スポーツ公園、木戸川のサケ・アユ釣りが描かれている。また、常磐線や国道六号線が南北に通るなかで沿道には役場やスポーツ施設などの公共施設が描かれており、複数の寺社も描かれている。さらに内陸には、山や渓谷などの豊かな自然や木戸ダム、遊歩道などの観光施設も描かれている。

このように、第二原発が最初に建設された楢葉町においても、原発の立地とともに町は大きく変化してきたものの、この図に書かれたキャッチコピー「VIVA!! NARAHA」としてのまちの捉え方をみると、多くの人々

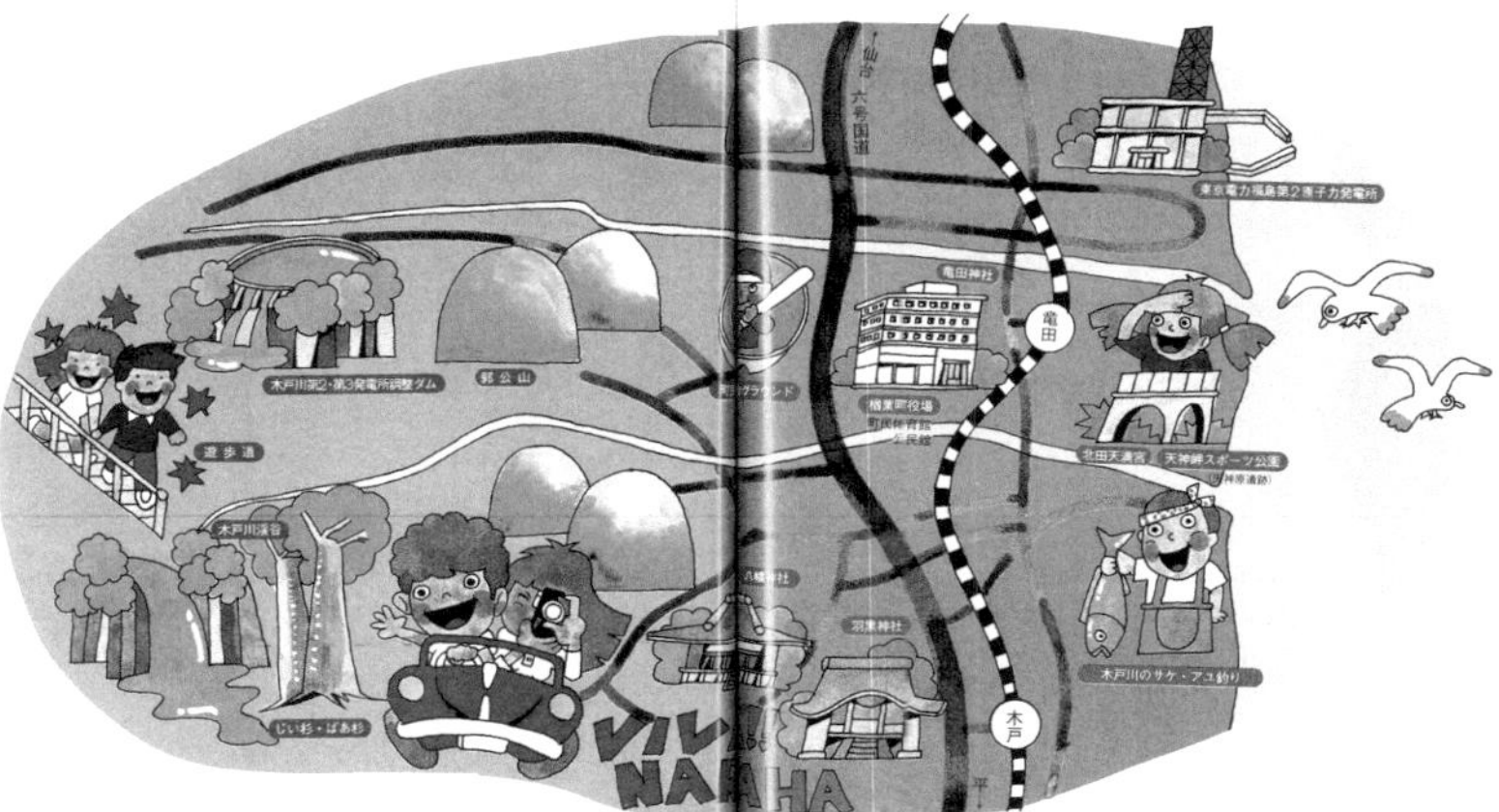

図6-6 原発立地後の楢葉町の風景
出所：楢葉町［1981: 55–56］.

は自然豊かな景色を思い描いていたということができる。

●3－3　原発の立地とまちの様子の変化——共通する特徴・課題とその後の変化

第一原発および第二原発が最初に建設された大熊町と楢葉町を対象として、まちの様子の変化をみてきたが、その状況は他の町村でも共通している。

原発建設以前のまちの様子としては、次のように共通点を整理することができる［広野町 1959, 1990; 富岡町 1988; 双葉町 1978; 福島県商工労働部経営指導課 1984; 浪江町 1996, 2006; 川内村 1976, 1977］。

- 農林漁業を中心とする産業を基盤として生活していた。
- 冬は出稼ぎに出かける必要があるなど、産業の振興が課題であった。
- 町村内に働き口がないために、若者が就職を機会に都会へ出ていくなど、人口の流出・減少が課題で、過疎化も進行していた。

その後の原発の建設決定を受けて、次のような期待と実際の変化がみられた。

- 原発建設に伴う雇用増加、さらには積極的な企業誘致施策等により人口が増加に転じた。
- エネルギー供給基地として脚光を浴び、後進地域から大きく変化している。

そのうえで、まちの特徴、風景としては、あくまでも自然豊かななかで暮らしていることを自認しており、そのなかで将来の発展を期待していたということができる。そのことを表す一端が、当時の小学生が詠う詩にみることができる。

《双葉小学校六年生「わたしたちの街の詩」》
・双葉町は古い町だ
・緑が多い
・こうがいも少ない
・大きなビルもない
・太陽がきらきら、まぶしいぐらいふって青空がにあう町
・春になれば花がたくさんさく町
・秋には山々が赤・黄にそまる、それはまるで山がきれいな着物をきたようだ
・電車から見たけしきもいい
・冬、雪がふると町のやねはまっ白になる
・双葉町は農作物のおいしい町
・双葉町はゆたかで平和な町

《双葉小学校六年生「未来の双葉町」》
・未来の双葉町はきっと大都会
・きれいなマンションが立ちならび、ピカピカすてきな自動車が風のように走りぬけるんだ
・駅も空までとどきそうな高いビル
・みんなの家にはロボットがいて、なんでもやってくれる、ボタン一つ押せばなんだって…
・いくら大きなマンションが立ちならんだって、遊び場がなくちゃ
・そこにもロボットがいるんだ、馬にでもなんにでもなってくれて、遊んでくれるんだ

・ロボットはボタン一つで動くんだ
　でも…
・でもその時、鳥のさえずりは聞こえるかな
・花のいいかおりはただようだろうか
・大きなたてものがならんでも
・自然をたやさないでほしいな
・草や花や動物たちがいなくなったら、さびしいもの
・やっぱりわたしたちの友達は、自然だもの

まちが変化する未来の様子に期待をしつつも、「やっぱりわたしたちの友達は、自然だもの」をはじめとする言葉に表れるように、自然豊かななかでの生活をこの地域の原風景であると子どもたちも捉えていたということができる。

4 原発事故後の双葉八町村——復旧・復興計画の進捗といま

●4—1 人口の帰還・回復

①総人口

二〇二〇年国勢調査による双葉八町村の人口は、表6—3のとおりである［総務省統計局 2020］。町独自の判断により二〇一一年三月一三日から二〇一二年三月三一日まで役場も含めて全町避難し、二〇一二年四月より帰還して最も早く復旧・復興事業に取り組んだ広野町においては、二〇一〇年の五四一八人に対して二〇二〇年には

五四一二人（九九・九％）とほぼ大震災前の人口規模となっている。しかしながら、二〇一五年九月に避難指示が解除され、帰還して復旧・復興事業に取り組んでいる楢葉町においては、二〇二〇年には三七一〇人（四八・二％）と二〇一〇年の半分の人口にも満たない状況である。双葉八町村合計でも一万六四八四人（二二・六％）と、これから復旧・復興が本格化する状況にあることが人口からもわかる。

② 年齢階級別人口

この人口変化を年齢階級別に表6－4にみると、人口の回復率が九九・九％である広野町では、表6－1でみた二〇一〇年の状況と比較して、一五歳未満の年少人口の割合が一四・一％からおよそ半分の七・八％に低下している。また、生産年齢人口に該当する一五～六四歳は同じく六二・一％から六〇・四％に低下し、六五歳以上の人口が二三・八％から三一・八％へと上昇している。年少人口の割合が低下しているのは他の六町村にも共通しており、大熊町が一六・一％からわずか〇・一％、富岡町が一四・二％から三・一％、浪江町が一三・一％から三・一％というように、著しく低下する形となっている。その一方で六五歳以上の人口割合は大熊町を除いて上昇しており、葛尾村で三二・二％から四七・一％、川内村で三五・二％から四九・四％というように半分近くの割合を占めるようになっている。生産年齢人口の割合も低下している町村が多いなかで、富岡町が六四・七％から七一・八％、浪江町が六〇・

表6-4 年齢階級別人口にみる復旧・復興（2020年）

	15歳未満	15〜64歳	65歳以上
広野町	7.8	60.4	31.8
楢葉町	7.1	54.8	38.1
富岡町	3.1	71.8	25.1
川内村	5.9	44.8	49.4
大熊町	0.1	89.5	10.3
双葉町	——	——	——
浪江町	3.1	63.0	33.9
葛尾村	5.7	47.1	47.1
福島県	11.5	56.7	31.8

表6-3 双葉8町村の人口変化（2010年／2020年）

	2010年	2020年	2010年からの回復率（%）
広野町	5,418	5,412	99.9
楢葉町	7,700	3,710	48.2
富岡町	16,001	2,128	13.3
川内村	2,820	2,044	72.5
大熊町	11,515	847	7.4
双葉町	6,932	0	0.0
浪江町	20,905	1,923	9.2
葛尾村	1,531	420	27.4
合計	72,822	16,484	22.6

三％から六三・〇％へと割合が高くなっている。大熊町においては、六五歳以上の割合が二一・〇％から一〇・三％へと低下する一方で、生産年齢人口の割合は六三・〇％から八九・五％と九〇％近い割合となっている。大熊町の二〇二〇年の年少人口は〇・一％であることより、原発の廃炉関連作業や復興事業に携わる作業関係者が先行した形である人口八四七人の実態を表している。双葉八町村として福島県全体と比較しても、とくに年少人口の割合が低くなっている。

③ 産業大分類別就業者数

同じく就業者数についての変化を表6-5にみると、広野町では総数が二〇一〇年の二六一〇人から二〇二〇年の二六八六人と増加している。これを産業大分類別にみると、二〇一〇年で就業者数の多かった製造業が五一三人から二三六人と減少しており、同じく卸売・小売業も四〇一人から一四七人と減少する形となっている。その一方で、建設業が三七〇人から八〇五人、サービス業が七九八人から九五四人と増加している。その他の町村においては、人口の回復率が表すように就業者数も回復途上にあることがわかる。そのようなかで、大熊町では二〇二〇年の就業者総数七四七人のうちサービス業が六七七人と九〇・六％を占めており、浪江町においては同じく就業者総数一〇五八人のうち建設業が四九二人と四六・五％を占めている。富岡町では就業者総数一三三八人のうちサービス業

表6-5 産業大分類別就業者数の変化（2010年／2020年）

		農業	林業	漁業	鉱業	建設	製造	電気・ガス・熱供給・水道	運輸・通信	卸売・小売	金融・保険・不動産	サービス	公務	分類不能	総数
広野町	2010年	104	7	3	0	370	513	178	96	401	25	798	114	1	2,610
	2020年	94	1	1	7	805	236	152	95	147	42	954	104	48	2,686
楢葉町	2010年	222	14	8	1	591	619	168	152	542	52	1,082	133	11	3,595
	2020年	60	4	3	3	347	122	131	34	111	17	693	100	55	1,680
富岡町	2010年	380	16	19	3	1,518	810	642	197	1,334	174	2,398	276	22	7,789
	2020年	29	2	3	0	483	51	21	24	25	20	501	136	43	1,338
川内村	2010年	205	45	0	3	267	117	7	31	168	11	291	121	13	1,279
	2020年	110	18	1	3	166	63	6	18	50	14	266	132	67	914
大熊町	2010年	361	5	17	1	1,133	571	547	170	800	111	1,658	185	4	5,563
	2020年	14	0	0	0	11	2	3	0	1	3	677	34	2	747
浪江町	2010年	680	50	151	5	1,777	1,392	181	382	1,796	207	2,722	294	212	9,849
	2020年	54	0	9	4	492	29	23	19	50	9	205	128	36	1,058
葛尾村	2010年	286	15	0	0	143	102	1	32	86	7	126	45	0	843
	2020年	66	1	0	0	31	21	1	4	13	1	76	20	8	242

が五〇一人（三七・四%）、建設業が四八三人（三六・一%）と二つの産業部門で七〇%以上を占めている。このように、就業構造をみても事故発生前の状況とは大きく異なっていることがわかる。

●4－2　都市施設の再開・立地状況

二〇二三年末時点での主な都市施設の再開・立地について表6－6にみると、先に表6－2にみた原発事故発生前の状況と比較して大きく変わっている。

交通系施設については、広野町にJヴィレッジ駅が新設されており、竜田駅、夜《よ》ノ森《もり》駅、大野駅、双葉駅が橋上駅に生まれ変わっており、木戸駅も改築されている。いずれも事故発生前は木造の昭和時代の名残がある駅舎であった。また、連絡通路などの整備により駅の東西の往来が可能となり、広野駅と竜田駅、大野駅の東口、夜ノ森駅と双葉駅の西口が新規に開発されており、東西どちらかに駅舎が面して市街地を形成していたものが、駅の東西両側に市街地を形成する形に変化している。

そのほか、富岡駅も新しくなり、事故発生前にはなかった規模の広場・ロータリーや駐車場が整備されており、浪江駅前も隈研吾《くまけんご》氏設計による大規模な再開発事業が予定されており、従来の駅前のイメージが一新される絵が描かれている。特急を含む鉄道のダイヤはまだまだ事故発生前の状況に回復していないものの、環境整備は復旧・復興とともに進められているということができる。また、高速道路については、二〇一五年三月一日に常磐自動車道の常磐富岡インターチェンジ—浪江インターチェンジ間の開通によって東京—仙台間が全線開通して以降、広野インターチェンジまでの四車線化などの整備が進められ、沿岸の六町村すべてにインターチェン

表6-6　主な公共施設の立地（2023年末時点）

分類	施設	広野町	楢葉町	富岡町	大熊町	双葉町	浪江町	川内村	葛尾村
交通系	鉄道駅	2	2	2	1	1	1	0	0
	高速道路IC	○	○	○	○	○	○		
学校教育系	小学校	1	1	1	1	2	1	1	1
	中学校	2	1			1			
	高校	○		休校	休校	休校	休校	閉校	
文化系	ホール・交流施設	○	○	○	閉業	閉業	○	○	○
	図書館・図書室	○	○	○	閉業	閉業	○	○	○

ジが設置されるまでに復旧・復興による整備が進められている。

学校をみると、高校については二〇一一年に川内村にあった富岡高校の分校が閉校し、富岡町をはじめ沿岸の四町それぞれにあった高校も二〇一七年四月より休校となっている。その一方で、広野町には二〇一五年四月にふたば未来学園高校が開校して、「地域との協働による高等学校改革推進事業(グローカル型)」や「スーパーグローバルハイスクール(SGH)ネットワーク校」に指定され、さらに二〇二三年度からは「ワールド・ワイド・ラーニング(WWL)コンソーシアム構築支援事業・拠点校」に指定されるなど特色ある教育活動を展開しており、トップアスリート育成にも力を入れるなど寄宿舎も備えて県外からも入学者を受け入れている。さらに、二〇一九年四月からは、ふたば未来学園中学校が開校している。その他の町村では、楢葉町で小学校を統合して中学校とともに新校舎での学校運営がスタートしているが、避難指示が長期化した町村においては小中学校を併設する形での運営が再開している。そのなかでも、大熊町では二〇二三年八月に幼稚園、保育園、小学校、中学校が併設する形で「町立学び舎ゆめの森」が開校している。このように、通学する生徒数が少ないこともあり多くの町村の学校教育環境が事故発生前と比較して変化しており、交通系施設の状況と比較してまだまだ復旧・復興の途上にあることということができる。

文化系施設についても、避難指示が長期化している大熊町と双葉町においては、図書館をはじめ施設の再開に目途が立っていない状況にある。

5 浜通りの現風景——復旧・復興からイノベーション・コーストに向けて

町村の復旧・復興については、個別に構想が練られて計画が策定され、避難指示の解除と行政機能の帰還とともに事業が展開されてきている。そのようななかで、二〇一九年九月四日には「各町村の置かれた現状と将来見通しをベースとして、夢と希望が持てる『明るい未来の双葉郡』の実現の第一歩」として「ふたばグランドデザイン」が策定されている。これは、町村個別に復旧・復興計画が策定され、町村によっては復旧期から後期復興期までその現在地が異なるなかで、町村長により推進協議会を構成し、副村長により連携会議を構成してその実現に向けた施策方針の協議調整を行うとされている。ここでは、これまでに浜通り地域として双葉八町村を対象とした原風景から原発の立地に伴うまちの変化を通してみてきたことを踏まえて、今後のまちづくりの課題と必要なことについて、この構想の内容をみながら考察していきたい。

●5-1　浜通りの現風景をどのように捉えて、まちの将来像を描くことができるか

原発の建設とともに発展が期待され、変化してきた浜通り地域のまちであったが、そこには豊かな自然や風土・文化を根底に生活してきた基盤となる原風景があり、そのことに基づく冬の出稼ぎの必要性や若者の都会への流出といったまちづくりの課題があり、町村間や世代間の枠を超えて共有されていた。

「ふたばグランドデザイン」において、まちづくりの課題としては次のようなことが挙げられている［ふたばグランドデザイン検討委員会 2019］。

- 安全安心な環境整備と災害に強いまちづくり
- 未来の地域を担うひとづくり（教育環境の整備）
- 医療、福祉、介護等へのきめ細かな対応
- 農林漁業など生業再生と生産性向上
- 新たな雇用の場となる新産業の創出
- 地域コミュニティの再生と絆づくり
- 便利で心豊かに暮らせる魅力的なまちづくり
- 地域交通網と高速交通網の構築

・広域連携によるインフラ整備・維持管理
・訪れたい「観光資源」の開拓など交流人口の拡大
・新エネルギーを活用した産業創出

大震災からの復旧・復興を達成するために必要な課題について各分野を網羅して提示しているが、その内容やタイトルには原発の建設に着手した頃と変わらぬキーワードが並んでいるということができる。これらの課題の解決・解消にあたっては、決してこれまでのまちの様子を一新する新たなものづくりや人づくりにより対応しようとするのではなく、まちの原風景を踏まえて将来像を描き、その実現のために必要な計画を策定のうえ事業を展開していく必要がある。

●5－2　復興後のまちの姿を描くのは誰か

浜通りの原風景から原発建設によるまちの変化、そしてそこから期待される将来像、未来のまちの姿については、子どもから大人まで同じように描くことができていた。そこには、原風景となる豊かな自然環境を基盤として、その上に期待される近未来的な将来像が描かれる形となっていた。

同じく「ふたばグランドデザイン」においては、この基本構想を次の三つの観点からデザイン化を図るとしている。

・復興シンボルまちづくり
　福島イノベーション・コースト構想の進化から新産業を積極的に取り込んで、多角産業地域を形成する。
・連携まちづくり
　八町村の連携を深めて住民どうしの「絆」を繋ぎ、高福祉・健康長寿・交流を深められるように人にやさしい環境づくりを進める。

・近未来まちづくり

　近未来型のＩＣＴ（情報通信技術）社会と新エネルギー開発とを融合させた未来の姿を描き、連携の拡大を図りつつ取り組んでいく。

　そのうえで、「ふたばの将来の姿となる絵」を図６－７のように描いている。そこには、八町村が連携する形でさまざまな計画が横並びする形での絵が描かれている。はたして、このような将来の姿を原発事故発生当時に居住していた住民が、また徐々に帰還を始めている住民が、そして現在町村内の小中学校に通学する子どもたちが描くことはできるであろうか。町村長、副町村長を中心とする行政が描く将来の姿となっていないか、評価・点検するとともに、誰もが描くことが可能なわかりやすい将来像、計画が必要とされる。

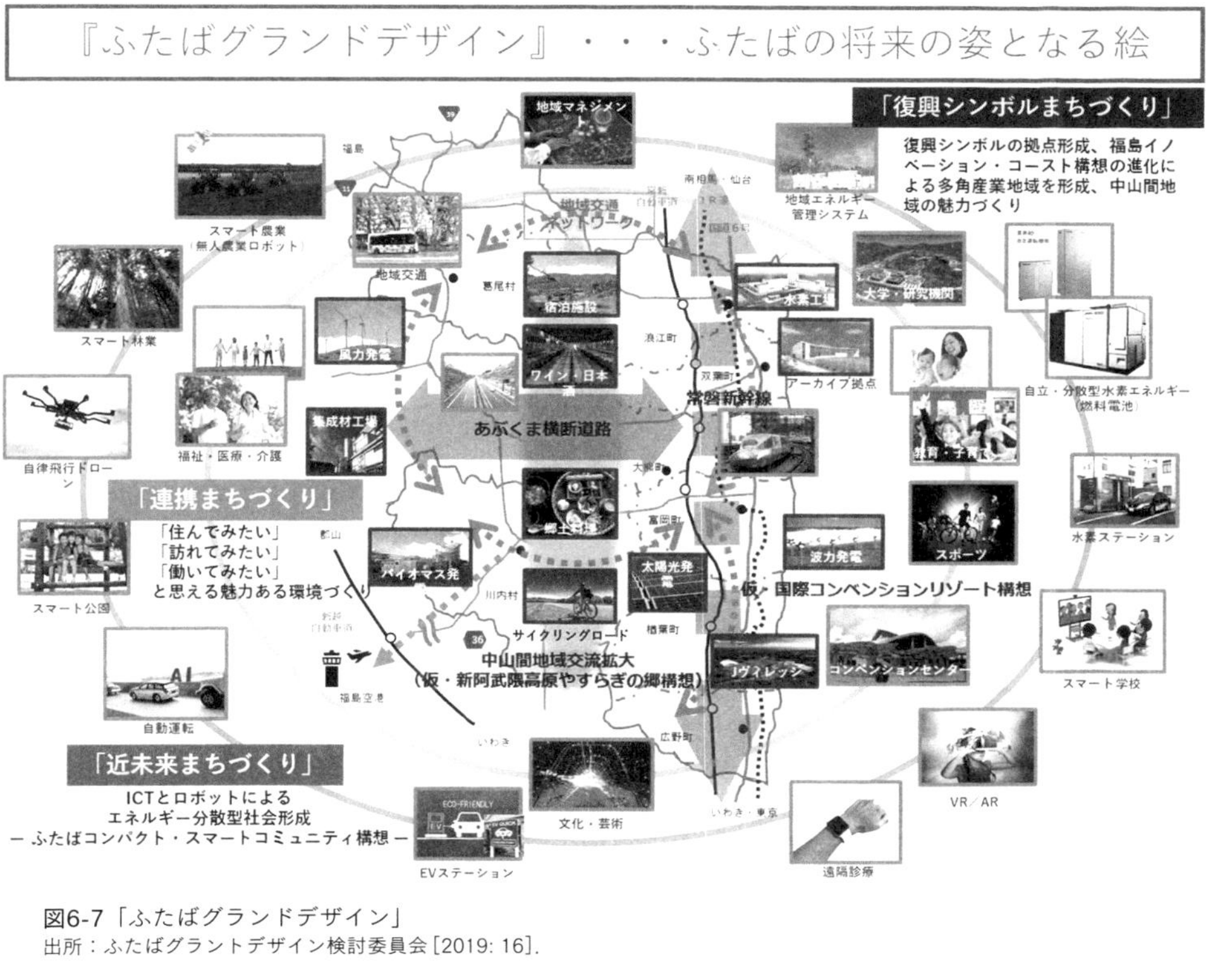

図6-7「ふたばグランドデザイン」
出所：ふたばグラントデザイン検討委員会［2019: 16］.

●5−3　原風景から現風景への経験を生かすことができるか

①原風景から残された課題に目を向ける

寒村と呼ばれながらも自然豊かな特徴ある原風景から、原発建設に伴う著しい変化を経て形成されたまちは、原発事故により一変してしまった。そこから一〇年以上が経過するなかで、浜通り地域としての「復興」が本格的に着手されている。まちの様子が変化する原因となる原発の建設に代わり、「イノベーション・コースト構想」という国による一大プロジェクトが進められており、その効果に期待が抱かれている。原発の建設が進み、将来の発展が期待されるなかでも、その建設が終わったあとの人的、経済的効果の低下やコミュニティの問題、原発建設が進む沿岸地域の一方で内陸の山村地域の未整備環境との格差などさまざまな課題に向き合ってきた。そのことをまちづくりの経験として、今後のまちづくりにおいても生かしていかなくてはならない。

②まちの変化を後追いする計画となっていないか

原発の立地に伴うまちの様子の急速な変化に対して、十分な将来像を描くことなく、道路体系の整備をはじめ、その変化を後追いするまちづくりや計画の策定となってしまった経験もある。避難指示や住民の帰還に先行して次々と発表される官民の計画・事業を後追いすることなく、現風景を捉えた将来像を描き、復興計画・事業の実現に取り組んでいく必要がある。「イノベーション・コースト構想」により、今後は国内外のさまざまな高度技術が集約され、産業やまちの活性化が期待される一方で、そこで活躍する人材育成を担う教育機関は休校や閉校が相次ぎ、集積には乏しい状況にある。そのため、原発建設時のように地元住民の働き口となり、真の復旧・復興を期待する住民が地域内でいきいきと働き、生活することができるのかは現時点で不透明である。

国による事業の一つである福島国際研究教育機構も町村どうしによる誘致合戦の末、浪江町の駅周辺に立地することが決定した。また、東日本大震災とそこからの復旧・復興の様子を記録・継承する目的での各種記念施設が複数の町村で建設されている。人口が減少する時代においては、決して町村個別に取り組むのではなく、八町村が相補関係を構築しながら浜通りとしてのまちづくりに取り組んでいくことが必要である。

6 おわりに

「ふたばの復興は、震災前以上の繁栄を目指すこと」というキャッチフレーズのもとに「ふたばグランドデザイン」が描かれている。具体的には、震災前のような「普通の暮らしが出来る地域」さらには「震災前以上の繁栄を遂げられる地域」の達成を目指して、双葉郡全体が復興して初めて復興が成し遂げられたといえるという共通認識のもとに、「明るい未来の双葉郡」の姿を思い描き、希望をもって進んでいこうとしている。原発建設当時は、その原発に「明るい未来の姿」を双葉八町村それぞれが思い描いていた。その結果、もともとは男性は出稼ぎに出かけて女性が多い農村・寒村地域からエネルギー供給基地へと変わり、年少人口の割合が高いまちも存在する地域としてのまちの風景があった。この先の「イノベーション・コースト」という浜通り地域の新たな未来の姿には、大震災からの復旧・復興とさらなる大きな成長・発展への期待が寄せられている。このことには、基幹産業となる農業が低迷し、人口が流出して過疎化が進むなかで原発の誘致・立地を契機に「明るい未来のまちづくり」を目指したときの姿勢に通じるものがある。原発事故からの真の復旧・復興を達成した未来のまちを思い描くことができるように、まちづくりの観点からの復旧・復興計画と住民目線からの事業についての点検と評価を重ねながら、原風景と現風景を踏まえたまちづくりを実践していく必要がある。

第7章 原発被災後のまちなかにおける再建と空き地の状況
――南相馬市小高区、浪江町、富岡町の比較から

植田啓太

1 原発被災地域のまちなか

●1―1 浜通りのまちなか

福島県浜通りには、各自治体にそれぞれ商業機能・行政機能・居住機能が集積した中心市街地が存在している。本章では、そうした市街地を「まちなか」と呼ぶこととする。東日本大震災とそれに続く福島第一原発事故から一三年以上が経ったが、こうしたまちなかのエリアを歩いてみると、被災前は建物が立ち並んでいたと思われる多くの区画で空き地が存在し、建物にまばらに建っている。多くの空き地は砕石が敷き詰められ、中には人の背丈を超えるほどの雑草が繁茂している空き地も存在する。建築を中心に構成されていたまちなかは、被災によって空き地が大部分を占める区域へと変化した。

こうした原発被災地域のまちなかに関しては、南相馬市小高《おだか》区のまちなかにおける交流空間についての研究

［奥澤・窪田 2020］や、浪江町の生活環境の復旧状況と生活実態についての研究［續橋・川崎 2018］などが行われてきたが、急激な低密度化によって空間の活用のされ方がどのように変化したのかについてはいまだ明らかにされていない。また、原発被災地域の自治体間の比較研究［齊藤 2019］も見られるが、まちなかというスケールで比較している研究は見られない。

そこで本稿では、まちなかの市街地規模や避難指示解除時期が比較的近い、ＪＲ常磐線小高駅、浪江駅、富岡駅周辺の三市街地を対象として、避難指示解除後の再建状況と、解体後の空き地を含めた市街地の空間変容の実態を明らかにすることで、空間の活用のされ方が被災前と比べてどのように変化したのかを明らかにしたい(1)。

●1－2 市街地形成の歴史

南相馬市小高区（二〇〇六年一月に合併するまでは小高町）、浪江町、富岡町のそれぞれのまちなかの市街化過程について概観していく。

小高町史によると、「小高町商店街の形成は江戸時代、浜街道が整備され、町屋敷が区画割され宿場町としての形が整ってから急速に発展した」とあり、小高のまちなかにおいては宿駅を起源として市街化が進んだことがわかる［小高町教育委員会編 1975: 545–547］。小高のまちなかは西側から上町・中町・下町と呼ばれ、上町は街道が結節するため街の玄関口として栄え、妙見通りは妙見神社参拝の鳥居前町として栄えたとされる。また、小高駅の開業に伴って東側が栄えるようになり、町の玄関口としての役目が逆転したとされている。

浪江町史によると、現在の浪江のまちなかの区域には高野宿という宿駅があり、後に浪江宿と名前が改められたという［浪江町史編纂委員会編 2008: 156–161］。もともとの宿駅は旧街道に沿った現在の元町通りに立地していた。しかし、一八五九（安政六）年の大火により宿駅の大部分を消失したことから、冬季の西からの季節風による延焼を防ぐために南北方向に街をつくりかえることとなり、宿駅は現在の新町通りに移されたという。町割は、旧宿駅を時計回りに九〇度回転させ、元の屋並び順に配置したという。

富岡町史によると、現在の富岡のまちなかの区域は、近世以降に宿駅が浜街道の要衝として、かつ内陸部との交易の起点として栄えてきたという［富岡町史編纂委員会編 1986: 567–568］。明治期には、町並みは商店が軒を連ね、郡の商業の中心地としての賑わいを見せるようになり、郡役所もおかれ、行政の中心地でもあったという。町史には「明治四十一〔一九〇八〕年には、富岡停車場街道、上岡街道が改修され」とあり、富岡の停車場は、旧駅から離れた位置につくられたが、その間を結ぶ道路を整備し、市街地を拡張していったと考えられる。

大正時代に作成された「福島県小高町案内図」「福島県浪江町案内図」「富岡町案内真景図」をもとに、当時の市街地範囲を推定したものを図7–1に示した。

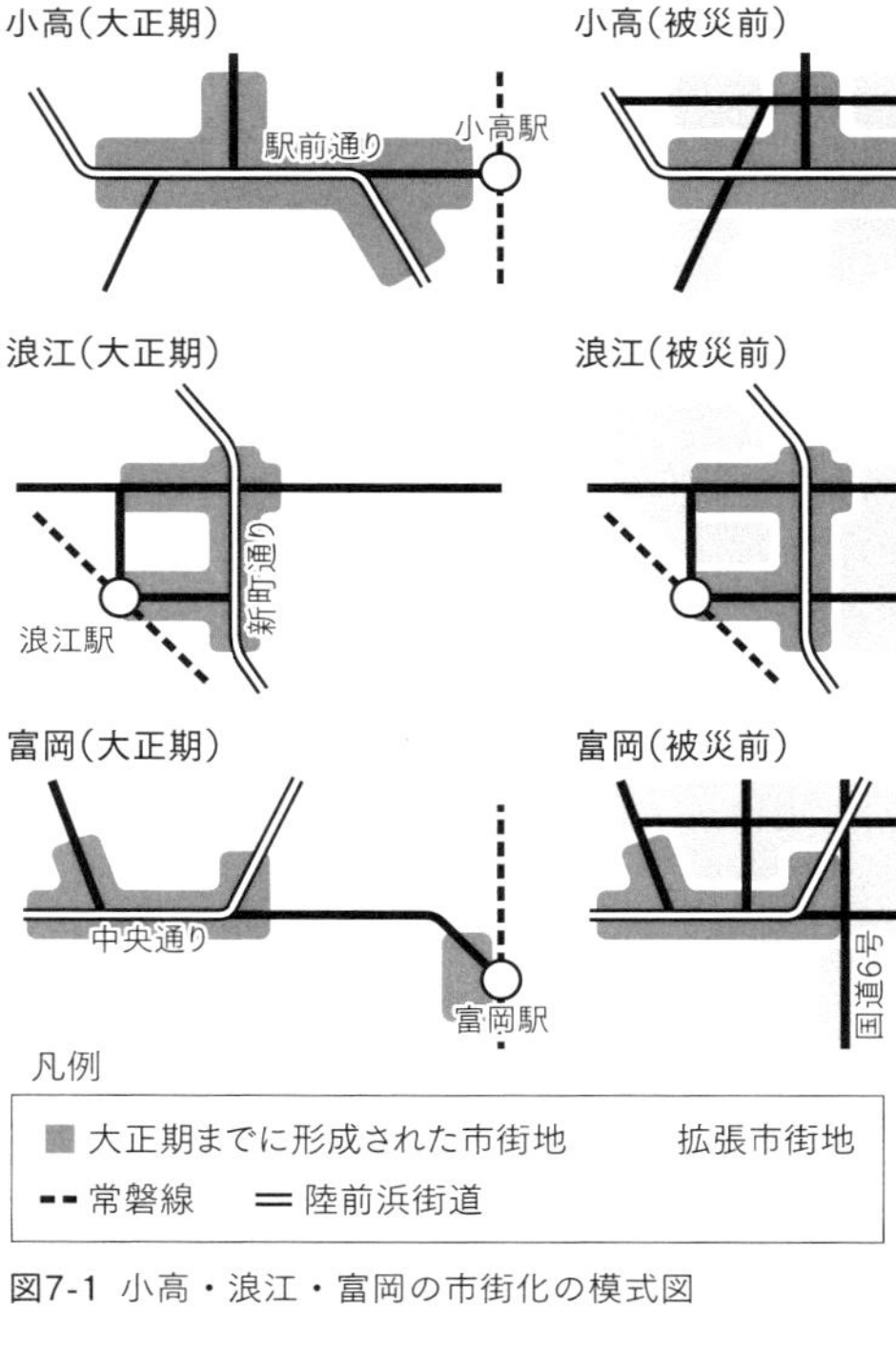

図7-1　小高・浪江・富岡の市街化の模式図

一九六三年に撮影された航空写真から市街地範囲を推定したものを図7–2に示すが、案内図・真景図の範囲からそれほど大きな変化は見られない。したがって、大正期から戦後にかけて、それほど大きな人口増加は起きていなかったと考えられる。一方、一九七一年には福島第一原発が、一九八二年の福島第二原発がそれぞれ営業運転を開始し、一九七〇年までそれぞれ人口減少傾向にあった小高町、浪江町、富岡町はそれ以降、人口増加傾向に転じた。それに伴いそれぞれのまちなかで家屋数が増加し、市街地が拡張していった（表7–1）。

一九六三年の航空写真における市街地範囲を見ると、小高・浪江・富岡のいずれのまちなかにおいても、浜街道に沿って設置された宿駅を起源とする歴史的中心地は商店の集積地となっていて、短冊状の敷地割がなされている。しかし、その後の市街地の拡張の仕方には差異がある。図7－3に小高・浪江・富岡のまちなかにおける主要な通りを示した。小高では、もともと上町に中心があった町の中心が、駅の開業によって下町・東側へと中心が移っていったという経緯を持ち、東西に長く続く駅前通りが市街地の骨格となっている。東西道路と並行した道路を新設しながら後背へと市街地が拡張していったため、旧来の町のメインストリートからそれほど離れずに市街地が拡張しているという特徴を持つ。一方で、浪江では新町通りと元町通りの交差を起点に、グリッド状の大型街区が生まれた。新町通りはそれほど距離が長くなかったため、新しい町の骨格となる商店街が生まれ、まちなかが旧駅の中心地から広く拡散していった。富岡でも、まちなかにお

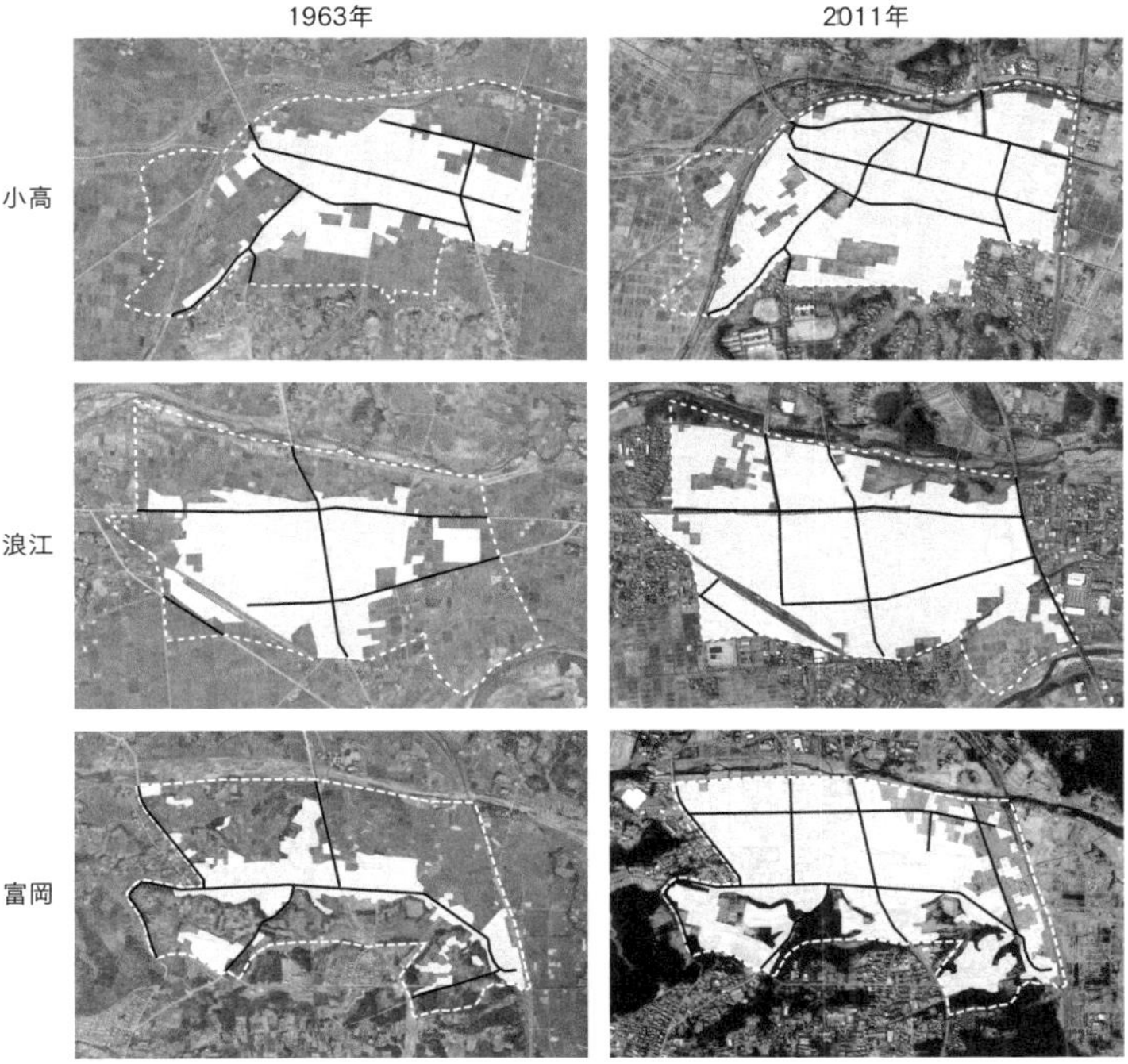

図7-2 小高・浪江・富岡のまちなかにおける市街地面積と2車線以上道路網の変化
出所：国土地理院地図をもとに筆者加工.

表7-1 小高・浪江・富岡のまちなかにおける市街地面積と2車線以上道路延長の比較

	市街地面積(ha)		道路延長(m)	
	1963年	2011年	1963年	2011年
小　高	47.5	82.5	4,224	5,659
浪　江	52.6	85.6	3,743	5,334
富　岡	27.7	73.3	3,927	6,289

いて岡内《おかうち》土地区画整理事業、曲田《まがた》土地区画整理事業という二つの土地区画整理事業を実施することによって町を拡張しており、浪江と同様に旧駅の中心地から市街地が広く拡散していった。とくに富岡や浪江では、拡張された市街地にアパートや社員寮が多数建設されており、この時期に浜通りに原発が立地したことから考えると、これらのアパート・寮は主に原発関連産業への従事者が住むための物件であったと考えられる。

また、一九七九年には浪江で「サンプラザ」が開業、一九八二年には富岡で「Ｔｏｍ－とむ」が開業しており、一九八〇年代以降は旧来の商店街からショッピングセンターへと商業機能の中心は移っていったと考えられる。

このことから、被災前のまちなかにおける空間利用は、浜街道沿いの歴史的中心地における短冊状の敷地割と、その周辺に広がる拡張市街地に二分して考えることができる。歴史的中心地と拡張市街地の範囲を模式的に図7－1に示した。

2　復興事業と空き地の発生

●2－1　復興計画・事業の展開

福島第一原発の周辺地域では、原発事故後、長期にわたる避難指示が発令された。避難指示は小高のまちなかでは二〇一六年七月に、浪江・富岡のまちなかでは二〇一七年三月と四月にそれぞれ解除された。各自治体がそれぞれ復興計画・事業をどのように進めていったかを、中心市街地・まちなかに関係する部分に絞って概観していく。

南相馬市では、二〇一一年に復興ビジョン・復興計画を策定した後、二〇一五年三月に南

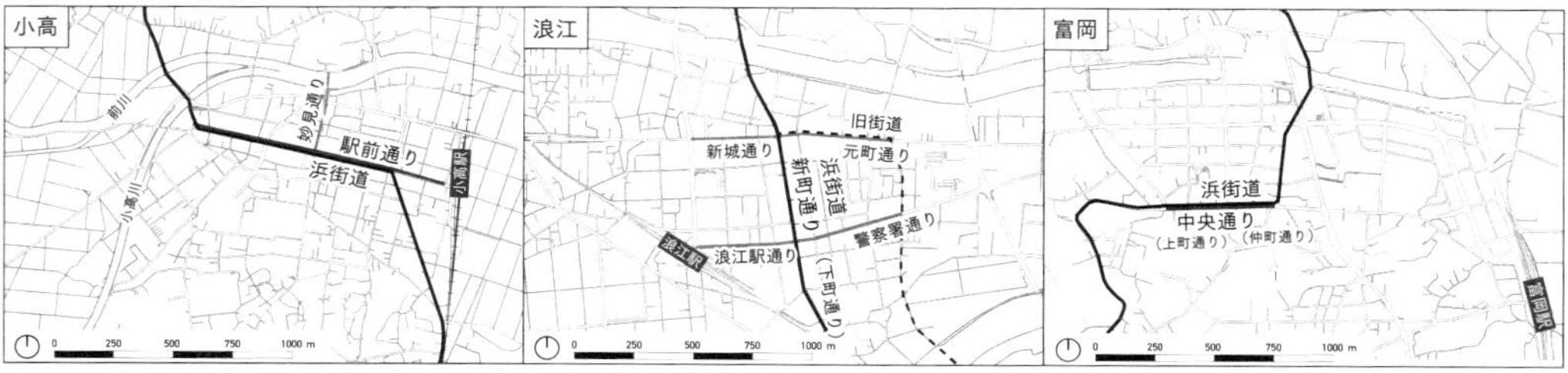

図7-3 小高・浪江・富岡のまちなかの主要な通り

相馬市復興総合計画を策定した。本計画では「街なかの活性化」として小高区の駅前市街地に集中する商店街の活性化が目標とされたほか、土地利用については「新たな土地需要に対しては、無秩序な市街地拡大と拡散の抑制を基本と」するとされた。また、復興総合計画の策定と同時期に策定された小高区市街地整備（復興拠点施設）基本計画では、駅周辺への都市機能集約化方針と復興拠点施設整備の考え方が示され、南相馬市小高区復興拠点施設「小高交流センター」が二〇一九年一月に開所した。

浪江町では、二〇一二年一〇月に浪江町復興計画（第一次）が策定され、二〇一四年三月には浪江町復興まちづくり計画が策定され、帰還開始時におけるまちづくりイメージ図で浪江町役場周辺が復興拠点の中心として示された。二〇一七年三月に策定された浪江町復興計画（第二次）では「地元事業者の協力による商店街の再生」といった方針が示され、同時期に策定された浪江町中心市街地再生計画では駅前、新町通り、交流・情報発信拠点施設等を賑わいの核とする方針が示された。二〇二〇年八月には交流・情報発信拠点施設として「道の駅なみえ」が開業した。二〇二一年三月には浪江町復興計画（第三次）と浪江駅周辺整備計画が策定され、「先導整備エリア」として駅周辺を位置づけたほか、二〇二二年八月には浪江駅周辺グランドデザイン基本計画が公表され、駅周辺整備事業の具体的な方針が示された。

富岡町は、二〇一二年一月に富岡町災害復興ビジョンを策定、それに続いて二〇一二年九月には富岡町災害復興計画（第一次）を策定した。本計画では、復旧期において商店街の再生などが方針として示されていた。二〇一四年三月に策定された富岡町復興まちづくり計画では、町外生活への支援と町内の復興に向けた街づくりという二つの方向性が示され、後者については比較的線量の低い富岡駅周辺でコンパクトなまちづくりを行う方針が示された。二〇一五年六月に策定された富岡町災害復興計画（第二次）では、町役場・スポーツ施設・岡内地区・曲田地区が復興拠点として位置づけられ、商店・診療所・災害公営住宅を集約して市街地を再生するとされた。さらに同年九月に策定された「富岡町再生・発展の先駆けアクションプラン〜復興拠点整備計画」では、災害公営住宅や複合商業施設の整備などの内容が盛り込まれた。二〇一七年三月には公設民営の複合商業施設「さくらモールとみおか」が旧「Ｔｏｍ－とむ」の建物を利用して開業した。

このように、南相馬市小高区、浪江町、富岡町のいずれにおいても、中心市街地が各自治体の復興拠点として位置づけられており、魅力的な中心市街地を再生することで自治体全体の復興を推進しようとする方針が見られ、施設整備が進められた。

●2－2　除染事業・解体事業

放射性物質汚染対処特措法により、警戒区域または計画的避難区域の指定を受けたことがある地域は「除染特別地域」として指定された。除染特別地域内では、環境省の特別地域内除染実施計画に基づいて除染事業が実施された。南相馬市の面的除染は二〇一三年六月から二〇一七年三月に、浪江町の面的除染は二〇一三年一〇月から二〇一七年三月に、富岡町の面的除染は二〇一三年八月から二〇一七年一月にかけて実施されている。宅地の除染では、建物部分については屋根・屋上や雨樋の堆積物除去、壁・塀の洗浄などが行われ、庭部分については舗装面の洗浄、砂利・細石の除去・入替、高線量表土の除去・入替などが行われた。

また、除染特別地域内では、罹災照明の判定に基づき環境省による被災家屋の解体・撤去（公費解体）も行われた。除染特別地域内では、長期にわたる避難指示によって雨漏り・躯体《くたい》変化・鳥獣害などの汚損が生じている家屋が数多く発生しており、当初これらの荒廃家屋の判定は国の指針には示されていなかったが、地域の実情に応じて市が判断する罹災照明の判定に基づいて公費解体を行うことが可能になった。解体申請は、所有者が届出を行うことで進められたため、必ずしもすべての被災・荒廃家屋が公費解体されたわけではなく、受付終了後に自費で解体した、または解体を選択しなかった所有者も存在した。

●2－3　人口の推移

被災後のまちなかにおいて、各種計画に基づく市街地整備が進められていく一方で、自治体の多くは被災前と比べて大幅に居住人口が減少している。二〇一一年三月時点における住民登録人口は、小高区一万二六三六人、浪江町二万一五四二人、富岡町一万五八三〇人であったが、二〇二四年一月時点における居住人口は、小高区三八四〇人、浪江町二一六二人、富岡町二三〇七人となっている（図7－4）。

各自治体の帰還意向調査からもわかるように、原発の安全性や線量への懸念、医療・商業・教育等の生活環境への不安などを理由として帰還を選択していない住民が一定数存在している。地域外に避難した土地所有者が自宅等を解体したものの、所有者本人が帰還しておらず利用されていない土地が空き地となっているのである。

3 解体後の空き地の変容

●3－1 解体後の空き地発生と再建状況

ここからは、小高・浪江・富岡の三市街地のまちなかを対象として、解体による空き地がどこに／どれだけの量が発生し、どのように変容しているかを、次のような方法で把握していく。まず、被災直後（二〇一一年五月〜二〇一二年四月）の航空写真で存在が確認された建物を、被災前から存在する建物とする。これは、地震から避難指示発令までの期間は短く、被災後に応急的に除却された建物はほぼ存在しないと考えられるためである。そして、二〇二一年の現地調査から、被災前から存在していた建物について消失または形態が変化したものを抽出する。

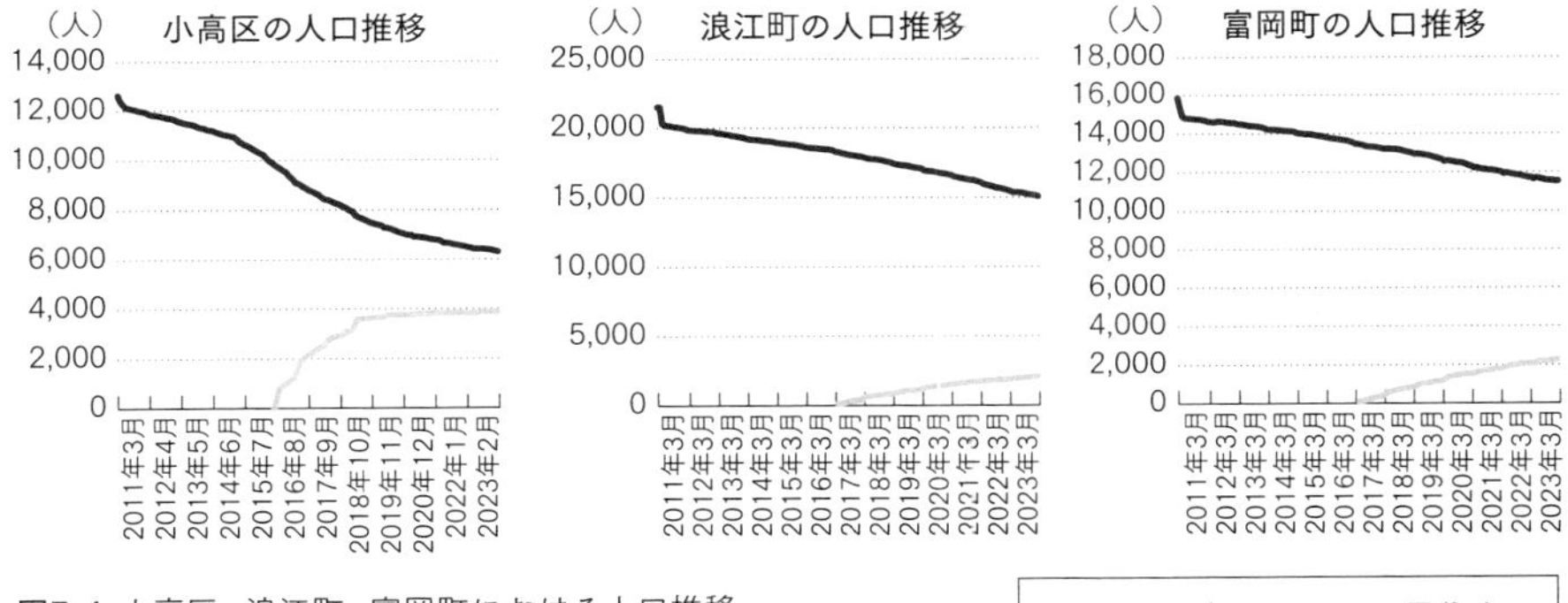

図7-4 小高区，浪江町，富岡町における人口推移
出所：各自治体統計より筆者作成．

次に、二〇二一年に取得した地籍図から筆の単位を確認し、解体建物の調査結果と重ね合わせて、一筆の中で建物がすべて解体されている筆を抽出した。一部の建物が筆内に残存している場合は含めていない。なお、富岡のまちなかでは、震災前から土地区画整理事業が行われていたため、敷地割に大きな変化が起こっており、二〇一一年時点でも駅前の一部街区を除いて道路網や区画割が再編されていた。しかし、区画整理後の公図を入手することはできなかったので、区画整理が済んでいる箇所については、解体された建物の形状から推定して一筆の単位を作成した。また、二〇一一年時点で区画整理がまだ行われていなかった街区については、公図から確認できる筆界を利用した。

この結果、調査範囲内で解体が発生した筆は、小高では合計で四九八筆、浪江では七四六筆、富岡では五四五筆が確認された。また、解体が発生した筆の総面積は、小高では一八・五ヘクタール、浪江では三〇・三ヘクタール、富岡では二四・七ヘクタールであった。

次に、これらの筆の建築状態に着目し、二〇二一年一一月時点でどのように変容しているかを調査し、災害公営住宅や公共施設が建てられた「公共再建」、個人住宅・店舗・事業所が建てられた「民間再建」、賃貸アパートや宿舎が建てられた「アパート再建」、プレハブ等の簡易的建造物が設置された「プレハブボックス」、そして空き地のまま残されている「空き地のまま」の五類型に分類を行った（図7－5）。結果は表7－2、図7－6に示すとおりである。

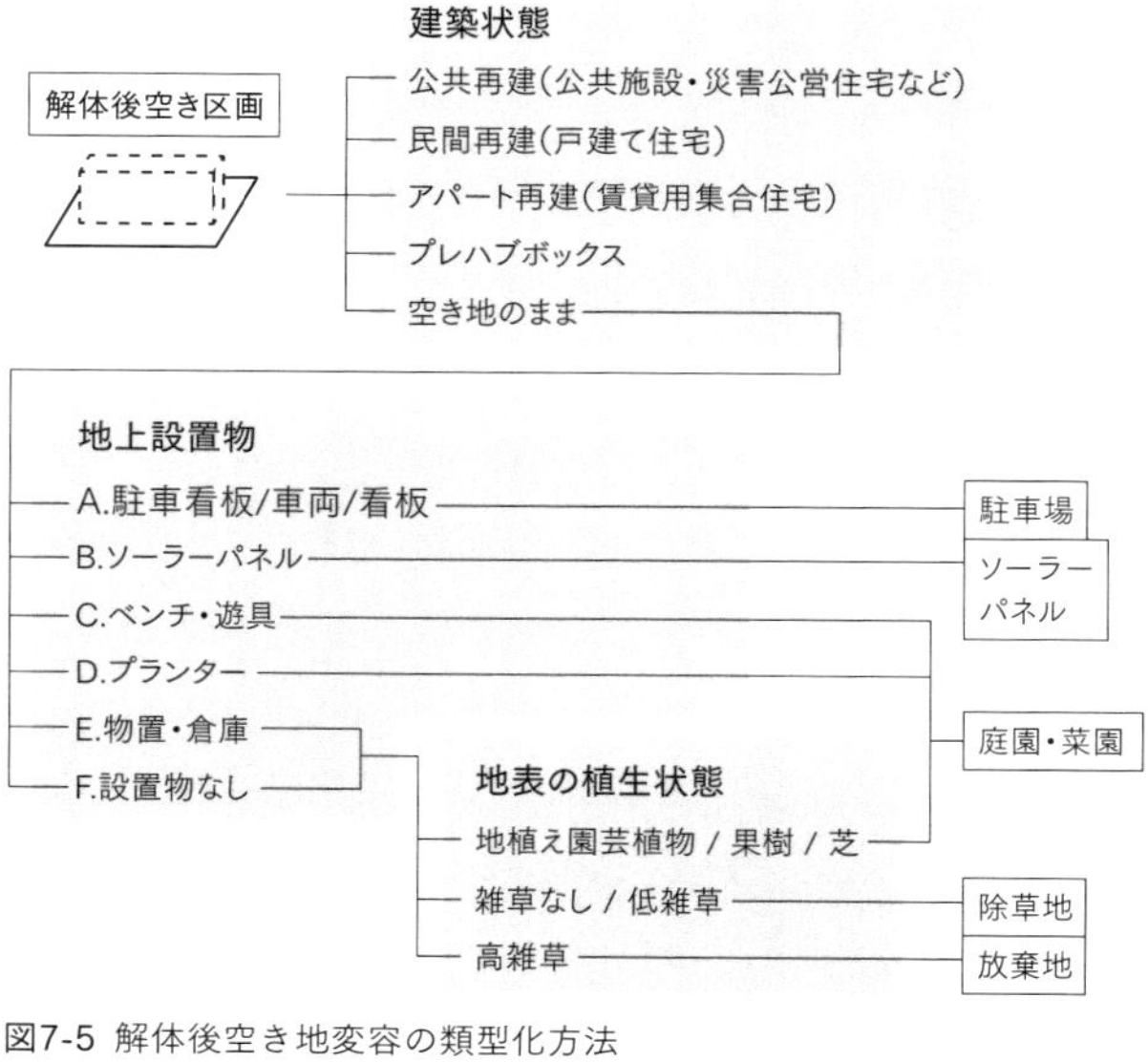

図7-5 解体後空き地変容の類型化方法

小高のまちなかでは、筆数でみると全体の二五％の解体後空き地が再建されており、その中で最も多いのは民間再建で二〇・三％であった。浪江では、筆数でみると全体の七・八％の解体後空き地が再建されており、その中で最も多いのは民間再建で五・二％であった。富岡は筆数でみると全体の一九・八％の解体後空き地が再建されており、その中で最も多いのはアパート再建で一一・二％であった。民間再建の多くは、住民や事業者が避難先から帰還する際に住宅や店舗などを建て替えることで発生する。小高では避難指示解除が浪江・富岡と比較して早く、帰還した人口の割合が大きいため、まちなかでの居住や事業営業が戻り、民間再建の割合が高くなったと考えられる。富岡では、再建の中でもアパート再建が多いが、これは富岡が小高・浪江と比べて福島第一原発・第二原発の近くに立地しており、主に廃炉関連の産業に従事する作業員向けの住宅需要が高いためだと考えられる。(2) 浪江では、小高・富岡と比べて再建された筆数の割合が小さいが、再建全体の中でアパート再建が占める割合は小高よりも高く、作業員向けの住宅が、富岡ほどではないが一定数建設されている。

再建された筆の立地を見ると、小高では駅前通りに近接した街区では再建された筆が多く、駅前通りから離れるにつれて空き地のままになった筆が多くなる傾向が見られる。浪江でも、新町通り・元町通り・警察署通りに近接した街区では再建された筆の割合が高いが、そこから離れるにつれて空き地のままになった筆が多くなる傾向が見られる。一方で、富岡では中央通りに面した街区ではそれほど再建された筆の割合が大きくなく、逆に岡内土地区画整理事業地区内や、南側の丘陵地など、歴史的中心地から離れた街区で再建の割合が高い。アパート建設が行われているのは岡内土地区画整理事業地区と富岡駅周辺である。小高・浪江では震災前に商店街という街の歴史的中心地として機能していた街区で再建が起こり、まちの機能回復に向かう動きが見

表7-2 建築形態別変容類型の筆数と面積（2021年11月）

類　型	小　高		浪　江		富　岡	
	筆数	面積(ha)	筆数	面積(ha)	筆数	面積(ha)
公共再建	7	0.7	0	0.0	2	0.5
民間再建	101	3.9	39	1.7	40	1.7
アパート再建	3	0.1	10	0.5	61	3.6
プレハブボックス	13	0.4	9	0.6	6	0.2
空き地のまま	373	13.0	689	27.0	437	19.0
合　計	497	19.0	747	30.0	546	25.0

られるのに対し、富岡では歴史的中心地が空洞化したまま、そこから離れた街区でアパート建設が進んでいる。

小高・浪江・富岡では、いずれも公共再建が占める割合は小さいものの、小高では、まちなかの区域の中に復興拠点施設「小高交流センター」が建設され、一部に解体後の筆が使用されたほか、二か所の災害公営住宅団地（東町団地、上町団地）が建設され、東町団地の一部と上町団地の全体で、解体後の筆が用地として使用された。い

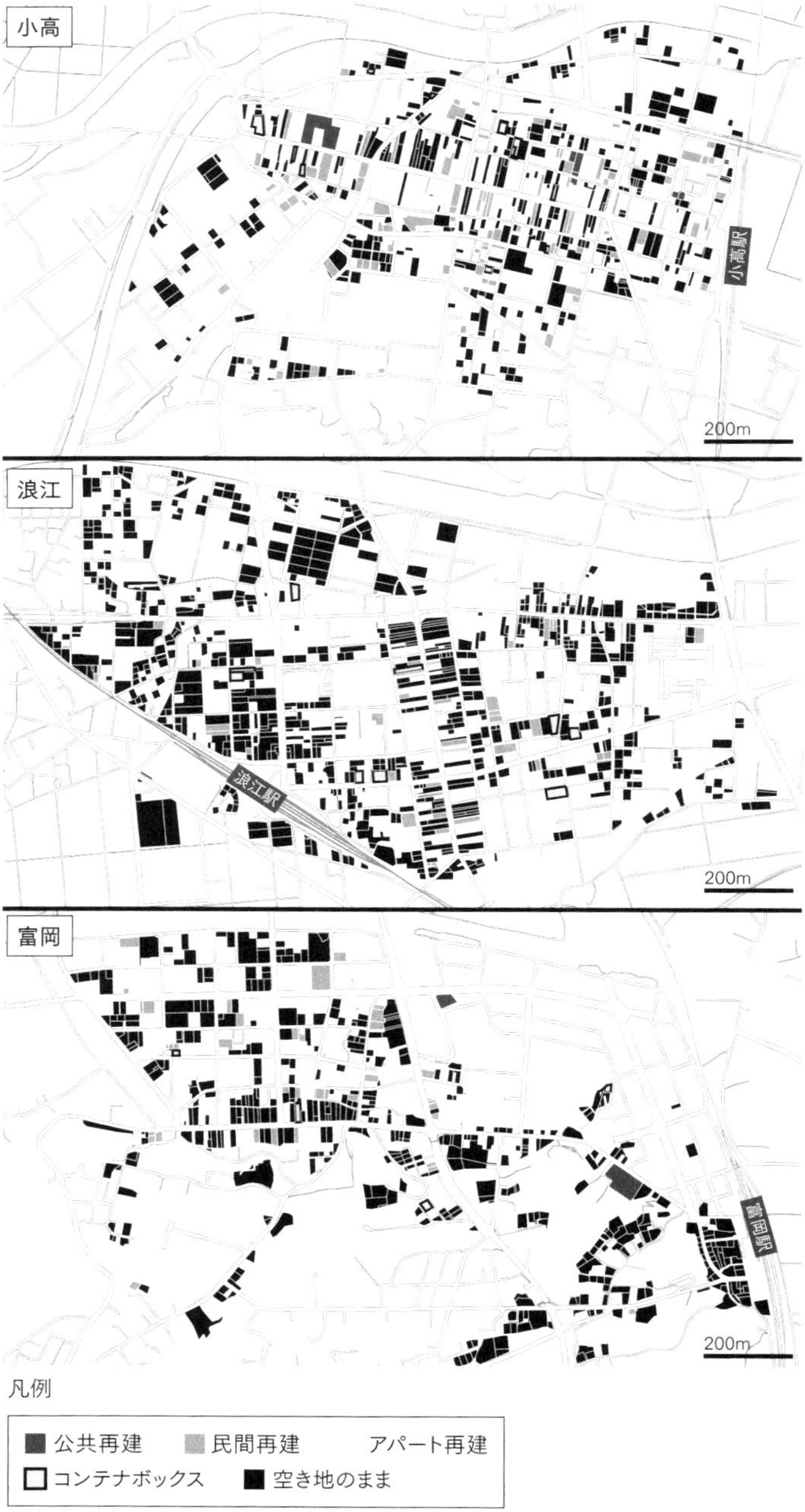

図7-6 解体後空き地の建築形態別分布（2021年11月）

ずれも駅前通りに近接した筆が使用されている。富岡では、まちなかの区域の中に地域交流館「富岡わんぱくパーク」が建設され、解体後の筆が用地として使用された。また、三か所の災害公営住宅（曲田第一団地、曲田第二団地、栄町団地）が建設され、曲田第一団地・第二団地では、曲田土地区画整理事業地区の未建築の筆が用地として使用された。栄町団地では解体後の筆が用地として使用されているが、中央通りからは離れた位置にある。一方、浪江では、まちなかの区域の中に交流・情報発信拠点施設「道の駅なみえ」が建設され、駐車場用地として解体後の筆を使用しているものの、建物部分は被災前から空き地だった筆を用地として建設しているため、公共再建された筆数はゼロとなっている。なお、災害公営住宅はまちなかの区域の東側に隣接する幾世橋《きよはし》地区に整備されているが、用地としては大部分で農地が使用された。公共的な投資によってどの程度解体後の筆が再建されるかには、三つのまちなかの間で差異が見られた。まちなかという各自治体の中心的な役割を担う地区においては、復興事業によって災害公営住宅をはじめとする各種公共施設などが整備されやすく、空洞化したまちの機能回復に資する一つの手法であるといえるが、小高では歴史的に街の中心として機能してきた駅前通りというメインストリートに近接した解体後の筆で整備されたのに対し、浪江や富岡では歴史的な中心地から離れた未利用地に整備される、という傾向が見られた。

　このように、再建の傾向とまちの構造との対応関係は三つのまちなかでそれぞれ異なる傾向が見られる。小高では民間・公共ともに駅前通りという歴史的中心地で再建が進んでいる。浪江では、民間による再建は歴史的中心地で進んでいるものの、公共による再建はまちなかから離れた地区で多く行われている。まちなかでは駅周辺は再開発計画が進められているが、街道沿いの新町通りからは離れている。富岡では、民間・公共ともに歴史的中心地から離れた街区で再建が進んでおり、とくに土地区画整理事業によって造成された宅地に再建されている傾向が見られた。まちなかにおける歴史的中心地の地位の変化の仕方に差異が生じているといえるだろう。

●3-2 空き地の変容

次に、解体後の筆の中で最も大きな割合を占める「空き地のまま」に類型化された筆について、植生と設置物を目視で調査し、駐車場、ソーラーパネル、庭園・菜園、除草地、放棄地の五つに類型化した。結果は表7-3、図7-7に示したとおりである。

類型が「駐車場」「ソーラーパネル」「庭園・菜園」となっているものは、なんらかの用途で利用されたり、収益化されたりしている筆とみなすことができる。これを「活用」されている筆とすると、筆数でみたとき小高では全体の一七・一%、浪江では四・六%、富岡では一三・三%が活用されている状態にあり、小高や富岡と比べると、浪江では活用されている筆が少ない。また、活用されている筆のうち、小高と浪江では駐車場が占める割合と庭園・菜園が占める割合の差が小さい傾向にあり、富岡では駐車場の割合が大きい傾向にある。富岡では事業所向けの駐車場や、近隣に建設されたアパートの駐車場として活用される筆があり、駐車場が全体に占める割合が大きくなっている。また、「除草地」と「放棄地」についてみてみると、除草地と放棄地の筆数の比率は小高で四・七五対一、浪江で二・八〇対一、富岡で三・六九対一となっており、活用されていない筆について、除草などの管理が最もなされているのは小高、次いで富岡、浪江の順になっている。

小高では、駐車場と除草地は全体的に拡散して分布するが、庭園・菜園については駅周辺に多く見られ、ソーラーパネルと放棄地は駅前通りから離れた面積の大きい筆に多く見られた。駅に近い地区では除草地の割合が大きくなっている。浪江では、大規模な公共施設（道の駅なみえ）の用地内で駐車場が多く見られ、駅周辺・新町通りから離れる

表7-3 植生設置物別類型の筆数と面積（2021年11月）

類型	小高		浪江		富岡	
	筆数	面積(ha)	筆数	面積(ha)	筆数	面積(ha)
駐車場	28	1.2	22	1.0	51	2.2
ソーラーパネル	7	0.7	1	0.1	0	0.0
庭園・菜園	27	0.7	14	0.3	2	0.1
除草地	257	8.6	462	20.0	272	11.0
放棄地	54	2.2	165	6.0	74	3.9
合計	497	19.0	747	30.0	546	25.0

につれて、放棄地が多く見られた。庭園・菜園は対象区域北東部の元町通り沿いで多く見られた。「道の駅なみえ」に近い地区では除草地の割合が大きくなっている。富岡では、中央通りや駅から中央通りを結ぶ道路沿いでは除草地が多いが、対象区域南部の丘陵地や、北西側の岡内土地区画整理事業区域内で放棄地が多く見られる。庭園・菜園として活用されている筆は二筆しかないが、どちらも中央通りに近接している。公共施設や災害公営

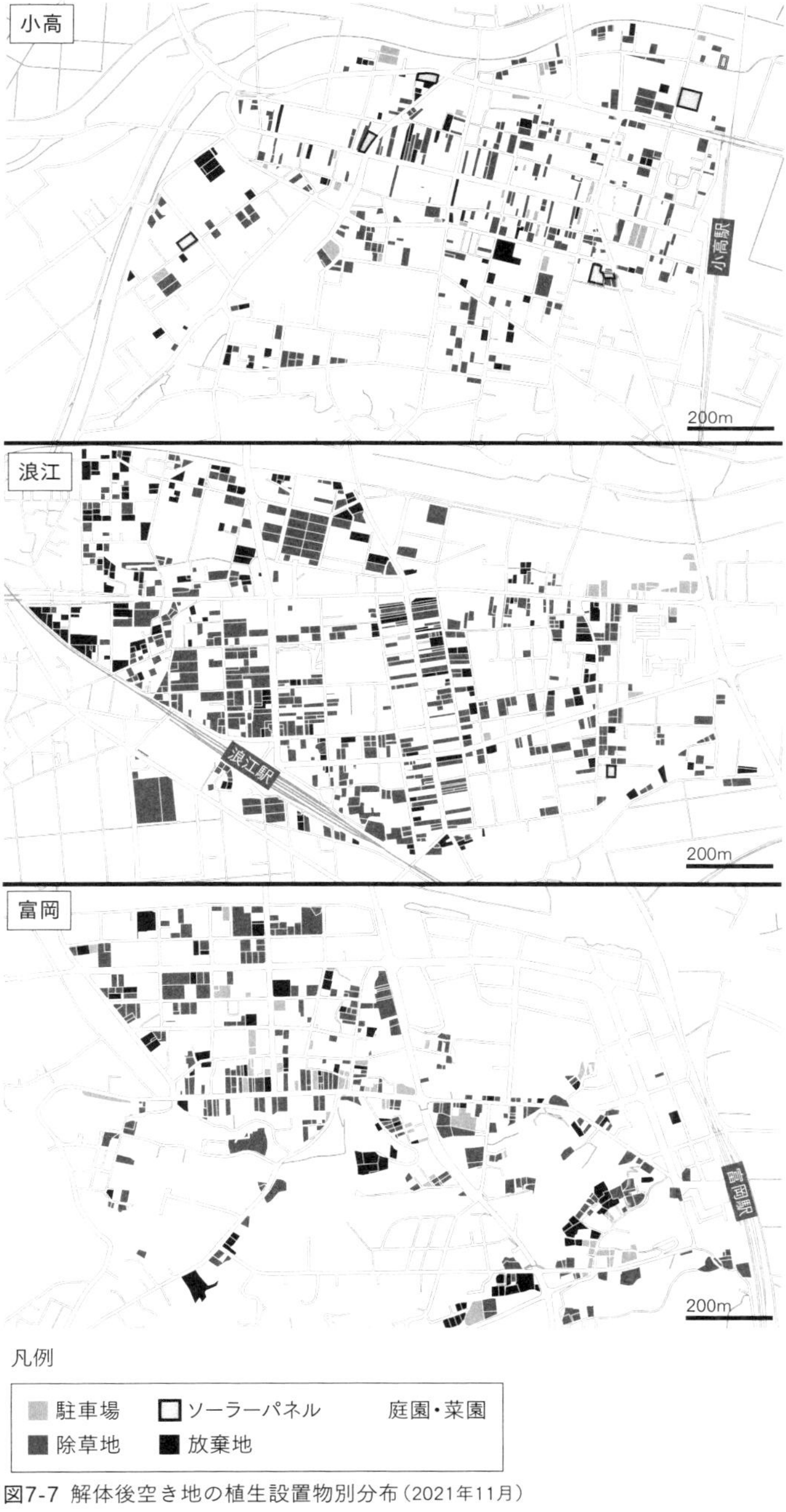

図7-7 解体後空き地の植生設置物別分布（2021年11月）

住宅が立地する中央・栄町行政区では除草地の割合が大きくなっている。

以上のことから、解体後の空き地の変容については、地域ごとの需要に応じた用途として活用され、まちなかの市街地構造の中でどこに位置しているかに応じて傾向の違いが現れていることがわかる。また、小高・浪江・富岡のいずれにおいても、被災後のまちなかで人が集まる施設やエリアに位置する行政区では除草地の割合が高くなっており、来訪者や生活者に配慮をした除草がなされている。

4 空き地の活用と建築との関係

●4-1 活用されている区画の抽出

原発被災後のまちなかにおいては、再建・再住された建物・土地と、空き建物・空き地とが隣接している状況にある。この両者の間に生じる関係にはさまざまなものが考えられるが、本節では空間の管理・活用という観点から、解体後の空き地を活用する動きに関して、そうした活用されている空き地が独立しているか、それとも周辺の空き地や建物との関係が存在するのかについて、境界の空間的な設《しつら》えや土地所有の状態から類型化を行い、その類型化をもとに空間を手入れする領域の構造について考察する。

まず、第3節の調査で「駐車場」「ソーラーパネル」「庭園・菜園」として類型化された筆について、それぞれの利用が一筆で完結しているか、それとも複数の筆がまとまって使用されているかを現地調査から確認し、その単位を「区画」とする。また、以下では、駐車場としての活用を「駐車場活用」、庭園・菜園としての活用を「庭活用」、ソーラーパネルとしての活用を「ソーラー活用」と省略し、そのように活用された区画を「駐車場活用区画」「庭

表7-4 関係建物がある活用区画数と全体の活用区画数（2021年11月）

用途	小高		浪江		富岡	
	関係建物有	全体	関係建物有	全体	関係建物有	全体
駐車場	8	23	8	11	16	43
ソーラーパネル	1	6	0	1	0	0
庭園・菜園	8	14	3	8	0	2
合計	17	43	11	20	16	45

活用区画」「ソーラー活用区画」と省略する。

この結果、確認された小高・浪江・富岡のそれぞれのまちなかにおける活用類型別の筆数と区画数は表7－4に示すとおりである。

●4－2 活用区画と関係建物

次に、活用されている区画が、近隣の建物・施設と関係を有しているかどうかを、以下のように現地調査することで確認した。

駐車場活用が確認された区画については、看板・区画境界の設えから、近隣施設の駐車場として使われていると確認できる建物が存在する場合に、その建物を「関係建物」とする。庭活用が確認された区画については、看板・区画境界の設えと利用実態から、近隣で一体的に使われていると確認できる建物が存在する場合に、その建物を「関係建物」とする。ソーラー活用が確認された建物については、区画境界の設えから、近隣で一体的に使われていると確認できる建物が存在する場合に、その建物を「関係建物」とする。関係建物が存在しない場合は、空き区画が独立して活用されているとみなす。その結果、関係建物が存在する空き区画は小高で一七区画、浪江で一一区画、富岡で一六区画であった。

これらの結果から、空き区画と関係建物の空間的な接続性については、図7－8に示すパターンが確認された。活用区画と建築区画が隣接していて、かつ両者が塀・柵・生垣などの物理的障害物で囲まれて一体的な利用がなされている「囲い込み」、活用区画と建築区画が隣接していて物理的障害物で仕切られているが一体的な利用がなされている「境界跨ぎ」、活用区画と建築区画が隣接していて物理的障害物で仕切られておらず一体的な利用がなされている「開放一体」、活用区画と建築区画は隣接していないが移動などを前提に一体的な利用がなされている「離れ一体」の四つのパターンである。

また、用途別の関係建物がある活用区画数と全体区画数を表7－5に、小高・浪江・富岡の区分なしの接続性類型と用途別の区画数を表7－6に、関係建物と活用区画の具体例は図7－9に示した。

活用区画全体の中で関係建物が存在するものは、小高では四三区画中一七区画（四〇％）、浪江では二〇区画中一一区画（五五％）、富岡では四五区画中一六区画（三六％）と、全体でみると約四割ほどの活用区画に関係建物が存在している。また、活用区画の植生設置物類型別にみると、関係建物が存在する駐車場は七七区画中三二区画

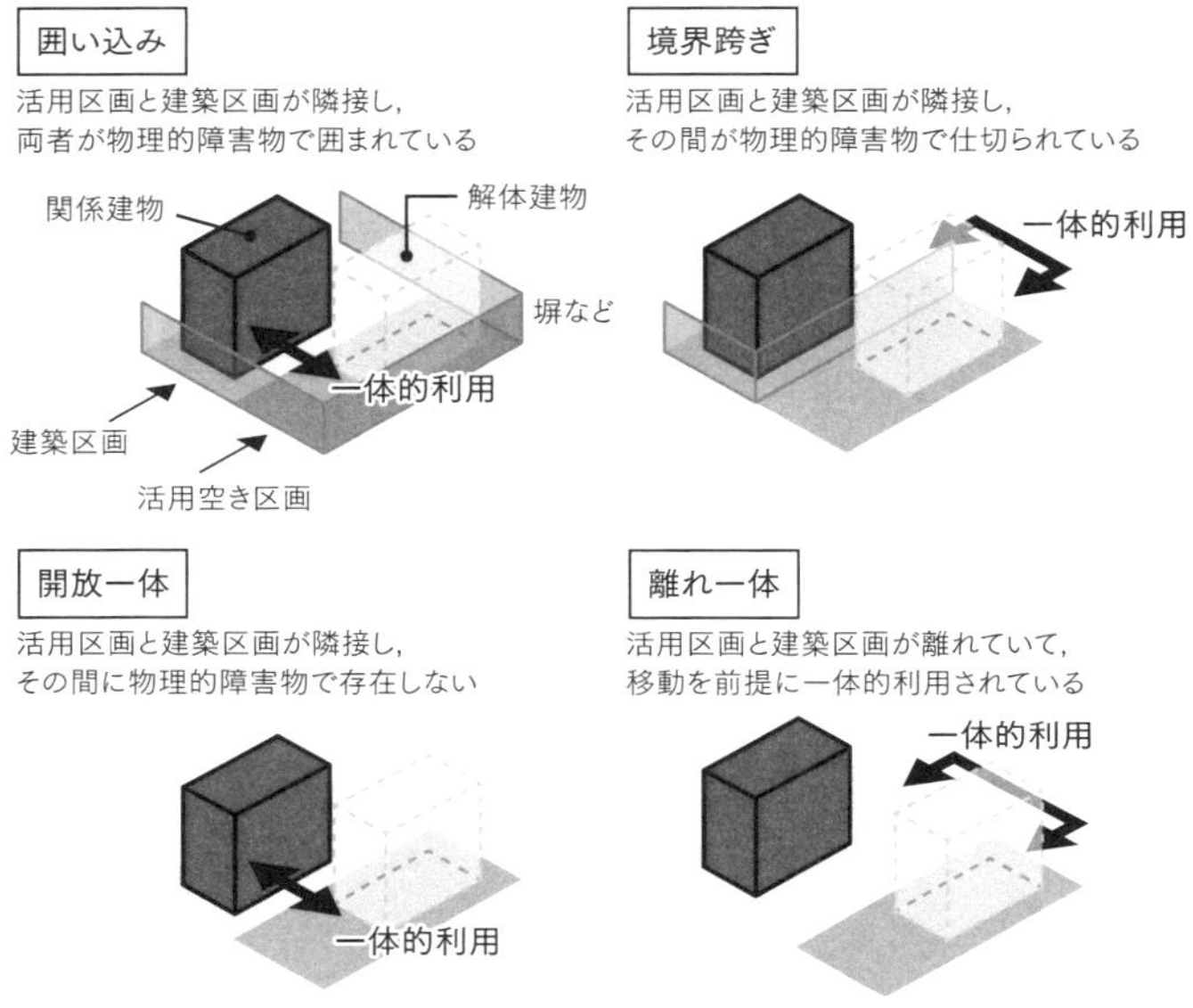
囲い込み
活用区画と建築区画が隣接し,
両者が物理的障害物で囲まれている
関係建物
解体建物
塀など
一体的利用
建築区画
活用空き区画
境界跨ぎ
活用区画と建築区画が隣接し,
その間が物理的障害物で仕切られている
一体的利用
開放一体
活用区画と建築区画が隣接し,
その間に物理的障害物で存在しない
一体的利用
離れ一体
活用区画と建築区画が離れていて,
移動を前提に一体的利用されている
一体的利用

図7-8 関係建物と活用空き区画の接続性類型

表7-5 関係建物との接続性類型と活用区画類型（2021年11月）

用途	小高		浪江		富岡		合計	
	関係建物有	全体	関係建物有	全体	関係建物有	全体	関係建物有	全体
駐車場	8	23	8	11	16	43	32	77
ソーラーパネル	1	6	0	1	0	0	1	7
庭園・菜園	8	14	3	8	0	2	11	24
合　計	17	43	11	20	16	45	44	108

表7-6 関係建物との接続性類型と活用区画類型（2021年11月）

接続性類型	駐車場	ソーラーパネル	庭園・菜園
囲い込み	5	0	8
境界跨ぎ	2	0	1
開放一体	18	1	1
離れ一体	7	0	1
合　計	32	1	11

（四二％）、関係建物が存在するソーラーパネルは七区画中一区画（一四％）、関係建物が存在する庭は二四区画中一一区画（四六％）で、ソーラーパネルのみ関係建物が存在する割合が小さい。小高で一区画のみ住宅と接続されたソーラーパネルが見られたものの、それ以外の区画では独立して存在していた。すなわち、多くのソーラーパネルは周辺と建物とは無関係に存在している。

関係建物の建設類型についてみると、小高では「既存」が一四区画、「新築」が二区画、「建替」が一区画であり、多くの活用区画は既存の建物と一体的に活用されている。浪江では「既存」が三区画、「新築」が四区画、「建替」が四区画であった。富岡では「既存」が四区画、「新築」がゼロ、「建替」が一二区画であった。富岡ではアパート・宿泊施設としての「建替」が多く、それに付随して活用されている区画が多い。関係建物と活用区画の接続性は、多いものから順に「開放一体」が二〇か所、「囲い込み」が一三か所、「離れ一体」が八か所、「境界跨ぎ」が三か所であった。

関係建物が存在する活用類型のうち、最も区画数が多かった類型は「駐車場」であった。小高では関係建物が存在する駐車場区画が八区画存在し、関係建物との接続性について、「囲い込み」は一区画、「開放一体」は三区画、「離れ一体」は四区画であった。関係建物の用途は商店・コンビニ・飲食店などの商業系が最も多かった。浪江では関係建物が存在する駐車場区画が八区画存在し、関係建物との接続性について、「囲い込み」は二区画、「開放一体」は五区画、「離れ一体」は一区画であった。関係建物の用途は商業系が最も多かった。富岡では関係建物が存在する駐車場区画が一六区画存在し、関係建物との接続

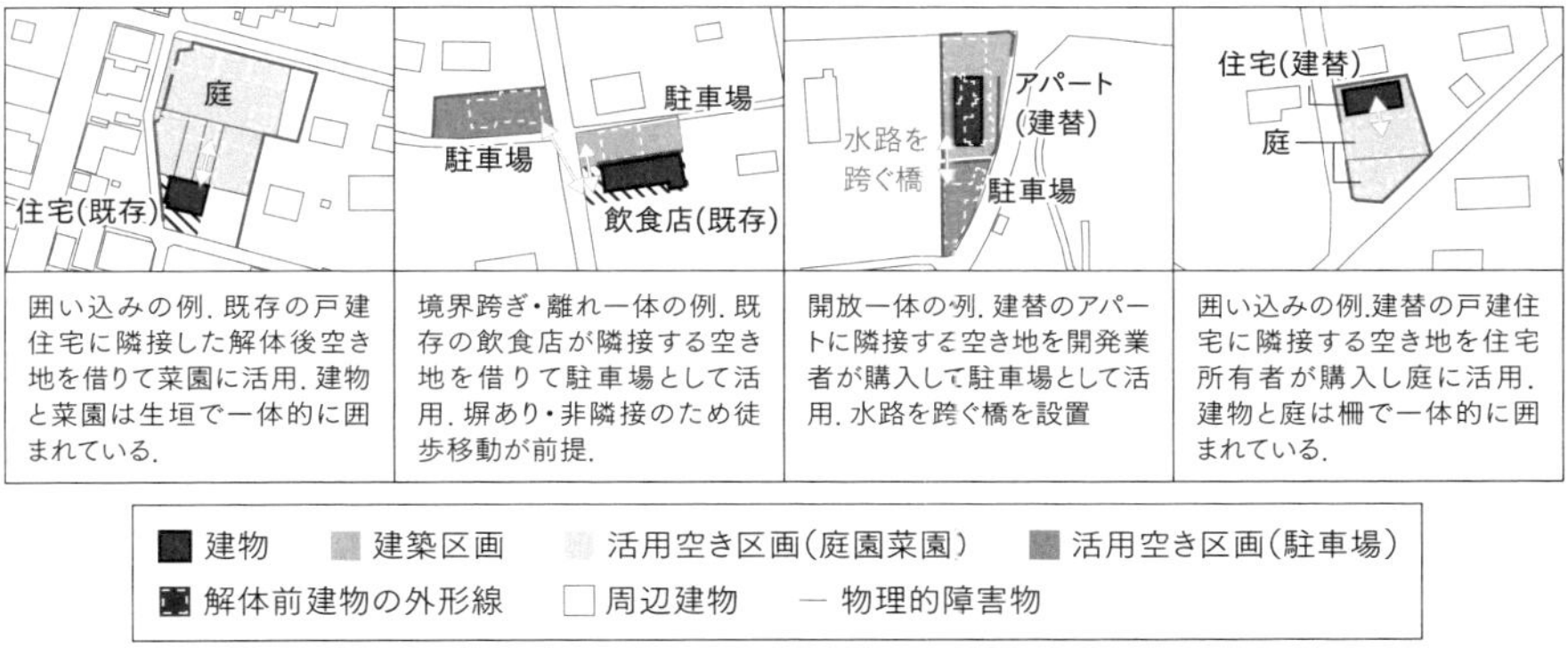

囲い込みの例. 既存の戸建住宅に隣接した解体後空き地を借りて菜園に活用. 建物と菜園は生垣で一体的に囲まれている.
境界跨ぎ・離れ一体の例. 既存の飲食店が隣接する空き地を借りて駐車場として活用. 塀あり・非隣接のため徒歩移動が前提.
開放一体の例. 建替のアパートに隣接する空き地を開発業者が購入して駐車場として活用. 水路を跨ぐ橋を設置
囲い込みの例.建替の戸建住宅に隣接する空き地を住宅所有者が購入し庭に活用. 建物と庭は柵で一体的に囲まれている.

図7-9 関係建物が存在する空き区画の具体例

性について、「囲い込み」が二区画、「境界跨ぎ」が二区画、「開放一体」が一〇区画、「離れ一体」が二区画であった。関係建物の用途はアパートが八区画で最も多かった。駐車場活用区画は、多くが開放一体型で関係建物と接続されているが、当地域では自動車での移動が多く、不特定多数あるいは特定多数の人々が利用する施設においては駐車場が必要となるためである。一方で、用途について見てみると、小高・浪江では商業系の建物と接続された駐車場が多いのに対し、富岡ではアパートや宿泊施設と接続された駐車場が多い。商業施設は来客向けの、アパートは住民向けの、そして宿泊施設は宿泊客向けの駐車場を必要とするが、その用地として解体後の空き区画が使用されている箇所が見られた。

駐車場の次に区画数の多い活用類型は「庭園・菜園」であった。小高では関係建物が存在する庭活用区画が八区画存在し、関係建物との接続性について、「囲い込み」が五区画、「開放一体」「境界跨ぎ」「離れ一体」はそれぞれ一区画ずつで、駅前通りと比べて後背の庭活用区画が「囲い込み」となっている傾向が見られた。関係建物の用途は住宅が最も多かった。浪江では関係建物が存在する庭活用区画が三区画存在し、関係建物との接続性はすべて「囲い込み」であった。関係建物の用途は公共施設が最も多かった。富岡には庭園・菜園として活用された空き区画で関係建物が存在するものは確認されなかった。

●4―3　活用区画と関係建物の所有関係

次に、関係建物と活用空き区画の所有関係を明らかにするため、活用空き区画を構成する筆の所有者と関係建物が建っている筆の所有者に関する情報を登記情報から調査する。まず、活用空き区画については、構成する筆すべての所有者情報を取得した。この際、活用空き区画が複数の筆から構成されている場合は、構成する各筆の所有者を確認し、同一の者が所有していれば「一名所有」、複数の者が所有していれば「複数名所有」とした。また、関係建物については施設として住所がある場合はその住所表示部分の筆について、住所がない場合は最も面積が大きい筆について所有者情報を取得した。取得した所有者情報に基づき、関係建物区画と活用区画の所有者が一致していれば「所有一致」、そうでなければ「所有不一致」とした。また一致したものについては、所有権の移転歴から、一致の理由を明らかにした。

接続性類型と所有の一致／不一致の関係を示したものが表7-7である。「囲い込み」の多くは所有が一致しており、複数の筆で分割されていて、一部の建物を解体した後に活用するなどの組が該当する。「境界跨ぎ」はすべてが所有不一致となっており、隣接空き地を駐車場等として借りるなどの組が該当する。「開放一体」は建物部分と空き地部分に仕切りがなく、最も一体的に活用しやすい関係であり、所有の一致／不一致のどちらのケースでも見られた。「離れ一体」は建物と空き地の間を移動しながらの一体活用が想定されていて、駐車場や離れた庭活用が該当する。

また、四四組の活用区画・関係建物について、所有が一致しているものは二三組、不一致のものは二一組であった。所有関係が「一致」となっているものについて、一致理由を見ると、被災前から一致しているものが一四件、被災後に第三者が売買して一致したものが八件、所有者が売買して一致したものが一件であった。被災前から一致しているものについては、もともと複数の筆を所有していた所有者が、解体後の筆を活用していることを意味する。被災前は親族で分割所有されていたが、被災後に相続や贈与などで所有が統合されたものも多い。第三者が売買したものについては、第三者が建物と解体後の空き地をまとめて購入していることを意味する。所有者が売買したものについては、建物所有者が隣接している解体後の空き地を購入したことを意味する。売買によって所有が一致しているものは半数以下であることから、売買による所有面積の拡大はあまり起こっていないといえる。

一方で、所有関係が「不一致」となっているものは、建物部分を活用している者が、空き地を借りることで一体的に活用していることを意味する。ただし、建物部分を活用している者が、必ずしも建物の所有者と一致するわけではなく、建物・空き地の両方を借りて一体的に活用す

表7-7 接続性類型と所有関係（2021年11月）

接続性類型	所有一致	所有不一致	合　計
囲い込み	10	3	13
境界跨ぎ	0	3	3
開放一体	9	11	20
離れ一体	4	4	8
合　計	23	21	44

る例も存在しているため、注意が必要である。

被災前のまちなかでは、空間の活用は主に建物への居住や利用であった。被災後のまちなかでは、空間変容として解体による敷地の空き地化が進み、まちなか全体で見た建物が立っている敷地と空き地の比率が変化している。同時に、建物の所有者・利用者が、建物の周辺にある空き区画を建物に付随する用途として活用する動きが生まれた（図7－10）。民間再建が小高で多い、廃炉産業従事者向けのアパートが富岡で多い、といったように被災後の居住者特性に応じて再建の類型が異なっていた各まちなかでは、多く見られる活用空き区画の類型と関係建物の用途の組み合わせも異なっており、解体後空き地の空間変容の違いが生じている。

また、まちなか全体として見ると、人口が減少し空き地が増加したまちなかにおいて、独立して活用される空き地と、建物と接続されながら活用される空き地が生まれており、一人あたりが活用・管理する単位が大きくなるという現象が起きているといえる。

5 まとめ

小高・浪江・富岡のまちなかは、いずれも浜街道の宿駅と、そこから周辺に拡張した市街地という構造を共有していた。しかし、被災前から原発関連産業の従事者が多く居住し、そのためのアパートや社員寮が建設されていた富岡のまちなかでは、被災後も廃炉関連産業の従事者向けのアパートが建設されているなど、被災前の建築類型の傾向が被災後においても引き継がれている。これによって、小高・浪江・富岡のそれぞれのまちなかで異なる類型の建物が再建されていく傾向が生まれている。

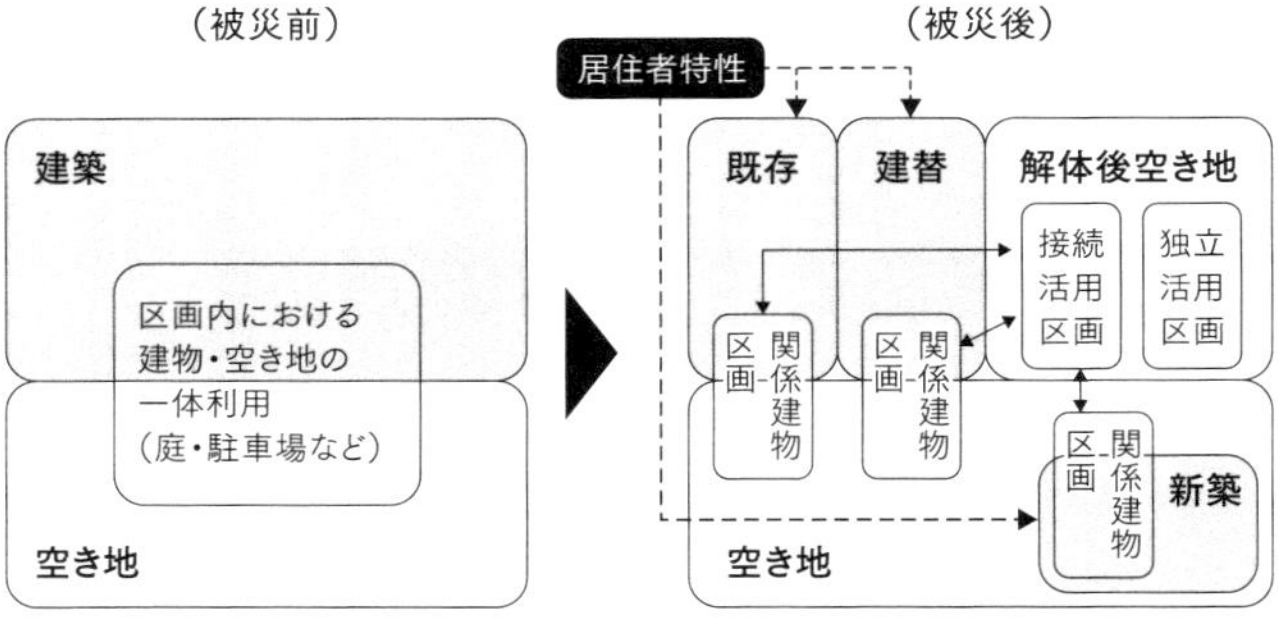

図7-10 建築と空き地の所有範囲・活用範囲

また、建物が解体された後の空き地について見てみると、周辺に居住者が多く、施設等が立地して人通りが多い地区にある空き地では比較的良好な管理がなされ、空き地の活用が進みやすい傾向が見られた。ただし、全体として見れば活用されている空き地の割合は小さく、ほとんどの空き地は除草などの管理がなされている現状である。雑草の繁茂等による景観悪化などを防ぐためには、こうした管理のあり方についても今後検討していく必要があるだろう。

建物と関係した空き地の利用については、民間再建が多く帰還住民が比較的多く居住している小高では周辺空き地を庭などとして活用する動きが見られる一方で、アパート建設が進む富岡では隣接空き地が駐車場として活用されるなど、まちなかの再建類型の特性に応じて、異なる活用の傾向が見られた。全体を通して見れば、建物単体の利用から建物と空き地を組み合わせた利用が生まれ、被災前と比べて一人あたりが活用・管理する空間が広く大きくなる可能性が生まれたと言える。これは事業者等にとって駐車場を広く取れるなどといったメリットになる一方で、維持管理が大変になるというデメリットも存在する。

原発被災というきっかけで低密度化した空間のマネジメントを考えるためには、一様な活用・管理手法を展開するのではなく、地域内の再建・帰還状況や、周辺で起こっている活動を把握したうえで、一つひとつの場所に適合するあり方を検討する視点が要求される。

註

(1) 当地域では行政区が地域自治の基本単位となっており、小高ではまちなかの区域で一〜五区が組織されている。浪江・富岡では部分的にしか機能が再開していない行政区も多いため、インタビュー先は各地域の実情に応じて選定した。

(2) 富岡のまちなかで建設されているアパートの多くは1LDK、1Kなどの単身向けのアパートが多い。

第8章

避難先から故郷への「通い」
——原発事故から一二年が経過した富岡町の事例を通して

土川喬太・井本佐保里

1 はじめに

福島第一原子力発電所事故から一三年以上が経過した二〇二四年現在、長期に及ぶ避難による影響で多くの被災者が故郷から離れた避難先で生活基盤を整えているのが現状である。その一方で、避難先から故郷へ「通う」ことで故郷とのつながりを維持・再構築している人々が一定数存在していることも指摘されている。例えば、萩原ほか［2018］による原発被災集落の家屋の維持・再建に関する調査研究では、一部地域が避難指示区域となった南相馬市を対象に、故郷の母屋や納屋などの空間的な資源を活用しながら避難先から通っている人の存在を指摘している。また、横山［2020］は、「通うこと」や「帰ること」を通して、原発事故によって生じた生活の時間的・空間的断絶を埋めるように生活を再建させていると述べている。さらに、田中［2016］による川内村を対象とした調査研究では、原発事故被災者は先の見えない避難生活で、家族・集落の離散や生活基盤の不安定性が生じ、故郷への帰還か避難先への移住かの二者択一は困難なものであると述べている。

本章では筆者が二〇二三年に富岡町を対象に行ったインタビュー調査より、被災から一二年以上が経過した時点での避難先から故郷への「通い」の実態を整理するとともに、どのような空間的資源が「通い」を支えてきたのかを明らかにしたい。

2 福島県双葉郡富岡町の概要

① 位置と避難指示区域の変遷

本調査で対象とした富岡町は福島第一原発から二〇キロメートル圏内に位置している。富岡町は一度、全域が警戒区域に指定され、全町民が町外に避難をしたが、二〇一三年には避難指示区域の再編が行われ、一部地域では立ち入り規制が緩和された（日中の立ち入りのみ）。そして、二〇一七年の役場帰町を契機に段階的に再居住が可能となっていったが、二〇二四年現在も町の北東部（四六〇ヘクタール、総面積の約六・七％）は帰還困難区域に指定されている（うち約二二〇ヘクタールは「特定帰還居住区域」の指定を受け、二〇二四年度より除染事業が開始）［経済産業省 2023］。

② 人口の推移

原発事故前の富岡町の住民登録者数は一万五八三〇人と、双葉郡の中で二番目の人口を有していた。しかし原発事故による長期避難の影響もあり、二〇二四年三月現在では約四〇〇〇人減少した一万一四〇八人となっている［富岡町 2024a］。さらにその内訳について見てみると、町内に居住している人は二三四九人で、そのうち帰還者（原発事故前から住民登録をしていた人）は一〇〇〇人弱となっている［富岡町 2020, 2024b］。また、富岡町には住民登録をしていない原発の廃炉関連の作業員などが多く居住しており、そのような人々も合わせると町内居住者は合計で約三〇〇〇人ということが役場職員より聞き取れた（二〇二三年六月時点）。

③ 帰還意向

二〇二二年度の富岡町民の帰還意向を見ると、「すでに戻っている」が九・九％であるのに対し、「戻らないと決めている」が五〇・四％と過半であることがわかる［復興庁ほか 2023］。原発事故発生により全町避難を実施し、さらに避難指示解除までに六年以上がかかったなかでの帰還は厳しい状態にあると言える（図8－1）。

3 避難プロセス

① 調査の概要

二〇二三年八～一一月に、避難先から富岡町へ通う一四名を対象に「原発事故後の避難プロセス」や「現在の通いの内容」についてインタビューを実施した（表8－1）。

② 避難プロセス

震災翌日の二〇一一年三月一二日、福島第一原発の半径二〇キロメートル圏内に避難指示が出されると、避難所や知人・親戚宅へと避難しており、中には新潟県や山形県、青森県、神奈川県などの県外に避難する事例も見られた。三月一五日の避難指示拡大後は隣接する川内村に避難していた人がさらに遠方へ避難していき、短期間で避難場所を転々としている人が多い。そして三月下旬からは郡山市やいわき市にあるみなし仮設住宅や応急仮設住宅への入居が徐々

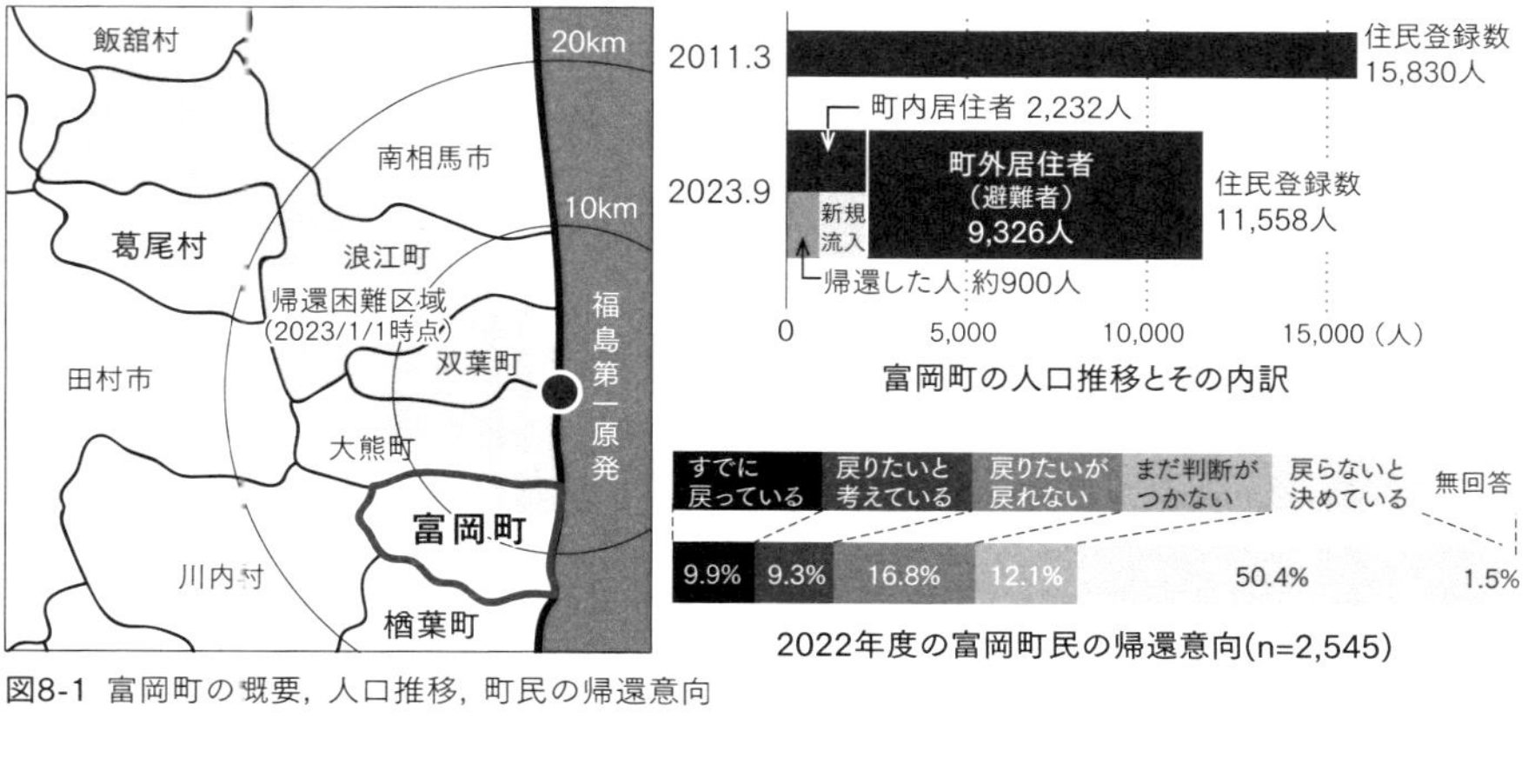

図8-1 富岡町の概要，人口推移，町民の帰還意向

に始まったが、とくに子を持つ世帯は新学期の準備等で三月下旬から四月上旬にみなし仮設住宅へと入居している。そして、同年八月までに全事例が仮設住宅への入居を完了している。

③自主再建した時期と帰還意向および通いを始めた時期

まず、避難先での自主再建は早いと二〇一二年から始まり、二〇一五年には最多となっている。最も遅かったのは二〇一九年であった。自主再建した経緯としては、町への帰還の見通しが立っておらず、たとえ避難指示が解除されてもすぐに元の生活を送るのは難しいと思ったこと（ケースA・C・D・F・H・I・M）、子どもの将来（教育環境など）を考慮したこと（ケースE・K・N）、それまで生活していた仮設住宅の入居期限

表8-1 調査対象者および通いの概要（2023年調査）

	ケースA	ケースB	ケースC	ケースD	ケースE	ケースF	ケースG
現在の年齢	67	70	71	71	36	67	73
事故前の職業	兼業農家（団体職員）	兼業農家（公務員）	兼業農家（公務員）	団体職員	大学生	兼業農（会社員）	兼業農家（会社員）
現在の職業	団体職員	無職	無職	無職	公務員	アルバイト	農家
避難先（現居住地）	いわき市	郡山市	相馬市	郡山市	いわき市	いわき市	大玉村
通い始めた時期	2014年	2022年	2018年	2015年	2017年	2018年	2017年
通いの目的 太字は通い始めたっきかけや頻度が高い目的	**仕事** 農地の管理耕作 所属する組織の集まり	**家屋農地の管理** 所属する組織の集まり	**農地の管理耕作**	**山林の管理と果樹栽培** 農地の管理 所属する組織の集まり	**仕事** 家屋の管理 スポーツ	**所属する組織の集まり** 家屋や地域の見回り	**所属する組織の集まり**
頻度	週4	週2～3	週1	週1～2	週5	月1～2	月2～3
手段	車	車	車	車	車	車	車
道のり	35km	75km	60km	70km	45km	43km	75km

	ケースH	ケースI	ケースJ	ケースK	ケースL	ケースM	ケースN
現在の年齢	73	51	73	38	61	61	46
事故前の職業	自営業	自営業	専業農家	会社員	兼業農家（会社員）	自営業	公務員
現在の職業	無職	自営業	専業農家	公務員	アルバイト	自営業	公務員
避難先（現居住地）	郡山市	郡山市	西郷村	いわき市	いわき市	いわき市	郡山市
通い始めた時期	2017年	2023年	2013年	2018年	2021年	2014年	2017年
通いの目的 太字は通い始めたっきかけや頻度が高い目的	**所属する組織の集まり** 土地の管理 スポーツ 買い物	**仕事** 所属する組織の集まり	**農地の管理耕作** 所属する組織の集まり 土地の管理 知人との面会	**仕事** 子どもの遊び	**仕事** 家屋の見回り	**仕事** スポーツ 所属する組織の集まり	**仕事** スポーツ
頻度	月2～3	週5	年35日（農繁期に集中）	週5	週2	月2～3	週5
手段	車	車	車	車	車	車	車
道のり	80km	83km	125km	33km	40km	50km	75km

が迫っていたこと（ケースJ）などが理由として挙げられた。

さらに自主再建したときの帰還意向として、「再建した住まいはあくまで仮住まいでいずれ帰還したい」（ケースB）と考えていた人もいる一方で、多くの人が「富岡の現状を考慮すると、当分の間帰還は難しいだろう」（ケースA・C・D・E・F・H・I・K・M・N）と考えていたことがわかった。

通いを始めた時期は、最も早い事例で富岡町の避難指示区域が再編され一部で立ち入り規制が緩和された二〇一三年から始まり、役場が帰町した二〇一七年に増加する。多くの人が立ち入り規制緩和や避難指示解除をきっかけに自宅の管理や農地保全、営農再開、仕事再開のために通い始めていた。

避難の過程での「自主再建したときの帰還意向」と「通いを始めた時期」を見ると、多くの人が自主再建をした時点で故郷には帰還できないだろうという意識があり、その後、通いを始めていることがわかった。つまり、必ずしも帰るために通っているわけではないということが読み取れる。

4　通いの実態

①通い始めた目的

通い始めた目的は、「①家屋や農地を管理するため」、「②仕事が再開したため／させるため」、「③町の組織（行政区長など）の集まりに参加するため」の三つに分類することができた。

「①家屋や農地を管理するため」（ケースB・C・D・J）では、所有する農地や山林の管理・耕作、家屋の管理を行っている。例えばBは調査当時、富岡の自宅が帰還困難区域に指定されていたが、除染が進んでいたため、帰還に向けて可能な範囲で家屋を修繕し、農業を再開するために定期的な除草や今後は農業設備の再整備を考えている。また、Dは二〇一五年に所有する山林に放射能に関する調査協力の依頼があり、それを機に山林の状況確認などをするために通い始めた。避難指示解除後は柿や栗、梅などの果樹栽培を行っている。

「②仕事が再開したため／させるため」（ケースA・E・I・K・L・M・N）は、公務関係（役場職員や団体職員）や自営業（製造業や小売業）などの世帯が当てはまる。例えばEは郡山市に避難をし、富岡町役場郡山支所に勤めていたが、役場の帰町に伴い富岡町へ異動になったため、富岡町に比較的近く交通の便が良いいわき市に自主再建し、通いを始めた（当時子どもが生まれ、将来的なことを考えて帰還はせず、いわき市に自主再建した）。また、Mは製造業の仕事を町内で再開させるために知人所有の倉庫を借りて通い始めた。

「③町の組織（行政区長など）の集まりに参加するため」（ケースF・G・H）では、行政区長や農業関係等の富岡町内の組織に所属し、会議などのために通っている。例えばFは二〇一八年に行政区長に就いたため、月に一回ほどの頻度で行われる会議に参加するために通い始めた。またGは農協やスポーツ推進などさまざまな組織に属しており、その会議のために、役場が帰町した二〇一七年から通い始めている。

これらは各事例が、通いを始めたきっかけでもあり、また頻度が高いものである。一方で、比較的頻度は低い通いや、新たに加わった通いもある。例えば、「スポーツ大会に参加するため」（ケースH・M）や「子どもの遊びのため」（ケースK）などが挙げられる。HやMは普段、趣味として避難先でテニスやバレーボールなどのスポーツをしているが、富岡町が属する相双地区の大会が富岡町総合スポーツセンターで開催されたときに参加しに行っている。またKは町内に子ども施設（富岡町わんぱくパーク）が新たに整備されたため、自身の子どもを遊ばせるために行くことがある。

さらに、以上の目的で町に来たときについでに行うこととして、「知人との面会」（ケースJ）や「買い物」（ケースH）がある。Jは避難先から富岡町まで一〇〇キロメートル以上あり、頻度高く通うことが難しいため、知人との面会などの他の予定も合わせることが、またHも主な目的で富岡町に来た際についでに買い物をしていた。

②通いの手段と距離

通いの手段については、本調査では全員が自家用車と回答した。また、距離については短くても片道三三キロメートルで、長いと一二五キロメートルに及ぶ。避難先が浜通りの人は国道六号線や常磐自動車道を通り、富岡町へ比較的アクセスしやすいが、中通りの人は阿武隈高地を越えなければならず、直線的に結ぶ高速道路がないため所要時間が長くなっている。

③通いの頻度

通いの頻度については目的に応じてある程度傾向が見られる。「家屋や農地の管理」では、栽培する農作物の世話や農地の草刈りの周期などを考慮し、週におよそ一〜二日の頻度で通っている。「仕事」では週に五日のフルタイムで働く人が多く、アルバイトでは週に二日（ケースL）、夫の手伝いでは月に二〜三日（ケースM）となっている。「組織の集まり」は頻度が比較的低く、月に一回行われる会議やそれに付随する活動のために月に二〜三日の頻度で通っている。

5 通いのために整備・活用した空間資源

次に、どのような空間資源を活用しながら「通い」を成立させてきたのかを見てみる。

①町に存在する区域と原発被災を経た町の変化

二〇二四年現在、富岡町では立ち入り制限のある帰還困難区域や海岸防災林事業が進められている災害危険区域などの線引きが存在し、両区域とも土地や建物への自由な関与は認められない。

また、筆者らによる富岡町の家屋の維持、解体、再建状況の変化を記録した調査では、都市部と農村部で異なる傾向が見られることがわかった（図8－2）。都市部では全解体が最も多く発生しており（写真8－1）、「再開発」が発生していた。農村部では都市部と同様に全解体が約半数であるものの、都市部と比較して一部解体や再建している事例が多く、中でも母屋ではなく小屋を残したり、再建したりしている事例が多いことがわかった。

②活用した空間資源

・前住地が農村部である事例（ケースA・C・D・E）

前住地が農村部である人のうち、主に農業を目的に通っている人は前住地に除草用の機械を収納する納屋を再建したり、維持したりしていた。再建にあたっては原発事故以前から集めていた資材を使いセルフビルドしてい

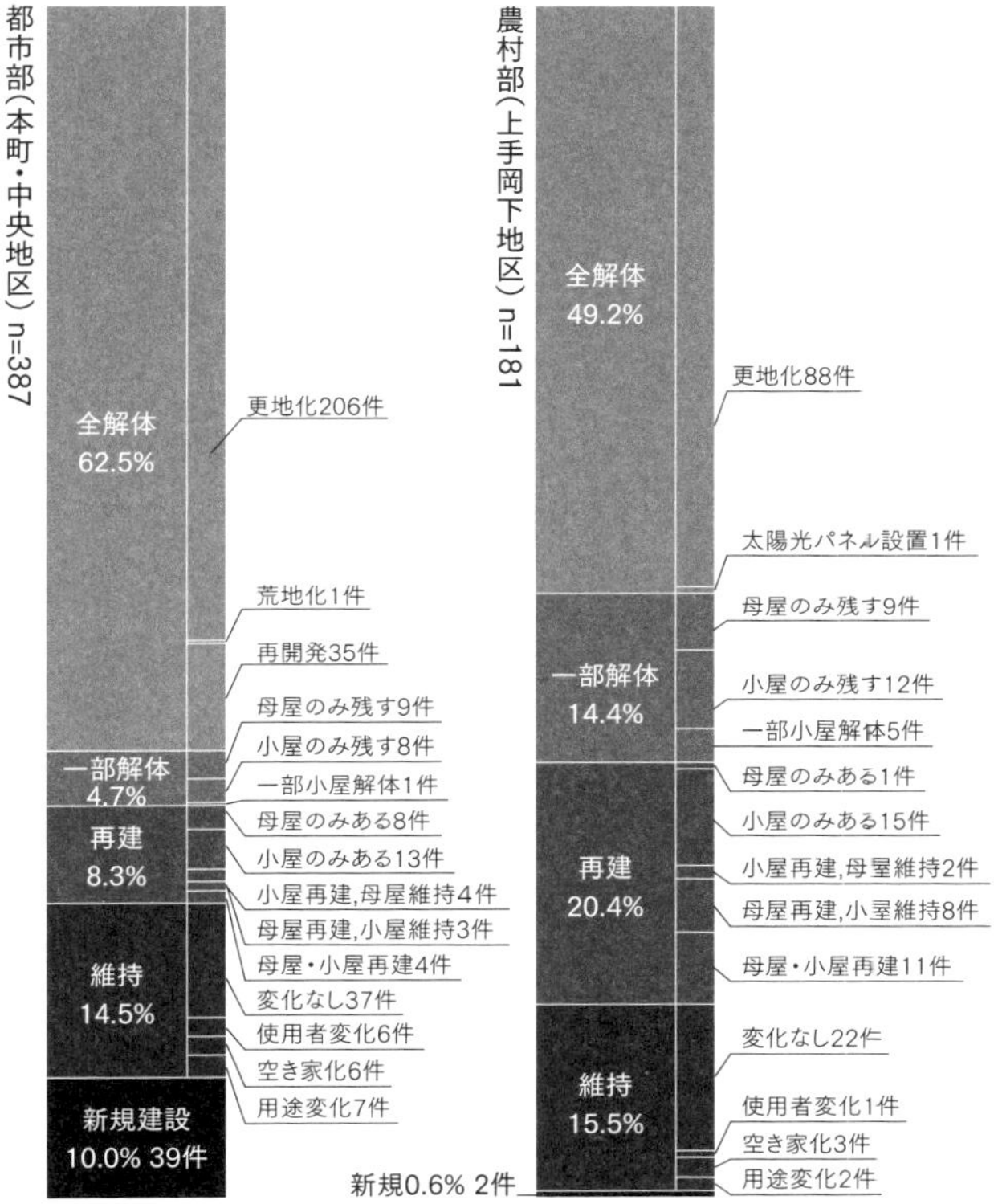

図8-2 富岡町の都市部と農村部における家屋の変化

写真8-1 公費解体が進んだ商店街

る事例や、新築した事例があった。また、農作業の合間に休憩するための小屋を建設している、あるいはする予定の事例もあり、前住地を比較的自由に活用していることがわかった。

仕事を主な目的に通っている人は前住地に小規模の生活空間を整備していた。公的な補助を活用してワンルーム＋納屋を再建する事例や、維持した母屋の空調設備を一部修繕し町内の拠点として活用する事例、事務所の一部を個室＋シャワールームに改修する事例があった。頻度高く通うための拠点として前住地の活用が見られた。

・前住地が都市部である事例（ケースG・H）

前住地が都市部である人は、ホテル建設に伴う借地の返却で前住地を活用することができなかったり、駅がすぐ近くにあり再開発が起こりそうであるため活用に消極的であったりと、いずれも前住地を活用していないことがわかった。一方で、役場で開催される組織の集まりに参加したり、スポーツをするために運動施設を利用したりしていることがわかった。

・前住地が災害危険区域や帰還困難区域である事例（ケースB・F・K・L）

前住地が災害危険区域や帰還困難区域である人は、町への帰還の準備のために可能な範囲で家屋の修繕や農地の管理をする人がいる一方で、多くの人が都市部で見られる傾向と同様に、前住地が活用できなかったり、消極的であったりすることがわかった。一方で、役場で開催される組織の会議に参加したり、町内に新たに整備された子ども施設を利用したりしていることがわかった。

・例外的な事例（ケースI・J・M・N）

前記の三つのほかに、例外的な事例として、前住地が災害危険区域や帰還困難区域である／であった人の中には、知人が所有する空間的資源を頼ったり、新たに土地を購入したり、民間施設を活用する事例が見られた。知人が所有する空間的資源を頼った事例では、知人所有の倉庫を借りて一時的に生業（製造業）を再開させたり、知人宅を間借りし町内の生活の拠点として活用したりしていた。その後、必要に応じて自ら土地を購入し、それぞれ生業のための工場や自宅を建設している。また、民間施設を活用する事例では、町民であれば割引がきくホテルを活用し、数日間町に滞在している事例も見られた。

③目的ごとに必要な空間

・家屋や農地の管理（ケースA・B・C・D・E・F・J・L）

家屋や農地の管理を目的に通う人の中には、農業の道具や機械のための納屋や休憩するための小屋を整備している事例が多く見られた（写真8-2）。例えばCは、母屋と納屋を老朽化により解体したため、新たにトラクターなどを収納する納屋を新築していた。また、休憩するための小屋を二〇二四年あたりに建設することも考えている。さらにDも前住地に山林を管理するための新たな納屋や休憩小屋を、集めていた資材を用いてセルフビルドしている。このように数十キロメートルの移動を伴う通いにおいては、農機具を持ち運ぶことは難しいため、前住地などを活用し納屋を整備したり、休憩することができる小規模の空間を整備したりしていた。

・仕事（ケースA・E・I・K・L・M・N）

仕事を目的に通う人の中には、頻度高く通うために前住地に小規模の生活空間を整備している事例が多く見られた。例えばAは週四日通って

写真8-2 農作業を継続するために建てた納屋

いるが、ガソリン代の高騰や農地の管理の際に休憩する場所が必要だと感じたため、公的な補助を活用しワンルームの生活空間と納屋を新築している。さらにEは地震や獣害の影響が比較的軽度だった母屋を維持し、空調設備を修繕することで町内における拠点として活用している。このように仕事を目的に通う人は他の目的で通う人よりも頻度が高く、滞在時間も長いため、拠点となる小規模の生活空間を整備していた。

・所属する組織の集まり

所属する組織の集まりを目的に通う人は、町の組織に所属しているため役場を使用している。また本調査では把握できなかったが、他にも行政区単位の組織では集会所や、消防団活動では詰所などが使用された。

・その他

その他にも必要とされているものとしてトイレが挙げられる。農地の管理を主な目的として通うCはインタビューの中で、母屋は解体しているためトイレがなく、用を足したくなったときは少し離れた駅のトイレまで行くしかないと言っており、妻もその不便さから通うことは滅多にないと言っていた。

6 おわりに

インタビューの結果より、故郷への帰還の準備として通うだけではなく、故郷には戻らない／戻れないなかで生じた「通い」が存在していることが明らかとなった。「通い」による仕事や農地の管理・耕作、町の組織の会議などを通して、町の景観の維持や運営、経済活動の維持などにつながっていると考えられる。

通いを実践するなかで人々は、所有する土地や家屋を活用できる場合には目的に応じて通いを支えるための空間を整備し、できない場合には新たに土地を購入する、知人を頼る、民間施設や公共施設を活用するなどして通いを成立させてきた。

本調査で明らかになった町の存続につながりうる「通い」を支えるためには、どのような目的で通っているのか／通いたいと考えているのかを把握したうえで必要な空間を明確にし、その空間はどこ（自己所有地や知人所有地など）に整備できるのか、何（自己所有地や知人所有地、民間施設、公共施設など）を活用できるのか、誰（個人や行政）が整備すべきなのかを検討することが重要であると考える。

第9章

原発避難者特例法の運用実態と自治体の認識

——避難者の住民としての法的地位に関する研究

川﨑興太

1 はじめに

●1-1 本稿の目的

地方公共団体は、地方自治法において、「区域」（第五条第一項）を有し、区域内に住所を有する「住民」（第一〇条第一項）によって構成される「法人」（第二条第一項）として定められており、場所的構成要素としての一定の区域、人的構成要素としての住民、法制度的構成要素としての法人格と自治権を有する団体という三つの要素から構成されるものと解されている[1]［川﨑 2023: 21–40; 松本 2018: 118］。これによれば、住民がいないところに地方自治も地方公共団体もありようがないということになる。しかし、二〇一一年三月に福島原発事故が発生し、原発の周辺に位置する九市町村では、避難指示等の発令に伴って役場を含めて全町避難・全村避難が行われ、区域内に住民が一人もいないという状況になった。もっとも、こうした事態は、二〇〇〇年に発生した三宅島噴火災害などでも生じたことであるが、福島原発事故の場合、市町村や都道府県の区域を越える広域避難を余儀なくされた住民が桁違いに多いという被害の大規模性、また、いつ避難元に帰ることができるのかがわからないという被害の長期性という意味において前代未聞のことであった。

地方自治法において、市町村の区域内に住所を有する者は当該市町村及びこれを包括する都道府県の住民という地位を有し（第一〇条第一項）、住民は当該普通地方公共団体の役務の提供をひとしく受ける権利を有し、その負担を分任する義務を負い（第一〇条第二項）、日本国民である場合には当該普通地方公共団体の選挙に参与する権利や条例の制定又は改廃を請求する権利などを有するものとされている（第一一〜一三条）。つまり、住民は受益者、負担者、有権者として自治体と関係づけられていることになるが、福島原発事故のように、広域避難を強いられ、しかもそれが長期にわたる場合、避難者の住民としての地位はどのように法的に保障されるべきであろうか。これは、長期にわたって法制度上の居住の場所（住民基本台帳法上の「住所」）と客観的事実としての居住の場所（民法第二二条に基づく「生活の本拠」）が異なり続ける場合における住民の地位に関する法的な問題であって、住民の住所は一つという地方自治制度の根幹にかかわる問題である[2]［法務省民事局長ほか 2008; 山﨑 2011］。さらに言えば、居住移転の自由（憲法第二二条第一項）を認めたうえで住所を一か所に定めることを要請する近代主権国家体制における自由にかかわる問題である。

こうした問題が浮上したことを受けて、福島原発事故の発生直後から、避難者が住民票を異動したかどうかにかかわりなく、避難元自治体と避難先自治体の双方における住民としての地位を法的に保障する二重の住民登録制度またはこれに類似する制度の創設の必要性が自治体からも学術界からも提唱されてきた［飯舘村 2011; 菅野 2011; 今井 2014］。それは、例えば避難者が住民票を避難元自治体に残したままであっても避難先自治体から住民サービスを受ける権利を保障するとともに、避難元自治体と避難先自治体の双方における政治参加や行政参加の権利を有する主権者としての地位を保障するというものである。しかし、選挙と課税に関する問題があるとして創設されるには至らず[3]［金井 2014; 今井 2022; 松尾 2022］、これにかえて、広域避難者に対する適切な行政サービスの提供および住所移転者と避難元自治体との関係の維持を目的とする原発避難者特例法が二〇一一年八月に公布・施行されることになった(4)［植田 2011］。

本稿は、自治体に対するアンケート調査とヒアリング調査の結果に基づいて原発避難者特例法の運用実態と自治体の認識を明らかにし、その結果を踏まえて同法の運用実態と自治体の認識に関する考察を行うとともに同法に関する今後の研究課題を提示することを目的とするものである。原発避難者特例法に関する既往研究として、例えば、今井［2011］は、二重の住民登録制度と比較しながら原発避難者特例法の問題点を指摘し、太田［2015］は、地方公共団体の性格・地位との関係で原発避難者特例法が特例としたことや維持した原則などについて考察し、岡田［2017］や日本学術会議東日本大震災復興支援委員会原子力発電所事故に伴う健康影響評価と国民の健康管理並びに医療のあり方検討分科会［2017］は、原発避難者特例法等の問題点を確認したうえで原発災害避難住民の二重の地位を保障する法制度を提案しているが、原発避難者特例法の運用実態と同法の運用主体である自治体の認識を体系的に明らかにしたものは見当たらない。

原発避難者特例法の制定の背景には、国策として原子力政策が推進されてきた結果として福島原発事故が発生し、これに伴って国家が長期にわたって居住移転の自由を制約するに至ったという特殊な事情が存在するので、本稿を通じて得られた知見をそのまま将来の災害復興の場面で活かしうるとは限らない。しかし、多数の原発を抱えるわが国において、将来的に再度の原発事故が発生することはありうる事態であり、また、南海トラフ地震や首都直下地震などの大規模な自然災害でも広域避難者が多数発生することは予想されるところである。こうした意味においては、原発避難者特例法の運用実態と自治体の認識を明らかにすることは、福島原発事故の被災者のみならず、今後のわが国における被災者の生活再建支援のあり方を検討するうえで、学術的にも実務的にも重要な意義を有するものと考えられる。

●1－2 本稿の構成と方法

第2節では、原発避難者特例法の内容と構造について、既往研究による知見を活かしつつ整理する。第3節では、原発避難者特例法の施行状況について明らかにするとともに、避難住民・住所移転者・特定住所移転者等の状況について、アンケート調査とヒアリング調査の結果に基づいて分析する。第4節では、原発避難者特例法の運用実態と自治体の認識について、アンケート調査とヒアリング調査の結果に基づいて分析する。第5節では、第2節から第4節までで得られた知見を踏まえて、原発避難者特例法の運用実態と自治体の認識について考察するとともに、原発避難者特例法に関する今後の研究課題を提示する。

アンケート調査については、二〇二三年四月から五月にかけて、指定市町村である双葉町、大熊町、浪江町、富岡町、楢葉町、川内村、葛尾村、広野町、飯舘村、南相馬市、川俣町、田村市、いわき市の合計一三市町村と指定都道府県である福島県を対象として実施したものである（表9－1）。アンケート調査票は、原発避難者特例法を所管している総務課などに配布したが、回答者本人ではなく自治体としての回答を求めた。また、ヒアリング調査については、アンケート調査の実施前後に指定市町村、指定都道府県、原発避難者特例法を所管する総務省を対象として継続的に実施したものである。なお、アンケート調査およびヒアリング調査の回答については、指定市町村、指定都道府県、総務省から、団体名を特定して論文や書籍などで公表することを了解していただいている。

●1－3　用語の定義に関する整理

原発避難者特例法では、固有の用語が使われているので、表9－2にその主なものを整理しておく。

表9-1 アンケート調査の概要

調査目的	原発避難者特例法の運用実態と課題を把握すること		
調査対象	指定市町村（双葉町，大熊町，浪江町，富岡町，楢葉町，川内村，葛尾村，広野町，飯舘村，南相馬市，川俣町，田村市，いわき市の13市町村）と指定都道府県（福島県）の合計14自治体		
調査期間	2023年4～5月		
配布数	14		
回収数	14		
回収率	100%		
調査項目		指定市町村	指定都道府県
	1. 住民等の状況について		
	(1) 原発事故当時と2023年4月1日時点における住民登録数【記述式】	●	
	(2) 2023年4月1日時点における居住地別の住民登録数【記述式】	●	
	(3) 2023年4月1日時点における住所移転者数および特定住所移転者数【記述式】	●	
	(4) 2023年4月1日時点における避難元市町村の居住者数【記述式】	●	
	(5) 避難住民数，住所移転者数，特定住所移転者数の推移【記述式】	●	
	2. 避難住民に関する施策について		
	(1) 原発避難者特例法に基づく避難住民に対する行政サービス（特例事務）の十分性【選択式（単一回答）】	●	●
	(2)〔2-(1) で「十分だとは思わない」と回答した自治体が対象〕 その理由および追加・充実されるべきと考える行政サービス【記述式】	●	●
	(3) 自市町村または福島県の避難住民が避難元市町村または福島県の復興やまちづくりに参加できるようにするために実施している施策の有無【選択式（単一回答），「ある」を選択した場合にはその施策を記述】	●	●
	3. 特定住所移転者に関する施策について		
	(1) 原発避難者特例法において定められている特定住所移転者にかかわる事項に関して実施している施策の有無【選択式（単一回答），「ある」を選択した場合にはその施策を記述】	●	●
	(2) 原発避難者特例法第12条に基づく住所移転者協議会にかかわる条例の制定状況【選択式（単一回答），「制定している」を選択した場合には制定年月を記述】	●	
	(3) 原発避難者特例法において定められている住所移転者協議会の設置状況【選択式（単一回答）】	●	
	(4)〔3-(3) で「設置している」と回答した自治体が対象〕 住所移転者協議会の名称，設置年月，設置場所，同協議会の活動内容【記述式】	●	
	(5)〔3-(3) で「設置していない」と回答した自治体が対象〕 住所移転者協議会を設置していない理由【記述式】	●	
	(6)〔3-(3) で「設置していない」と回答した自治体が対象〕 住所移転者協議会の設置の必要性【選択式（単一回答），「必要だと思う」または「必要だと思わない」を選択した理由を記述】	●	
	(7) 原発避難者特例法に基づいて実施している施策のほかに住所移転者や特定住所移転者が避難元市町村または福島県の復興やまちづくりに参加できるようにするために実施している施策の有無【選択式（単一回答），「ある」を選択した場合にはその施策を記述】	●	●
	4. 避難住民の受け入れの状況について		
	(1) 自市町村の行政区域内に原発避難者特例法に基づく他市町村の避難住民の存在の有無【選択式（単一回答）】	●	
	(2)〔4-(1) で「存在する」と回答した自治体が対象〕 他市町村の避難住民の人数と避難元市町村の数【記述式】	●	
	(3)〔4-(1) で「存在する」と回答した自治体が対象〕 他市町村の避難住民に対して原発避難者特例法第10条第1項に基づいて提供している役務の有無【選択式（単一回答）】	●	
	(4)〔4-(3) で「提供している役務がある」と回答した自治体が対象〕 他市町村の避難住民に対して第10条第1項に基づいて提供している役務【記述式】	●	
	(5)〔4-(1) で「存在する」と回答した自治体が対象〕 他市町村の避難住民が自市町村の復興やまちづくりに参加できるようにするために実施している施策の有無【選択式（単一回答），「ある」を選択した場合にはその施策を記述】	●	
	5. 原発避難者特例法などについて		
	(1) 避難住民の生活再建に関する原発避難者特例法の有効性【選択式（単一回答）】	●	●
	(2) 特定住所移転者と避難元市町村との関係の維持に関する原発避難者特例法の有効性【選択式（単一回答）】	●	●
	(3) 原発避難者特例法の改善点の有無【選択式（単一回答），「改善されるべきことがある」を選択した場合には改善点を記述】	●	●
	(4)「二重の住民登録」制度の必要性【選択式（単一回答）】	●	●
	(5)「二重の住民登録」制度が「必要だと思う」理由または「必要だとは思わない」理由【記述式】	●	●

注：●を記載した設問が指定市町村および指定都道府県に回答を求めた設問である.

2 原発避難者特例法の内容と構造

●2－1 原発避難者特例法の内容

原発避難者特例法は、東日本大震災における原子力発電所の事故による災害の影響で多数の住民がその属する市町村の区域外に避難し、または住所を移転することを余儀なくされたことに伴って、どの自治体の住民としてみなせばよいのかという判断が難しい者が多数発生したので、そうした者を「避難住民」と「住所移転者」に区別するとともに、住所移転者の一部を「特定住所移転者」と区別したうえで、避難元自治体、避難先自治体、国などが避難住民と特定住所移転者に対して実施すべき措置を定めた法律である［阿部 2015］（図9－1）。具体的には、避難住民の場合は、避難元自治体の住民ではあるものの、避難先自治体から行政サービスを受けることができ、特定住所移転者の場合は、避難先自治体の住民ではあるものの、避難元自治体との関係の維持に資する情報の提供などを受けることができるようにし、国

表9-2 原発避難者特例法における主な用語とその定義

	用　語	定　義
自治体に関する用語	指定市町村	2011年3月11日に発生した東北地方太平洋沖地震に伴う原子力発電所の事故に関して原子力災害対策特別措置法第15条第3項又は第20条第2項の規定により内閣総理大臣又は原子力災害対策本部長が市町村長（特別区の区長を含む）又は都道府県知事に対して行った次に掲げる指示の対象となった区域をその区域に含む市町村であって，その住民が当該市町村の区域外に避難することを余儀なくされているものを，総務大臣が指定した市町村 ①原子力災害対策特別措置法第28条第2項の規定により読み替えて適用される災害対策基本法第63条第1項の規定による警戒区域の設定を行うことの指示 ②住民に対し避難のための立退き又は屋内への退避を行うことを求める指示，勧告，助言その他の行為を行うことの指示 ③住民に対し緊急時の避難のための立退き又は屋内への退避の準備を行うことを求める指示，勧告，助言その他の行為を行うことの指示 ④前3号に掲げるもののほか，これらに類するものとして政令で定める指示 ※上記の①～④に該当する区域とは，具体的には，2011年4月22日に設定された「警戒区域」，同年3月12日に設定された「避難指示区域」，同年3月15日に設定された「屋内退避指示区域」，同年4月22日に設定された「計画的避難区域」，同年4月22日に設定された「緊急時避難準備区域」である．
	指定都道府県	指定市町村の区域を包括する都道府県
避難者等に関する用語	避難住民	指定市町村の住民基本台帳に記録されている者のうち，当該指定市町村の区域外に避難しているもの
	住所移転者	2011年3月11日において指定市町村の区域内に住所を有していた者のうち，当該指定市町村以外の市町村の住民基本台帳に記録されているもの
	特定住所移転者	住所移転者のうち，指定市町村の条例で定めるところにより，当該指定市町村の長に対し，第11条第1項から第3項までに定める施策の対象となることを希望する旨の申出をしたもの

はこれらにかかわる財政上の措置を行うという法律である。「住民」と「非住民」との間に、避難住民と特定住所移転者という法的主体を創出したのである。

原発避難者特例法による特例とはどのようなものであるかといえば、大きくは二つ挙げられる［阿部 2019］。第一に、避難住民については、避難元自治体に生活の本拠がなくても、住民票を異動するまでは避難元自治体の住民であり続けることにするという住民認定に関する特例である。これによって住民基本台帳法に基づく「住民としての地位の変更」（第二二条の四）には該当せず、一四日以内における転入先の市町村長への転入の届け出（第二二条）、届け出をしない者に対する罰則（第五二条）が適用されないことになる[5]。避難住民について、住民と住所の結合を解いたのである。第二に、避難住民が避難先自治体から行政サービスを受けることができるようにするうえで、地方自治法第二五二条の一四に基づく「事務の委託」について、双方の議会の議決を経ずに実施することができるという事務処理に関する特例である。これについては、多数の住民が避難元自治体の区域外への避難を強いられることになり、それぞれの自治体が数十から数百にものぼる自治体と協議して個々に議会の議決を行って規約を定めるということでは手続きが煩《はん》瑣《さ》になることから、特例法が定められることになったと説明されている[6]。なお、次項で述べるとおり、原発避難者特例法の柱の一つとして特定住所移転者に係る措置が定められているが、これは自治体が条例などを定めるこ

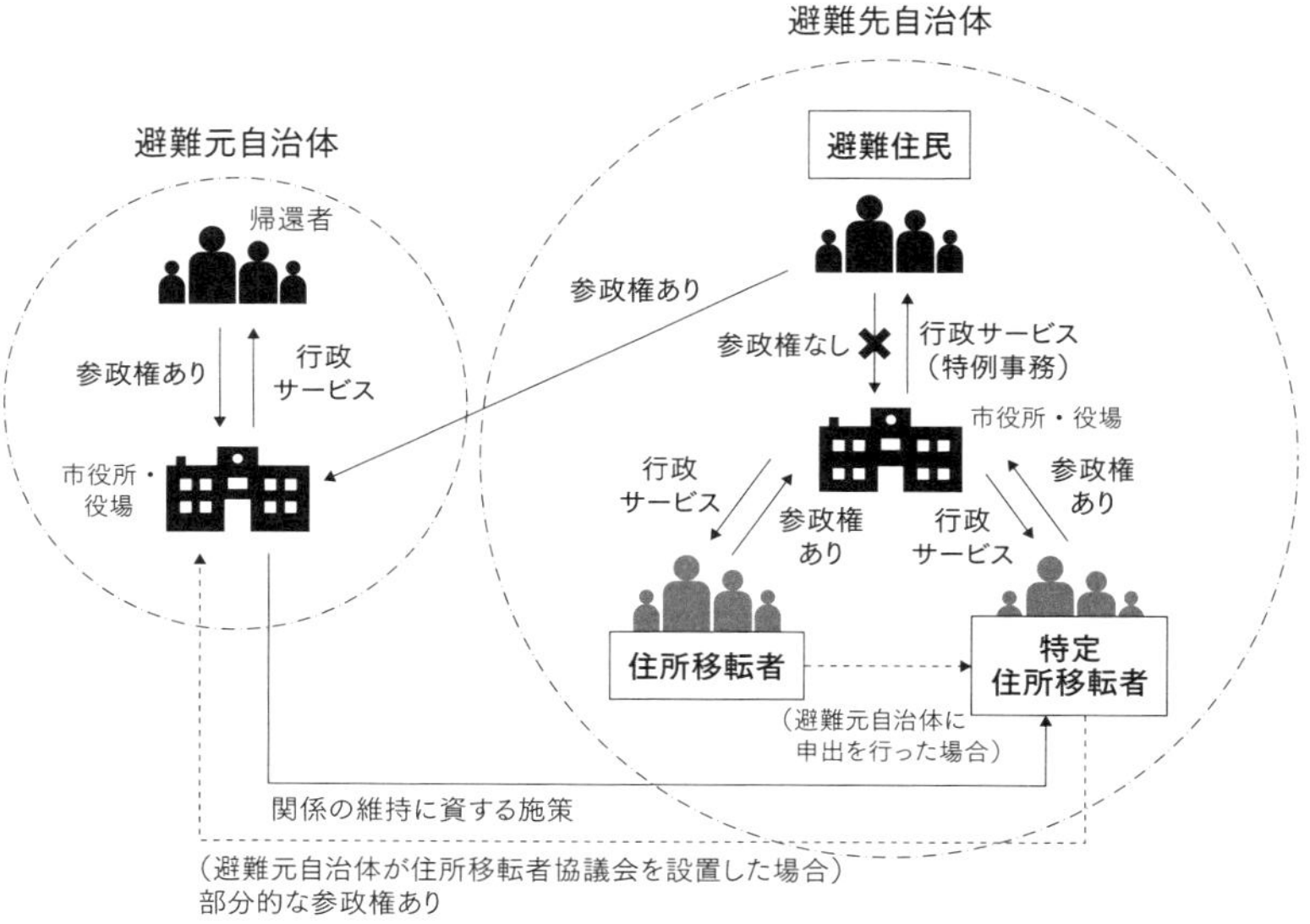

図9-1 原発避難者特例法の基本的な構造

とによっても実施することが可能であるので、同法に特例性はない。

つまり、原発避難者特例法は、「避難住民」という法的カテゴリーを創出することによって、広域避難者に対して、参政権と住民税負担に関しては避難元自治体の住民としての地位を有し、行政サービスの享受に関しては避難先自治体の住民としての地位を有するものとするという特例を設けたのである。しかし、自治体や学術界からその創設の必要性が提唱された二重の住民登録制度は、避難元自治体と避難先自治体の双方における住民としての地位を法的に保障することにその要諦があった。これに対して、原発避難者特例法は、選挙のみならず政策過程全般について一個人が法人としての意思の形成に参画する権利、すなわち広義の参政権を行使できるのは、基礎自治体に限れば一つの自治体に対してだけである、という原則については特例を設けなかった。この点について、国が原発避難者特例法の法案化の過程で国家統治上の都合から二重の住民登録というアイデアを否定し、国家統治の範囲内で収まる原発避難者特例法という形で幕を引いたのだと指摘されている［今井 2022］。

●2−2 原発避難者特例法の構造

① 避難住民に係る事務処理の特例措置

避難住民に係る事務処理の特例とは、指定市町村の長又は指定都道府県の知事が、法律又は政令により当該指定市町村又は指定都道府県が処理することとされている事務のうち避難住民に関するものであって、自ら処理することが困難であるものについて、避難住民の避難場所をその区域に含む市町村又は都道府県（避難先団体）が処理することとすることができるというものである。(7) こうした法律効果が発生するまでには、イ．総務大臣が指定市町村を指定、ロ．指定市町村の長又は指定都道府県の知事が当該指定市町村又は指定都道府県で処理することが困難な事務の範囲を総務大臣に届出、ハ．総務大臣が「ロ」の届出をした指定市町村又は指定都道府県の名称及び事務の範囲を告示（告示された事務が「特例事務」）、ニ．避難住民が指定市町村の告示日から一四日以内に指定市町村の長に氏名、生年月日、性別、住所、避難場所を届出（避難住民届）、ホ．指定市町村の長又は指定都道府県の知事が避難先団体の長に「ニ」の避難住民に関する情報を通知、へ．避難先団体が避難住民に関する特例事務を処理、という手続きが踏まれることになる（法第三～六条）。避難先団体による事務処理に要する経費は、原則として避難先団体が負担するものとし、国は避難先団体が負担する経費について必要な財政上の措置を講ずるものとされている（法第九条）。

また、避難先団体は、その住民に対して行っている役務の提供で特例事務に係る以外のものを、避難住民に対しても提供するように努めるものとされており、国はその場合の経費について必要な財政上の措置を講ずるよう努めるものとされている（法第一〇条）。

以上は避難住民に係る事務処理の特例措置であるが、これに加えて、避難元市町村は先述の避難住民届に記載された情報を活用し、避難住民が避難生活において民間契約等の際に相手方から避難場所の証明を求められた場合などに使用できる届出避難場所証明書を二〇一二年二月から交付している。各種証明にかかわる事務は、個別の法令に基づくことなく、地方公共団体の判断によって実施することも可能であるが、避難場所に関する証明については、避難住民が全国各地において民間契約等の際に安心して利用できるようにすることが求められており、避難元市町村が当該証明に関する事務を正確かつ統一的な方法で実施することにより、証明に対する信用を高めることが望ましいとの理由から、この証明書が交付されることになったものである［総務省自治行政局長 2012］。

②住所移転者に係る措置

指定市町村及び指定都道府県は、特定住所移転者に対して、イ．指定市町村又は指定都道府県に関する情報であって当該特定住所移転者との関係の維持に資するものを提供する、ロ．指定市町村の区域への訪問の事業その他指定市町村の住民との交流を促進するための事業の推進に努める、ハ．そのほか関係の維持に資する施策を講ずるよう努めるものとされており、国は指定市町村及び指定都道府県がこれらの施策を実施するために必要な財政上の措置を講ずるよう努めるものとされている（法第一一条）。

また、指定市町村は、条例により、その長が特定住所移転者から選任した者で構成される「住所移転者協議会」を置くことができるものとされ、住所移転者協議会は、前記の「イ」～「ハ」に関する事項のうち、指定市町村の長などにより諮問されたもの又は必要と認めるものについて審議し、指定市町村の長などに意見を述べることができるものとされている（法第一二条）。

③その他

附則として、国は、原発避難者特例法に定めるもののほか、東日本大震災の影響により市町村の区域外に避難することを余儀なくされている住民に対し、地方公共団体が適切に役務を提供することができるようにするため、避難住民に係る措置に準じて、必要な措置を講ずるものとされている（法附則第三条）。これは、地震災害や津波災害による避難者にも、また、避難住民以外の区域外避難者（いわゆる自主避難者）にも、原発避難者特例法を適用することを定めたものであるが、総務省は、これらの者に対する事務処理について、必要に応じて地方自治法上の事務の委託を行うなど、避難元団体又は避難先団体において適切に処理するよう配慮することを求めている[8]［総務省自治行政局行政課長 2011］。

3 原発避難者特例法の施行状況と避難住民・住所移転者・特定住所移転者等の状況

●3－1 原発避難者特例法の施行状況

指定市町村については、二〇一一年九月に先述の一三市町村が指定されており、これは二〇二三年四月時点でも変わっていない。特例事務については、二〇一二年一月に一〇法律二一九事務が告示されたが、その後、指定市町村や指定都道府県の要望を踏まえて追加されており、二〇二三年四月時点では一一法律二六八事務となっている[9]（表9－3）。いずれも教育関係または医療・福祉関係の法律・事務である。

避難住民の受け入れに伴う避難先自治体に対する財政措置については、二〇一三年度までは、財政需要の増加分および財政収入の減少分の双方に関して、積み上げ方式によって特別交付税が交付されていたが、二〇一四年度と二〇一五年度には、財政需要の増加分に関しては単価方式（一人あたり四万二〇〇〇円）によって交付されることになった。二〇一六年度からは、二〇一五年の国勢調査において避難住民が避難先

表9-3 原発避難者特例法に基づく特例事務の概要

		教育関係		医療・福祉関係									
		児童生徒の就学等に関する事務（学校教育法、学校保健安全法）	義務教育段階の就学援助に関する事務（学校教育法、学校保健安全法）	予防接種に関する事務（予防接種法）	児童扶養手当に関する事務（児童扶養手当法）	特別児童扶養手当等に関する事務（特別児童扶養手当等の支給に関する法律）	保育所入所に関する事務（児童福祉法）	養護老人ホーム等への入所措置に関する事務（老人福祉法）	乳幼児、妊産婦等への健康診査、保健指導に関する事務（母子保健法）	要介護認定等に関する事務（介護保険法）	介護予防等のための地域支援事業に関する事務（介護保険法）	障害者、障害児への介護給付費等の支給決定に関する事務（障害者の日常生活及び社会生活を総合的に支援するための法律）	教育・保育給付を受ける資格、保育の必要性・必要量の認定等に関する事務（子ども・子育て支援法）
指定市町村	双葉町	●	●	●	●	●	●	●	●	●	●	●	●
	大熊町	●	●	●	●	●	●	●	●	●	●	●	●
	浪江町	●	●	●	●	●	●	●	●	●	●	●	●
	富岡町	●	●	●	●	●	●	●	●	●	●	●	●
	楢葉町	●	●	●	●	●	●	●	●	●	●	●	●
	川内村	●	●	●	●	●	●	●	●	●	●	●	●
	葛尾村	●	●	●	●	●	●	●	●	●	●	●	●
	広野町	●	●	●	●	●	●	●	●	●	●	●	●
	飯舘村	●	●	●	●	●	●	●	●	●	●	●	●
	南相馬市	●	●	●	●	●	●	●	●	●	●	●	●
	川俣町	●	●	●	●	●	●	●	●	●	●	●	●
	田村市	●	●	●	●	●	●	●	●	●	●	●	●
	いわき市	●	●	●	●	●	●	●	●	●	●	●	●
指定都道府県	福島県	●	●	●	●	●							

自治体の人口として集計されるようになったことを背景として、財政需要の増加分に関しては普通交付税が交付されることになり、財政収入の減少分に関しては引き続き積み上げ方式で特別交付税が交付されることになった。

●3－2 避難住民・住所移転者・特定住所移転者等の状況

福島原発事故の発生後に発令された避難指示等については、除染やインフラの復旧・再生の進展に伴って段階的に解除されてきており、帰還困難区域についてのみ避難指示が発令され続けている状況にある。二〇二二年八月に双葉町の特定復興再生拠点区域（帰還困難区域の一部）における避難指示が解除されたことによって、すべての市町村において住民が避難元自治体に帰還することが可能になった。

以下では、こうした状況にある指定市町村の二〇二三年四月一日時点における避難住民・住所移転者・特定住所移転者等の状況について整理する。

①避難住民・住所移転者・特定住所移転者の状況

表9－4は、避難住民・住所移転者・特定住所移転者の状況を整理したものである。避難住民・住所移転者・特定住所移転者の数は、原発避難者特例法に関する基礎的な数値であるが、市町村によっては未集計のものがあり、また、数値の出所が異なることなどから一部に数値が合わないものもあるが、この表に基づいて避難住民・住所移転者・特定住所移転者の状況を見てみると、全体では、避難住民は全四七都道府県に五万五四二五人、住所移転者は一五万四六七一人、特定住所移転者は一万一一一二人である。原発事故当時の住民登録者である五五万四九六一人に対する避難住民・住所移転者・特定住所移転者の割合は、それぞれ一〇%、二八%、二%である。二〇二三年四月一日時点の住民登録者である四七万三五五三人に対する避難住民の割合は一二%である。また、住所移転者に対する特定住所移転者の割合は七%である。

市町村ごとに見ると、避難住民については、最も多いのは富岡町の一万三九八九人であり（全体の二五%）、最

特定住所移転者			参考：避難元居住者	
	福島県内	福島県外		住民登録が行われていない居住者
11,112	不明	不明	不明	不明
不明	1	不明	1	1
不明	不明	不明	13	不明
12	未集計	未集計	60	10
未集計	未集計	未集計	1	1
未集計	未集計	未集計	1	1
407	未集計	未集計	1,528	1,041
未集計	未集計	未集計	1	1
未集計	未集計	未集計	1	1
2,638	929	1,709	未集計	未集計
41	1	40	1	未集計
未集計	未集計	未集計	1	未集計
4,189	未集計	未集計	未集計	未集計
未集計	未集計	未集計	1	未集計
未集計	未集計	未集計	1	未集計
0	0	0	3,928	8
0	0	0	1	1
0	0	0	1	1
41	34	7	1,970	31
4	1	3	1	1
8	2	6	1	1
0	0	0	未集計	未集計
0	0	0	1	未集計
0	0	0	1	未集計
102	未集計	未集計	5,586	1,435
未集計	未集計	未集計	1	1
未集計	未集計	未集計	1	1
894	未集計	未集計	未集計	未集計
未集計	未集計	未集計	1	未集計
未集計	未集計	未集計	1	未集計
429	99	330	56,213	2,511
30	1	29	1	1
185	15	170	1	1
395	未集計	未集計	未集計	未集計
未集計	未集計	未集計	1	未集計
未集計	未集計	未集計	1	未集計
0	0	0	未集計	未集計
0	0	0	1	未集計
0	0	0	1	未集計
2,005	75	1,930	未集計	未集計
44	1	43	1	未集計
341	12	329	1	未集計

も少ないのは田村市の九二人（全体の〇・二%）である。集計が行われている市町村のうち、所在都道府県で最も多いのは大熊町の四七都道府県であり、所在市町村で最も多いのは浪江町の四六二市町村である。原発事故当時の住民登録者に対する避難住民の割合は、双葉町が九三%で最も高く、いわき市が〇・一%で最も低い。二〇二三年四月一日時点の住民登録者に対する避難住民の割合は、双葉町、大熊町、浪江町、富岡町では八〇%を超えている。

住所移転者については、最も多いのはいわき市の一〇万四〇七四人であり（全体の六七%）、最も少ないのは葛尾村の三九二人（全体の〇・三%）である。集計が行われている市町村のうち、所在都道府県で最も多いのは富岡町と南相馬市の四七都道府県であり、所在市町村で最も多いのは南相馬市の六七二市町村である。原発事故当時の住民登録者に対する住所移転者の割合は、飯舘村が三二%で最も高く、双葉町が一八%で最も低い。

特定住所移転者については、最も多いのは富岡町の四一八九人であり（全体の三八%）、最も少ないのは楢葉町、葛尾村、田村市のゼロ人（全体の〇%）である。住所移転者に対する特定住所移転者の割合については、最も高いのは富岡町の一〇〇%、最も低いのは楢葉町、葛尾村、田村市の〇%である。富岡町において、住所移転者数と

表9-4 避難住民・住所移転者・特定住所移転者等の状況（2023年4月1日時点）

		原発事故当時	2023年4月1日時点								
		住民登録者	住民登録者						住所移転者		
				避難元市町村に居住	避難先に居住（避難住民）						
						福島県内	福島県外	不明		福島県内	福島県外
合　計	人数	554,961	473,553	423,736	55,425	37,946	13,025	3	154,671	不明	不明
	都道府県数	1	47	1	47	1	46	不明	不明	1	不明
	市区町村数	13	不明	12	不明	不明	不明	不明	不明	不明	不明
双葉町	人数	7,140	5,498	50	6,605	3,909	2,696	0	1,271	357	914
	都道府県数	1	43	1	43	1	42	0	39	1	38
	市区町村数	1	406	1	406	41	365	0	305	33	272
大熊町	人数	11,505	9,986	487	9,499	7,231	2,268	0	2,425	781	1,644
	都道府県数	1	47	1	47	1	46	0	未集計	1	未集計
	市区町村数	1	未集計	1	未集計	59	未集計	0	未集計	未集計	未集計
浪江町	人数	21,434	15,372	1,944	13,428	10,431	2,997	0	4,673	1,608	3,065
	都道府県数	1	45	1	45	1	44	0	42	1	41
	市区町村数	1	462	1	462	41	421	0	530	44	486
富岡町	人数	15,830	11,625	2,087	13,989	7,744	1,794	0	4,189	1,788	2,401
	都道府県数	1	42	1	42	1	41	0	47	1	46
	市区町村数	1	未集計	1	未集計	41	未集計	0	538	38	500
楢葉町	人数	8,011	6,580	3,920	2,660	2,262	398	0	2,395	未集計	未集計
	都道府県数	1	28	1	28	1	27	0	未集計	1	未集計
	市区町村数	1	未集計	1	未集計	未集計	未集計	0	未集計	未集計	未集計
川内村	人数	3,024	2,333	1,939	394	325	69	0	570	277	293
	都道府県数	1	14	1	14	1	13	0	未集計	1	未集計
	市区町村数	1	63	1	63	19	44	0	未集計	未集計	未集計
葛尾村	人数	1,567	1,297	487	810	765	45	0	392	254	138
	都道府県数	1	13	1	13	1	12	0	未集計	1	未集計
	市区町村数	1	54	1	54	20	34	0	未集計	未集計	未集計
広野町	人数	5,490	4,645	4,151	494	401	93	0	1,364	未集計	未集計
	都道府県数	1	14	1	14	1	13	0	未集計	1	未集計
	市区町村数	1	50	1	50	8	42	0	未集計	未集計	未集計
飯舘村	人数	6,453	4,767	1,500	3,267	3,107	157	3	2,067	1,473	594
	都道府県数	1	17	1	17	1	16	不明	未集計	1	未集計
	市区町村数	1	未集計	1	未集計	20	未集計	不明	未集計	未集計	未集計
南相馬市	人数	71,561	57,031	53,702	3,329	1,357	1,972	0	15,188	4,795	10,393
	都道府県数	1	37	1	37	1	36	0	47	1	46
	市区町村数	1	358	1	358	32	326	0	672	56	616
川俣町	人数	15,504	11,863	11,381	482	349	133	0	3,330	未集計	未集計
	都道府県数	1	25	1	25	1	24	0	未集計	1	未集計
	市区町村数	1	50	1	50	15	35	0	未集計	未集計	未集計
田村市	人数	41,701	33,963	33,871	92	61	31	0	12,733	7,390	5,343
	都道府県数	1	14	1	14	1	13	0	未集計	1	未集計
	市区町村数	1	30	1	30	9	21	0	未集計	未集計	未集計
いわき市	人数	345,741	308,593	308,217	376	4	372	0	104,074	24,869	79,205
	都道府県数	1	30	1	30	1	29	0	42	1	41
	市区町村数	1	115	1	115	2	113	0	未集計	未集計	未集計

注1：2023年4月1日時点の住民登録者に関して，双葉町では住民基本台帳ネットワークシステムによる数値と全国避難者情報システムによる数値が異なること，富岡町では避難住民について原発事故当時の住民登録者で生存している者をすべて「避難者」として計上していることにより，整合しない数値が含まれている．

注2：「帰還者」には，市町村内に避難した者や避難しなかった者などが含まれる．

特定住所移転者が同数になっているのは、原発事故直後の混乱の中で、住所移転者が原発避難者特例法による手続きに基づいて申出を行うことは困難であるとの判断により、住所移転者の全員を住所移転者申出条例に基づいて申出を行ったものとみなして特定住所移転者と整理していることによる。楢葉町、葛尾村、田村市において、特定住所移転者がゼロ人であるのは、住所移転者からの申出がないことによる。集計が行われている市町村のうち、所在都道府県で最も多いのはいわき市の四四都道府県であり、所在市町村で最も多いのはいわき市の三四一市町村である。原発事故当時の住民登録者に対する特定住所移転者の割合は、富岡町が二六％で最も高く、楢葉町、葛尾村、田村市が〇％で最も低い。なお、特定住所移転者協議会については、後述するとおりゼロ件である。

表9－5は、経年的な集計が行われている双葉町、浪江町、南相馬市、田村市における避難住民・住所移転者・特定住所移転者の推移を整理したものである。すべての市町村において、基本的には避難住民は減少傾向、住所移転者と特定住所移転者は増加傾向にあるが、増加率や減少率は市町村によって大きく異なっている。

②他市町村の避難住民の受け入れの状況

指定市町村である一三市町村のすべてにおいて、その全域または一部の地域で避難指示等が解除されているので、多くの指定市町村には

表9-5 避難住民数・住所移転者数・特定住所移転者数の推移

	双葉町			浪江町			南相馬市			田村市		
	避難住民	住所移転者	特定住所移転者	避難住民	住所移転者	特定住所移転者	避難住民	住所移転者	特定住所移転者	避難住民	住所移転者	特定住所移転者
2012年4月1日	7,010	未集計	未集計	19,856	1,126	499	21,123	未集計	未集計	812	1,324	0
2013年4月1日	6,939	未集計	未集計	19,313	1,417	694	16,814	7,531	288	669	2,328	0
2014年4月1日	6,853	637	11	18,731	1,786	950	13,975	9,580	327	670	3,393	0
2015年4月1日	7,003	742	11	18,224	2,046	1,142	11,963	11,639	381	608	4,425	0
2016年4月1日	6,963	未集計	未集計	17,793	2,259	1,284	10,102	13,998	393	311	5,569	0
2017年4月1日	6,956	874	12	17,210	2,542	1,445	7,832	16,916	394	216	6,637	0
2018年4月1日	6,909	935	12	16,627	2,908	1,631	6,730	12,268	395	197	7,663	0
2019年4月1日	6,879	985	12	16,039	3,248	1,813	5,692	12,949	395	181	8,762	0
2020年4月1日	6,830	1,057	12	15,409	3,626	1,940	4,835	13,374	396	163	9,908	0
2021年4月1日	6,790	1,132	12	14,831	3,969	2,111	4,180	14,117	420	137	10,876	0
2022年4月1日	6,693	1,637	12	14,180	4,351	2,272	3,716	14,669	418	108	11,822	0
2023年4月1日	6,605	1,271	12	13,989	4,673	2,638	3,329	15,188	429	92	12,733	0

他市町村の避難住民が存在する。具体的には、他市町村の避難住民が存在するのは一〇市町村（七七%）、存在しないのは二市町村（一五%）、不明が一市町村（八%）である（表9－6）。最も他市町村の避難住民が多いのはいわき市の一万七二三二人であり、自市町村を除くすべての指定市町村の避難住民が存在する。次いで多いのは南相馬市の二五一一人であり、九市町村の避難住民が存在する。なお、二〇二三年四月一日現在のいわき市の住民登録者は三〇万八五九三人、南相馬市の住民登録者は五万七〇三一人であるので、他市町村の避難住民と住民登録者の合計に対する避難住民の割合はそれぞれ五%、四%である。[10]

4 原発避難者特例法の運用実態と自治体の認識

●4－1 避難住民に関する施策の運用実態と自治体の認識

① 避難住民に対する行政サービス（特例事務）

避難住民に対する行政サービス（特例事務）について、指定市町村に関しては、「十分だと思う」が双葉町、大熊町、楢葉町、川内村、葛尾村、広野町、南相馬市、川俣町、田村市の九市町村（六九%）、「十分だとは思わない」が浪江町と富岡町の二市町村（一五%）、無回答が飯舘村といわき市の二市町村（一五%）である[11]（表9－7）。「十分だとは思わない」理由として、浪江町は、避難が長期化しているなかで、制度の見直しが図られていないことを挙げており、富岡町は、と

表9-6 他市町村避難住民の受け入れの状況（2023年4月1日時点）

		他市町村の避難住民の存否	他市町村の避難住民数（人）	避難住民の住民登録市町村数（市町村）
指定市町村	双葉町	存在しない	0	0
	大熊町	不明	不明	不明
	浪江町	存在する	未集計	未集計
	富岡町	存在する	未集計	未集計
	楢葉町	存在する	未集計	未集計
	川内村	存在する	31	3
	葛尾村	存在する	2	1
	広野町	存在する	280	6
	飯舘村	存在しない	0	0
	南相馬市	存在する	2,511	9
	川俣町	存在する	286	5
	田村市	存在する	462	10
	いわき市	存在する	17,232	12

表9-7 避難住民に関する施策の運用実態と自治体の認識

		避難住民に対する行政サービス（特例事務）			自市町村または福島県の避難住民が自市町村または福島県の復興やまちづくりに参加できるようにするために実施している施策	
			「十分だとは思わない」理由	追加・充実されるべきと考える行政サービス		実施している施策
指定市町村	双葉町	十分だと思う	——	——	ある	●復興まちづくり計画を策定する際に町民代表者による復興町民委員会を組織し，その意見を計画に反映している． ●毎年，復興庁・福島県と共同で「住民意向調査」実施し，その意見を計画に反映している．
	大熊町	十分だと思う	——	——	ない	——
	浪江町	十分だとは思わない	●避難が長期化している中で，制度の見直しが図られていないこと．	無回答	ある	●住民意向調査を全住民に対して実施している．
	富岡町	十分だとは思わない	●特に介護や福祉分野において，避難者が少数のため，特例法の認知度が低く，当町職員が認定調査等を行わざるを得ない場合がある．	●制度自体は十分だが，特例法自体に関するご理解を全ての市区町村が同等にご理解いただいている状況ではないため，地域毎に対応が異なる場合がある．	ある	●「コミュニティづくり推進団体運営助成金交付要綱」に基づき，避難先毎において組織される団体の自主・自立的な活動を支援している（10世帯以上が要件，登録世帯数に応じて30万円を上限に活動資金を助成．町単独事業）． ●総合計画への参加を促している． ●避難指示解除等に関する意見交換会を行っている． ●年に1，2回開催する町政懇談会を行っている．
	楢葉町	十分だと思う	——	——	ある	●復興計画や各種計画策定時のアンケートを実施している． ●町政懇談会，ふるさと福島楢葉会の開催を行っている．など
	川内村	十分だと思う	——	——	ある	●村広報誌等を介して案内している．
	葛尾村	十分だと思う	——	——	ある	●行政懇談会を行っている． ●アンケートを行っている．
	広野町	十分だと思う	——	——	ある	●避難者の方にも広報誌等の回覧物を郵送している． ●HPやSNSにより町の情報を発信している．
	飯舘村	無回答	無回答	無回答	ある	●令和3年度に「ふるさとの担い手わくわく補助金」制度を設立し，地域振興や交流人口，世代間交流の活性化等に寄与する取り組みに補助を行っている．
	南相馬市	十分だと思う	——	——	無回答 ※市外避難者を除外してはいない	無回答
	川俣町	十分だと思う	——	——	ない	——
	田村市	十分だと思う	——	——	ない	——
	いわき市	無回答 ※どちらともいえない	無回答	無回答	ない	——
指定都道府県	福島県	無回答 ※避難先においても行政サービスが適切に提供されるよう，本特例法に基づき，被災地市町村の要望を踏まえ，医療・福祉関係や教育関係など，必要な行政サービスの対象となる事務を追加してきた　県としては引き続き，被災自治体の意向を丁寧に伺いながら，避難者への支援に取り組んでいく．	無回答	無回答	ない ※「復興やまちづくりに参加できる」が，「避難住民の方が直接福島県内での復興事業に参加する」ものと解釈してよいのであれば，「施策」というものに限れば実施しているものは県では特にない．なお，避難元の広報物等を毎月県でとりまとめて送付するなど，避難住民の方が復興の状況や避難元の現状を把握できるよう努めている．	——

注1：「——」は回答の対象外であることを指す．
注2：「※」を付した文章は，指定市町村および指定都道府県が補足的に回答したものである．

くに介護や福祉分野において、避難者が少数のため、避難先自治体の特例法に関する認知度が低く、富岡町役場の職員が認定調査等を行わざるをえない場合があることを挙げている。また、富岡町は、追加・充実されるべきと考える行政サービスについて、すべての市区町村が特例法を同等に理解している状況にはないために地域ごとに対応が異なる場合があることを挙げている。

指定都道府県の福島県に関しては、無回答である。

②自市町村または福島県の避難住民が自市町村または福島県の復興やまちづくりに参加できるようにするために実施している施策

自市町村または福島県の避難住民が自市町村または福島県の復興やまちづくりに参加できるようにするために実施している施策の有無について、指定市町村に関しては、「ある」が双葉町、浪江町、富岡町、楢葉町、川内村、葛尾村、広野町、飯舘村の八市町村（六二%）、「ない」が大熊町、川俣町、田村市、いわき市の四市町村（三一%）、無回答が南相馬市の一市町村（八%）である（表9－7参照）。具体的な施策としては、アンケート調査の実施が四市町村（双葉町、浪江町、楢葉町、葛尾村）、懇談会・意見交換会の実施が三市町村（富岡町、楢葉町、葛尾村）、復興計画等への参加機会の確保（双葉町、富岡町）、コミュニティ・まちづくり活動に対する資金の助成（富岡町、飯舘村）、広報誌等の配布やＳＮＳ等による情報発信（川内村、広野町）がそれぞれ二市町村である。[12]

指定都道府県の福島県に関しては、「ない」と回答している。

●4－2 特定住所移転者等に関する施策の運用実態と自治体の認識

①住所移転者申出条例の制定状況

原発避難者特例法第二条第五項に定められている住所移転者申出条例については、すべての市町村において制定されている（表9－8）。

その他の特定住所移転者との関係の維持に資する施策（法第11条第3項）			
実施していた施策（現在は終了）	指定市町村として実施していた施策	現在実施している施策	指定市町村として実施している施策
ない	——	ある	●毎年1回，全国11か所で町執行部と町民との懇談を目的とした「町政懇談会」を実施している．
ない	——	ない	——
ない	——	ない	——
ない	——	ある	●総合計画（復興計画）において，帰還・移転の二者択一に捕らわれない個々の選択を尊重することを明記している． ●避難先毎のコミュニティ団体に対する運営支援を行っている．
——（特定住所移転者が存在しない）	——（特定住所移転者が存在しない）	——（特定住所移転者が存在しない）	——（特定住所移転者が存在しない）
ない	——	ない	——
——（特定住所移転者が存在しない）	——（特定住所移転者が存在しない）	——（特定住所移転者が存在しない）	——（特定住所移転者が存在しない）
ない	——	ない	——
ある	●全ての施策を対象としてきた．	ある	●全ての施策を対象としている．
ない	——	ない	——
ない	——	ない	——
——（特定住所移転者が存在しない）	——（特定住所移転者が存在しない）	——（特定住所移転者が存在しない）	——（特定住所移転者が存在しない）
ない	——	ない	——
ない	——	ない	——

②原発避難者特例法において定められている特定住所移転者にかかわる事項に関して実施している施策

原発避難者特例法において定められている特定住所移転者にかかわる事項に関して実施している施策の有無については、先述のとおり、楢葉町、葛尾村、田村市には特定住所移転者が存在しないので、以下では、これらの市町村を除く一〇市町村と福島県を対象として分析する。

特定住所移転者に対する情報提供（法第一一条第一項）に関しては、指定市町村については、「ある」が前記の全一〇市町村（一〇〇％）である（表9－8参照）。具体的な施策としては、広報誌等の送付が一〇市町村（双葉町、大熊町、浪江町、富岡町、川内村、広野町、飯舘村、南相馬市、川俣町、いわき市）、タブレットの配布が二市町村（双葉町、飯舘村）である（ただし飯舘村ではタブレットの配布はすでに終了）。指定都道府県の福島県に関しては、「ない」と回答している。

特定住所移転者の指定市町村の区域への訪問の事業その他交流促進事業（法第一一条第二項）に関しては、指定市町村については、「ある」が双葉町、浪江町、富岡町、飯舘村の四市町村（四〇％）、「ない」が大熊町、川内村、広野町、南相馬市、川俣町、いわき市の六市町村（六〇％）である。具体的な施策としては、交流会・バスツア

表9-8　特定住所移転者に関する施策の運用実態と自治体の認識（その1）

		住所移転者申出条例の制定状況	原発避難者特例法において定められている特定住所移転者にかかわる事項に関して実施している施策							
			特定住所移転者に対する情報提供（法第11条第1項）				特定住所移転者の指定市町村の区域への訪問の事業その他交流促進事業（法第11条第2項）			
			実施していた施策（現在は終了）	指定市町村として実施していた施策	現在実施している施策	指定市町村として実施している施策	実施していた施策（現在は終了）	指定市町村として実施していた施策	現在実施している施策	指定市町村として実施している施策
指定市町村	双葉町	制定している	ない	——	ある	●毎月2回，町から広報紙，コミュニティ紙及び周知文等を郵送している．●希望者へタブレット端末を無償貸与し，町に関する情報等を提供している．	ない	——	ある	●交流や地域づくり活動を推進するため「双葉町心の復興事業補助金」制度（上限200万円）を実施している．
	大熊町	制定している	ない	——	ある	●毎月2回広報を送付している．	ない	——	ない	——
	浪江町	制定している	ない	——	ある	●広報なみえ等を配布している	ない	——	ある	●避難住民との交流会等を行っている．
	富岡町	制定している	ない	——	ある	●広報紙を送付している．	ない	——	ある	●避難先から当町へのバスツアーを行っている．
	楢葉町	制定している	——（特定住所移転者が存在しない）	——（特定住所移転者が存在しない）	——（特定住所移転者が存在しない）	——（特定住所移転者が存在しない）	——（特定住所移転者が存在しない）	——（特定住所移転者が存在しない）	——（特定住所移転者が存在しない）	——（特定住所移転者が存在しない）
	川内村	制定している	ない	——	ある	●広報誌の送付等（本人からの希望があれば）	ない	——	ない	——
	葛尾村	制定している	——（特定住所移転者が存在しない）	——（特定住所移転者が存在しない）	——（特定住所移転者が存在しない）	——（特定住所移転者が存在しない）	——（特定住所移転者が存在しない）	——（特定住所移転者が存在しない）	——（特定住所移転者が存在しない）	——（特定住所移転者が存在しない）
	広野町	制定している	ない	——	ある	●希望する方への広報誌の送付	ない	——	ない	——
	飯舘村	制定している	ある	●タブレット配付による情報提供（有料でタブレット配付／情報提供するとともに，無料で情報発信用アプリを提供）	ある	●広報等を送付している．	ない	——	ある	●社会福祉協議会相談員による訪問などを行っている．
	南相馬市	制定している	ない	——	ある	●広報紙を提供している（県事業で郵送）．	ない	——	ない	——
	川俣町	制定している	ない	——	ある	●山木屋地区の広報誌を作成し，希望者に郵送している．	ない	——	ない	——
	田村市	制定している	——（特定住所移転者が存在しない）	——（特定住所移転者が存在しない）	——（特定住所移転者が存在しない）	——（特定住所移転者が存在しない）	——（特定住所移転者が存在しない）	——（特定住所移転者が存在しない）	——（特定住所移転者が存在しない）	——（特定住所移転者が存在しない）
	いわき市	制定している	ない	——	ある	●原子力災害避難者向け市内情報発信事業（避難者に対し，広報紙や市内放射線測定結果等の情報を発送している事業）	ない	——	ない	——
指定都道府県	福島県	——	ない	——	ない	——	ない	——	ない	——

注：「——」は回答の対象外であることを指す．

ーなどが三市町村（双葉町、浪江町、富岡町）、社会福祉協議会の相談員による訪問などが一市町村（飯舘村）である。指定都道府県の福島県に関しては、「ない」と回答している。

その他の特定住所移転者との関係の維持に資する施策（法第一一条第三項）に関しては、「ある」が双葉町、富岡町、飯舘村の三市町村（三〇％）、「ない」が大熊町、浪江町、川内村、広野町、南相馬市、川俣町、いわき市の七市町村（七〇％）である。具体的な施策としては、町政懇談会の実施（双葉町）、総合計画における個人の選択の尊重の明記（富岡町）、避難先コミュニティ団体に対する運営支援（富岡町）、すべての施策の対象化（飯舘村）がそれぞれ一市町村である。[13] 指定都道府県の福島県に関しては、「ない」と回答している。

③住所移転者協議会設置条例の制定状況

原発避難者特例法第一二条に基づく住所移転者協議会設置条例の制定状況については、同条例を制定するのは指定市町村であるため、指定市町村のみが回答の対象であるが、「制定していない」が全一三市町村（一〇〇％）である（表9－9）。

原発避難者特例法に基づいて実施している施策のほかに住所移転者や特定住所移転者が自市町村または福島県の復興やまちづくりに参加できるようにするために実施している施策		
	住所移転者に対して実施している施策	特定住所移転者に対して実施している施策
ない ※ただ、我々が行っている施策は町民からのニーズで実施しているものであり，例えば，広報紙は震災後当初は月1回の提供だったものを，町民から情報が足りないという声があり，さらに月1回増やしてコミュニティ紙を発行している状況にある．これは「特例法に基づいてやらなければならない」という義務感によるものではなく，結果として特例法に規定されていることを実施しているという感覚である．	―	―
ない	―	―
ない	―	―
ある	●総合計画策定のためのワークショップを行っている．	●総合計画策定のためのワークショップを行っている．
ある	●町政懇談会・ふるさと福島楢葉会・SNSによる情報発信（ライン含む）．	― （特定住所移転者が存在しない）
ない ※ホームページ等を介して情報発信は行っている．	―	―
ある	●要望に応じて広報を送付している（要郵送料）．	― （特定住所移転者が存在しない）
ない	―	―
ない	―	―
ない	―	―
ない	―	―
ない	―	―
ない	―	―
ない	―	―

表9-9 特定住所移転者に関する施策の運用実態と自治体の認識（その2）

		住所移転者協議会設置条例の制定状況	住所移転者協議会の設置状況		住所移転者協議会の設置の必要性	
				設置していない理由		理由
指定市町村	双葉町	制定していない	設置していない	●設置する必要性が認められないため．	必要だとは思わない	●協議会を設置する必要性が認められないため．
	大熊町	制定していない	設置していない	●設置をする必要が当時なかったため．	必要だとは思わない	●全国各地に移転者がおり，集約が困難であり，また，現時点で設置をしていなくても問題がないため．
	浪江町	制定していない	設置していない	●協議会の構成員は転出した町民であるため，構成員としての選任が難しいため．	必要だとは思わない	●現行制度による住所移転者協議会の設置は難しいため．
	富岡町	制定していない	設置していない	●全国各地に離散し，協議会を組織することが難しいことや組織としての意見を伺う方法ではなく，個々の意見を伺い，総じて支援施策又は対応を講ずることが肝要と考えるため．	無回答 ※どちらともいえない"	無回答
	楢葉町	制定していない	―― （特定住所移転者が存在しない）	―― （特定住所移転者が存在しない）	―― （特定住所移転者が存在しない）	―― （特定住所移転者が存在しない）
	川内村	制定していない	設置していない	●村ホームページ等を介して村の現状を周知し，必要に応じ連絡をいただいているため．	必要だとは思わない	●現在においては，避難区域もすべて解除され，避難されている方々からの苦情等も発生していない状況となっているため．
	葛尾村	制定していない	―― （特定住所移転者が存在しない）	―― （特定住所移転者が存在しない）	―― （特定住所移転者が存在しない）	―― （特定住所移転者が存在しない）
	広野町	制定していない	設置していない	●特定住所移転者からの要望等もなく，設置には至っていない．	必要だとは思わない	●特定住所移転者からの要望等もなく，設置には至っていない．
	飯舘村	制定していない	設置していない	●住所を移転している方をはじめ，幅広く方部別懇談会等住民の方から意見を聞く機会を設けているため．	必要だとは思わない	●住所を移転している方はじめ，幅広く方部別懇談会等住民の方から意見を聞く機会を設けているため．
	南相馬市	制定していない	設置していない	●不明である．	必要だとは思わない	●復興事業に注力しているため．
	川俣町	制定していない	設置していない	●住所移転者が少数かつ広範囲に分散していることから協議会の設立は困難であるため．	必要だとは思わない	●現状，協議会の有無にかかわらず，住所移転者の希望に応じたサービスを提供できていると考えられるため．
	田村市	制定していない	―― （特定住所移転者が存在しない）	―― （特定住所移転者が存在しない）	―― （特定住所移転者が存在しない）	―― （特定住所移転者が存在しない）
	いわき市	制定していない	設置していない	無回答	無回答 ※どちらともいえない	無回答
指定都道府県	福島県	――	――	――	――	――

注1：「――」は回答の対象外であることを指す．
注2：「※」を付した文章は，指定市町村および指定都道府県が補足的に回答したものである．

④住所移転者協議会の設置状況

住所移転者協議会の設置状況については、特定住所移転者が存在しない楢葉町、葛尾村、田村市を除く一〇市町村が回答の対象になるが、すべての市町村が住所移転者協議会設置条例を制定していないので、「設置していない」が一〇市町村（一〇〇％）であり、住所移転者協議会はゼロ件である（表9－9参照）。

住所移転者協議会を設置していない理由については、懇談会などで特定住所移転者の意見を聞く機会を設けていることなどから協議会を設置する必要性が認められないためが四市町村（双葉町、大熊町、川内村、飯舘村）、特定住所移転者が全国各地に避難していて協議会を設置することが難しいためが二市町村（富岡町、川俣町）、協議会の構成員の選任が難しいため（浪江町）、個々の意見を聞いて支援施策や対応策を講じることが肝要だと考えるため（富岡町）、特定住所移転者からの要望がないため（広野町）、不明である（南相馬市）がそれぞれ一市町村である。(14)

⑤住所移転者協議会の設置の必要性

住所移転者協議会の設置の必要性については、特定住所移転者が存在しない楢葉町、葛尾村、田村市を除く一〇市町村が対象になるが、「必要だとは思わない」が双葉町、大熊町、浪江町、川内村、広野町、飯舘村、南相馬市、川俣町の八市町村（八〇％）、無回答が富岡町といわき市の二市町村（一〇％）である（表9－9参照）。

「必要だとは思わない」理由については、懇談会などで特定住所移転者の意見を聞く機会を設けていることなどから協議会を設置する必要性が認められないためが三市町村（双葉町、大熊町、飯舘村）、協議会を設置していなくても特定住所移転者からの要望や苦情がないためが二市町村（川内村、広野町）、特定住所移転者が全国各地に避難していて協議会を設置することが難しいため（大熊町）、現行制度による住所移転者協議会の設置は難しいため（浪江町）、行政区域全域の避難指示が解除されているため（川内村）、復興事業に注力しているため（南相馬市）、協議会を設置していなくても特定住所移転者の希望に応じたサービスを提供できていると考えられるため（川俣町）がそれぞれ一市町村である。

⑥原発避難者特例法に基づいて実施している施策のほかに住所移転者や特定住所移転者が自市町村または福島県の復興やまちづくりに参加できるようにするために実施している施策

原発避難者特例法に基づいて実施している施策のほかに住所移転者や特定住所移転者が自市町村または福島県の復興やまちづくりに参加できるようにするために実施している施策の有無について、指定市町村に関しては、「ある」が富岡町、楢葉町、葛尾村の三市町村（二三％）、「ない」が双葉町、大熊町、浪江町、川内村、広野町、飯舘村、南相馬市、川俣町、田村市、いわき市の一〇市町村（七七％）である（表9－9参照）。「ある」と回答した市町村における具体的な施策としては、総合計画の策定のためのワークショップの実施（富岡町）、町政懇談会・ふるさと福島楢葉会・SNSによる情報発信（楢葉町）、広報の送付（葛尾村）がそれぞれ一市町村である。

指定都道府県の福島県に関しては、「ない」と回答している。

●4－3　他市町村の避難住民に関する施策の運用実態

先述のとおり、双葉町と飯舘村には他の指定市町村の避難住民が存在しないので、本項ではその二市町村を除く一一市町村の回答の結果を分析する。

①他市町村の避難住民に対して提供している役務

避難先団体がその住民に対して行っている役務の提供で特例事務に係る以外のものを、避難住民に対しても提供するように努めるものとされている原発避難者特例法第一〇条第一項に基づき、他市町村の避難住民に対して提供している役務の有無については、「ある」が富岡町、川内村、葛尾村、南相馬市、川俣町、いわき市の六市町村（五五％）、「ない」が浪江町、楢葉町、広野町、田村市の四市町村（三六％）、無回答が大熊町の一市町村（九

%）である（表9－10）。

具体的な役務としては、広報誌などの配布が三市町村（南相馬市、川俣町、いわき市）、ごみ収集が二市町村（富岡町、葛尾村）、救急、防犯、健康診断、給食費の無料化、行事への参加費の助成など（富岡町、川内村、いわき市）がそれぞれ一市町村である。

②他市町村の避難住民が自市町村の復興やまちづくりに参加できるようにするために実施している施策

他市町村の避難住民が自市町村の復興やまちづくりに参加できるようにするために実施している施策の有無については、「ある」が楢葉町、川内村、広野町の三市町村（二七％）、「ない」が浪江町、富岡町、葛尾村、南相馬市、川俣町、田村市、いわき市の七市町村（六四％）、無回答が大熊町の一市町村（九％）である（表9－10参照）。

具体的な施策としては、町政懇談会への参加（楢葉町）、イベントへの参加（川内村）、

表9-10 他市町村の避難住民に関する施策の運用実態

		他市町村の避難住民に対して提供している役務		他市町村の避難住民が自市町村の復興やまちづくりに参加できるようにするために実施している施策	
			役務の内容		施策の内容
指定市町村	双葉町	――（他市町村の避難住民が存在しない）	――（他市町村の避難住民が存在しない）	――（他市町村の避難住民が存在しない）	――（他市町村の避難住民が存在しない）
	大熊町	無回答	無回答	無回答	無回答
	浪江町	ない	――	ない	――
	富岡町	ある	●ごみ収集，救急，防犯，乳幼児健診など．	ない	――
	楢葉町	ない	――	ある	●町政懇談会．
	川内村	ある	●給食費の無料化やスポーツ保険料の無償化など，教育環境上において，村民と同様の施策を講じている． ●村が実施する行事に参加した際の助成を行っている．	ある	●村が催す行事，イベントには随時参加していただいている．
	葛尾村	ある	●ゴミ収集	ない	――
	広野町	ない	――	ある	●行政区回覧を毎月2回行っているが，その回覧物と同様のものを行政区に未加入の他市町村の避難住民の方などが来庁された際に配布している．
	飯舘村	――（他市町村の避難住民が存在しない）	――（他市町村の避難住民が存在しない）	――（他市町村の避難住民が存在しない）	――（他市町村の避難住民が存在しない）
	南相馬市	ある	●一部，復興公営住宅等に居住する他市町村からの避難住民に対して，本市の広報紙等を配付している．	ない	――
	川俣町	ある	●希望者に対する町の情報提供（広報誌などの配布）を行っている．	ない	――
	田村市	ない	――	ない	――
	いわき市	ある	●福祉関係，児童福祉関係，介護福祉関係，保険関係，教育関係，広報関係について，多数の行政サービスを提供している．	ない	――
指定都道府県	福島県	――	――	――	――

注：「――」は回答の対象外であることを指す．

回覧物の配布（広野町）がそれぞれ一市町村である。

●4－4 原発避難者特例法等に関する自治体の認識

①避難住民の生活再建に関する原発避難者特例法の有効性

避難住民の生活再建に関する原発避難者特例法の有効性について、指定市町村に関しては、「とても有効だと思う」が双葉町、大熊町、富岡町、広野町、飯舘村、南相馬市、田村市の七市町村（五四％）、「少しは有効だと思う」が浪江町、川内村、川俣町の三市町村（二三％）、「有効だとも有効ではないともいえない」が楢葉町、葛尾村、いわき市の三市町村（二三％）である（表9－11）。

指定都道府県の福島県に関しては、「有効だとも有効ではないともいえない」と回答している。

②特定住所移転者と避難元市町村との関係の維持に関する原発避難者特例法の有効性

特定住所移転者と避難元市町村との関係の維持に関する原発避難者特例法の有効性について、指定市町村に関しては、「とても有効だと思う」が双葉町、広野町、飯舘村、田村市の四市町村（三一％）、「少しは有効だと思う」が大熊町、浪江町、川内村、南相馬市、川俣町の五市町村（三八％）、「有効だとも有効ではないともいえない」が富岡町、楢葉町、いわき市の三市町村（三一％）、「あまり有効だとは思わない」が葛尾村の一市町村（八％）である（表9－11参照）。なお、富岡町は、「有効だとも有効ではないともいえない」の理由として、将来的な帰還や町とのつながりを実感できることからとくに精神衛生上の安定が得られる一方で、自立を抑制している要因にもなっていると補足的に回答している。

指定都道府県の福島県に関しては、「有効だとも有効ではないともいえない」と回答している。

③原発避難者特例法の改善点

原発避難者特例法の改善点について、指定市町村に関しては、「改善されるべきことがある」が浪江町と川内村の二市町村（一五％）、「改善されるべきことはない」が双葉町、大熊町、富岡町、楢葉町、広野町、川俣町、田村市の七市町村（五四％）、無回答が葛尾村、飯舘村、南相馬市、いわき市の四市町村（三一％）である（表9－11参照）。改善されるべきこととして、川内村は、避難者は原発避難者特例法によって避難先自治体から行政サービスを享受できるために、避難者の帰還促進を妨げている面があることを挙げている。

指定都道府県の福島県に関しては、「改善されるべきことはない」と回答している。

④二重の住民登録制度の必要性

二重の住民登録制度の必要性について、指定市町村に関しては、「必要だと思う」が双葉町と飯舘村の二市町村（一五％）、「必要だとは思わない」が大熊町、浪江町、川内村、広野町、川俣町の五市町村（三八％）、無回答

二重の住民登録制度の必要性	
	理　由
必要だと思う	●避難元に住民票がありながら，避難先で生活する上で以下のような支障がある． ・避難先で長期生活していても選挙権が無く，避難先における行政参画ができない． ・クレジットカードを契約し，簡易書留で郵便を受け取る際に身分証明証の提示を求められ，身分証明証に記入された住所が避難元であるため受取ることができない． など
必要だとは思わない	●自治体の管理が難しくなる．
必要だとは思わない	●関係法令の精査が難しいと感じるため．
無回答 ※住民票を異動しなくとも避難先（もはや避難先といえない）において日常的な行政サービスが受けられるため，帰還・避難先へ住民票を異動するといった意識が薄れていくのではないか．	無回答
無回答	無回答
必要だとは思わない	●二重登録制度の考え方については，避難者ご自身や受入先自治体の考え方を踏まえた検討が必要ではないかと思われる．
無回答	無回答
必要だとは思わない	無回答
必要だと思う	●原発避難者特例法に基づく国・県との調整は相当程度機能していると認識している． ●原発避難者特例法に基づくいわゆる「二重の住民登録」については，市町村間の調整は被災自治体間など多岐にわたり，避難先自治体および避難元自治体との連携するにも有効と認識している．
無回答	無回答
必要だとは思わない	●憲法上，二重の住民登録は困難であるため． ●避難先が変わるごとに住民票を異動することは避難者の負担となるため．また，避難対象となった全市町村において避難解除となった場合，避難元・避難先において転出の手続きが増加し，行政の機能及び住民福祉の低下を招く恐れがあるから． ●避難先に住民票があることで，特例法の一部（第6条等）が意味を持たなくなるため．
無回答 ※検討したことがない	無回答
無回答 ※どちらともいえない	無回答
無回答 ※現在は本特例法に基づき，避難先でも介護保険や児童福祉，母子保健等の行政サービスが受けられるよう，特例措置が設けられているほか，避難先での自動車購入や携帯電話の契約等で不都合が生じないよう，届出避難場所証明書の制度も運用されている．県としては，引き続き被災自治体の意向を丁寧に伺いながら，避難者への支援に取り組むとともに，住民票の取り扱いについて適切に対応していく．	無回答

表9-11 原発避難者特例法等に関する認識

		避難住民の生活再建に関する原発避難者特例法の有効性	特定住所移転者と避難元市町村との関係の維持に関する原発避難者特例法の有効性	原発避難者特例法の改善点	
					改善内容
指定市町村	双葉町	とても有効だと思う	とても有効だと思う	改善されるべきことはない	——
	大熊町	とても有効だと思う	少しは有効だと思う	改善されるべきことはない	——
	浪江町	少しは有効だと思う	少しは有効だと思う	改善されるべきことがある	無回答
	富岡町	とても有効だと思う ※住民登録先と避難先の両方に納税しなくとも生活に欠かせない一定程度の行政サービスが補償されているため.	有効だとも有効ではないともいえない ※将来的な帰還や町との繋がりを実感できることから特に精神衛生上の安定が認められる．しかし，本来住民登録を避難先に異動した方が本来の行政サービスを避難先自治体の住民同様に受けれられることから，自立を抑制してしまっている要因ともなっている.	改善されるべきことはない	——
	楢葉町	有効だとも有効ではないともいえない	有効だとも有効ではないともいえない	改善されるべきことはない	——
	川内村	少しは有効だと思う	少しは有効だと思う	改善されるべきことがある	●既に避難が解除され，帰還が可能となっているが，各自治体へ帰還促進につながっていない面もあるのではないか.
	葛尾村	有効だとも有効ではないともいえない	あまり有効だとは思わない	無回答	無回答
	広野町	とても有効だと思う	とても有効だと思う	改善されるべきことはない	——
	飯舘村	とても有効だと思う	とても有効だと思う	無回答	無回答
	南相馬市	とても有効だと思う	少しは有効だと思う	無回答	無回答
	川俣町	少しは有効だと思う	少しは有効だと思う	改善されるべきことはない	——
	田村市	とても有効だと思う	とても有効だと思う	改善されるべきことはない	——
	いわき市	有効だとも有効ではないともいえない	有効だとも有効ではないともいえない	無回答 ※どちらともいえない	無回答
指定都道府県	福島県	有効だとも有効ではないともいえない	有効だとも有効ではないともいえない	改善されるべきことはない	——

注1：「——」は回答の対象外であることを指す.
注2：「※」を付した文章は，指定市町村および指定都道府県が補足的に回答したものである.

が富岡町、楢葉町、葛尾村、南相馬市、田村市、いわき市の六市町村（四六％）である[15]（表9－11参照）。「必要だと思う」理由としては、長期にわたって避難先で生活していても選挙権がないことや行政参画ができないこと、届出避難場所証明書の存在にもかかわらず民間契約に際して不便を強いられる場合があることなどが挙げられている（双葉町）。「必要だとは思わない」理由としては、自治体の住民管理が難しくなること（大熊町）、関係法令の精査が難しいと感じること（浪江町）、憲法上困難であること（川俣町）、避難先の変更に伴う住民票の異動は避難者の負担となること（川俣町）、避難指示の解除に伴う避難元・避難先での転出手続きの増加によって行政機能や住民福祉の低下を招くおそれがあること（川俣町）などが挙げられている。

指定都道府県の福島県に関しては、無回答である。

5 結論

●5－1 原発避難者特例法の運用実態と自治体の認識に関する考察

① 避難住民に対する適切な行政サービスの提供について

原発避難者特例法の目的の一つである広域避難者に対する適切な行政サービスの提供については、多くの指定市町村は、避難住民に対する行政サービス（特例事務）に関して「十分だと思う」と回答している。また、多くの指定市町村は、避難住民の生活再建に関する原発避難者特例法の有効性について「とても有効だと思う」または「少しは有効だと思う」と回答している。

福島原発事故の発生当初には、全町避難となった双葉町、大熊町、浪江町、富岡町などでは、被災地の再生の大前提となる原発事故の収束時期、放射能汚染の見通し、避難指示の解除時期などの見通しがつかないなかにあって、住民の避難生活を支援するための〝マン・ツー・マン・ディフェンス〟を目指した復興計画が策定された

［川崎 2022: 59–86］。しかし現実的には、役場自体も避難していて疲弊している状況にあるなかで、全国各地に避難している住民のところに出向いて行って、一人ひとりの避難生活の状況に応じた支援を行うといったことは不可能である。

原発避難者特例法によって避難住民が避難先自治体から提供される行政サービス（特例事務）は、法律又は政令によって指定市町村又は指定都道府県が処理することとされているものに限られている。このため、例えば、指定市町村や指定都道府県の条例に基づく事務や法令に基づかない予算事業などについては対象外であり、また、避難先自治体による特例事務以外の役務の提供については努力義務であって避難先自治体の裁量に委ねられている。こうした問題はあるものの、福島原発事故が発生してから一二年以上が経過してもなお、避難住民が住民登録人口の一二％を占めており、とくに双葉町、大熊町、浪江町、富岡町では八〇％を超えていることからすると、原発避難者特例法に基づく避難先自治体による避難住民に対する行政サービスの提供は、避難住民の避難生活を支えるうえで重要な役割を果たしてきたと言ってよいだろう。

② 住所移転者と避難元自治体との関係の維持について

原発避難者特例法のもう一つの目的である住所移転者と避難元自治体との関係の維持については、評価が難しい。

住所移転者に対する特定住所移転者の割合は七％にすぎず、三市町村においては特定住所移転者がゼロ人である。また、特定住所移転者に対して実施している施策については、ほとんど広報誌の送付くらいである。避難元市町村が住所を移転した者の意見を聞きながら復興を進めることなどを目的として制度化された住所移転者協議会に至っては、住所移転者が全国に分散しているので設置が難しいという事情はあるものの、その設置条例を制定している指定市町村は皆無であり、したがって同協議会が設置された事例はゼロ件である。そもそも、懇談会などを通じて特定住所移転者の意見を聞く機会を設けているので、わざわざ住所移転者協議会を設置する必要はないといった理由から、多くの指定市町村はその設置の必要性を感じていない。

同時に、多くの指定市町村は、特定住所移転者と避難元市町村との関係の維持に関する原発避難者特例法の有効性に関して、「とても有効だと思う」または「少しは有効だと思う」と回答している。また、多くの市町村は、原発避難者特例法の改善点に関して「改善されるべきことはない」と回答しており、二重の住民登録制度に関して「必要だと思う」と回答している市町村は少ない。

こうした住所移転者と避難元自治体との関係の維持にかかわる原発避難者特例法の運用実態や自治体の認識については、指定市町村や指定都道府県が住所移転者の意向を空隙なく把握したうえでのことであると理解してよいのであれば、決して特定住所移転者が一万人を超えているという事実を軽視してはならないが、それでも全体的には、住所移転者による避難元自治体への原発避難者特例法に基づく政治参加や行政参加に関する需要、あるいは、復興の主体としての権利の行使に関する需要は必ずしも大きなものではないということになり、その意味で住所移転者と避難元自治体との関係の維持にかかわる施策は、それほど重要な役割を果たしたとは言えないだろう。ただし、市民的権利の保障という理念的な問題と被災者の需要という実際的な問題は次元が異なる問題であるし、また、被災者の需要といっても福島原発事故の発生当初と一二年以上が経過した時点とでは大きく変化していたとしても不思議ではないので、今後は少なくとも次項で述べる住民の意識調査を実施することが必要だと考えられる。

●5−2　原発避難者特例法に関する今後の研究課題

アンケート調査やヒアリング調査においては、原発避難者特例法に関する避難先市町村の認知度が十分ではないために地域ごとに避難住民に対する対応が異なるという問題があることが明らかになったし、また、原発避難者特例法の対象者は一三市町村の住民だった者に限られており、いわゆる自主避難者を対象にしなくてよいのかといった問題もあり、こうしたことに関する調査・検証も必要であるが、以下では原発避難者特例法に関してとくに重要だと考えられる今後の研究課題を三つ提示する。

①被災者の原発避難者特例法に関する意識調査の実施

本稿で明らかにしえたのは、原発避難者特例法の運用実態と自治体の認識であって、被災者の原発避難者特例法に関する認識はわからない。

避難住民については、とくに避難先自治体での参政権に関する意識調査が必要である。福島原発事故の発生直後から提唱されてきた二重の住民登録制度は、避難者が避難元自治体と避難先自治体の両方の自治体と向き合って生きていかざるをえない境遇に置かれることになったという現実に鑑み、住所単一原則を乗り越えて、避難者に対して避難先自治体から住民サービスを受ける権利を保障するとともに、避難元自治体と避難先自治体の双方における参政権を保障するというものであったが、原発避難者特例法では避難先自治体における参政権については削ぎ落されることになった。アンケート調査やヒアリング調査では、まさにこれを理由として二重の住民登録制度の必要性を指摘する市町村も見られたところであるが、この点について広く避難住民の意識を調査することが必要である。

また、特定住所移転者については、先述したとおり、住所移転者による避難元自治体への政治参加や行政参加に関する需要、あるいは、復興の主体としての権利の行使に関する需要について調査することが必要である。そして、この調査の結果を本稿で得られた知見と照らし合わせて、原発避難者特例法による住所移転者と避難元自治体との関係の維持に関する効果について検証することが必要だと考えられる。

②政治的・行政的共同性の併存状態の中での地方自治の構造や運営のあり方に関する調査・検証

自治体は、区域と住民と法人格・自治権をその構成要素とする。しかし、国策として原子力政策が推進されてきた結果として福島原発事故が発生し、これに伴って国家が長期にわたって居住移転の自由を制約したことによって、原発の周辺にはその区域内に生活の本拠を置く住民が一人もいない自治体が発生した。原発避難者特例法は、避難住民という法的カテゴリーを創出することによって、こうした自治体の存続を可能にした。

先述のとおり、二〇二二年八月に双葉町の特定復興再生拠点区域における避難指示が解除され、すべての市町村において住民が避難元自治体に帰還することが可能になった。しかし、例えばその双葉町では、福島原発事故が発生してから一二年以上が経過した二〇二三年四月一日時点においても、双葉町に生活の本拠を置いている住民は五〇人であり、客観的事実にかかわらず法制度的には双葉町に生活の本拠を置いていることになっている住民（避難住民）は六六〇五人（双葉町に生活の本拠を置いている住民の約一三二倍）、そして避難先に生活の本拠を置くことになったものの双葉町との関係の維持を希望している元住民（特定住所移転者）は一二一人という状況である。

つまり双葉町をはじめ、すべての指定市町村には、現に区域内で暮らしているということを基礎とする伝統的な政治的・行政的共同性と、かつては区域内で暮らしていたものの現在は区域外で暮らしている住民や住所移転者を加えた、区域を越えた政治的・行政的共同性が併存していることになる［阿部 2019］。こうした二つの政治的・行政的共同性が併存する法制度的な環境のもとでの地方自治の構造や運営のあり方について、選挙の結果、予算の編成の結果、行政計画の策定内容などを手がかりにしながら調査・検証することは、福島原発事故による被害実態を包括的・総体的に把握するうえでも、被災者の生活再建と被災地の復興・再生に向けた課題を抽出するうえでも、そして新たな地方自治のあり方の可能性を探るうえでも重要な研究課題だと考えられる(16)［窪田 2021］。

③原発避難者特例法の終期を見据えた被災者の生活実態に関する調査・検証

原発避難者特例法は特別な例外に関する法律であり、いつかは終期を迎えるものと思われる。終期を迎えたときには、当然ながら法制度上のフィクションとしての避難住民や特定住所移転者という存在は消滅することになるが、その終期が政治的・行政的に決定されるにあたっては、慎重に検討されるべき課題が存在する。すなわち、いわば〝片肺飛行〟［市澤・市澤 2013: 323］の状態にある避難住民や特定住所移転者について、伝統的な考え方に従って、避難先自治体への移住者として割り切ってしまうことが妥当なのか、それとも、客観的事実としての居住を抜きにして住民という法制度的な概念を組み立て直し、避難先自治体と避難元自治体との双方における参政権の行使を認めることが妥当なのかという課題である。

この課題を検討するためには、先述の被災者の原発避難者特例法に関する意識調査のほか、被災者の生活実態に関する調査・検証が必要である。二〇一二年度から毎年度、復興庁と福島県と市町村が共同して住民意向調査が実施されているが、これは主として避難者の帰還意向を確認することを目的とするものであって、とくに近年では公的機関によって被災者の生活実態に関する調査・検証は実施されていない。被災者の生活実態に関する包括的な調査・検証を行い、その結果に基づいて、原発避難者特例法が終期を迎えたときの避難住民や住所移転者の法的地位について判断することが必要だと考えられる。

註

(1) 本稿は、川﨑［2023］を加筆修正したものである。

(2) 周知のとおり、伝統的に、住所については客観的居住の事実を基礎とし、これに当該居住者の主観的居住意思を総合して決定するものとされている。

(3) 金井［2014］が指摘するとおり、二重の住民登録制度については法制度上は実現可能なものである。

(4) 「原発避難者特例法」の正式名称は、「東日本大震災における原子力発電所の事故による災害に対処するための避難住民に係る事務処理の特例及び住所移転者に係る措置に関する法律」である。

(5) なお、後述するとおり、避難者が避難住民になるためには、総務大臣による指定市町村の指定に関する告示の日から一四日以内に、指定市町村の長に対して、氏名、生年月日、性別、住所、避難場所などの届出を行うことが必要である。ただし、原発避難者特例法では、住民基本台帳法第五二条に定められている届出をしない者に対する罰則に相当する規定は置かれていない。

（6）　この点について、片山善博国務大臣（当時）は、「現行法でなぜいけないのかということですけれども、現行法でやろうと思えばできるんですが、一つ一つの事務の委託について契約を結ぶとか、それについて議会の議決が必要だとか、告示をしなければいけないとか、煩瑣なと言うと現行法に対して失礼になりますけれども、非常に厳格な手続を要するわけであります。今回のように、多くの住民の皆さんが多くの自治体に避難をされているときに、現行法の規定を適用するということは現実的ではない、間尺に合わないと思いますので、今回の特例法というものを用意したわけであります」と説明している（「第一七七回国会 衆議院 総務委員会 第二五号」二〇一一年八月二日）。

（7）　表9－2に示したとおり、特定避難勧奨地点をその区域に含む市町村は指定市町村の対象とされていない。この点について、片山善博国務大臣（当時）は、「これは法的に言いますと、警戒区域とは異なって局地的なものであるとか、それから、必ずしも原子力災害対策本部長の指示によるものではないということでありますので、この法案の中では区別をしております。しかし、実際にその対象の地点におられる方で、避難を余儀なくされるという状態は同じでありますので、その方々は、余り数は多くないと思いますけれども、その方々についても同様の措置が受けられるように、実質的な対象となるような取り組みをしたいと思います」と説明している（「第一七七回国会 衆議院 総務委員会 第二五号」二〇一一年八月二日）。

（8）　当初の原発避難者特例法案では、自主避難者は対象とされておらず、この附則は修正案として盛り込まれて可決されたものであるが、ここにはある種の矛盾が含まれている。原発避難者特例法では、避難者情報の把握が避難者に対する事務処理を行ううえでの出発点になっている。福島原発事故の発生に伴って避難指示等が発令された一二市町村、すなわち指定市町村である一三市町村からいわき市を除いた市町村では、日本赤十字社などによる義援金の配布や東京電力による仮払補償金の支払い手続きが進んだこともあって、福島原発事故が発生してから数か月後には、避難所の名簿などと住民基本台帳とを突合しながら住民の所在をほぼすべて把握することができた。その一方で、その他の市町村からの自主避難者については、避難元市町村も誰がどこに避難しているのかについては、避難者自身が全国避難者情報システムに避難情報を提供しない限り基本的には把握できないので、ほぼ必然的に漏れが生じることになり、適切に法律を運用することができないからである。加えて、そのためと言うべきか、原発事故という未曾有の非常事態が発生したことから原発避難者特例法が制定されたにもかかわらず、平時の事務の委託を活用することが念頭に置かれている。

（9）　総務省「原発避難者特例法に基づく指定市町村及び特例事務の告示等について」を参照のこと。
（https://www.soumu.go.jp/menu_kyotsu/important/48479.html）［最終アクセス日：二〇二三年一二月二四日］

(10) いわき市などにおいては、他市町村の避難住民のほか、いわゆる自主避難者なども多数存在すると推察される。

(11) なお、附則として定められている東日本大震災の影響により市町村の区域外に避難することを余儀なくされている住民に対して地方公共団体が適切に役務を提供することができるようにするための国による必要な措置の実施状況について、総務省に対して実施したヒアリング調査によると、正確には各担当省庁に問い合わせなければわからないが、何かを実施しているとは聞いたことがないとのことであった。

(12) ただし、例えば広報誌等の配布やSNS等による情報発信については、すべての指定市町村で実施されていると思われる。このため、この結果は、回答者が何を「復興やまちづくりに参加できるようにするために実施している施策」とみなすかによって変わりうると考えられる。

(13) 原発避難者特例法に基づく特定住所移転者に対する施策については以上のとおりであるが、同様の施策は住所移転者に対しても実施されている場合がある。例えば、双葉町は、特定住所移転者ではなくても、すべての住所移転者を「避難者」として位置づけ、特定住所移転者と同様の行政サービスを提供している状況にある。

(14) 富岡町では、表9−7や表9−8に整理した回答でも触れられているとおり、富岡町コミュニティづくり推進団体の登録に関する要綱と富岡町コミュニティづくり推進団体運営助成金交付要綱を制定し、避難生活を送る町民のコミュニティの維持と再生のために自主的に自立的な活動を行うコミュニティづくり推進団体に対して助成金を交付している。富岡町は、このコミュニティづくり推進団体と住所移転者協議会について、両者の目的は共通しているものの、住所移転者協議会の場合、行政側から責任者を選定し委嘱することで、望まない負担や拘束力が発生したり、移転者でなければ加入できなかったり、つながりたい人（町）同士が緩やかにつながることで許されることが許されなくなってしまうおそれがあるのに対して、コミュニティづくり推進団体の場合、避難住民と住所移転者の違いにかかわらず、富岡に心を寄せる方同士が自立して助け合い活動する行為を公に認め、できる限り支援していくという精神で続けていると補足的に回答している。

(15) 二重の住民登録制度については、必ずしも広く認知されているわけではないと考えられるため、設問文にその簡潔な解説を記述した。具体的には、「福島原発事故が発生した後に、学術界などにおいて、避難元自治体と避難先自治体の双方における住民としての地位を法的に保障する二重の住民登録制度を創設すべきとの提言が行われました。原発避難者特例法は、避難住民に対して避難先自治体からの行政サービスを受ける法的地位を付与していますが、二重の住民登録制度は、これに加えて、避難元自治体はもとより避難先自治体でも、選挙をはじめ政策過程全般についての法人としての意思の形成に参画する法的地位を付与することを意図したものです。こうした二重の住民登録制度は必要だと思いますか？」である。

(16) これは、一面では、かつての避難元自治体での在居に伴って蓄積された、財産や生存には還元しつくせない場所資本を基礎として、避難元自治体の内側で暮らしている住民とその外側で暮らしている住民が政治的・行政的共同性を維持・再生することの可能性に関する研究課題であって、いわゆる「コミュニティ」の維持・再生といったものに限定された研究課題ではない。なお、「在居」については窪田［2021］、「場所資本」については川﨑［2022: 170–212］を参照。

謝辞

本稿を執筆するにあたっては、双葉町、大熊町、浪江町、富岡町、楢葉町、川内村、葛尾村、広野町、飯舘村、南相馬市、川俣町、田村市、いわき市、福島県、総務省の原発避難者特例法のご担当の皆様に大変お世話になりました。ここに記して感謝申し上げます。

column B

原発避難一二市町村における市町村長の選挙の結果

川﨑興太

1 原発事故後の選挙

福島原発事故は、原発避難一二市町村における選挙の風景を一変させた(1)[川﨑 2023]。そもそも、避難している有権者の所在の把握からして難しいなかにあって、原発避難一二市町村では、適正な選挙を行えるようにするために、投票所を福島県内の各地に設置したり、避難者の投票所までの移動の支援を行ったり、選挙期間を通常よりも長く設定したり(2)、期日前投票制度や不在者投票制度の利用を促したりすることなどによって、選挙が実施されてきた。

2 選挙の結果

表A-1は、原発避難一二市町村における市町村長の選挙の結果を整理したものである。福島原発事故が発生した二〇一一年三月から二〇二三年三月までの一二年間において、それぞれの市町村で三回または四回の選挙が行われており、合計で三七回の選挙が行われている。投票が行われたのは二六回(七〇%)であり、無投票は一一回(三〇%)である。三七回の選挙において七三人が立候補しており、立候補者数の平均値は二・〇人である。それぞれの市町村における立候補者数の平均値を見ると、最多は川俣町の三・三人、最少は飯舘村の一・三人である。

表A-1 原発避難12市町村における市町村長の選挙の結果

投票日	市町村	選挙結果
2007年9月9日	大熊町	●告示日：9月4日 ●投票日：9月9日 ●定数／候補者数：1／1 ●執行理由：任期満了 ●有権者数：8,655人 ●投票率：無投票 ●得票数： 渡辺利綱（男／60歳／新人／無所属／農業） ——票（——%）
2007年12月2日	浪江町	●告示日：11月27日 ●投票日：12月2日 ●定数／候補者数：1／2 ●執行理由：任期満了 ●有権者数：17,725人 ●投票率：73.51% ●得票数： 馬場有（男／59歳／新人／無所属／会社役員） 7,082票（39.95%） 横山蔵人（男／56歳／現職／無所属／町長） 5,775票
2008年4月13日	楢葉町	●告示日：4月8日 ●投票日：4月13日 ●定数／候補者数：1／3 ●執行理由：任期満了 ●有権者数：6,417人 ●投票率：83.81% ●得票数： 草野孝（男／73歳／現職／無所属／楢葉町長） 2,348票（36.59%） [illegible]島琢郎（男／67歳／新人／無所属／無職） 2,144票 松本三郎（男／63歳／新人／無所属／農業） 782票
	川内村	●告示日：4月8日 ●投票日：4月13日 ●定数／候補者数：1／1 ●執行理由：任期満了 ●有権者数：2,668人 ●投票率：無投票 ●得票数： 遠藤雄（男／53歳／現職／無所属／川内村長） ——票（——%）
2008年10月19日	飯舘村	●告示日：10月14日 ●投票日：10月19日 ●定数／候補者数：1／1 ●執行理由：任期満了 ●有権者数：5,412人 ●投票率：無投票 ●得票数： 菅野典雄（男／61歳／現職／無所属／飯舘村長） ——票（——%）
2008年10月26日	葛尾村	●告示日：10月21日 ●投票日：10月26日 ●定数／候補者数：1／2 ●執行理由：任期満了 ●有権者数：1,320人 ●投票率：93.64% ●得票数： 松本允秀（男／70歳／現職／無所属／農業） 663.780票（50.29%） 松本信弘（男／63歳／新人／無所属／農業） 565.219票
2008年11月22日	双葉町	●告示日：11月17日 ●投票日：11月22日 ●定数／候補者数：1／3 ●執行理由：任期満了 ●有権者数：5,858人 ●投票率：77.55% ●得票数： 井戸川克隆（男／63歳／現職／無所属／農業） 3,131票（53.45%） 渡部了似（男／62歳／新人／無所属／会社役員） 1,257票 尾形彰宏（男／51歳／新人／無所属／ICT関連個人事業） 102票
2009年4月5日	田村市	●告示日：3月29日 ●投票日：4月5日 ●定数／候補者数：1／1 ●執行理由：任期満了 ●有権者数：34,707人 ●投票率：無投票 ●得票数： 冨塚宥暻（男／63歳／現職／無所属／田村市長） ——（——%）
2009年7月12日	富岡町	●告示日：7月7日 ●投票日：7月12日 ●定数／候補者数：1／1 ●執行理由：任期満了 ●有権者数：12,882人 ●投票率：無投票 ●得票数： 遠藤勝也（男／69歳／現職／無所属／富岡町長） ——票（——%）
2009年11月22日	広野町	●告示日：11月17日 ●投票日：11月22日 ●定数／候補者数：1／1 ●執行理由：任期満了 ●有権者数：4,308人 ●投票率：無投票 ●得票数： 山田基星（男／61歳／現職／無所属／広野町長） ——票（——%）
20010年1月17日	南相馬市	●告示日：1月10日 ●投票日：1月17日 ●定数／候補者数：1／2 ●執行理由：任期満了 ●有権者数：58,309人 ●投票率：67.43% ●得票数： 桜井勝延（男／54歳／新人／無所属／農業） 19,741票（33.86%） 渡辺一成（男／66歳／現職／無所属／南相馬市長） 19,044票
2010年10月3日	川俣町	●告示日：10月26日 ●投票日：10月31日 ●定数／候補者数：1／1 ●執行理由：任期満了 ●有権者数：—— ●投票率：無投票 ●得票数： 古川道郎（男／66歳／現職／無所属／川俣町長） ——票（——%）
2011年11月20日	大熊町	●告示日：11月10日 ●投票日：11月20日 ●定数／候補者数：1／2 ●執行理由：東日本大震災に伴う地方共団体の議会の議員及び長の選挙期日等の臨時特例に関する法律第1条第4項 ●有権者数：8,591人 ●投票率：68.34% ●得票数： 渡辺利綱（男／64歳／現職／無所属／大熊町長・農業） 3,451票（40.17%） 木幡仁（男／60歳／新人／無所属／農業・元町議） 2,343票
	浪江町	●告示日：11月10日 ●投票日：11月20日 ●定数／候補者数：1／1 ●執行理由：任期満了 ●有権者数：16,749人 ●投票率：無投票 ●得票数： 馬場有（男／63歳／現職／無所属／浪江町長・有限会社大一屋代表取締役） ——票（——%）
2012年4月15日	楢葉町	●告示日：4月5日 ●投票日：4月15日 ●定数／候補者数：1／2 ●執行理由：任期満了 ●有権者数：6,259人 ●投票率：78.21% ●得票数： 松本幸英（男／51歳／新人／無所属／会社員・元町議） 2.507票（40.05%） 結城政重（男／65歳／新人／無所属／無職・元町議） 2.308票
2012年4月22日	川内村	●告示日：4月12日 ●投票日：4月22日 ●定数／候補者数：1／3 ●執行理由：任期満了 ●有権者数：2,481人 ●投票率：82.43% ●得票数： 遠藤雄幸（男／57歳／現職／無所属／川内村長） 1,433票（57.76%） 猪狩健寿（男／65歳／新人／無所属／元学校生活支援員・農業） 443票 西山千嘉子（女／63歳／新人／無所属／無職・元村議） 79票
2012年10月21日	飯舘村	●告示日：10月11日 ●投票日：10月21日 ●定数／候補者数：1／1 ●執行理由：任期満了 ●有権者数：5,275人 ●投票率：無投票 ●得票数： 菅野典雄（男／65歳／現職／無所属／飯舘村長） ——票（——%）
	葛尾村	●告示日：10月11日 ●投票日：10月21日 ●定数／候補者数：1／2 ●執行理由：任期満了 ●有権者数：1,266人 ●投票率：93.36% ●得票数： 松本允秀（男／74歳／現職／無所属／葛尾村長・農業） 724.796票（57.25%） 松本信弘（男／67歳／新人／無所属／農業・元村議会議長） 448.203票

投票日	市町村	選挙結果
2013年 3月10日	双葉町	●告示日：2月28日 ●投票日：3月10日 ●定数／候補者数：1／4 ●執行理由：辞職 ●有権者数：5,360人 ●投票率：56.59% ●得票数： 伊澤史朗（男／54歳／新人／無所属／獣医師・前町議） 2,470票（46.08%） 丹野恒男（男／71歳／新人／無所属／会社役員・元県議） 187票 尾形彰宏（男／55歳／新人／無所属／IT開発業・元県議） 153票 染森信也（男／52歳／新人／無所属／無職・看護師） 49票
2013年 4月7日	田村市	●告示日：3月31日 ●投票日：4月7日 ●定数／候補者数：1／1 ●執行理由：任期満了 ●有権者数：33,489人 ●投票率：無投票 ●得票数： 冨塚宥暻（男／67歳／現職／無所属／田村市長） ——票（——%）
2013年 7月21日	富岡町	●告示日：7月4日 ●投票日：7月21日 ●定数／候補者数：1／2 ●執行理由：任期満了 ●有権者数：11,631人 ●投票率：68.00% ●得票数： 宮本皓一（男／66歳／新人／無所属／農業・元町議） 3,916票（33.67%） 遠藤勝也（男／73歳／現職／無所属／富岡町長・農業） 3,859票
2013年 11月24日	広野町	●告示日：11月14日 ●投票日：11月24日 ●定数／候補者数：1／2 ●執行理由：任期満了 ●有権者数：4,163人 ●投票率：81.19% ●得票数： 遠藤智（男／52歳／新人／無所属／農業・元町議） 2,017票（48.45%） 山田基星（男／65歳／現職／無所属／広野町長） 1,334票
2014年 1月19日	南相馬市	●告示日：1月9日 ●投票日：1月19日 ●定数／候補者数：1／3 ●執行理由：任期満了 ●有権者数：53,943人 ●投票率：62.82% ●得票数： 桜井勝延（男／58歳／現職／無所属／南相馬市長・農業） 17,123票（31.74%） 渡辺一成（男／70歳／元職／無所属／農業・元南相馬市長） 10,985票 横山元栄（男／65歳／新人／無所属／農業・元市議） 5,367票
2014年 11月16日	川俣町	●告示日：11月11日 ●投票日：11月16日 ●定数／候補者数：1／3 ●執行理由：任期満了 ●有権者数：12,519人 ●投票率：56.48% ●得票数： 古川道郎（男／70歳／現職／無所属／川俣町長） 5,768票（46.07%） 半澤清義（男／71歳／新人／無所属／無職） 669票 佐藤善一（男／65歳／新人／無所属／農業） 427票
2015年 11月15日	大熊町	●告示日：11月5日 ●投票日：11月15日 ●定数／候補者数：1／1 ●執行理由：任期満了 ●有権者数：8,491人 ●投票率：無投票 ●得票数： 渡辺利綱（男／68歳／現職／無所属／大熊町長・農業） ——票（——%）
	浪江町	●告示日：11月5日 ●投票日：11月15日 ●定数／候補者数：1／3 ●執行理由：任期満了 ●有権者数：15,761人 ●投票率：56.05% ●得票数： 馬場有（男／66歳／現職／無所属／浪江町長） 5,786票（36.71%） 渡辺文星（男／65歳／新人／無所属／無職・元副町長） 1,841票 小黒敬三（男／59歳／新人／無所属／会社員・元町議） 1,109票

投票日	市町村	選挙結果
2016年 4月17日	楢葉町	●告示日：4月7日 ●投票日：4月17日 ●定数／候補者数：1／2 ●執行理由：任期満了 ●有権者数：6,101人 ●投票率：74.04% ●得票数： 松本幸英（男／55歳／現職／無所属／楢葉町長） 2.689票（44.07%） 鈴木伸一（男／65歳／新人／無所属／無職・元副町長） 1.787票
	川内村	●告示日：4月7日 ●投票日：4月17日 ●定数／候補者数：1／1 ●執行理由：任期満了 ●有権者数：2,437人 ●投票率：無投票 ●得票数： 遠藤雄幸（男／61歳／現職／無所属／川内村長） ——票（——%）
2016年 10月16日	飯舘村	●告示日：10月6日 ●投票日：10月16日 ●定数／候補者数：1／2 ●執行理由：任期満了 ●有権者数：5,236人 ●投票率：70.84% ●得票数： 菅野典雄（男／69歳／現職／無所属／飯舘村長） 2,123票（40.55%） 佐藤八郎（男／65歳／新人／無所属／農業・元村議） 1,542票
2016年 10月23日	葛尾村	●告示日：10月13日 ●投票日：10月23日 ●定数／候補者数：1／1 ●執行理由：任期満了 ●有権者数：1,275人 ●投票率：無投票 ●得票数： 篠木弘（男／65歳／新人／無所属／農業） ——票（——%）
2017年 1月29日	双葉町	●告示日：1月19日 ●投票日：1月29日 ●定数／候補者数：1／1 ●執行理由：任期満了 ●有権者数：5,296人 ●投票率：無投票 ●得票数： 伊澤史朗（男／58歳／現職／無所属／双葉町長・獣医師） ——票（——%）
2017年 2月26日	川俣町	●告示日：2月21日 ●投票日：2月26日 ●定数／候補者数：1／4 ●執行理由：辞職 ●有権者数：12,252人 ●投票率：70.39% ●得票数： 佐藤金正（男／68歳／新人／無所属／農業・元県議） 3,587票（29.28%） 藤原一二（男／70歳／新人／無所属／団体役員） 2,636票 高橋道弘（男／64歳／新人／無所属／会社員・元県議） 2,181票 半澤清義（男／73歳／新人／無所属／アパート経営） 142票
2017年 4月9日	田村市	●告示日：4月2日 ●投票日：4月9日 ●定数／候補者数：1／2 ●執行理由：任期満了 ●有権者数：32,254人 ●投票率：72.32% ●得票数： 本田仁一（男／54歳／新人／無所属／無職・元県議） 13,843票（42.92%） 冨塚宥暻（男／71歳／現職／無所属／田村市長） 9,302票
2017年 7月30日	富岡町	●告示日：7月20日 ●投票日：7月30日 ●定数／候補者数：1／2 ●執行理由：任期満了 ●有権者数：11,316人 ●投票率：52.02% ●得票数： 宮本皓一（男／70歳／現職／無所属／富岡町長） 3,025票（26.73%） 山本育男（男／58歳／新人／無所属／会社役員・元町議） 2,801票

投票日	市町村	選挙結果
2017年11月19日	広野町	●告示日：11月14日 ●投票日：11月19日 ●定数／候補者数：1／3 ●執行理由：任期満了 ●有権者数：4,192人 ●投票率：77.58% ●得票数： 遠藤智（男／56歳／現職／無所属／特別職公務員） 1,811票（43.20%） 黒田耕喜（男／65歳／新人／無所属／農業・元副町長） 1,318票 岡田秀平（男／68歳／新人／無所属／会社役員・元県職員） 100票
2018年1月21日	南相馬市	●告示日：1月11日 ●投票日：1月21日 ●定数／候補者数：1／2 ●執行理由：任期満了 ●有権者数：52,933人 ●投票率：62.39% ●得票数： 門馬和夫（男／63歳／新人／無所属／農業・前市議） 16,494票（31.16%） 桜井勝延（男／62歳／現職／無所属／南相馬市長・農業） 16,293票
2018年8月5日	浪江町	●告示日：7月26日 ●投票日：8月5日 ●定数／候補者数：1／2 ●執行理由：退職 ●有権者数：15,417人 ●投票率：43.08% ●得票数： 吉田数博（男／72歳／新人／無所属／農業・元町議） 5,231票（33.93%） 吉沢正巳（男／64歳／新人／無所属／一般社団法人代表理事） 1,282票
2019年11月10日	大熊町	●告示日：10月31日 ●投票日：11月10日 ●定数／候補者数：1／2 ●執行理由：任期満了 ●有権者数：8,440人 ●投票率：53.00% ●得票数： 吉田淳（男／63歳／新人／無所属／無職・元副町長） 3,549票（42.05%） 鈴木光一（男／64歳／新人／無所属／無職・元町議） 863票
2020年4月12日	楢葉町	●告示日：4月7日 ●投票日：4月12日 ●定数／候補者数：1／1 ●執行理由：任期満了 ●有権者数：5,996人 ●投票率：無投票 ●得票数： 松本幸英（男／59歳／現職／無所属／楢葉町長） ――票（――%）
	川内村	●告示日：4月7日 ●投票日：4月12日 ●定数／候補者数：1／2 ●執行理由：任期満了 ●有権者数：2,260人 ●投票率：75.13% ●得票数： 遠藤雄幸（男／65歳／現職／無所属／川内村長） 1,194票（52.83%） 志田篤（男／71歳／新人／無所属／NPO法人社員・元村議） 468票
2020年10月18日	飯舘村	●告示日：10月10日 ●投票日：10月18日 ●定数／候補者数：1／1 ●執行理由：任期満了 ●有権者数：4,691人 ●投票率：無投票 ●得票数： 杉岡誠（男／44歳／新人／無所属／僧侶・元村職員） ――票（――%）
2020年10月25日	葛尾村	●告示日：10月15日 ●投票日：10月25日 ●定数／候補者数：1／2 ●執行理由：任期満了 ●有権者数：1,208人 ●投票率：70.20% ●得票数： 篠木弘（男／69歳／現職／無所属／葛尾村長・農業） 802票（66.39%） 高橋翔（男／32歳／新人／無所属／会社経営者） 37票

投票日	市町村	選挙結果
2021年1月24日	双葉町	●告示日：1月14日 ●投票日：1月24日 ●定数／候補者数：1／1 ●執行理由：任期満了 ●有権者数：5,018人 ●投票率：無投票 ●得票数： 伊澤史朗（男／62歳／現職／無所属／双葉町長・獣医師） ――票（――%）
2021年2月14日	川俣町	●告示日：2月9日 ●投票日：2月14日 ●定数／候補者数：1／3 ●執行理由：任期満了 ●有権者数：11,150人 ●投票率：64.67% ●得票数： 藤原一二（男／74歳／新人／無所属／行政書士） 3,790票（33.99%） 佐藤金正（男／72歳／現職／無所属／川俣町長・農業） 3,192.902票 佐藤善一（男／71歳／新人／無所属／農業） 163.097票
2021年4月11日	田村市	●告示日：4月4日 ●投票日：4月11日 ●定数／候補者数：1／2 ●執行理由：任期満了 ●有権者数：30,372人 ●投票率：71.37% ●得票数： 白石高司（男／61歳／新人／無所属／元市議・NPO法人理事長） 11,442票（37.67%） 本田仁一（男／58歳／現職／無所属／田村市長） 10,052票
2021年7月25日	富岡町	●告示日：7月15日 ●投票日：7月25日 ●定数／候補者数：1／2 ●執行理由：任期満了 ●有権者数：10,586人 ●投票率：52.02% ●得票数： 山本育男（男／62歳／新人／無所属／農業・元町議） 2,796票（26.41%） 藤沢道徳（男／54歳／新人／無所属／無職・元会社員） 2,586票
2021年11月21日	広野町	●告示日：11月16日 ●投票日：11月21日 ●定数／候補者数：1／1 ●執行理由：任期満了 ●有権者数：4,065人 ●投票率：無投票 ●得票数： 遠藤智（男／60歳／現職／無所属／特別職公務員） ――票（――%）
2022年1月23日	南相馬市	●告示日：1月13日 ●投票日：1月23日 ●定数／候補者数：1／2 ●執行理由：任期満了 ●有権者数：50,972人 ●投票率：63.75% ●得票数： 門馬和夫（男／67歳／現職／無所属／南相馬市長） 16,593票（32.55%） 桜井勝延（男／62歳／元職／無所属／農業） 15,625票
2022年7月10日	浪江町	●告示日：6月22日 ●投票日：7月10日 ●定数／候補者数：1／2 ●執行理由：任期満了 ●有権者数：14,069人 ●投票率：49.43% ●得票数： 吉田栄光（男／58歳／新人／無所属／元県議） 6,339票（45.06%） 高橋翔（男／34歳／新人／シン・福島県知事をつくる会／会社経営） 444票

注：当選者の票数の右隣りに記載した（ ）内の数値は，いわゆる絶対得票率であり，得票数を有権者数で除した数値である．
資料：福島県 市町村選挙の記録（https:／／www.pref.fukushima.lg.jp／sec／62010a／sityouson-kiroku.html），選挙ドットコム（https:／／go2senkyo.com／local），政治山（https:／／seijiyama.jp／）

投票率は、いずれの市町村においても、全国的な傾向と同様におおむね低下傾向にある。それぞれの市町村における無投票を除く投票率の平均値は、葛尾村、川内村、広野町では八〇%程度で高く、双葉町、富岡町、浪江町では五〇～六〇%程度で低い。とくに浪江町では低下が著しく、近年では五〇%未満である[3]［河村・伊藤 2019: 122–124］。なお、無投票については、一回が七市町村であり、ゼロ回が富岡町、川俣町、南相馬市の三市町村であり、二回が双葉町、飯舘村の二市町村である。

三七回の選挙のうち、現職が立候補したのは二八回（七六%）であり、新人のみが立候補したのは九回（二四%）である。一般に首長選挙では現職が圧倒的に有利だといわれているが、現職が立候補した二八回の選挙のうち、現職が当選したのは二二回（七九%）であり（うち無投票が八回）、落選したのは六回（二一%）である。なお、先述のとおり、福島原発事故の発生後にそれぞれの市町村で三回または四回の選挙が行われているが、すべて同一の立候補者が当選しているのは双葉町、楢葉町、川内村、広野町の四市町村であり、福島原発事故の発生前から同一の立候補者が当選しているのは川内村のみである。すべて異なる立候補者が当選しているのは川俣町、田村市の二市町村である。

市町村長の属性を見ると、性別については、すべて男性である。女性については、立候補者を含めても一人のみである。年齢については、六〇歳代を中心とする五〇～七〇歳代である。職業については、農業をはじめとする自営業が多く、また、元町議・県議だった者が少なくない。党派については、社会・経済の多元化の進展に伴って政党の集票力が低下しているという全国的な傾向に加えて［曽我 2019: 36–38］、原発避難一二市町村は相対的に人口が少ないことから有権者と候補者の距離が近く、政党所属ではなく個人の名前で選んでもらうことができることもあって［砂原 2015: 35］、全員が無所属である。

無投票を除く選挙における得票率（いわゆる絶対得票率）の平均値については三〇～六〇%程度であり、葛尾村、川内村の二市町村では相対的に投票率が高いことや圧勝の選挙が多いこともあって五〇%以上、富岡町、浪江町、川俣町、南相馬市の四市町村では相対的に投票率が低いことや接戦の選挙が多いこともあって四〇％未満である。

3　象徴的な出来事

二〇一一年三月から二〇二三年三月までの一二年間の原発避難一二市町村にかかわる市町村長の選挙では、二つの象徴的な出来事があった。

一つは、「現職落選ドミノ」である［河村・伊藤 2016: 319–342, 2017: 14–28］。これは、二〇一三年に実施された郡山市長選挙、富岡町長選挙、いわき市長選挙、福島市長選挙、広野町長選挙において、現職候補が六連敗することになった事象を指す（原発避難一二市町村では二回）。その背景には、震災・原発事故後の対応や除染・復興の遅れに対する不信感が現職の市町村長（または行政）に集中したこと、政治と距離があった女性などの有権者が政治に目覚めたことなどがあったといわれている。

もう一つは、「帰還派の勝利」である［河村・伊藤 2019: 246–260］。原発避難一二市町村では、二〇一四年から帰還困難区域を除く地域での避難指示の解除が始まったが、こうしたなかで原発事故後の二回目の市町村長選挙が行われた。その結果をみると、大熊町、川内村、葛尾村、双葉町では無投票で「帰還派」が当選している。また、投票が行われた選挙については、二〇一五年一一月の浪江町長選挙では、町外コミュニティの整備を訴えた立候補者が敗れ、二〇一六年四月の楢葉町長選挙では、避難指示の解除は時期尚早であると現職を非難し、対話重視の町政への転換を訴えた立候補者が敗れ、二〇一六年一〇月の飯舘村長選挙では、避難指示解除の白紙撤回を掲げた候補者が敗れている。

4　原発避難一二市町村の行方

すでに帰還困難区域を除いてすべて避難指示が解除された。帰還困難区域においても、特定復興再生拠点区域ではすべて避難指示が解除され、今後、同拠点区域外の特定帰還居住区域において避難指示の解除が予定されている。

しかし、避難指示が解除されても多くの住民は避難し続けており、とくに双葉町、大熊町、浪江町、富岡町では住民登録者に対する避難住民の割合が八〇％を超えている。原発避難一二市町村長は、こうした多くの課題に直面しながら復興に向けた政治・行政活動を行っている［川﨑編集代表 2022］。

原発避難一二市町村は、原発事故の発生に伴う不信感の高まりと混乱、除染と復興に対する不満の噴出、避難指示の解除をめぐる住民間の分裂などを経て、現在に至っている。今後、原発避難者特例法を含むさまざまな特別な法制度の廃止も見込まれるなかにあって、住民は誰を市町村長に選び、その市町村長はどのような政治・行政活動を行うのか、注目される。

註

（1）本稿は、川﨑［2023］を加筆修正したものである。

（2）公職選挙法第三三条第五項において、選挙の期日は、指定都市以外の市の長の選挙にあっては少なくとも七日前、町村の長の選挙にあっては少なくとも五日前に告示しなければならないものと定められていることから、多くの自治体では主として費用面の理由から最短の五日間を採用している。

（3）河村・伊藤［2019］によれば、大規模災害後における被災自治体の選挙においては、応急仮設住宅への入居等によって後援会組織の弱体化が進むことに伴い、候補者陣営からの働きかけが弱まることなどから、投票率が低下する傾向にあるが、原発災害の場合は、避難が長期にわたるため、住民票は残しつつも、自治体には帰還しないという意志を固める者がきわめて多くなり、「町長や町議にだれがなっても構わない」という思いを持つ者が棄権するという特有の投票率の低下要因もある。

第10章

広域避難者に対する支援の取り組みと課題

――当事者による支援団体の事例から

松井克浩

1 原発事故と広域避難

二〇一一年三月の東日本大震災および福島第一原発事故から、一三年余が経過した。メディアで取り上げられる回数も著しく減少し、一般的にはすでに「終わったこと」とみなされているのかもしれない。しかし、とりわけ原発事故による避難の状況や被害の継続に関しては、十分な実態把握も検証もなされてこなかった(1)。被害の現状に目を背けたまま、原発再稼働やエネルギー政策・原子力政策の転換などがなし崩しに進んでいる。

復興庁によれば、原発避難を含む全国の避難者数はいまだに三万人を数え、このうち福島県から県外への避難は二万人を超えている(2)(二〇二三年一一月現在)。住所地(市町村や県)を離れて全国各地に避難した住民(以下では「広域避難者」と呼ぶ)が多数、長期間にわたって発生したことが、今回の原発事故の特徴となっている。避難指示の有無や避難元の所在、世代、家族構成、職業などの点で多様な避難者が、全国各地に(場合によっては海外を含めて)分散し、ふるさとを離れた避難先での慣れない生活を強いられた。避難先では、自治体や民間団体、専門機関などが、手探りで支援に取り組んできた。また広域避難者自身が、避難先で避難者支援に取り組む事例も数多く見られた。

わが国ではこれまで経験のない、原発事故による長期・広域避難の発生という現実を前にして、社会学者など多くの研究者が全国各地で避難と支援に関する調査研究に携わってきた。近年の研究成果としては、埼玉県への避難者に自ら支援者としてかかわった西城戸誠と原田峻の著作［西城戸・原田 2019］、今井照らが一〇年間継続して実施した原発避難者の実態調査を取りまとめた著作［今井・朝日新聞福島総局編 2021］、新潟県への避難者を主な対象とした髙橋若菜らの著作［髙橋編 2022］および筆者自身の著作［松井 2017, 2021］などがある。いずれにおいても、長期にわたる避難者の不安や苦悩と、現場で避難者と向き合ってきた支援者の苦労、試行錯誤の様子が描き出されている。

また、民間による広域避難者への支援、とりわけ避難当事者による支援に注目した論考もいくつか著されている。青田良介は、国による公的支援が長期の避難生活に対応できなくなっていること、それに対して民間による支援が、公的支援に不足する点とりわけ個々の避難者に応じたきめ細かな支援という点で有効だったと述べる［青田 2021］。速水聖子は、ひろしま避難者の会「アスチカ」の事例に基づいて、避難当事者による相互支援の仕組みづくりの意義を明らかにしている［速水 2020］。

本章ではこれらの先行研究に学びつつ、西日本における避難当事者を主体とした二つの団体による広域避難者支援の事例を対象とする。その際とりわけ、中心的な担い手の軌跡に焦点を当てながら描き出したい。それにより、限定された視角からではあるが、広域避難者支援において当事者が担う民間組織の役割と意義を明らかにしたい。

以下では、まず松山市の「えひめ311」、次いで岡山市の「ほっと岡山」の事例を取り上げる。いずれも避難当事者が中心となって組織を立ち上げ、二〇二四年現在に至るまで存続し、活発な活動を展開している。中心的な業務は、主として原発事故による広域避難者への支援である。それぞれについて、活動の概要、支援者の生活史と活動への動機づけ、支援者からみた避難者の現状と課題の順にたどっていく。

2 隙間を埋める――「えひめ311」の事例

●2-1 団体の概要

復興庁のデータによると、東日本大震災による愛媛県への避難者は最大で二七〇名（二〇一一年一二月）を数えた。うち福島県からの避難者は、一五八名（約六割）である。震災・原発事故のすぐ後から、愛媛に避難する人々が現れ、五月に最初の避難者交流会（愛媛県内被災者連絡会）が松山市の石手寺《いしてじ》で開催された。住職はさまざまな社会的活動に携わってきた人で、阪神・淡路大震災の際にも被災者支援を行った経験をもつ。連絡会には三〇名ほどの避難者が集まり、食事をともにしながら交流することができた。その場には、カウンセラーや弁護士、司法書士などの専門職も参加し、避難者の相談を受けた。この連絡会はその後、月一回開催され、交流会・相談会の実施に加えて愛媛県や福島県への要望活動も行った。

連絡会発足の一年後、二〇一二年五月に任意団体として「えひめ311」が設立され、同年九月にNPO法人化された。理事は全員、避難当事者が務め、地元のNPO（えひめグローバルネットワーク）の支援により市街地に事務所を構えることができた（写真10-1）。法人の「設立趣旨書」によると、「えひめ311」の活動の柱は、①避難者を支える活動、②被災地の復興に向けた活動、③これから起こる災害に備える活動の三点である。また、こうした活動の背景にある状況認識としては、次のように記されている。「特に原発事故に伴う避難は、不安の中にあって苦しみながらも選ばざるを得なかったものであり、強制避難・自主避難に関わらずそれぞれの判断が尊重されるべきものである。しかし、避難者は先の見えない不安と不十分な生活保

写真10-1「えひめ311」事務所

障のもと、深刻な状況のもとに置かれ『個人の尊厳』が守られているとは言いがたい」。

こうした設立の趣旨と定款に基づいて、常設の相談窓口を開設し、各種交流会や講演会なども積極的に開催した。事業展開の裏づけとなる福島県の補助金も継続的に取得することができた。二〇一四年度からは、「タケダ・赤い羽根 広域避難者支援プログラム」にも採択され、各種事業を強化するとともに、「おせったい訪問」と名づけた四国内の避難者宅への戸別訪問活動を開始した。さらに、農水省の「農のある暮らしづくり事業」も受託し、障害者などの就労支援や災害時に必要な「つながり」づくりの場として、農業・福祉・防災関係者の連携による「多機能農園」を目指した。

二〇一六年度からは、福島県の新たな事業「県外避難者への生活再建支援拠点」に指定され、四国内の拠点として体制整備を図った。またこの年から、相馬盆唄の踊りと歌の先生を福島から招いて、石手寺の境内で盆踊り交流会を毎年開催していく。地域の人々も多数参加し、避難者との交流の場ともなった。表10－1は、コロナ禍の前年にあたる二〇一九年度の主な事業である。このほかには、東日本大震災追悼式やお花見交流会、秋の四国内避難者交流会（バス旅行）などを毎年実施している。

表10-1 「えひめ311」の主な事業（2019年度）

1. 避難者を支える活動 相談業務事業，情報受発信事業，四国内避難者への訪問活動， 四国4県県庁訪問，四国内交流会事業，四国4県各関係機関への訪問事業， 愛媛県内交流会（心行き交う盆踊り交流会，東日本大震災追悼式， 菅修一氏を偲ぶ会，お花見交流会），福島県内における交流会（かけはしプラン参加事業）， 本願寺旅費支援事業，健康診断実施事業，自立支援事業
2. 被災地の復興に向けた活動 西日本豪雨災害 草の根支援組織応援基金
3. これから起こる災害に備える活動 講演会・ワークショップ開催事業，減災農園運営事業
＊主な助成金 ・福島県県外避難者への相談・交流・説明会事業（拠点事業） ・福島県県外避難者帰還・生活再建支援補助金事業 ・委託事業：県外避難者支援運営業務・地域巡回員

出所：「特定非営利活動法人えひめ311　2019年度事業報告」．

●2―2 支援者の軌跡と活動の更新

①「とことんつきあう」

「えひめ311」の副代表理事・事務局長を担う澤上幸子は、もともと愛媛県の出身だった[3]。結婚を機に二〇〇〇年から、福島第一原発が立地する双葉町で暮らし始める。最初は保育園で働いていたが、妊娠をきっかけに退職し、その後は社会福祉協議会で勤務した。震災当日は社協で避難者対応をしていたが、翌日は原発事故により川俣町の避難所に入った。その後、放射能の影響を心配して、夫、三歳の双子の子どもとともに出身地の愛媛県に避難した。無償で提供された県営住宅に半年ほど入居した後、農村部にある実家の近くに引っ越して、小さな畑も借りて暮らしている。

澤上は、石手寺で開催される交流会に最初から参加し、「えひめ311」においても設立当初から事務局長を務めてきた。愛媛に避難してから半年も経つと原発事故の被害の状況も明らかになり、なかなか福島には戻れないこともはっきりしてきた。月に一度開催の交流会の場でも、愛媛での生活――どこに住み、どこで買い物をし、学校はどうするかなど――の話になってくる。澤上自身は避難当事者であると同時に、愛媛の出身者で、しかも社協での勤務経験もあったので、自分の中で「支援の何かが騒ぎ始めた」。避難者の生活支援を中心に置いた団体が必要という考えが共有され、「えひめ311」の結成につながっていった。

「えひめ311」としての活動は二〇一二年の五月から始まったが、市街地の目立つところに事務所を置く意味は大きかったと澤上は言う。というのも、被災地から遠く離れた愛媛では、時間の経過とともに震災のことは忘れられていく。そこには大きなギャップがある。だからこそ、いまなお被災者・避難者は大変で、被災地も大変なままなのだと発信していく場所が必要と考えた。福島には残してきた家族もいるし、亡くなった知り合いもいる。「なんだか悔しい思いから、やらねばという感じになった」。

日常的には、相談業務や生活支援が主な活動となる。避難の長期化に伴い独居の高齢者が増加してきた。こうした人々を病院に送迎したり、買い物に付き添ったりもする。社協などの公的支援にもつなぐが、介護の必要度が低い場合は要支援にはならない。制度に守られる以前の「グレーな人たち」を「なんとなく支える」のが民間のNPOの役割ではないかと考えている。もちろんNPOの活動には限界があるので、「私たちは（被災者と公的な支援との）隙間を埋めるくらいの存在でないといけない」と考えている。

例えば、ある避難者から「二か月に一回くらい温泉に連れて行ってほしい」という要望がある。公的な支援では応えづらい要望だが、澤上は「避難者だからといって自分の生活スタイルを変える必要はない」という。避難したからといって、がまんを強いられるのは何か違う気がする。なぜなら、「避難したことだけで十分がまんしている」のだから。こうした要望を少しでも叶えることができればいい。

澤上の避難者に向き合うスタンスは、相談の場においても一貫している。行政など公的機関だと、避難者の明確な要望や困りごとがないとなかなか取り合ってくれない。しかし避難者の気持ちは、つねに「揺れ動く」。そこに、一時間でも二時間でも「とことんつきあう」ことは、民間にしかできないことだと思う。その役割を果たすことが、避難者が行政に相談に行く「下ごしらえ」になる。その背景にあるのは、次のような考えである。

とにかく自己決定してほしいので、とことんお話を聞いて自己決定できるまでつきあう。私たちが答えを出すわけにもいかないし、誘導するわけでもない。でも、みんな力があって避難という決断をして自己決定してきた人たちだから、これからの暮らしだって絶対自己決定できると私は思っています。それには揺れがあったり悩みがあったり時間が必要だったりするだけで、そもそも力はある人たちだって思っているから、それをとことん待つ。

避難が長期化するにつれて、ますます避難者は声を上げにくくなっている。まして、被災地から遠く離れた愛媛であればなおさらだろう。澤上は避難者のもつ力を信じ、その迷いや揺れにつきあい、あくまで自分で前を向くのを待とうとする。それこそが、自分たちのようなNPOの役割だと考えている。

②「意地」と「悔しさ」

「えひめ311」の設立を主導し、当初から代表理事を務める渡部寛志は、避難指示が出た南相馬市小高《おだか》区から愛媛に避難した。(4) かつて愛媛大学で学生生活を送ったことが、避難先を選んだ主な理由である。小高区の農家に生まれた渡部は、大学卒業後に実家へ戻り、野菜づくりをしながら、耕作放棄地につくった池で七年ほどドジョウの養殖に挑戦してきた。目標が叶うはずの二〇一一年に、震災・原発事故に見舞われる。最初は会津若松市にある母親の実家に避難したが、小学校入学直前だった長女に安全で落ち着いた土地で入学式を迎えさせたいと、県外への避難を検討した。三月下旬に、愛媛県が公営住宅の無償提供などの避難者受け入れ施策をウェブサイトに掲載しているのを見て、愛媛への避難を決めた。

四月初め、渡部は妻と六歳、二歳の娘二人とともに、車で愛媛に向かった。提供された松山市内の市営住宅に入居し、勉強を兼ねて自然農法を営む農園（伊予市）で働き始めた。五月の連休頃には、最低一年は小高区に戻れないことがわかった。悩んだ末に、愛媛で農業をやることにして土地探しを始めた。七月に伊予市で水田を借りることができて、すぐに田植えをした。住居も伊予市に移し、みかん畑も借りた。野菜づくりや養鶏なども始め、二〇一二年には福島でやっていた品目は「無理やり再開させた」。

とはいえ、福島での営農と比べると規模はずっと小さくなり、収益もあまり上がらない。「えひめ311」の活動や裁判にも時間をとられ、だんだん農業に専念できる環境ではなくなっていく。それでも渡部は、東京電力による仮払いや賠償金を農業につぎ込み、「意地で」農業を続けていく。その背景には、次のような「悔しさ」があった。

（実家は）江戸時代から代々続いてきた農家でした。米づくりの営みも絶やしたことがないはずだった。いろんな大変なこともあっただろうけど。原発事故によって、それが断たれるということに気づいて、悔しくなったわけです。みんなあきらめて今年はつくらないだろうけど、俺はやるぞと。これまでの営みに執着したわけなのかな、その段階で。それまではたいしたこと思ってなかったのに。考えたこともなかったのに。

渡部は、震災前はあまり社会問題に関心がなかったという。福島第一原発の存在もほとんど気にしたことはなかったが、実際に原発事故が起きて、原発は人の生活、人生を奪うほど恐ろしいものだと気がついた。事故前は、地元への愛着もとくに感じていなかったが、「その土地があったから自分自身の生活は成り立っていたし、自分自身というもの自体、アイデンティティもそこで育まれてきたものだということに、原発事故の後で初めて気がついた」。こうした「気づき」が、やがて福島での農業再開にもつながっていく。

南相馬市小高区は、二〇一六年七月に避難指示が解除された。故郷の集落には、大規模な農業法人が新たに進出を計画していた。企業が土地を集積して営農すると、そこで暮らしてきた人たちが戻る理由をなくしてしまう。「まったく地元住民置き去りの復興へと変わっていくんだなというのが、なんかまた悔しくなってきて」、二〇一八年に「向こうで無理やり田んぼを再開させた」のである。渡部は春と秋に福島に戻って機械作業をすることにして、水田の水管理は親に頼んだ。それ以降、愛媛と福島を往復しながら農業を続けている。

こうした農業への取り組みに見られる渡部の「意地」や「悔しさ」は、代表を務める「えひめ311」の活動や裁判への取り組みにも一貫している。渡部が書いた「えひめ311」の設立趣意書には、「一人一人の心に寄り添い共に課題を解決していく」という理念とともに、「『現状の問題点』と『当事者が心から望む事とは何か』を調査・整理し、国・自治体に対して被災者・避難者の『命と尊厳』を守るための政策提言を行い、一日でも早く一人でも多くの人が前を向いて歩き出せるような仕組みづくりに努める」と記してある。役員は全員、避難当事者であり、よりよい生活環境を避難先の愛媛で整えることを目指してきた。

そのために相談窓口についても、当事者の声を聞いて、不平不満や改善すべき点を明らかにし、それを自治体や国に伝えて対応を考えてもらう、という位置づけだった。事務局長の澤上は、前述のように相談者に徹底的に寄り添うことに比重を置いてきたが、渡部は「それをどう活かすか」をつねに考えてきたのである。この点で渡部と澤上は、それぞれの個性を活かして役割分担してきたともいえる。また渡部自身は、「えひめ３１１」の活動を「対症療法」と位置づけ、根底から変えていく「根源療法」として別途二つの裁判に取り組んできた。原発事故被災者愛媛訴訟と伊方《いかた》原発運転差し止め訴訟である。「安心して次の世代へ、原発事故があったから良い社会に変わったよと言えるような状態にしなければいけない」と強く思っている。

●２－３　避難者の現状と課題

「えひめ３１１」では、避難当事者自らが、被災地から遠く離れた場所で長期にわたって避難生活を送る人々への支援に取り組んできた。彼ら彼女らの目から見た、避難者の現状はどうなっていて、課題はどこにあるのだろうか。澤上によれば、とりわけ近年深刻なのは、避難者の「孤立」である。例えば愛媛にいるきょうだいを頼って避難してきても、きょうだいも高齢となり、その子どもには頼れないというケースがある。本当に細いつながりで避難してきた人、あるいはつながりもなく避難した人は、高齢になるにつれ孤立が進むように見える。そうした避難者に貧困ビジネスがつけ込む事例もあった。避難者の中には、社協のサロンに連れて行っても方言を気にしてなじめない人がいる。そうした人々を何とか見守っていきたいと考えている。

避難指示区域外から子どもを連れて避難してきたある母親は、最近白血病と診断された。避難前は勤めていた会社で健康診断があったが、避難先では健康診断の案内もなかった。忙しくて自分のことはつねに後回しにしていた。避難先でも正社員として働くことができれば、あるいは保健師の巡回などもっと支援の手があればと悔やまれる。病気になる前は、大学生の前で避難の経験を語ったりしてくれる前向きな人だった。テレビの取材などでも、避難したけど元気でがんばっています、などと話すタイプの人だった。

けれども何かすごい悩んでいたのかもしれないし、陰で泣いてんじゃないかな。あの人を見てから、元気な人ほど要注意と思ってますね。私の目の前で泣いたり悩んだりしてくれてる人の方が気づけるけど、すごいめっちゃ元気で笑ってる人の方が、家に帰って泣いてませんかと思ったりするようにしています。

人前でいつも元気に振る舞っている人は、いらだちを人にぶつけたり、弱音を吐いたりする場をうまくつくれないでいる可能性もある。じつはそうした人こそが危機に陥る可能性があるというのは、重要な知見である。

現時点で澤上が気がかりなのは、避難してよかったのか、避難しなかった方がよかったのか、当事者たちが「そこで止まっている」ことだ。避難先での生活が大変な人ほど、避難しなければよかったと自分を責めている気がする。かといって帰還する元気もないし、近年は福島県による帰還支援もなくなってきている。帰還する決断もできないが、避難を継続するのもしんどいなかで、「じゃあ、私はどうしたらいいのと揺れている感じ」なのである。そうした避難者に対しては、交流会や旅行などにより避難先で少しでも楽しい時間を過ごしてもらうとともに、「避難してよかったんだよって言い続けたい」。

結局、避難者は、震災のことを忘れたい、離れたいと思いながらも、いまに至るまで震災と原発事故を「背負って生きている」。その一因には、社会の変わらなさもあると澤上は言う。

原発は要らないよねとなっているわけでもなく、私たち避難者のことを忘れたんかいと思うような。処理水の話もそうだけど、もっと漁業の人たちの話を聞くと言ったじゃんって思うし。そういうふうに社会が変わらないところには、すごくいらだちはあります。やっぱり一三年前の震災忘れてませんかみたいな。声を聞いてくれていないというか、訴えても伝わらないというか、どこに何を言ったら伝わるのかもわからない。

もし社会が、原発事故の経験を踏まえて少しでもよい方向に変化しているのであれば、避難者が事故の被害と避難にともなう苦労を自分なりに受け入れ、「止まっている」場所から一歩ずつ動き出すことができるかもしれない。しかし、誰も責任をとらず、社会が何も変わらなければ、自分たちの苦難に意味を見いだすことができない。周囲の人々が避難者を見るまなざしも変わらず、避難者はいつまでも「そこで止まった」まま置き去りにされている。

3 「身体性」に向き合う——「ほっと岡山」の事例

●3－1 団体の概要

震災と原発事故の後、被災地から離れた岡山県にも多くの人が避難した。だが、その後の岡山県の避難者数の推移は特徴的である。後藤範章によると、中・西日本の主要九府県別の「避難者等の推移」（復興庁）では、「岡山県を除く八府県が二〇一一・一二年の比較的早い段階でピークを迎えているのに対し、岡山県の場合は原発事故から四年三ヶ月後の二〇一五年六月（一二四一人）にピークを迎え」ている。またデータの出所は異なるが、ピーク時に近い二〇一五年九月の段階で、六五・六％は東日本被災主要三県（福島・宮城・岩手）以外からの避難者が占め、「かつその多くが東京圏からの避難者であると考えられる」という[5]［後藤 2018］。

多様な避難元からの避難者を受け入れてきた岡山県では、早い段階から避難者支援を目的とした団体がつくられていった。岡山県内の市民グループや、避難者が中心メンバーとなっている団体などが、それぞれの特徴を活かして支援にあたってきた［後藤 2018; 後藤・宝田 2015］。民間支援団体は岡山県各地にあり、避難者の生活支援、避難・移住者交流会、保養活動などに取り組んできた。団体間の連携も進み、より安定的な支援ネットワークの構築とワンストップの相談窓口を目指してつくられた中間支援組織が、「うけいれネットワークほっと岡山」である（以下「ほっと岡山」）。設立は二〇一二年一〇月で、構成団体は岡山県内の一〇の民間支援団体だった。

「ほっと岡山」の事務局は、自らも東京からの避難者である服部育代が担った。活動には、何件かの助成金を利用し、事務所を借りて相談窓口を開設した。避難者向けのニュースレターを発行し、情報交換のための説明会・交流会も開催した。二〇一六年六月に事業を継承する形で法人化し、「一般社団法人ほっと岡山」として再出発した。服部が代表理事に就き、服部のほか精神保健福祉士、臨床心理士、司法書士を相談員として配置している。「お互いに声をかけあい、助けあえる社会を」をビジョンとし、「災害により、暮らしの変化を余儀なくされた一人ひとりの『声なき声』を尊重し、3・11の経験を『これから』にいかしていきます」というミッションを掲げている(「ほっと岡山」ウェブサイトより)。

主な事業内容として挙げられているのは、①相談、②交流会、③情報提供、④啓発、⑤調査・研究・政策提言、⑥ネットワーク構築、⑦レジリエンス支援である[服部編 2021]。例えば、②の中には、福島県からの避難者を対象に、福島県内の交流会に参加する旅費の補助や、福島県に帰還した人を招いた交流会などが含まれる。また⑦では、「避難」の経験をインタビューで記録し、冊子化する事業を行っている。活動には、「福島県県外避難者への相談・交流・説明事業(拠点事業)」「県外避難者支援事業(ふるさとふくしま事業)」「タケダ・赤い羽根共同募金広域避難者支援プログラム」「岡山市男女共同参画社会推進センター市民協働事業」などによる助成を得ている。**表10－2**は、コロナ禍の前年にあたる二〇一九年度の主な事業である。

●3－2 支援者の軌跡と活動の更新

「ほっと岡山」の代表理事を務める服部育代は、栃木県出身で、東京で学生生活を送った[6]。卒業後は、基本的にフリーランスでグラフィックデザインの仕事に従事してきた。震災時には、東京で夫と小学校入学直前の長女、幼稚園児の長男とともに暮らしていた。原発事故後は夫の実家がある名古屋市に一時避難していたが、長女の小学校入学のためにいったん東京に戻った。しかし、住まいの近隣で放射線量が高い箇所が見つかり、子どもの体調が悪化したこともあって、子育て仲間三世帯で検討して岡山を避難先に選び、八月初めに避難した。

服部の子ども二人は、もともとひどい食物アレルギーだった。それもあって、二〇〇四年から子育て支援NPOに加入し、その後理事も務めた。二〇〇四年の新潟県中越地震の際にも現地の母親たちの支援に携わり、こうした体験も踏まえて二〇一〇年に親子向けの防災本の制作に加わる。服部は自然エネルギーや原発の問題にも関心があったので、この「防災本」の中に「もしも原発事故が起きたら」という記事を掲載しようとしたが、編集担当者に「そういった内容はちょっと難しいでしょう」と言われた。

そのときに、そうだよねって思っちゃったんですよ。そこは、私の今やってることの原点ですね。その一か月後ぐらいに3・11があって、私が起こしたような気にすらなりました。すごいもうごめんなさいって思ってしまった。そんなこと起こるわけがないって思ったんですよね。……本を一冊書いたところでなんにもなってないと思うんだけど、そこに向き合わなかった。ああ、こういうことなんだっていうふうに思ってし

表10-2「ほっと岡山」の主な事業（2019年度）

1. 相談支援事業 相談業務，拠点設置，安否確認・在宅被災者訪問， 戸別訪問・同行支援，専門機関連携
2. 交流支援事業 情報説明会・交流会，ほっとめぐる交流会，くるくるお茶会， コミュニティ強化事業かけはしプランA・B
3. 情報収集・情報提供事業 「ほっと岡山News」発行，ウェブサイト・SNS・メーリングリスト等情報発信， 福島県地方紙の配架，書籍の開架
4. 情報発信・啓発活動・広報事業 3.11スタディーズ，地域防災アドバイザー派遣
5. 調査・研究・政策提言事業 関西学院災害復興制度研究所「避難疎開分科会」参加，政策提言
6. 関係機関との協力・連携事業 災害支援ネットワークおかやま参画，復興庁情報支援事業， ジェンダー視点から考える広域・長期避難者支援ネットワーク参画
7. 支援団体・個人とのネットワーク構築・連携事業 エンパワメント：「ふくしま県人会」など レジリエンスのうながし・サポート支援：「アロマケア」など
8. その他 本願寺旅費支援
＊主な助成金 ・福島県県外避難者への相談・交流・説明会事業（拠点事業） ・ふるさとふくしま・かけはしプラン（ふるさとふくしま事業） ・岡山市南区防災アドバイザー派遣事業 ・本願寺旅費補助支援事業

出所：「一般社団法人ほっと岡山　2019年度事業報告書」．

まったのをよく覚えてますね。だからそのときに一生かけてやるって決めたんです。

この経験がその後の活動への動機づけとなった。服部はこの子育て支援NPOのメンバーとともに、「子どもたちを放射能から守る全国ネットワーク」の立ち上げも担った。また、震災翌年の二〇一二年からは「子どもたちの健康と未来を守るプロジェクト」、保養や移住の支援を行う「311うけいれ全国協議会」にもかかわっていく。こうした豊富なネットワークをもつ服部は、避難先の岡山においても支援活動を行う諸団体の結節点となっていった。二〇一二年一〇月に「うけいれネットワークほっと岡山」を立ち上げ、二〇一四年六月からは「タケダ・赤い羽根 広域避難者支援プログラム」の助成により、拠点を設けての活動をスタートすることができた。

この頃から「岡山現象」(註5参照)が注目されるようになったが、服部は「移住者」に焦点が当てられることに違和感をもった。地元新聞が避難者交流会を「移住者交流会」と報じたことや、支援団体のメンバーから「私たちが来る人を選べばいい」という発言があったときに強いショックを受けた。当事者の服部としては、あくまでも原発避難の避難先としてたまたま岡山を選んだだけであって、岡山に移住したくて来たわけではない。活動としても、移住者支援ではなく被災者・避難者支援という軸を守りたいと考えた。そこで二〇一六年六月に、司法書士などの専門職をメンバーに加え、避難者支援を軸とした「一般社団法人ほっと岡山」として再出発した(写真10-2)。

服部自身は、どちらかというと広報や情報支援などの「表層的な活動」や、政策提言のような「ちょっと大きなところ」に優先的に取り組んできた。活動

写真10-2「ほっと岡山」事務所

の転機となったのは、自身で相談業務に力を入れるようになったことである。

やっぱり肉体がある感じ、身体感覚でやる必要性というか、それに気づいたのが二〇一八年ぐらいですかね。リアルに一人ひとりの声を聞くと、一人ひとり違う。話を聞かせてもらって、本当あなたよく生きてきたし、よく逃げてきたねって毎回思う。するとその人がなんか違うように、相談者じゃなく見える感じもあって、これ本当に貴重な経験だなと思って。ゆっくりかもしれないけど、一人ひとりの話を聞きながらやれる機会は、すごく重要だなと思いました。

一人ひとりの個別具体的な「身体性」に向き合う重要性に気づいた背景には、津波被災地の宮城県で活動していた支援者たちとの出会いがあった。彼ら彼女らから学んだことは、当事者の中に「回復していく力がある」という感覚である。当事者である服部自身が感じてきたことでもあるし、行きつ戻りつするような一筋縄ではいかないものであることも理解できる。それは活動を続けていくうえでの「道しるべ」となった。

もちろん、身体性、身体感覚という発想のルーツは、原発事故以前から服部の中に育まれていたものである。食の問題は身体感覚と切り離せない。「食べてみないと体がどう反応するかわからない。その人のいい塩梅がどこなのかは、その人しかわからない」からである。その意味で原発事故は、健康関連と近いトピックなのかもしれない。心と体がつながって反応している。「やっぱりちょっと無理」となると、具合が悪くなったりする。また、京都の支援者からは「傾聴」の方法を学んだ。相手の発言をすべて認めて、整理を促し、安心感や納得感、自己決定力を回復させるアプローチである。

とはいえ、いうまでもなく原発事故は人災である。加害者が十分に責任をとっておらず、現行の法律や制度にも不備がある。そうした面で、被害者を救済し支援するための問題解決が必要であり、可能なはずである。だから「すべてその人の折り合いをつける力に頼るべきではない。私はずっとそこは気をつけているところです」。

一人ひとりの当事者と向き合い、その回復する力を育むのと同時に、社会や環境を変えていく。そうした力だって当事者の中にはあるはずだ。そう服部は考えている。

●3-3 避難者の現状と課題

広域避難者の現状について、服部もまた「孤立」が最大の問題だと考えている。避難者にとって、災害や避難で大変だったということを、繰り返し誰かに向かって話すことは大事なはずだ。それによって自分の体験を整理し、次のステップに進むことができる。(7) しかし被災地から遠い場所にいると、周りの人とそうした話をする機会がない。なかなかニュースにもならないため、話題にすることが難しい。

だから、相談その他で「ほっと岡山」を訪れる避難者は、服部に向かって避難当時のことを「いまでもとてもリアルに、すごく生々しく」話す。それは、ふだん話す場に恵まれていないことを示してもいる。職場や地域で地元の人とふつうに話すが、「友達じゃない感じ、本音は出せないよそ者の感覚」があるのではないか、と服部は言う。それは「3・11前の、無意識にいろいろな人の中にふつうにいる感覚じゃない。つねに膜というか差を感じている」というものである。

そのために避難者は、自分が避難を決めたことに対する「意味づけ」をすることができずに、「本当にあれでよかったのか、まだ腑に落ちていない」状態が続いている。

なんとかしがみついてる感じ。今の生活にしがみついて、時間が経過するのを待つ。早く時間が経って、時間が重みをつけて錨になってくれれば、そうしたらここに定着してる感じを持てるんじゃないか。そういう感覚ってあると思うんですよね。だから、ここに来て「なんかすっきりした、なかなか話せないんだよね」ってしょっちゅう聞いて、まあそうだろうなと思って。やっぱり安心して暮らす土台みたいなものを、まだまだつくってる途中というか、もしかしたら失っちゃったままなのかな。

服部から見れば、原発事故による避難は、転勤ともふつうの移住とも違う。もちろん避難者も、避難先で新しい土地になじもうと努力し続けている。しかし、一〇年経っても膜や差を感じるのはなぜなのか。それは、避難元を意識し続けているからではないか。原発事故さえなければ、ここにはいなかった。「あれさえなければばって（元の場所に）引き戻されちゃったりとか、そっちのアイデンティティをもう一つ持ってるままなのか……」。

区域外避難（自主避難）の人は、避難元の場所や人間関係に「自分からプッンとはさみを入れた」（とはいえ、けっして「好きで選んだ」わけではない）。それに対して強制避難者は、「そこから押し出されて、手を離された」。いずれも、本当はそこ（避難元）にいたいのに、切り離した（切り離された）ことを、いまでも引きずっているようだ。この先、〝二つのアイデンティティ〟をポジティブに活かしていく道もあるかもしれないが、現段階では避難先でも避難元でも「いい関係性ではなくなっている」。例えば避難元への帰還を考えても、元どおりの関係に戻れるのか不安で、どうしても躊躇してしまう。

「ほっと岡山」では、岡山への避難者と福島での居住継続者の相互理解を進めるための事業を行ってきた。例えば避難者の旅費を支援して、避難元の南相馬市で交流会を開催した。避難者が避難元のコミュニティに安心して戻るためには、科学的に問題ないという情報提供だけでは不十分である。避難した人、避難しなかった人それぞれの選択を知るために、「一緒に出会っていくことはすごく大事」だと思った。残った人の苦しみや、本当は避難したかったという胸の内を聞くこともある。考えが違うのはあたりまえなので「ヒヤヒヤするとき」もあるが、無理せず、急がず、ていねいに出会う機会を増やしてきた。

広域避難者は、自らの「根っこ」を失い、避難先に根を下ろすことも困難なまま「孤立」を強いられている。それぞれが抱えている事情は個別的である。しかし服部は、その根底にあるものは「人を尊重しない」この社会のありようだと考えている。統治する側は、被災者・避難者の個別性を「丸めて」、自分たちの都合のいいように見ようとする。それに対抗していくためには、平時から「人を尊重する感覚」を育むことが必要であり、防災はそのとっかかりとして有効だと、今後の活動の方向を見定めている。

4 民間支援組織の意義

●4―1 支援者の軌跡と避難者の「理解」

本章では、西日本で広域避難者支援を行ってきた二つの団体の事例について、自らも避難者である団体の担い手三人のインタビューをもとに紹介してきた。対象者たちは、震災前の履歴の中に改めて自己の原点を見いだし、原発事故との遭遇により新たに活動への動機づけを得てきた。彼ら彼女らにとって広域避難はまさに「自分ごと」であり、避難者が抱える問題は自分の問題として担うべきものでもある。活動に携わるなかで、支援についてその都度の捉え返しや意味づけのし直しを経てきたが、自らが避難当事者であることはつねに支援の軸となっていった。

このことは、いま避難者が抱えている問題を理解するうえでも強みとなる。いずれの事例においても、現在の中心的な問題は避難者の「孤立」だった。「えひめ311」で支援している避難者の中には、時間が経つにつれて避難先でのつながりが細くなり、頼る先を失っている人もいる。また、表面的には元気に振る舞っている人も、実際には孤独や困難を抱えている場合がある。支援者の側の深い「理解」が必要となる。原発事故をずっと引きずっていて、時間が止まったまま、この先の決断や判断が難しくなっている人もいる。社会の「変わらなさ」がそれに拍車をかける。

「ほっと岡山」の服部も、避難者の孤立・孤独について話してくれた。避難先ではいつまでも「よそ者の感覚」を抱き続け、自分の経験を周りに話すことができない。そのために、避難の決断を意味づけられず、腑に落ちない、錨や土台がない状態がずっと続いている。「あれ（原発事故）さえなければ」と思って避難元を引きずり、〝二つのアイデンティティ〟を持ち続ける。帰還を考えても、避難元のコミュニティにすんなりと戻れるかどうかが不安である。服部たちは避難者と避難元をつなぐ〝分断修復〟を試みているが、「生身」の人間として出会うことに今後の可能性を感じている[8]。

避難者は、いつまで経ってもなぜ苦しいのか、なぜ先に進めないのか。支援者の「語り」からは、当事者だから「理解」できることをうかがい知ることができる。支援者たちもまた、周囲の無理解、周囲とのギャップを日々感じてきたし、自分自身で揺れや迷い、挫折と変化を経験してきた。この経験は、目の前の避難者が抱えている問題と「身体感覚」をベースに共振することにもつながる。こうした「自分ごと」としての想像力は、避難者への深い理解をもたらすだろう。

●4－2 これからに向けて

本章で見てきたような支援者の取り組みや避難者の現状を、どのように受け止め、今後に活かしていけばよいのだろうか。長期間ふるさとを離れて避難を続ける人々は、「孤立」に加え、周囲から見捨てられている感じを抱き、迷いとあきらめを深めているように思われる。宙づりの状態、根っこを失って浮遊し、寄る辺のない状態である。現状を受け入れることができず、先に進めない。しかも、こうした状況はすべて自分自身の選択によるものだと思い込ませるような力が働いている。

そうした避難者に向き合う民間支援組織の役割や意義は、まずは長期にわたって（「自分ごと」として）「つきあう」ところにあるのだろう。本章で取り上げた支援者たちは、時間をかけてていねいに被災者・避難者の話を「聞く」ことで、経験の言語化と整理を促し、その人のもつ力を引き出してきた。その際は、相手を一人の個人として尊重する「人権感覚」が「理解」のベースになっていた。こうした役割を果たすことは、行政や専門機関には難しい。ここに、民間の支援組織が存続する理由と必要性がある。

国や福島県は事故の責任を認めないまま、「避難者ゼロ」を目指す避難終了政策を進めている。それに合わせて、民間支援組織に対する補助金・助成金も削減されている。(9) しかし、被害も避難も終わっていないのだから、避難先での生活支援や希望する人への帰還支援を継続していくことが必要である。それに加えて、社会の側の変化も求められる。対象者も話していたように、避難者の話を聞き、その「折り合いをつける力に頼る」だけでは不十分である。事故や避難についてきちんと検証し、責任を明らかにして、必要や法や制度を定めていくべきである。

しかし現実に進んでいるのは、福島事故の反省を何ら踏まえない、「原発を最大限活用する」方向への原子力政策の転換である。避難者を取り巻くわれわれ一般の「人権感覚」も、きわめて不十分なままである。こうしたことのすべてが避難者をさらにいっそう傷つけ、追い込んでいる。被災者・避難者が(納得はできないにせよ)現状を受け入れ、再び前を向いていくためにも、私たち社会の側の真摯な受け止めと変化が求められている。

註

(1) 東京電力柏崎刈羽原子力発電所が立地する新潟県は、原発再稼働を議論する前提として二〇一七年度から福島第一原発事故の検証を進めてきた(「三つの検証」)。各委員会・分科会の報告書は提出されたものの、全体を取りまとめるはずの検証総括委員会は、十分な議論がなされないまま二〇二四年三月に終了した。政府による原子力政策の転換が影響している可能性もある。

(2) しかし、この数字は十分に原発避難の実態を反映したものでないことが指摘されている。例えば、松井[2021: 4]を参照。ここでは「最低限」を示すデータとして掲げておく。

(3) 澤上へのインタビューは、二〇二一年一一月、二〇二三年九月に実施した。

(4) 渡部へのインタビューは、二〇二三年九月に実施した。

(5) 後藤は、こうした「ベクレルフリーを求めて東京圏から避難・移住する人々」が岡山に多く見られることに注目し、それを「岡山現象」として読み解いていく[後藤 2018; 後藤・宝田 2015]。こうした把握が一定のリアリティをもつことは確かだが、原発避難と一般的な移住の境目・断絶には注意を払う必要があるだろう。

(6) 服部へのインタビューは、二〇二三年九月に実施した。

(7) 中越地震の被災者が、体験を語ることによって自分の喪失に向き合い、意味づけ、再び前を向くことが可能となった事例については、松井［2021: 185–189］を参照。

(8) 原発事故による被災者の分断とその修復の可能性については、成元哲らが主題的に取り組んでいる［成・牛島編 2023］。

(9) 「ほっと岡山」も補助金の大幅な減額により事業の継続が危うくなったが、二〇二二年度にクラウドファンディングを行い、何とか当面の危機を脱した。

III 福島の原風景と現風景を語り伝える

第11章

「被災地」福島 十二人の12年
――帰還住民・移住者の今を取材して

佐藤孝雄

1 はじめに

筆者は、東京電力福島第一原発の事故で避難指示の対象となった福島県の一二市町村の支援活動をする福島大学地域未来デザインセンター相双地域支援サテライトの職員であり、任務の一環で各市町村に住む人たちの事故後の歩みや日常を紹介するパネル展を二〇二四年二月から三月に東京と福島、岩手の三会場で企画・運営した。とくに二〇二三年は原発処理水の海洋放出問題ばかりが国内外で注目を浴びる一方で、居住可能になった地域の何の変哲もない暮らしがほとんど知られていないと感じたためだ。

本稿では、同展のダイジェストとして、展示パネル作成のために取材した帰還住民や移住者ら一二人の横顔を浮き彫りにすることで福島の今を俯瞰する。一二人の多くは、帰還やUターン、移住を決意する何らかの劇的な「モーメント」（瞬間、契機）を経験しており、被災地での暮らしに積極的、能動的な意義を見いだしていた。震災を機に、地元出身者はさらにふるさとへの愛着を深め、移住者は当地の可能性に気づくなどして、双方とも等身大の自分を探し当てたといえる（一二人の年齢・肩書きは取材当時）。

2 「被災地」に暮らす一二人

パネル展のタイトルは「『被災地』福島 十二人の12年」。原発事故に伴い国や自治体から避難指示が出た田村市、南相馬市、川俣町、広野町、楢葉町、富岡町、川内村、大熊町、双葉町、浪江町、葛尾村、飯舘村の各住民から一人ずつを選び、帰還、移住のきっかけや事故後の人生について、事故から一二年以上を経た二〇二三年五～一一月にインタビューを行った。その際、思い出やお気に入りの場所で写真に収まってもらい、展示ではA３判のパネルに仕立てた。取材をもとに各人のエピソードを記した記事パネルも作成し、さらに各市町村の成り立ちや事故後の経過などを紹介するパネルを配した。

「被災地」とかぎかっこでくくったのは、人や立場によってさまざまに捉えられるこの言葉にできるだけ客観性を付与しようとしたためだ。

同展は二月三～九日、東京都台東区の隅田公園リバーサイドギャラリー（二〇日に目黒区のクラフトビレッジ西小山でトークイベントも）で（写真11－1）、同一六～二二日、福島市の福島大学附属図書館で、三月二～一一日、津波被災地である岩手県大槌町《おおつちちょう》の町文化交流センターおしゃっちでそれぞれ開催した。

行政が「原子力被災一二市町村」「避難地域一二市町村」などと呼称する総面積約二〇八〇平方キロメートルの地域。事故当初、警戒、計画的避難、緊急時避難準備の三区域が設定された後、段階的に避難指示が解除され、二〇二四年現在は東京ディズニーランド約六六五個分にあたる三〇九平方キロメートルの帰還困難区域が残る。広野町や楢葉町、川内村といった南部の比

写真11-1 東京・浅草，吾妻橋のたもとにあるギャラリーで行われたパネル展

較的避難指示解除が早かった自治体と、二〇二二年にようやく市街地の避難指示が解かれた原発立地自治体の大熊町や双葉町などとの間で、復興の進度に大きな開きがある。双葉、浪江両町は面積のほぼ八割が今も人の立ち入りができない帰還困難区域だ。

一二人の人選にあたっては、とくに募集をかけたわけでも、明確な基準を設けたわけでもない。意見を聞きに行ったまちづくり会社の職員や取材相手からの紹介のほか、業務で知遇を得たり、街頭で偶然出会ったりした人もいた。ただ、被災地でバリバリ活躍するいわゆる「地域プレーヤー」ではなく、普通に暮らす市井の人たちにあえてスポットを当てた。二〇~七〇代の男性五人、女性七人で、職業は自治体職員や農家、商店主、神職などさまざまだ。図らずも、被災地の出身者と新規の移住者が半々の構成になった。一方、ジェンダーバランスには気を配り、男性ばかりが「復興」の担い手と認識される被災地域で、女性が半数以上になるように人選した。

3　ふるさとに戻った人たち

川俣町で計画的避難区域になった山木屋《やまきや》地区で生まれ育った紺野まり子さん（六八歳）は二〇一七年に避難指示が解除されると、町内の避難先からすぐに自宅に戻った。国道沿いに建つ家業の雑貨店は閉めたが、地区内外の人たちが憩える場所をつくりたいと旧店舗を改装して夫とともに食堂を始めた。ブランド地鶏の川俣シャモの親子丼や震災後に復活した香り高い「山木屋在来そば」を提供し、評判を呼んでいる。高齢化と過疎化が加速する地区に「外から若い人たちが来てほしい」と願う。

南相馬市原町区で農業を営む吉田邦子さん（七〇歳）も、小高区の産直施設で収穫を販売しながら若い移住者らとの触れ合いを楽しみ、定住人口の増加に期待する。震災当時は市社会福祉協議会の職員で、高齢者の避難誘導や災害ボランティアセンターの運営に奔走。震災前は自宅の敷地にグループホームを開いて入居者と耕作することを夢見たが、原発事故であきらめ、二〇一六年の避難指示解除後に本格的に農業を始めた。持ち前の明るさで「命あるだけ丸もうけ」と朗らかに笑う。

計画的避難区域だった飯舘村からまったく逃れなかったのは、綿津見《わたつみ》神社前宮司の多田宏さん（七六歳）だ。「神社を手放したら、戻ってくる氏子はどうなるのか」。やむなく避難した村民の平安を、毎朝の「日供祭《にっくさい》」で祈り続けた。村が居住制限中の二〇一四年に復活したものの、コロナ禍で中断していた例大祭を二〇二四年からは再開したいという。とどまり続けたことを「後悔していない」と言い切り、「人心を安定させることこそ宗教の務めだ」と強調する。

富岡町役場職員の畠山侑也さん（二六歳）は震災当時、同町で中学二年生だった。いわき市や父の郷里の秋田県など五か所で避難生活を送りながら硬式野球に打ち込み、独立リーグの福島レッドホープス（郡山市）に入団を果たすが、右肘を故障して一年で引退。町役場に就職し、二〇二一年から企画課で移住・定住促進事業を担当する。二〇二三年には大学生らに町内企業で活動してもらい、将来の就業や定住に期待するインターンシップを企画した。「震災があったからこそ町のことをきちんと考えるようになった」と話す（写真11－2）。

葛尾村役場に勤務する松本昌子さん（四五歳）は、「最後の一人になっても村に住み続ける」という母親の言葉に胸を打たれ、避難指示解除の二〇一六年に福島市の高校教諭を退職、二三年ぶりにふるさとに戻ってきた。二〇二二年から役場復興推進室で観光振興策を担当。特産の鶏肉や羊肉、野菜を使用したカレーのレシピを自ら開発し、名物にしようともくろむ。松本さんもまた、被災したことで「いろんな人とつながり、新しい世界が広がった」。村民の心の温かさや自然の豊

写真11-2 解体された自宅前で少年時代を懐かしみ，投球フォームを取る富岡町の畠山侑也さん

かさに改めて気づかされたという。

生まれ故郷の広野町と勤め先のある東京を往復するサーファーの高橋優子さん（四九歳）は、早期に避難指示が解かれ一二市町村の南端に位置する町が「境界や身体性を考えるのにぴったりの刺激的な環境になった」と考える。少女時代は文学やピアノ、映画の世界に没頭。二〇一六年、町の古民家を改装して誰もが文化、芸術に親しめる空間「縁側の家」を開いた。震災がテーマの芸術作品を常設展示、音楽ライブや映画鑑賞会を催し、海とのつながりを取り戻そうと震災後に始めたサーフィンの仲間たちも集う。

4 移り住んだ人たち

秋田市出身でコーヒー焙煎士・バリスタの深澤《ふかさわ》諒さん（二六歳）は、高校時代に趣味のオンラインゲームを通じて知り合った大熊町出身の女性の勧めで、二〇二二年、楢葉町に移住した。避難中だったこの女性との巡り合いがあり、初めて震災をリアルに感じたという。大学時代には世界二二か国・地域を旅行し、各地のコーヒーを味わった。楢葉町では古い旅館を改装したシェアハウス兼食堂に住み込みで働きながら、焙煎所を立ち上げる準備を進めている。「いつか、この町の香りと味がするコーヒーをブレンドしたい」と思い描く。

大阪府高石市出身の河本《かわもと》凪《なぎ》紗《さ》さん（二六歳）は東京の企業に勤めたものの激務に体調を崩して辞め、二〇二一年、学生時代のインターン先だった田村市都路町《みやこじまち》のビールメーカーに就職した。大分県で大学生だった二〇一六年に熊本地震に遭遇しボランティアをしたこともあり、東日本大震災で被災した福島がずっと気になっていた。同メ

写真11-3 田村市都路町のホップ畑に立つ河本凪紗さん

ーカーでは広報や営業の仕事をこなし、地産の生ホップで醸した芳しいクラフトビールを売り込む。原発事故から立ち直ろうとする福島にはさまざまな才能が集い、新しい風が吹いていると可能性を評価する（写真11－3）。

福島大学地域未来デザインセンターの前身である福島大学うつくしまふくしま未来支援センターで一二市町村の小中学校の教育支援を担当した東京都出身の谷信孝さん（六八歳）は、任期満了の二〇二一年、川内村の多世代交流施設「コミュニティハウスにじいろ」の初代責任者に抜擢された。震災当時は世界的な電機メーカーであるソニーの社員だったが、宮城県でボランティアに従事したのをきっかけに転身した。村立川内小中学園併設の「にじいろ」は地域文化継承の拠点や公民館として機能する。「被災地と呼ばれたくない。福島は普通じゃないけど『普通』」と言う。

埼玉県出身の島美紀さん（五一歳）は、さいたま市のJR大宮駅前の交流施設で被災地の特産品フェアを企画したことなどを縁に二〇二三年、双葉町に引っ越した。二〇二一年の同フェアでは食品などのほか、顔に太平洋を表す青い縁取りのある独特の「双葉ダルマ」を売り、町への愛着が高じた。町域の大半が帰還困難区域で居住人口は約一〇〇人（取材当時）だが、町民の親睦団体「双葉町結ぶ会」副代表を務め、地元を愛する「普通のおばさん」と自称してSNS（交流サイト）などで日々、浜通りの魅力を発信している。

震災の翌月にフランスから来日したブケ・エミリーさん（三四歳）。東京や横浜での生活に疲れていた二〇一八年に会津地方を旅して自然の美しさや人々の優しさに魅了され、会津若松市やいわき市で暮らした後、二〇二三年、大熊町に移住し憧れだった農業を始めた。フランス菓子に使われるキイチゴや野菜を無農薬・無肥料で栽培。その傍ら、張り子の民芸品「赤べこ」や「双葉ダルマ」など福島のキャラクターをかわいらしいイラストに描く活動もする。「元の住民は戻りたいから戻ったし、私はここが好きだから来た。それでいい」。

双葉町の「東日本大震災・原子力災害伝承館」などに勤め、浪江町に住む尾崎哲哉さん（四二歳）は二〇二一年、滋賀県大津市から移ってきた。知人のつてで町を訪れたところ、持病の精神疾患が落ち着いたという。「震災で以前のコミュニティがほころび、自分の入り込む隙間ができた。被災地だから居場所がある」。JR浪江駅周辺の再開発など行政主導で大事業が進む現状に疑念を呈しつつ、原発事故に強い思い入れのない一生活者として「復興を声高に叫ばず、自分にとって住みやすい町にしていきたい。がんばらない復興を目指す」。

5 人口回復のヒント

前述したように、一二人はこの地に暮らすことに何らかの価値を見いだしている。言い換えれば、極端な人口減少や過疎化に悩む被災地で、一二人の例から帰還や移住に値するメリット、もしくは値しないデメリットを探ることが人口回復のヒントになるのではないか。

例えば、川俣町の紺野さんや葛尾村の松本さんは特産品を生かした食文化の向上や賑わいづくりに貢献している。楢葉町の深澤さんは浜通りで数多く催される復興イベントなどに出店し、田村市都路町の河本さんは酒造に関わる福島のPRに熱心だ。食をキーワードに、志のある作り手と消費者をともに呼び込むことで、関係人口の増加にもつながる。

広野町の高橋さんは、あえて被災地であることの「特異性」を逆手に取った活動をしている。地理的に一二市町村の「入り口」にあたる同町で過ごすことは、課題先進の福島、ひいては世界全体の未来に思いをはせる機縁になるかもしれない。「独り占めにするのはもったいない」と高橋さんは語る。

双葉町の島さんが言うように、「普通に引っ越して、普通に働いて暮らせるようになる」ことも重要だ。そのためには子育てや教育環境、医療体制の充実が課題になる。葛尾村には認定こども園がなく、松本さんは二歳の女児を隣接する田村市都路町に預けている。一二市町村のうち八町村がある双葉郡では原発事故の影響で県立高校五校すべてが休校し、一校が新設された。川内村の谷さんによると、村の児童・生徒は集団生活に慣れておらず、村外に出たときに気後れしてしまい自己表現が苦手な傾向があるという。

心に病がある浪江町の尾崎さんは、「南相馬市かいわき市まで足を延ばさないと（常設の）精神科がない」と不備を嘆く。障害者らマイノリティにとって暮らしやすい環境こそ、すべての人が快適で移り住みたくなる要素だといえ、その意味で被災地には解決すべき課題が山積している。

6 避難者を忘れない

一方で、ふるさとに戻りたくても戻れない避難者らの存在を忘れてはならない。二〇二三年三月に避難指示が一部解除された浪江町津島地区の住民で福島市に避難する三瓶《さんぺい》春江さんは、避難中に肉親を亡くし現在も同地区の菩提寺に埋葬できない現実に触れ、「原発事故がなければふるさとで普通に最期を遂げられた。亡くなってからも苦しみは永遠に続く」と声を振り絞った。同年一〇月、双葉町で開かれた原子力災害に関する対話集会「福島ダイアログ」でのことだ。

同ダイアログの安東量子理事長が指摘するように、「被災者は、国や東電から押しつけられた選択肢の中からやむなく一つを選ばざるをえない」状況に追い込まれている。こうした被災者や避難者の無念さを記録したり、代弁したりするのがジャーナリズムやアカデミズムの使命だろう。次回の企画展示では、被災地で「声にならない声」をすくい取り、何らかの成果を残したい。

第12章

原発事故被災地から〝つながり〟を考える

――「ならは百年祭」(双葉郡楢葉町)を事例に

山田美香

1 はじめに

二〇一一年三月一一日に発生した東日本大震災および東京電力福島第一原子力発電所の事故(以下、原発事故)から一三年以上が経過した。原発事故により、周辺地域の住民のみならず、懸念を抱える人々はそれまでの生活圏外へ避難を余儀なくされた。原発事故直後には、全国各地に避難所が形成されたが、やがて解消され公営住宅等に移り、暮らしていた場所から遠く離れ、今なお長期化する避難状況にある人々もいる。復興庁の調査では、東日本大震災による避難者は全国四七都道府県八四五の市区町村に所在し、その数は発災から一三年が経過した時点でも二万九三二八人(二〇二四年三月一日現在)である[復興庁 2024]。中でも、福島第一原発が立地する福島県浜通り地域では一二市町村という広域において住民らは避難指示の対象となり、九町村[(1)]では役場の機能も含めて全員が避難した。その後、除染や生活環境整備の進捗により段階的に避難解除されているが、自治体内において解除時期が異なる地区を抱える町村もあり、二〇二四年時点においてもなお七町村[(2)]においては帰還困難区域が存在する[福島県避難地域復興課 2024]。

このような状況からも、原発事故災害からの復興に長期的な政策が必要であり[川﨑 2017; 川﨑編 2021]、被災者の暮らしから生活再建を最優先した選択肢のある複線型の視点が必要となることがわかる［川﨑 2017; 丹波 2016］。しかしながら、実際の政策を振り返ると、原子力災害の最大の特徴として放射能という不確実性があり、常に将来への不安を抱えているにもかかわらず、一人ひとりの苦悩を汲んだオルタナティブな政策に結びついていない［関 2013: 55］。生活基盤は整ってきたようにみえるが暮らしの回復は進んでおらず、住民同士のつながりなど、目に見えにくい部分の回復が遅れている［除本 2021: 55］。

2 コミュニティとつながり

「コミュニティ」という言葉は近年、社会的な関心も高まり、含意も柔軟な広がりを見せている［田所 2014a: 2–3］。社会の格差が広がり、政府による生活保障が後退し、頼りになる最後の砦として個人的・人間的なつながりが見直され、安心して受け入れてもらえるような居場所としての「コミュニティ」、あるいは、地域おこしのような地域課題解決の実践的な手段やツールとして人と人をつなぐ仕組みとしての人為的にデザインする「コミュニティ」［田所 2014a: 2–3］、というようにコミュニティは仕組みや機能により分類され、多義的である。このような背景には、戦後のGHQによる町内会禁止措置の発令（一九四七年）により、町内会解体を前提として、それに替わる住民組織として政府主導によるコミュニティ施策の検討・推進が一九六〇年代から行われたことが影響し、その後のライフスタイルなども変化し、「コミュニティ」という言葉の捉え方も社会生活が変化するなかで一様でなくなったと考えられる［高橋 2008: 114–115］。例えば、都市生活者は電車通勤により空間的制約を超えてつながり、昨今はインターネットを通して価値や社会的関心の共有に基づくつながりに変容している。

しかしながら、原発事故被災地は突然、暮らしていた土地を追われ、避難が強制され、つながりが絶たれ希薄になっていった。関礼子は、福島原発避難者の損害賠償請求訴訟におけるキーワードの一つに「ふるさと」の喪失を挙げ、その際、「コミュニティ」と「ふるさと」を並記している［関 2018: 146］。そして、「ふるさと」とは

「家郷《かきょう》」「家山《かさん》」を意味し、風土の自然という空間の中でめぐる時間を共有し年中行事を営み、祖先から子孫への連続性の中に身を置く関係性の場所であり、人と自然とのかかわり、人と人とのつながりの持続性が一体となったネットワークとしている［関 2022: 173–174］。土地の愛着を「人々とその土地をつなぐ感情的なきずな」と定義すると、全町避難を経験した自治体において個人とコミュニティの関係は、かろうじて、記憶のある人々の土地への愛着や暮らしていた土地のアイデンティティという情緒的・精神的なかかわりでつなぎとめられた［前田 2016: 29］。その土地との感情的なつながりがコミュニティの存続に影響しており、既往研究から、祭礼活動で中心的に関与している人ほどその土地への愛着が高いと考えられている［篠永ほか 2020］。古来より盛んに行われてきた「祭り」は、地域活動の一つとしても地域で広く親しまれ、継承されてきた祭礼活動である［篠永ほか 2020: 1047］。

そこで本章では、原発事故に伴う避難によって人と人とのつながりが希薄化、弱体化した原発事故被災地に焦点を当て、土地への愛着に影響するとされる祭りを通して、人と人のつながりについて考察する。対象とするのは、浜通り地域に位置する双葉郡の自治体で全町避難を経験した楢葉町である。楢葉町では、避難指示解除後の二〇一六年から失いかけた伝統文化を再生し、新たな文化の創造に町内の若手有志たちが取り組んできた［楢葉町政策企画課編 2021: 95］。その取り組みを経て、二〇二二年から新しい祭りを創ろうと町の有志たちが動き出している。この新しい祭りを事例として、「つながり」を考えていく。

3 楢葉町の今——新しく受け継ぐ伝統への一歩

●3―1 楢葉町のあらまし

楢葉町は、福島県浜通りに位置する双葉郡八町村に属する町である。太平洋側の町の東部およそ二割は平地で、中央から西部には阿武隈高地の山地があり、中央にシンボルである郭公山《ほととぎすやま》があり、山の南側に木戸川、北側には井出川が流れる豊かな自然に囲まれた町である。楢葉町は、一九五六（昭和三一）年に木戸村と竜田村《たつたむら》の合併により誕生するが、遺跡の発掘調査から先土器時代（八〇〇〇〜一万三〇〇〇年前）より人が住んでいたとされる［楢葉町史編纂委員会編 1995: 81–84］。明治期より、石炭の採掘、木炭生産や木戸川発電所の運転などエネルギーの供給地であり、一九七一年に東京電力福島第二原子力発電所（以下、第二原発）の建設とともに交付金事業が始まる［楢葉町史編纂委員会編 1995: 493–495］。原発事故により避難を強いられながらも、東京電力に対する怒りは表面的には控えめとされるのは、町民の多くが東京電力関連の事業に従事しているからであり、「怒らないのではなくて、怒れない」のである(3)［関 2013: 46］。第二原発の敷地は一部が隣接する富岡町にあり、楢葉町と富岡町の二町に位置しているが、二〇一九年九月に廃炉措置が決定された。

楢葉町は、二〇一一年三月の原発事故により全町避難し、その後、二〇一五年九月に避難指示が解除され、二〇二四年四月末現在では四四二七人が町内に暮らす(4)。震災前の人口は、二〇〇五年以降減少傾向にあったが、およそ八〇〇〇人が暮らしていた。避難指示解除後も町民の帰還は六割程度と頭打ちとなり、他の原子力被災一二市町村(5)と同様に移住政策にも力を入れている。その一環で、二〇二二年度以降、町内に複数の移住者交流拠点が整備され、移住定住の促進を図っている。しかしながら、行政の担当者は原発事故から今日までを振り返り、「常に判断に追われ、時間のないなかで決断してきて、今、町を眺めると穴があいているように感じる(6)」と言う。商業施設などが一か所にコンパクトにまとめられ利便性は向上したものの、そこにはかつて、田んぼが広がっていた。何かが欠けていると感じ、それを「穴」と表現したが、実際に町を見回すと、物理的にも「穴」を実感する。家並みが続いていただろう場所は家屋の解体により、ところどころ更地が点在している。その風景が行政担当者の言う「穴」と重なる。

●3－2「ならは百年祭」のはじまり

このような楢葉町において、まちづくりを担う組織である「一般社団法人ならはみらい」（以下、ならはみらい）が中心となり、「地域に愛され、守られる、一〇〇年後も受け継がれる伝統的な祭りをつくろう！」と動き出した。ならはみらいは、町民や地域組織が主体となるまちづくりを大切にしてきた。町の財産は一人ひとりの「ひと」として、その「ひと」が主体となり、活きるまちづくりのプロジェクトに祭りを位置づけ、企画が始動した。企画を祭りとしたのは、世代や背景の違いを超えることができ、心から一つになれると考えたからである［ならはみらい 2022］。そして、祭りを通して、多くの人が出会い、想いを語り合い、交わり合うことが重要と考え、そこから楢葉町の唯一無二のものが生まれると期待した。この想いに至った背景には、原発事故後、人とのつながりや伝統・文化など、長い年月をかけ紡いでいかなければならない「目に見えないもの」をつないでいくことができなくなった一定期間があったことに起因する。この「目に見えないもの」をつないでいけなくなったことは、先述の行政担当者のいう「穴」、欠けている何かにもあてはまり、それを埋めようとした試みを将来につないでいこうという想いを、新しい祭りに託したと解釈できる。

●3－3 名称に込めた一〇〇年先

新しい祭りを開催するにあたり、まず、主体となるイベント企画検討や当日運営などを担う地域プロジェクトチームのメンバーを町民に募った。キックオフミーティングを開催したところ（二〇二二年六月一五日）、賛同した二〇代から六〇代までの一六名が集まった［ならはみらい 2022］。そこに、ならはみらいのプロジェクトチームも加わり、計二二名が新しい祭りのチームメンバーとして編成された。

初回のミーティングでは、まず、集った有志たちの自己紹介から始めた。祭り好きな楢葉町民をはじめ、原発事故後、学生時代から楢葉町とかかわり、町内で仕事をし暮らす若手など、世代やジェンダーのバランスも取れ、多様性のあるプロジェクトチームとなった。ならはみらいが企画案を示し、プロジェクトチームのメンバーと共有し、祭りのメインテーマによりチームが編成された。

この日の重要決定事項はイベント名の検討であり、チームメンバーたちがアイディアを出し合い、いくつかのイベント名が提案された（表12－1）。

提案された中から全員で投票した結果、名称は「ならは百年祭」となり、「第一回ならは百年祭―受け継ぎたい夏がある―」というイベント名で開催することが決まった。祭りを通じて「叶えたい夢」として、

(1) 地域の人の中で受け継がれる祭りにする
(2) 楢葉町の代名詞になるような祭りにする
(3) 楢葉出身の子どもたちが帰ってきたくなる祭りにする
(4) 誰もが受け入れられ、共存できる祭りにする

という四つの願いが共有された。一〇〇年後まで続くように、失敗も成功も繰り返し、磨き上げていく手づくりの祭りを地域の人々の力を集結し、みんなでチャレンジして祭りづくりを進めていこうと意気込み、「ならは百年祭」の取り組みが始まった。

●3－4 「第一回ならは百年祭」

準備期間が、キックオフミーティングから開催までおよそ二か月という限られた時間であり、協力支援要請に手間取り、町内外への周知も十分できず、当日（二〇二二年八月二〇日）を迎える。新たな

表12-1 提案のあったイベント名

提案イベント名
・ならはまつり
・ならはサマーフェスティバル
・ならは納涼祭
・ゆず太郎祭
・ならは夏祭り
・ならはの宴
・ならハッピー祭
・ならは笑み夏祭り
・ならは百年祭（決定）
・潮祭
・ここなら祭
・ならよい祭
・ならは涼風まつり

夏のイベント「第一回ならは百年祭」が、「みんなの交流館ならはCANvas」(以下、交流館)周辺で開催された。「一〇〇年受け継がれる祭りを地域住民らの手でつくり、育てていく」ことを目指し、話し合いを重ね、当日を迎えた。三つの「伝統・パフォーマンス」「こども・あそび」「グルメ・酒・マルシェ」という地域プロジェクトチームもそれぞれの企画を披露し、出店も四五店舗を数え、あいにくの雨天であったがおよそ一〇〇〇人が来場して賑わった。

中でも、地元の小学生らが手づくりした「こどもみこし」のお披露目は、六〇名の児童たちの元気なかけ声が会場に響き、大いに盛り上がった。町民らの日頃の芸事も披露され、櫓《やぐら》を中心に櫓おどりや「楢葉音頭」を踊り、最後は参加者一同で大地を踏む「地固め」で締められた。

4 着実な二歩目──「第二回ならは百年祭」

●4−1 一〇〇年先を描いた体制づくり──「ならは百年祭をつくる会」発足

前年を踏まえ、翌年の「第二回ならは百年祭」に向けた動きは、少し早く二〇二三年五月にプロジェクトメンバー募集を始めた。前回での課題として、かかわる人が広がらなかったことが指摘され、第二回目では「自分たちの祭りだ」と想う人を増やすことを念頭に入れ、「ならは百年祭」の浸透を図るため、地域の巻き込みに力を入れた。

コアメンバーの地域への戦略的な声がけも行われ、募集の結果、一七名が集まった。前回同様、楢葉町にゆかりのある多彩な顔ぶれが揃い、ならはみらいのプロジェクトチーム七名が加わり、二四名の体制で二〇二三年六月二日から二年目の準備が始まった(表12−2)。前年、町内での周知や協力要請が十分できなかったことから、地域主体の体制を強化する必要性を実感していた。そこで持続する体制としていくため「ならは百年祭をつくる会」（以下、つくる会）を設立し、会長・副会長という役員を選出し、監事による会計監査を実施し組織の透明性も確保した。これは、資金面においても「自分たちで」という主体性の表れである。復興予算には限りがあり、原発リソースに頼らない、自分たちが主体となって子どもたちに誇れる町にしていきたいという気概といえよう。具体的には、協賛金（法人七四件、個人一五件）を募り、外部補助金の申請、出店料などを集め、運営資金とした。

「つくる会」を設立し、会長・副会長が選任されたことにより、七月に入ると精力的に町内で趣旨説明を開始した。町長をはじめ、議会や商工会、神社の祭典に協力する団体などへ積極的に出向き、想いの共有を図ったことが、協力ネットワーク形成につながった。楢葉町では、各地区での盆踊りが地区によっては原発事故後に途絶えていたり、新型コロナウイルス感染症の影響で中止されていたりしたので、二〇二三年の夏は、四年ぶりや一三年ぶりに再開する地区があり、「第二回ならは百年祭」の準備と重複したことから、仕事帰りに合同でお囃子《はやし》を練習することもしばしばあった。このような地道なプロセスを経て、お囃子をともに練習したことが、当日の共演、櫓の貸借・組み立てなどにおいて地区の世話人らの全面的な協力を得ることにつながった。

また、前年にはなかった広報や記録を担当するクリエイティブチームを発足させ、記録として動画などの制作やポスターやチラシの制作を担い、つくる会のメンバーらも尽力して、町内はもちろんのこと、近隣の自治体にもポスターやチラシを配布し、広報にも力を入れた。

●4－2 「楢葉音頭」再び――つながるさまざまな動き

「第二回ならは百年祭」において、三つの地域プロジェクトのう

表12-2「ならは百年祭をつくる会」体制

◎プロジェクトチーム（20名）					
こどもみこし		地固め		櫓おどり	
地域	M	地域・監	M	地域・会	M
地域・副	F	地域	M	地域・監	M
地域	F	地域	F	地域	M
地域	M	地域	F	地域	M
地域	M	ならはみらい	F	ならはみらい	M
ならはみらい	M	ならはみらい	M	ならはみらい	F
ならはみらい	M	ならはみらい	F		
◎クリエイティブ（4名）					
地域 F，地域 M，地域 M，地域 M					

凡例：地域＝地域住民，ならはみらい＝ならはみらい職員，
会＝会長，副＝副会長，監＝監事，
M＝男性，F＝女性

ち、伝統・パフォーマンスを担当した「地固め」チームにおける「楢葉音頭」をめぐる祭りまでの取り組みは、「保存会発足」という伝統継承の特徴的な動きが起こった。

①「楢葉音頭」を読み解く

プロジェクトチームでは、百年祭の柱となるもの、楢葉町の代名詞となる百年祭についての話し合いを重ねた。「ならは百年祭」において重要な役割を担うプロジェクトチームであったが、一〇〇年先を見据えたときに、二回目の今回で〝代名詞〟としていく総踊りをつくることにチームメンバーは抵抗を感じた。今、決めてしまうのは拙速であり、〝新たなもの〟ではなく〝今あるもの〟を活かしていくことで一致した。〝今あるもの〟の一つは、第一回でも全員で踊った「楢葉音頭」である。

「楢葉音頭」は、木戸村と竜田村の合併(一九五六年)による楢葉町の発足後、町を一体化させようと当時の町長の発案により公募し発表されたものである(一九六二年)。町内に記念碑も設置されているが、二〇二三年のチームメンバーの中に踊れる者はいなかった。町名が冠となっている音頭だが、すでに記憶が薄れている。そのことに危機感を抱き、まずは、チームメンバーで「楢葉音頭」を読み解く試みを始めた。町内に暮らす楢葉町の歴史に詳しい町民二人を招き、仕事帰りの夜、「楢葉音頭の歌詞を読み解く会」(以下、読み解く会)を開催した(二〇二三年七月九日、町内にて)。

歌詞には、発足当時の楢葉町の様子がうたわれており、二人の講師の解説を聞きながら、今の楢葉町と異なる暮らしぶりや重なる風景をそれぞれが思い描いた。一節読むごとに、参加者から幼少の頃のエピソードが披露されたり、当時に思いを馳せたり、楢葉町の変遷をたどり、歴史に触れることの大切さと楽しさを共有した、非常に貴重な機会となった。読み解く会には、他のプロジェクトチームからの参加者もおり、予想以上に賑わった。そして、当時の楢葉町に思いを馳せる楽しさを町民とも共有したいということから、読み解く会の成果を「第二回ならは百年祭」でパネル展示することとなった。

②「楢葉音頭保存会」発足

祭りに向け、町内で「楢葉音頭」について尋ねながら歩いていたところ、いつの間にか、自主的に練習する町民たちの輪が広がり、継承につながる派生的な動きが生まれた。

楢葉音頭は、昭和三〇～四〇年代は学校の行事などで踊られ、町の中から音頭が聞こえてきたといわれるが［大川・大川 2002: 41］、今日では七〇代の女性を中心に踊られ、彼女らから手ほどきを受け、震災後に小学校の運動会で全校児童が踊るようになり、小学生たちが踊り手に仲間入りした。祭りの当日に向け、輪踊りを盛り上げるには手本となる踊り手が必要だったが、プロジェクトチームのメンバーは音頭を知らず、踊れなかった。踊り手がいない危機感から、踊り手発掘も兼ね、どの程度町内に浸透しているのかをプロジェクトチームのメンバーが尋ね歩き始めたところ、楢葉音頭がいつの間にか町内で広まり、気づいてみれば、自然発生的に町内のいくつかのサークル団体が自主的に練習を始めていた。

そこで、祭り当日に手本となって踊ってもらうため、町内の四つの団体（ならは藍染め会、楢葉町女性の会、スポーツ民踊、華鶴会）に百年祭の概要説明と全体練習を兼ねて集まることにした（二〇二三年八月三日）。総勢四〇名以上の女性たちが会し、継続的に百年祭で楢葉音頭の手本役を担うことになることから、これを機に「楢葉音頭保存会」（以下、保存会）を結成することとなった。

保存会のメンバーたちは祭りに向けてそれぞれで練習を行い、当日は揃いの白いたすきを掛け、小学生とともに手本となり、会場を大いに盛り上げた。夕暮れとはいえ、夏の暑い盛りであったことから、当初は、音源を三回程度流す予定でプログラムを組んでいた。ところが、会場が大いに沸き、保存会のメンバーたちも交代しながら水分補給を行い、櫓を囲む輪は絶えることなく大きくなって回っていた。

③大地を踏む――「地」を固める

前年の「第一回ならは百年祭」の締めで披露された「地固《じがため》締《じ》め」は、楢葉の大地への過去・現在・未来の想いを馳せ、会場一体となって再認識するものであった。「これまでのこの地に」「今を生きるこの地に」「これからもこの地に」という掛け声に合わせて、その場にいる全員で大地を力強く踏むものである。おそらくそれぞれがさまざまな想いを抱き、大地を踏んでいたに違いない。風景や暮らし、人々は移りゆくが、大地はずっと古《いにしえ》の頃より時を重ねており、その歴史の上に今があることを実感するうえでも、これから一〇〇年先の人々につないでいくことからも、百年祭に相応しい締めであることから、第二回でも継続していくこととなった。そして、準備の途中でプロジェクト名も「地固めプロジェクト」に改められた。

当日、クロージングで披露される「地固締め」の前段に、「ならは百年おどり」と題し、地固めプロジェクトチームのメンバーらの太鼓、しの笛、鐘に合わせて、櫓を囲み自由に自らを解放した、いわゆる総踊りをプログラムに入れた。型にはまらない、型にはめない、自由な表現こそが「ならは百年おどり」と唄い、櫓を囲み踊った。一種、鳴り物で会場を沸かし体を動かす大騒ぎのような「ならは百年おどり」は、フィナーレの「地固締め」が「静」なら、「ならは百年おどり」は「動」という、対照的な演出であった。

祭りへの想いは、当日会場で配布された扇子《せんす》でも伝えられた（写真12―1）。扇子は「ならは百色」として、第一回は「太平洋からの夜明け」をイメージし夜更けの空と海に映える太陽の赤であり、第二回は前年が雨であったことも踏まえ、「郭公山にたちのぼる夏霧色」として郭公山や阿武隈山系の緑にかかる霧が描かれた。そして、団扇の裏面には百年祭への想いがメッセージで伝えられた（図12―1）。

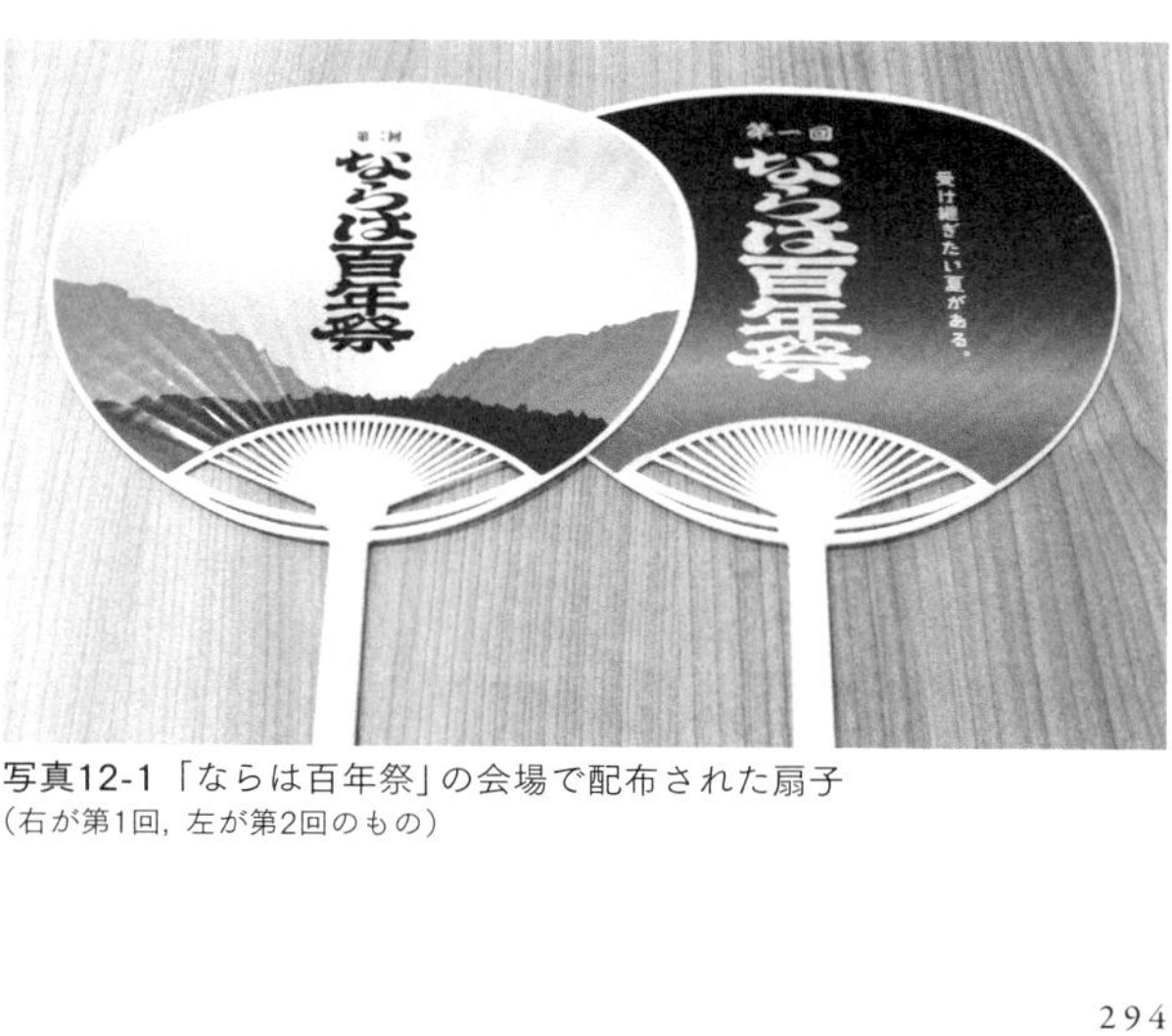

写真12-1「ならは百年祭」の会場で配布された扇子
（右が第1回，左が第2回のもの）

祭りを閉じる「地固締め」にも強い想いを込め、大地を踏んだ。同じような災害が起きないことを願い、震災があったこの町の「地」を固め、失われかけた歴史や文化、人とのつながりをこの地に刻み、ゆるぎないものになるように、そして、この土地への感謝と誇りを胸に、同じひとときを過ごした会場の人々とともに、その想いを大地に踏み込めた。

5 「ならは百年祭」がつなぐ

●5−1 「これまで」と「これから」のつながり

①「これまで」をつなぐ

「第二回ならは百年祭」における大きな変化として、祭りの準備において「楢葉音頭保存会」が発足したことが挙げられる。楢葉音頭は、木戸村と竜田村が合併し楢葉町が誕生したことを契機に、町内のつながり、一体感を強化する目的もあり公募によりつくられた。昭和四〇年代頃までは町内でも積極的に踊られていたが、その後、いつの間にか踊る機会がなくなり、町内で音頭を知る人も限定的になった。百年祭の準備の過程で開催した「楢葉音頭の歌詞を読み解く会」において、歌詞を読み解く楽しさを「ならは百年祭をつくる会」のメンバーで共有したことが、楢葉音頭を再考する契機となった。音源だけでは感じられなかった歌詞に描かれている情景が歌詞を読み解くことで鮮明に描かれ、それぞれがさまざまな風景を時間を超え描き出し、読み

楢葉町で100年続く伝統をつくりたい，そんな想いから生まれた「ならは百年祭」．
楢葉で育った子どもたちが，戻ってきたくなる祭りに．
この地に関わる誰もが受け入れられ，共存できる祭りに．
震災という経験を経て，歩みを進める楢葉町の今を発信できる祭りに．
そんな夢を叶えるために，地域の歴史を大切にしながら，
一つひとつ挑戦を重ね，多くの方に愛される祭りに育てていきます．
祭りを通じて，この地を想うひとが増えていきますように．
本日，ここにいる皆さんと共に，また一歩，歩みを進めます．

令和5年8月19日
ならは百年祭をつくる会一同

図12-1 「第2回ならは百年祭」の団扇の裏面に記されたメッセージ

解く会に参加した誰もが「おもしろい」と感じた。そして、「つくる会」の地域プロジェクトチームが楢葉音頭を少しでも浸透させようと動き、楢葉音頭の踊りの輪がつながっていった。

「保存会」は、これまで町内でサークル活動をしていた女性たちである。地域活動を行っている人々は地域に対する愛着が高いとされていることからも、手本となる踊り手たちの想いが保存会の発足に結びついたと考えられる［篠永ほか 2020: 1053］。先述のとおり、楢葉町の盆踊りは、各地区における儀礼的な意味合いが強く、百年祭の会場で各地区の盆踊りを一つにして踊ることは、各地区の伝統を断ち切ってしまう恐れがあったことから、楢葉音頭には会場全体を一つにする役割があった。櫓を囲んで一つになり世代を超え、町内外の垣根を超え、踊ることは「わたしたちの祭り」という意識の醸成につながる願いが込められている。

準備の当初から「保存会」をつくろうと考えていたわけではなかったが、①原発事故後に小・中学校で楢葉音頭を踊る取り組みがなされ、②日常的なサークル活動が町内にあり、③歌詞を読み解いて感じた「楽しさ」を中心メンバーが共有し、④会場で一つになって踊る、という四つが重なり、保存会の発足につながったと考えられる。

ここで重要となるのは「楽しむ」ことである。「保存会」の方々も「つくる会」のメンバーも祭りを楽しんだ。一〇〇年続く祭りという伝統文化による地域づくりを目指すのではあれば、宮本常一が指摘するように、観光用の「人に見せる」ためではなく地元住民が楽しむことを忘れてはならない［宮本 1967: 201–203］。今日、双葉郡をはじめとする避難を余儀なくされた一二市町村では、復興予算によるイベントが多数開催され、「地域が消費される」という声が聞こえる。住民主体の組織が運営するのであれば、住民たちが楽しむことが第一義にあり、既往研究で指摘されるように［足立 2004］、それこそがあるべき姿なのである。

②「これから」につなげる

先述したが、「ならは百年祭」に先行して、避難指示解除の翌二〇一六年八月、解除後初めての夏を迎えた楢葉町では、町内の若手有志が町を元気にしようと「ほっつぁ〜れ盆楽祭」を企画し、盆踊りが復活した。このイベントは、多彩な屋台も出店し、昔ながらの盆踊りとアーティストによる音楽ライブを融合させた、新しい祭りであった。企画した「ほっつぁれDEいいんかいっ?!」[7]は、二〇二四年現在もイベント等への参加を継続している。原発事故前の楢葉町では、毎年七月下旬から九月中旬にかけて、各地区において、櫓を囲んで踊る光景が見られた。一般には盆踊りと呼んでいるが、楢葉町では、お盆の時期に先祖を供養するのを「盆踊り」として祖霊への儀礼的な意味合いが強く、それ以外を「櫓おどり」としている［楢葉町教育委員会編 2006: 418］。このような風習もあり、「ならは百年祭」では町内各地区での盆踊りは祖霊への儀礼であることを配慮し、統一することを避け、「櫓おどり」としてプログラムに組み込んだ。

このように、楢葉町では伝統的な年中行事を大切に受け継いできた。先人たちも同様に幾多の困難を乗り越え受け継いできたことから、未曾有の災害を理由に伝統文化を絶やしてしまっては、自分たちの責務を放棄することになるとして、後世へつないでいく活動としての新しい伝統と文化への取り組みが始まった［楢葉町政策企画課編 2021: 95］。これまでの楢葉町における盆踊りや櫓おどりは、儀礼的な側面だけでなく、世代を超えた住民の交流の場として根付いていたことが、「ほっつぁれDEいいんかいっ?!」のイベントが受け入れられ、その後の「ならは百年祭」の立ち上げにつながったと考えられる。

しかしながら、町内には、新しい祭りへの違和感や抵抗感を抱き、冷ややかに見ている町民も存在する。「つくる会」も、各地区の盆踊りはこれまでどおり各地区で継続して受け継いでいくべきと考え、長い時間をかけて紡いできた伝統文化を尊重している。町民や地域組織が主体となるよう、自分たちの祭りをしようという想いから祭りのもつ人と人をつなぐ力に可能性を感じ、新しい祭りを始めたのだ。そして、始めるからこそ「一〇〇年続く伝統をつくる」という長期ビジョンを掲げた。「ならは百年祭」を後世へとつなげ一〇〇年後にそれを伝統としていく、自分たちの責務を放棄しないという強い責任感の表れである。これは、避難や帰還を強いられたことに対し、自分たちでつくっていくという強い意志と強いられたことに対する反動の表れとも受け取れる。

●5－2 大地を踏み固める――つながる人と時

「百年祭」に向けた練習に臨んでいる際、練習風景を眺め、練習に一種の癒しの側面を感じることがあった。カイ・T・エリクソンは災害や事故といった予期しない出来事がコミュニティのメンバーを結ぶ絆を傷つける現象を「集合的トラウマ（collective trauma）」と呼んだ［Erikson 1976＝2021: 194］。有害物質による広範囲で長期的な汚染が疑われる地域では、トラウマを抱えたコミュニティが現れるとされ、そのような地域に住む人々は、直接傷を負っていないと思われる人も傷を負い、コミュニティとともに生きてきた自分自身のアイデンティティの一部も同時に失う［成・牛島 2022: 98］。祭礼活動は、地域コミュニティの基礎形成に資することから、アイデンティティを高める一つの要素とされる［篠永ほか 2020: 1047］。これらを踏まえると、全町避難という「集合的トラウマ」を負い、失った一部のアイデンティティを取り戻そうという試みが「百年祭」の取り組みにあり、「集合的トラウマ」の癒しの側面もあると考えられる。

百年祭を締める「地固締め」は、同じような災害が起きないことを願い、過去・現在・未来に思いを馳せ、会場一体となってその場にいる全員で大地を踏む。身体を大地に関係づけ、「生きている」感覚を呼び起こし、「生」を象徴しているといえよう［前川 2014: 51-52］。この土地への感謝と誇りを同じひとときを過ごした会場の人々と共有する瞬間、人と自然とのかかわり、人と人とのつながりが一体となる。このつながりが持続するコミュニティこそが、百年祭の先に描く一〇〇年後の姿なのだ。

6 残った課題――三歩目に向けて

「第二回ならは百年祭」は、天候にも恵まれ、近隣町村とイベントが重なっていたが来場者数も前年度を大きく上回り、およそ二〇〇〇人の来場を数えた。祭り終了直後に、「楢葉音頭保存会」メンバーたちから「今年はよかった」「楽しかった」という感想が多く聞かれた。第二回は、櫓の組み立てを「みんなの交流館ならはCANvas」にある緑地を利用したところ、参加者の中から「ここがよかった」という声があり、日常的に交流館を利用する町民も多く、わが家の庭感覚で祭りに参加できたのではないかと考える。しかしながら、実際には、祭りの空間を身近な日常の延長と感じた町民は、保存会のメンバーなど限定的である。一〇〇年続く祭りにしていくには、町内でのつながりの輪をさらに広げ、堅固なつながりにしていく必要がある。

第二回を終えた「ならは百年祭」のつながりを図12―2に示す。町とのかかわり、時間と場所を立体的に捉える必要があり、球体をイメージしている。今回、百年祭を中心にいくつかの点のつながりはできた。ただ、「ならは百年祭をつくる会」においても、楢葉町の町外に暮らす町民やゆかりのある人々、新規に楢葉町内に暮らす住民や楢葉町を応援する人たちが、より参加しやすい祭りとしていく工夫の必要性が指摘された。町外に避難している町民には、楢葉町とつながり続ける仕組みの必要性は避難当時から指摘される［関 2013: 57］。原発事故被災地が抱える複雑な課題の一つは、関が指摘するように、生活を紡ぐ場を剝奪され、あったであろう日常が消え、場所につながる過去と未来を喪失し町外に避難している帰れない苦悩、集合的疎外感を抱いている人々に応じる方策が見いだせずにいることである［関 2013: 54-55］。ただ、地域に住まうことは、場所の占有を意味するのではなく、地域は地縁や血縁関係をつなぐ磁場としての場所と捉えることができ、住まうことは、場所に交錯する関係の網の目に自らつながり生きることである［関 2022］。そのように考えるならば、「つくる会」も、集合的疎外感を抱いているであろう町外居住の町民たちと、年に一度、この地でつながり続ける仕組みの一役を「百年祭」が担えるよう、つな

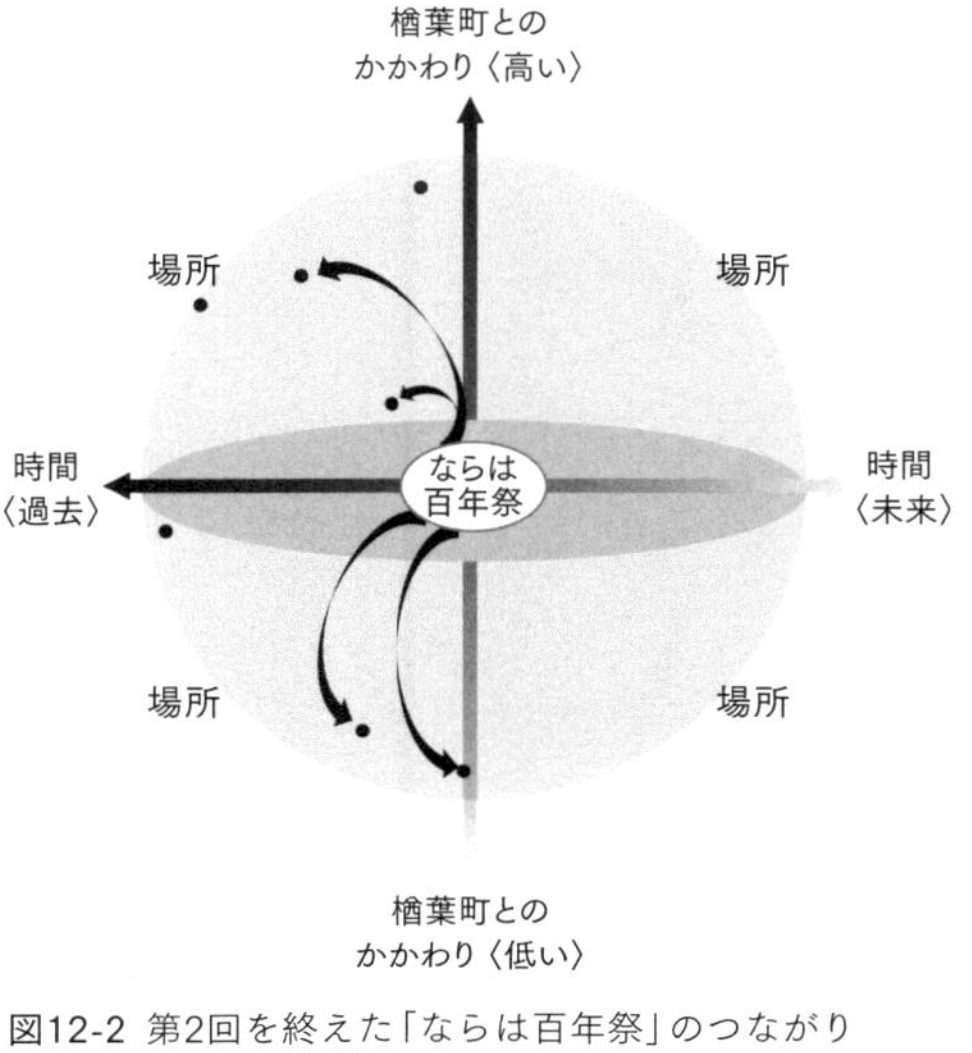

図12-2 第2回を終えた「ならは百年祭」のつながり

がりの輪を一人でも多く広げられるよう、四つの「叶えたい夢」のうち「誰もが受け入れられ、共存できる祭り」にしていくことが求められ、つながりの点を増やし、つながりの線を太くしていくことが課題である。

「つくる会」の各プロジェクトチームは、祭り当日、後片づけまで含め、数十回の会合や練習を重ねた。そのプロセスにおいて、つながりが強固になり、一体感が醸成されたことが、達成感につながったと考えられる。「みんなでつくった祭り」を実感し、何よりも、つくる会のメンバーたちが楽しんでいたことが、会場全体にも伝わり、雰囲気を盛り上げたと考えられる。また、準備をしながら、子どもたちも祭りを楽しみにしていることがわかり、これから先に向けた種まきが始まっていることも確認できた。

加えて、「檜葉音頭保存会」も結成され、お囃子の練習に主体的に参加する地域の住民たちの数も大幅に増え、土台づくりは今回である程度整ってきたように思われる。しかしながら、次回以降のことを考えると、今回つながった人々とのつながりの維持、持続性も重要である。地域の祭りの社会的影響の一つに「地域のアイデンティティと結束」が指摘されるが［Small 2008］、図12－3に示すように、祭りを重ね結束を深め、つながりを太く確固たるものにして一〇〇年続ける祭りにしていく。人々の心を惹きつけ縦横さまざまなつながりをつくっていくことがこれから一〇〇年続く祭りのつながりである。そのためには、〝楽しさ〟を持続させながら課題を克服していく必要がある。

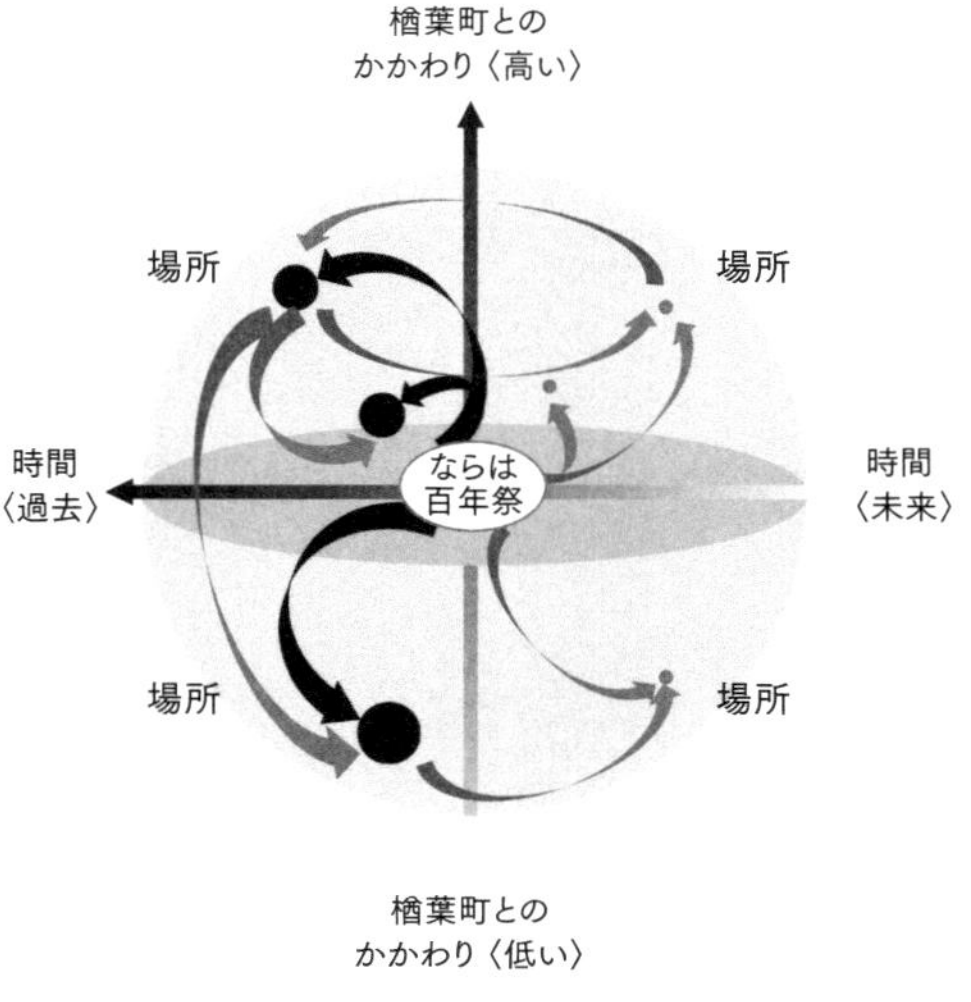

図12-3 これからの「ならは百年祭」のつながり

7 おわりに

「ならは百年祭」の開催までのプロセスを通して、人と自然、人と人、過去から現在のかかわりなどを中心に「つながり」を考察した。土地における人と人とのかかわり合いは風土であり、コミュニティが風土に含まれるのなら［鈴木・藤井 2008: 180］、「百年祭」のプロセスから見えてきたのは、楽しみながら風土をつくる取り組みである。盆踊りの歴史を振り返ると、社会の変化に応じ変化してきている［大石 2020］。その中で、高度成長期に盆踊りは、「新たなふるさと」として愛着を育むための場所として盆踊りが必要とされた。他者とつながり、地域とつながる場として、人々がその地域に対して親しみを持つということから、コミュニティにおいて新たな役割を担った［大石 2020: 74–117］。原発事故から十数年を経て、町を見渡すとインフラ整備がある程度整い、ハードからソフトに人々の意識が移ったタイミングとも合致して、自分たちで人と自然とのかかわり、人と人とのつながりを一体にし、風土をつくろうという機運が訪れたのだろう。

二〇二四年一月一日夕刻に能登半島地震が発生し、被災地域のコミュニティの今後が懸念される。原発事故から一三年以上が経過した楢葉町も「道半ば」の状況であり、原発事故被災地の経験が能登半島地震の被災地に活かせるかどうかもわからない。それでも、今いえることは、その土地に暮らすこと、住まうこととは何か、コミュニティとは何かということを問いかけ、人とその土地の関係性に重きを置いた生活再建を計画当初から組み込む必要があるということであり、そのような計画にしていくことが求められている。

註

(1) 役場機能の移転を余儀なくされた九市町村は、飯舘村、葛尾村、川内村、浪江町、大熊町、双葉町、富岡町、楢葉町、広野町である。
(2) 二〇二三年一一月三〇日現在、帰還困難区域が設定されている七市町村は、南相馬市、富岡町、大熊町、双葉町、浪江町、葛尾村、飯舘村である。
(3) 筆者が、楢葉町近隣自治体で原発処理水の海洋放出について市民講座で問いかけをした際、「原子力のことは、この地域ではタブーなんだ」、「話せば、ここで暮らしてることを否定することになる」と地元住民(七〇代男性)が発言した(二〇二三年一〇月二六日ヒアリング)。この発言からも、原発事故を経験しながらも、双葉郡で原子力発電の問題に触れることの難しさ、語り難さが示される。
(4) 楢葉町に関する全町避難などの経緯や町民の想いについては、関[2013]、梶田[2016]、齊藤[2019]が詳しい。
(5) 原子力被災一二市町村は、東日本大震災に伴い発生した東京電力株式会社福島第一原子力発電所事故の影響により、避難を余儀なくされた地域、田村市、南相馬市、川俣町、広野町、楢葉町、富岡町、川内村、大熊町、双葉町、浪江町、葛尾村、飯舘村である(福島県避難地域復興課ウェブサイトによる)。
(6) 行政担当者(男性)の発言(二〇二四年一月二三日ヒアリング)。
(7) 「ほっつぁれ」とは産卵を終えた鮭のこと。楢葉町では木戸川の鮭の遡上が有名。

謝辞

筆者は、二〇二一年七月より楢葉町に暮らし、公私におけるさまざまな活動を通して、近隣の人々と交流してきた。その交流を通し、二〇二三年六月に「第二回ならは百年祭をつくる会」に加わった。本章は、開催までの「つくる会」における参与観察の記録と位置づけられる。この地において「原発事故とは」と問い続けながら暮らす身として、常に、現行の復興政策を批判的に捉えてきた。それまで傍観者であったが、「つくる会」に参加し、「穴」のあいたコミュニティを埋めるような試みの一つである百年祭の二歩目のプロセスの中に巻き込まれ、記録する役目、伝える役目があるのではないかと感じ、執筆に至った。執筆の機会を得たこと、また、かかわりをもち、つながったすべての方々のご縁に感謝する。

第13章

原子力災害によるまちの喪失と再生

――「浪江まち物語つたえ隊」の聞き書きを通して

中村千都星・土肥真人

1　まちを失うということ

大切な人との死別、離別を経験した人に対しては、回復に向けたプロセスと支援の体制が整えられている。しかし、大切な場所やまち、ふるさとを失った人はその喪失からどのように回復していけばよいのだろうか。

大切な人との別れと同様に、大切な場所との別れも、誰にでも突然起こるものである。二〇二三年九月、「第一二回パシフィックリム国際会議２０２３」（第14章参照）のツアーで訪問した福島で、原子力災害による、いつまで続くかわからない、まちとの別れを経験した人がいることを知った。自然災害による場所との別れとは違い、福島では大切な場所が、立ち入りが許されない間に時間をかけて少しずつ、大切に思う人の記憶の中の姿から形を変えていった。原子力災害特有の長期的かつ終わりの見えない場所との別れが、自然災害による場所との別れとは違った想いを生むことは想像に難くない［木場ほか 2021］。

浪江町には、紙芝居を上演し、場所の喪失に向き合い続けてきた「浪江まち物語つたえ隊」がいる。上演する紙芝居は、浪江町に数百年前から伝わる昔話・伝説や、震災以降の浪江町民が経験した実話をもとに制作されたものである。浪江まち物語つたえ隊の隊員は、思い出の詰まった大切な場所に入ることが突然許されなくなり、大切な場所との別れがいつまで続くのか、戻ることができるのか、何もわからない状態のときから、これらの紙芝居を上演し続けてきた。一〇年以上活動を続け、今は震災前に住んでいた浪江町の家に戻って暮らす隊員は、「街も人も元には戻らないのよ」とまちの喪失を語る一方で、「新しい浪江がつくれたらいいな」と再生への想いを教えてくれた。

本章では、浪江まち物語つたえ隊に教えてもらった、大切な場所を失うことと、再び大切な場所と新しい関係をつくっていくことについて記す。

2 「浪江まち物語つたえ隊」

●2―1 「浪江まち物語つたえ隊」とは

浪江まち物語つたえ隊は、二〇一四年六月に結成され、主な活動内容は紙芝居の上演である。隊員の一人がオーナーを務める浪江町のカフェ「OCAFE（オカフェ）」でのイベントや、「東日本大震災・原子力災害伝承館」（双葉町）の語り部講話での上演に加え、依頼を受けると全国各地に出向き、紙芝居を上演する。紙芝居の読み手は、創設メンバーの一人Aさんと、OCAFEオーナーのBさん、浪江町で農業・畜産業を営むCさんの三名が主に担当する。紙芝居は昔話・伝説をもとにしたものが三六作品、震災以降の実話をもとにしたものが一八作品ある。紙芝居舞台と呼ばれる木枠の中で上演され、遠くからでも見やすいように、通常の紙芝居の倍の大きさ（縦三七五ミリ×横五二六ミリ）で制作されている。

●2―2 「浪江まち物語つたえ隊」の歩み

浪江まち物語つたえ隊の歩みは、活動体制や活動場所の変化によって以下の三つの期間に分けられる（図13―

1）。

①紙芝居と出会い、つたえ隊結成（二〇一一年一二月〜二〇一四年六月）
②活動範囲が広がる（二〇一四年六月〜二〇一八年七月）
③浪江町に戻って紙芝居を読む（二〇一八年七月〜）

①紙芝居と出会い、つたえ隊結成（二〇一一年一二月〜二〇一四年六月）

二〇一一年一二月に、広島で紙芝居によるまちおこしを進めている「まち物語制作委員会」が、福島県・宮城県・岩手県の三県に伝わる昔話を掘

① 紙芝居と出会い，つたえ隊結成

2011
- 12月　「東北まち物語紙芝居化100本プロジェクト」が立ち上げられる

2012
- 3/4　桑折町仮設住宅で浪江町の昔話の紙芝居上演
- 8月　紙芝居『見えない雲の下で』制作
- 12/9　ふくしま紙芝居まつり @いわき市東日本国際大学

2013
- 4月　『見えない雲の下で』アニメ化
- 9/1　ふくしま復興紙芝居まつり2013 in 相馬
- 9/20　福島の今を知る@和歌山県田辺市 アニメ『見えない雲の下で』上映

2014
- 3月　浪江町3・11復興祭@二本松市文化会館
- 6/29　「浪江まち物語つたえ隊」本格結成 結成イベント@桑折駅前応急仮設住宅

② 活動範囲が広がる

- 11月　紙芝居『奇跡の請戸小学校物語』制作

2015
- 3/8　「ふくしま被災地まち物語 東京7DAYS」
- 9/13　紙芝居『浪江町消防団物語「無念」』初上演@桑折駅前仮設住宅

2016
- 2月　『浪江町消防団物語「無念」』アニメ化 全国各地で自主上映会を開始
- 11/11　東京電力復興本社福島分室にて 紙芝居『見えない雲の下で』上演
- 11/25　食と農の映画祭2016 in 広島 紙芝居『見えない雲の下で』 アニメ『無念』舞台挨拶

2017
- 3/15〜27　フランスにてアニメ『無念』上映会開催 7会場，約700人を動員
- 3/31　一部地域への避難指示解除
- 4/16　『なみえ避難先物語こおり』アニメ化 上映会@桑折町
- 10/1　チェルノブイリ・ヒバクシャ救援 @大阪市 アニメ『無念』紙芝居『浪江人情物語』
- 11/23　東京多摩カトリック協会，紙芝居『無念』『仮設住宅町内会物語』上演
- 12/10　法政大学被災地支援ボランティアに向けて 町案内と紙芝居『請戸小』上演@浪江
- 12月　ふくしま浪江まち物語コンサート開催 @東京，千葉

2018
- 2/24　新作紙芝居上演会@桑折町
- 3/5　紙芝居『浪江ちち牛物語』上演 @福島県酪農業協同組合
- 3/16　「ふるさとを返せ 津島原発訴訟」第12回裁判集会 紙芝居『浪江消防団物語 無念』上演

③ 浪江町に戻って紙芝居を読む

- 7/23　第1回OCAFES @OCAFE
- 12/2　「浜通りの農家をめぐるツアー」@OCAFE
- 12月　絵おと芝居 浪江まち物語コンサート @福島各所 アニメ『無念』，紙芝居上演

2019
- 7/28　絵おと芝居 まち物語コンサートin浪江
- 8/31　第2回OCAFES @OCAFE
- 10/4　原子力防災を考える会@茨城県東海村

2020
- 1/14　福島まち物語展@東京新宿 トークショー，絵おと芝居

2021
- 2/28　CTVC講演会シリーズ「福島から語る」オンライン紙芝居
- 6/6　浪江町の玉ねぎ「浜の輝き」と請戸の魚で 浪江を味わうツアー@浪江町
- 11/6　「美森の土まつり」@OCAFE

2022
- 6/25　ふくしま原発はじまり物語「峠」上映会 @浪江町

2023
- 3/12　「美森の土まつり」@南相馬市
- 9/17　第12回パシフィックリム国際会議 「旧帰還困難区域での暮らし：富岡と浪江の地元住民と復興への取り組み」ツアー

図13-1「浪江まち物語つたえ隊」の歩み
出所：ヒアリングならびに「浪江まち物語つたえ隊」Faceboookページより作成．

り起こし、紙芝居にしてプレゼントする「東北まち物語紙芝居化一〇〇本プロジェクト」を被災者の心の支援として立ち上げた。二〇一二年三月に、最初の浪江町の昔話の紙芝居が完成し、避難先の伊達郡桑折町《こおりまち》の仮設住宅で上演会が行われた。その際に紙芝居の制作者が、仮設住宅の集会所に置かれた、ある浪江町民の避難の一部始終がまとめられた手記を読み、紙芝居にしてもっと多くの人に見てもらいたいという思いから、紙芝居『見えない雲の下で』を制作した。『見えない雲の下で』が完成し、仮設住宅で上演会を行うと、聞き手からは自身の避難について語る声が次々あがり、震災を経験した方々の実体験をもとにした紙芝居が制作されるようになった。

二〇一二年三月の最初の紙芝居の上演会で読み手を務めたAさんは、紙芝居を持って他の仮設住宅を回り上演するようになったが、読み手がAさんしかいなかったため、読み手を増やすために育成講座を開講した。また、Aさんがいなくても浪江町の物語を伝えられるように、紙芝居のアニメーションも制作された。

二〇一四年六月、避難先の桑折町の住民や伊達市保原町《ほばらまち》の有志も加わり、「浪江まち物語つたえ隊」が結成された。先述の読み手育成講座に参加したBさんも加入し、紙芝居を上演する態勢が整っていった。

②活動範囲が広がる（二〇一四年六月〜二〇一八年七月）

仮設住宅を回っての紙芝居の上演を継続して行う一方で、福島県内で県外の方々を聞き手に迎えての上演や、県外へ紙芝居を持って出向いて上演する機会も増えていった。

紙芝居をもとにしたアニメーションの制作も引き続き行われ、二〇一六年二月に完成したアニメ『浪江町消防団物語「無念」』は、全国各地で自主上演会が行われ、約四万人を動員した。日本のみならず世界中に評判が広がり、二〇一七年三月には浪江まち物語つたえ隊がフランスを訪問し、アニメの上映に加え、紙芝居も上演した。紙芝居やアニメを通して知り合った人々とのつながりは日本全国、世界各国へ広がっていった。

また、二〇二四年現在読み手として主に活動しているAさん、Bさん、Cさん、それぞれの震災以降の体験をもとに、紙芝居が制作された。

③浪江町に戻って紙芝居を読む（二〇一八年七月〜）

二〇一七年に浪江町の一部地域の避難指示が解除されると、それによる活動拠点の変化に伴って、浪江まち物語つたえ隊は浪江町、桑折町、伊達市保原町それぞれの町ごとに独立して活動を行うことになった。

浪江町では、二〇一八年五月に、隊員の一人Bさんが自宅の倉庫を改装してカフェ「ＯＣＡＦＥ」をオープンし、ＯＣＡＦＥで紙芝居を上演する機会が増えていった。その際の聞き手は、これまでの活動を通して知り合った人から、浪江町に戻ってきた町民や浪江町への移住者、町民だったけれど今も避難を続けている方などさまざまである。浪江町内を訪れた他県からの方には、震災以降の紙芝居の上演とともに被災地の案内をすることも多い。紙芝居だけでなく実際に景色を見てもらって、浪江町の物語を伝えている。

また今日でも、北海道から沖縄まで全国各地から声がかかると出向いて紙芝居の上演を行っている。加えて、二〇二〇年に開館した双葉町の「東日本大震災・原子力災害伝承館」展示エリア内のワークショップスペースで行われている語り部講話（一日四回、各回四〇分間、各回先着一八名）で、月に二日「震災紙芝居」と題して紙芝居の上演も始まった。毎回、二、三種類の紙芝居を持参し、読み手が当日の聞き手に合わせた紙芝居を一つ選ぶ。つたえ隊が行ってきたこれまでの上演会とは異なり、聞き手が紙芝居を聞きたくて聞きに来ているわけではないのが、難しいと言う。

全国での上演会や伝承館で知り合った方が、その後、浪江町やＯＣＡＦＥを訪れることも多く、紙芝居を通して広がったつながりが浪江町へ根付き始めていることもわかる。

3 「浪江まち物語つたえ隊」との出会いの風景

●3－1 出会いの風景 その1（土肥の場合）

二〇二三年九月、私は第一二回パシフィックリム国際会議のツアー「旧帰還困難区域での暮らし：富岡と浪江の地元住民と復興への取り組み」（ユリア・ゲルスタ先生〔Julia Gerster〕コーディネート）に参加した。このツアーの最後の訪問先が「浪江まち物語つたえ隊」だった。田園地帯にポツンと建つ倉庫を改造したＯＣＡＦＥの小さな部屋の席は、私たち二三名のコミュニティデザイナーで満員になった。ハーブティーとフルーツと焼き菓子のおもてなしに、二日間の旅程で少々疲れていた私たちは、本当にほっと一息ついたのだった。そして人心地ついた頃、三名のつたえ隊の方が、『浪江ちち牛物語』『無念』『見えない雲の下で』の三つの紙芝居を、上演してくれた。

「紙芝居のはじまり、はじまり」の掛け声が響く。震災と原子力災害を体験した一人ひとりの心の言葉、そして牛の心の動きさえも、抜き差しされる絵と読み手の生の声を通して、強く伝わってくる。一つひとつの物語に、引き込まれる。読み手の声がどんどん大きくなり耳を覆いたくなる、かと思うと、ゆっくりひっそり抑制された声には思わず耳を澄ます。そうして物語は終わり、私たちの心は一二年前の厳しい浪江の風景から現在の浪江の心地の良いＯＣＡＦＥに帰ってくる。それは圧倒的な体験だった。

私たちからの質問が終わりになる頃、勇気を振り絞って尋ねた。「私たちはまちづくりを専門とするグループです。まちが失われ、人や牛が深く悲しむ物語を聴いて言葉もない。訊いていいのかもわからないけれど、私たちが学ばなければならないことは何か。浪江のまちはどうなるのだろうか」。隊員の一人が即答された。「もう昔の浪江は帰ってこない。人々も帰ってこない。だから新しい人たちと新しいまちをつくる」。静かにきっぱりと言われたその言葉の意味を知り、私たちが学ばなければならないことを知らなくてはと思った。

●3―2 出会いの風景 その2（中村の場合）

二〇二三年一一月にOCAFEを訪問し、つたえ隊の隊員二名にお会いした。正午少し前に到着して、ドアを開けるとおいしそうな匂いがして、初めましての挨拶も終わらぬうちに、匂いの正体である浪江焼きそばを振る舞っていただいた。なみえ焼そばを一緒にいただきながら、その歴史やOCAFEができた経緯についてお聞きし、また東京から来た私たちについてお話しした。その後はOCAFEのオリジナルブレンドのコーヒーをいただきながら、浪江まち物語つたえ隊について、紙芝居のお話について、インタビューさせていただいた。隊員の方自身の経験をもとにした紙芝居の制作の経緯や物語の内容に触れながら、震災後の避難中のことについてもお話ししてくださった。

そして最後には、紙芝居「おふくろ」を上演してくれた。それまでの口調とはがらっと変わって、紙芝居舞台の向こうのお二人の声は登場人物のおふくろや息子さんの声にしか聞こえなかった。と同時に、上演中も先ほどお聞きした隊員の方自身の避難のお話を思い出してしまう。「おふくろ」は自身の物語ではないけれど、それを読む読み手のお二人にもそれぞれの避難の物語があるという二重構造があり、今、目の前でしゃべっているのは紙芝居の登場人物なのか、読み手のお二人なのか、場面によって違って聞こえる不思議な感覚を覚えた。

お二人とお別れした後、同行者とタクシーに乗って浪江駅へ向かいながら、語り部と紙芝居とには、まだ言葉にはできないけれどはっきりとした違いがあり、紙芝居には特別な力があることを話し合った。紙芝居の力と、OCAFEのあたたかくて誰をも受け入れてくれるような雰囲気にはどんな関係があるのか、知りたいと思った。

4 紙芝居ってすごい

●4-1 紙芝居の性質

紙芝居は、絵を一枚ずつ引き抜きながら、読み手が裏に書かれたセリフを読み、聞き手と向かい合う形で、物語を進行させていく形式である［まつい2006］。この形式の中に、直視するにはとても辛い震災以降の経験を閉じ込めることで、絵やセリフを用いて進行する物語を通して、自身の経験に向き合うことができる。大切な人の喪失を経験した人へのケアには、自分の中にある悲しみを認めることや、故人への気持ちを吐き出すことがある。浪江まち物語つたえ隊で読み手として活動されている三名は、それぞれが自身の震災以降の実話をもとにした紙芝居を制作しており、上演を繰り返しながら、自分の中の悔しさや悲しみ、やるせなさをセリフにのせて吐き出すことができる。また他の人の経験も演じ伝えることで、悲しさを共有できるものとして表現できる。紙芝居の形式は、演じることによって距離をとって、辛い体験と向き合うことを許す。

また、絵を「抜く」「差し込む」ことで物語が進行していく紙芝居では、「抜く」ことで物語が舞台から現実世界へと出て行き広がり、「差し込む」ことで舞台に引き戻され、次の画面へ強い集中が起こる（図13-2）。こうして向かい合った聞き手と読み手の、複雑なコミュニケーションが引き起こされる。浪江まち物語つたえ隊が上演する昔話の紙芝居には、浪江町の歴史が封じ込められており、ひとたびこれが上演されると昔の浪江町が上演会場へ出て行き、広がっていく（図13-3）。そのため、上演する場所や時代を問わず、紙芝居を通して、何百年

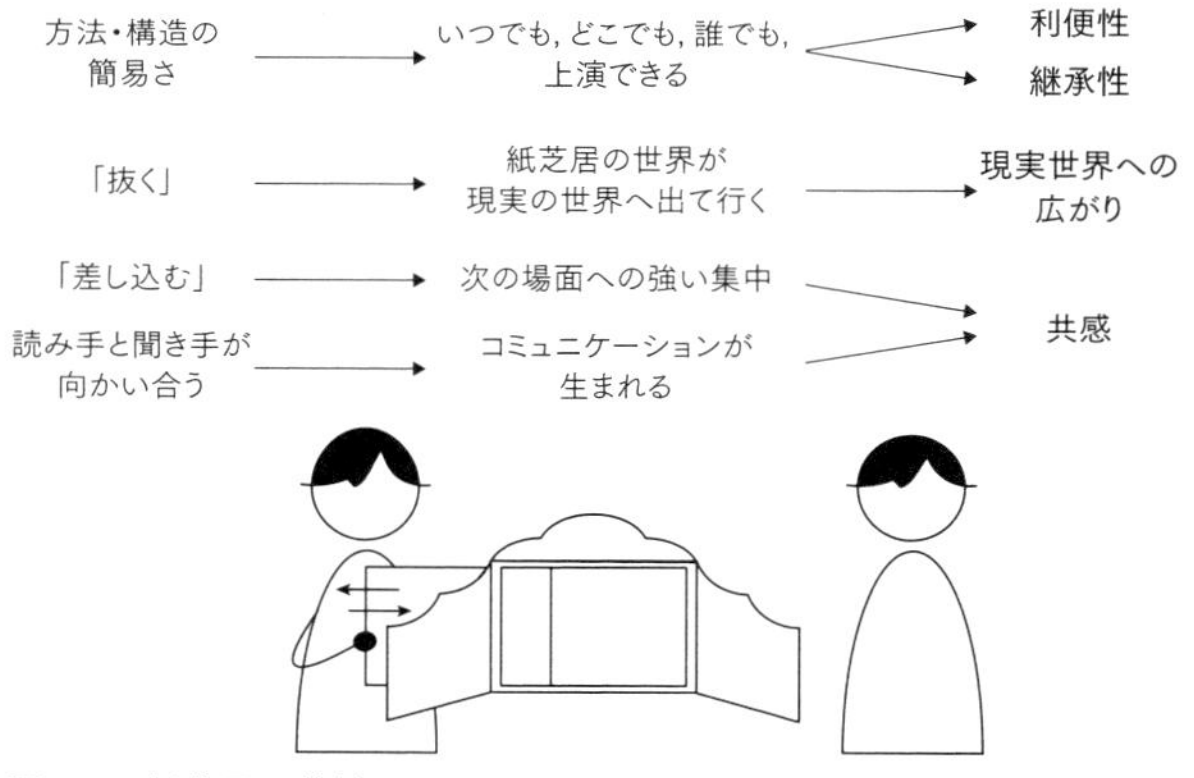

図13-2 紙芝居の特性
出所：まつい［2006］をもとに作成.

と続いてきた浪江町を感じることができる。浪江まち物語つたえ隊に、震災以降の紙芝居だけでなく昔話の紙芝居があることは、聞き手にとっての浪江町が原子力災害による被害を受けたまちとしてだけでなく、豊かな暮らしや文化があったまちであることを伝えるために大きな役割を持っている。

●4－2 紙芝居の力を感じる

二〇二三年一一月にＯＣＡＦＥで開催された収穫祭「美森《うつくしもり》の土まつり」に参加した。収穫祭では、浪江町でとれた食材を使ったピザつくり体験や地元のアーティストによる音楽ライブに続いて、紙芝居が上演された。紙芝居舞台が開き上演が始まると、祭りの賑やかな雰囲気でいっぱいだった会場が、だんだんと紙芝居の世界に引き込まれ、そして紙芝居舞台が閉じられるとまた元の賑やかな雰囲気へと戻っていった。「抜く」「差し込む」ことによって紙芝居の世界と現実の世界がクロスすることを体験する機会であった。

また、紙芝居舞台が開いてから閉じるまでの間に物語が完結するという紙芝居の形式は、聞き手が日常の中でそれほど構えずに、浪江町で起こった悲しく辛い出来事を知り、向き合うことを可能にしていることを実感した。

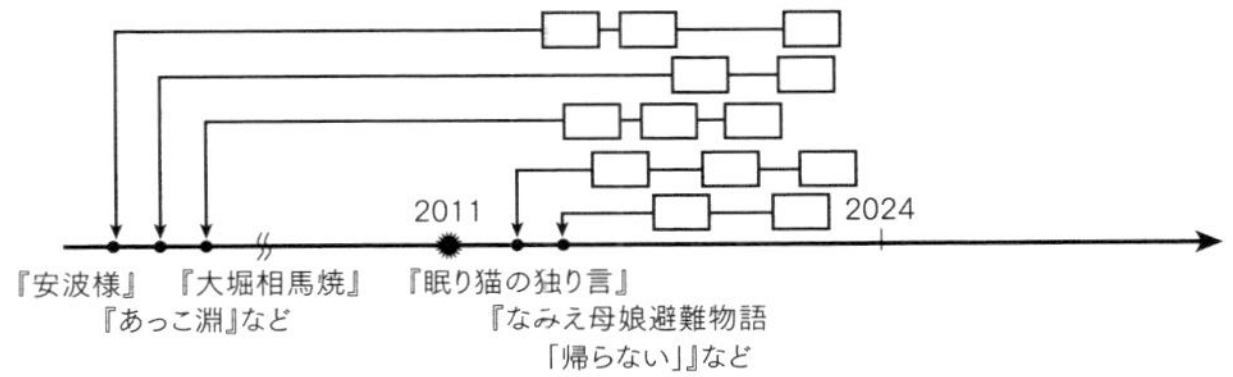

図13-3 繰り返し上演される紙芝居と浪江町

5 隊員のまちへの想い

●5－1 まちの物語を伝え続けてきた隊員たち

浪江まち物語つたえ隊の活動の歩みからは、隊員の皆さんが浪江町の物語を紙芝居にして持ち歩き、繰り返し上演しながら町の内外で語り続けてきたことがわかる。浪江町で起こった物語を伝え続けてきた隊員の皆さんは、浪江町に何を想ってきたのだろうか。まちとの関係は人それぞれ異なり、大切な場所との別れ、喪失も一人ひとり異なる。浪江町で生活し、大切な場所との関係を築いてきた隊員の皆さんは、原子力災害によって大切な場所と切り離された。その後、紙芝居の読み手となり、紙芝居の主人公となり、大切な場所を想い続けてきただろう。隊員の皆さんは、震災前にまちとどのような関係を築いていたのか、どんな思い出があるのか、大切な場所と切り離された生活を余儀なくされたときの思い、浪江まち物語つたえ隊として活動してきて現在のまちに何を思うのか。

これらを教えてほしくて、聞き書きをお願いした。聞き書きとは、「話し手」と「聞き手」の一対一の対話を通じて、「話し手」の人生や価値観を引き出し、記録する作業である。「話し手」は、信頼できると判断した「聞き手」に対し、個人的な出来事や思い出を話す。「聞き手」は、その信頼に応えるべく愛情を持って傾聴し、話者の気持ちを理解したうえで、一言一句書き起こした後に、「話し手」の言葉で文章にまとめる。「話し手」と「聞き手」の間に、信頼と愛情が存在しなければ聞き書きは成立しない［代田・吉野 2012］。

聞き書きを行う前に、私（中村）は二度浪江町を訪れて、「話し手」を依頼した浪江まち物語つたえ隊の隊員二名とお会いして、一緒に食事をしたり、コーヒーを飲んだりとともに時間を過ごした。大切な場所を喪失した人に対して、「何を感じましたか」といきなり聞くことはできない。そのため、最初は震災や震災後の避難について聞くのではなく、震災以前の暮らしや浪江町がこれまで歩んできた歴史を伝える昔話の紙芝居や、紙芝居を上演する浪江まち物語つたえ隊の活動について伺った。その後に、聞き書きをお願いした。それでも大切な場所と離れざるをえないという悲しく、思い出すのも辛い経験についてお聞きすることが許されるほどの信頼関係が築かれているのか、不安を抱えながら浪江へ向かった。すると、お二人ともあたたかく受け入れてくれ、心を開いて、震災前から震災後、そして現在のまちへの想いやまちでの記憶を語り、共有してくれた。東京に戻ってから、インタビューの録音を一言一句文字に起こした。インタビューは、「話し手」と「聞き手」の対話であるため、

「聞き手」である私の聞きたいこと、知りたいことが内容に含まれるだけでなく、編集作業によって、さらに「聞き手」の意思が反映されていく。話されなかったことも含め、小見出しを考え、順番を入れ替え、私たちの会話を作品にする。再び浪江を訪れて、聞き書き作品を確認してもらうためにお二人に会うときもまた、お二人の話をきちんと聞き、感じて編集できたのか、大きな不安を抱えながらの訪問だった。そしてそのときもお二人はあたたかく、私の想いや見たかったものも詰まった作品となった聞き書きを、受け入れてくれた。以下、浪江まち物語つたえ隊の隊員Aさん、Bさんの二名の聞き書き作品を掲載する。

●5―2 Aさんの聞き書き

周りはどんどん更地に

近所も親戚も、みんな壊した。鉄工所のおじさんも、うちの近くに工場があったんだけど、いまは更地。うちの本家の家も更地。近所の左官屋さんも更地。でもって、サンプラザの建物、一部は残ってるけど、他は全部ないでしょ。パチンコ屋さんも壊しちゃったし。渡辺モータースさんも壊しちゃったし。だから残ってんのは、うちと畳屋さん。浪江町には一区、二区、三区……って区があって、その区の中に隣組っていう班があるのね。隣組で残ってんのは二軒だけ。みんな更地にしちゃったから。

うちは大丈夫だったけど、動物入られたり、雨漏りとかしてて、リフォームもできない状態のおうちが結構たくさんあったからね。そうすると、壊しちゃうでしょ、そしたらみんなあきらめちゃうんだよね。で、だんだん親も年とってくると、病気になって、病院はないしってなって帰らなくなる。

私とか弟の世代はちょうどそのときに子どもが学校に行ってる世代だったから、子どもたちは避難先の学校に転校してそこで育っちゃった。だからみんな、福島だったら福島、二本松だったら二本松に、賠償金でどんどん避難先に家建ててたから、戻ってくるとは思ってなかった。

避難中も、浪江を見てきた

私たちはほかの人たちとは立場が少し違ったのね。

浪江町から、震災の一か月後に「請戸《うけど》地区は放射線少ないので遺体捜索再開します、建設会社の方は重機を提供して参加してください」って連絡来たんです。うちは建設会社やってたもんですから、はじめの頃は父が遺体捜索に行ってて、その後は、このへんの避難区域には入れなかったけど相馬とか南相馬の方で、津波で流された地域の残ってる建物壊したりする仕事があったから、避難先は桑折だったけど、両親は南相馬に別に泊まるとこ借りて、そこで仕事してた。

　私は最初の頃は行ってないんだけど、二年くらいしたら父親にがんが見つかって仕事辞めて、母親も一緒に仕事辞めて桑折の方に戻ったんで、私が今度南相馬に行って仕事してたのね。

　だから、浪江には帰れないって言ったっても、私たち工事関係者っていうのは、一時立ち入りの許可もらった車でいつでも入れたから、他の人みたいにいちいち許可もらって一回きりってわけじゃなかったから、恋しくて仕方ないってことはなかった。

　写真とか撮ってきてさ、今こんななんだよって浪江の状況伝えたり、「浪江さ行くんだったら、鍵貸すからあそこになになにあるから持ってきて」とか言われたり。

　それから仕事が相馬から南相馬、南相馬から浪江ってだんだん浪江に近くなってって、避難区域も解除されて、そうすると南相馬に住んでて浪江まで通うより、浪江で仕事してんだから浪江に住んだ方がいいでしょ。それで私と上の弟は帰ってきた。弟も自分の家リフォームしたしね。ただ、子どもたちは川崎に避難しちゃってて、あっちで大きくなっちゃったから、戻ってこないけど。

　浪江に帰ってきた一番の理由は仕事があったからだね。

帰還、でも不安

　浪江に帰ってきたのは、いちおう家のリフォームもあったから避難解除の一年後。避難中におばあちゃんとお父さんが亡くなって、お母さんは仮設住宅から復興住宅に移ってた。で、とりあえずリフォームしたしってことで、私最初一人で、南相馬の借りてたとこ引き払って浪江に帰ってきたの。

　私は戻りたくなかったんだけど、うちの両親は最初から浪江に戻る気満々だったから。避難も最初なかなかしなかった。私とおばあちゃんは最初、相馬に行ったのよ。だけど、待てど暮らせど、両親は来ないのね。一二日の午後には原発爆発するし、心配したわよ。それで一三日にお父さんだけ相馬に来て、私に「帰っど」って言うのね。「え、帰っどって何言ってんの、爆発したのに」って言って、弟にも「何考えてんだ」って怒られてさ。で、「お母さんもまだ浪江にいる。片付けしなきゃなんねもの」って言うわけ。それで、しょうがないから、おばあちゃんのこと置いてお父さんと一緒に浪江に戻って、「全町避難なんだから、浪江さいらんねんだから」って言って、お母さんのことも相馬に連れてきた。だから、両親は帰ってくるのが当たり前って感じ。

仕事してるから、しょうがないから私は浪江に帰ってきたけど、でもやっぱり生活するには不安だったのね。解除したばっかりの頃なんてさ、ほんとに何もなかったの。

そしたらさ、みんなに「物騒だからちゃんと鍵かけて寝ろよ」とか言われんのよ。私ら帰ってきた頃、町には役場職員と作業員しかいないのね。知らない人しかいないんだから、泥棒入るかもしれないし、ちゃんと鍵かけてってみんな言うのよ。でも、昔お風呂とトイレとして使ってた別棟をリフォームして事務所代わりに使ってたんだけど、そこにイノシシ入られてさ。だから、みんなは泥棒とか人の心配をしてたけど、私は動物の方がおっかなかった。

浪江には小学校・中学校の思い出の場所があちこちに

私は昭和四一（一九六六）年×月×日生まれで、生まれも育ちも浪江。きょうだいは、下に弟が三人だったんだけど、いまは弟二人。みんな同じ幼稚園、小学校、中学校に行ってた。

幼稚園は町内の私立幼稚園で、小学校は、今は駅と（国道）一一四号線の間のおっきい空き地になってるところ。中学校は、ふれあいセンターとかスポーツセンターとかあるところからもうちょっと西に行った高台にあったのね、もう壊しちゃったけど。

中学校までは二キロを三〇分くらい歩いて、だいたい友達と一緒に中学校に行ってた。今もある自転車屋さんの友達のとこにまず寄って、そこから踏切で街の友達と合流して、途中に友達のうちがやってるお店屋さんがあって、中学校は給食なかったから、お弁当作んなかったときはこの友達んちでパン買って学校行くの。帰りも駄菓子買ったりしてたね。

高校で浪江を離れて、また戻ってきた

高校は、浪江高校が徒歩で行ける圏内にあったんだけど、近すぎて嫌だったから、私は双葉高校に電車で行ってた。双高は進学校だったから、基本、同級生は進学したのよ。友達はみんな東京とか関東の四年大学行ったから、私もそっち行きたかったんだけど、うちは女の子がそんな余計な知恵つけるもんじゃないっていう家で、「東京なんてダメだど」って言われたからしょうがなくて、水戸の短大に進学させてもらったの。

私は浪江に帰る約束で進学させてもらって二年間だけ少し自由にしてもらったから、短大卒業後は浪江に帰ってきたの。最初浪江に戻ってきたときは、就職も真面目に考えてなかった。

そのときそのときに、必要とされる場所へ

浪江に戻ってきてすぐ、たまたま歯が痛くなって行った知り合いの歯医者さんのところで歯科助手募集してて、半年働いてた。そしたら、親が申し込んでた役場の臨時職員が当たっちゃってて、歯医者辞めて期間限定の中学校の事務職を半年。で、次どうしようかなってときに、うちのおじいちゃんが「おらい（うちの家）の孫どうか」って家から歩いても行ける距離にあったサンプラザの中のサンフーズっていう食料品のコーナーの募集に声かけて、決まっちゃって、しょうがなくて行った。

サンプラザではレジで立ち仕事してた。そしたら、子どもの頃の足の持病が悪化しちゃって、半年間入院したのね。その後、座ってできる事務仕事をちょっとしたんだけど、体調があんまりよくなかったんでフルタイムで働けないからって辞めちゃって、うちでブラブラしてたの。

そのときに、駅前でペットショップとかスーパーやってる親戚から「暇してるんだったらうちに来て手伝え、古番くらいだったらできっペ」なんて言われて。それで、小鳥とかちょっとした小動物がいたところなんで、ケージの掃除とかペットの飼育の手伝いやりながら、そこのお手伝いをしてたの。で、一日中やってる仕事じゃないから、その頃カメラ買ってもらってペットの写真撮ったり。

そしたら、うちの隣の公民館の館長さんに、「暇だったら、図書室の留守番してくんねぇか」って言われて。もともと本が好きで、読んじゃった本を公民館に寄付してたのね。だから、「本好きだべ」って公民館の人はわかってたし、「いつもなんだかフラフラ暇そうにしてるし」ってことで、当時いまの町役場のところにあった図書館に、臨時で入ったの。最初は三か月だけのつもりだったんだけど、「もしあれだったら続けねえが?」って言われて、続けることになった。

図書館がリニューアル、読み聞かせ・紙芝居との出会い

そしたら今度、浪江町役場がいまの郵便局あるところから移転するのに図書館を壊すから図書室も引っ越すことになって、そのときに一緒に仕事してた人が司書資格持ってたから、図書室じゃなくて図書館になったのね。

なんせね、私が高校卒業してからかな、双葉町には立派な図書館ができたのよ。その後、大熊町にも駅前に立派な図書館ができて、浪江だけ、人口も二万人以上いて双葉郡で一番人口多いのに、みすぼらしかったのよ。

だからようやくふれあいセンターの中にちゃんとした図書館つくったときに、蔵書スペースの他に、絵本の部屋をつくってもらった。役場の職員の方が、すごい図書館のことを想ってくれて、「せっかくだからガラス張りにして、子どもたちが絵本読んでるところを見ながら、お母さんも本を読めるようにしたんだ」って一生懸命力説してくれて。私たちの理想的な、こんな感じだったらいいなって図書館になった。

それで、せっかく絵本の部屋つくってもらったんだから、子どもたちに読み聞かせしたいよねってなって、日曜日に読み聞かせ会やろうってなったの。

もともと図書室の頃から通ってたお母さん方に声かけたら、やってもいいよってなって、「おはなし会あのね」ていう団体をつくったの。本好きの人たちが集まって、学校の先生もいた。皆さんそれぞれ得意分野があって、私はもともと昔話とか得意だっ

た。それから、イベントのときに絵本とか紙芝居以外でもお話しできたらいいよねってなって、私がこのへんの昔話の語りもやってたの。

図書館を離れても、読み聞かせは続く

臨時職員って、そんなに長く一か所に勤められないのよ。図書館に一〇年勤めたあと、どうにもなんねんだけどっていったん切られて、気の毒だからって幾世橋《きよはし》っていう、震災の時ギリギリで津波避けた地区の小学校の当時新しくできた児童クラブを紹介してもらった。三〇代の後半くらいかな。町内の小学校いろいろまわって児童クラブの指導員は五年勤めた。

そのあとは、父がやってた建設会社に木屑専門の廃棄物の中間処理場ができたんで、児童クラブやめてうちの仕事するようになったの。

児童クラブに異動になってからも、辞めてうちの仕事を手伝い始めてからも、「お話し会あのね」は継続してた。読み聞かせは、最初は図書館だけでやってたんだけど、そのうち図書館以外でも乳児健診とかでもやるようになって、浪江の各小学校まわって授業中に読み聞かせやってたのね。

語り部Sさんとの出会い

新しい図書館ができた頃、語り部専門の「昔話の会」をつくってたSさんていう方が来て、「私も語り部やってて、自分で昔話聞いて原稿作ってんだけど、もっといろんなお話ししたいから、なんかないかい？」って言われて。それで、郷土資料を調べて、昔話が載ってたページを全部コピーして、渡したの。それがSさんとの出会いのきっかけで、児童クラブのときも、普段は放課後だけだからいいんだけど、夏休みとかの長期休みになると一日保育で子どもたち暇もてあますでしょ。だからSさんの昔話の会にときどき来てもらってた。

避難中も紙芝居とのつながりは続く

Sさんとは、避難先が一緒だったの。二次避難先のホテルで一緒になったときは、「放射能来んな」とかって言われていじめられて、だんだんと登校拒否する子もいたもんですから、Sさんが女将さんに話つけて、子どもたちに昔話する会やるから手伝っ

てたんです。

それで仮設住宅に移ったときにも、私たち家族の一か月後くらいにSさんが入ってきて。そのときに、昔話の紙芝居作るんだって聞いて、広島の紙芝居作る方とのやりとりを手伝ってたりしてた。三月に紙芝居できましたって桑折の仮設住宅に持ってきてくれたときに、せっかくだから発表会やろうってなって、仮設住宅の集会所で発表会したんです。

Sさんの作品ですから、Sさんに読んでもらいたかったんですけど、「私は語り部だから紙芝居はやらないよ」ってSさんもプライドがあって。それで、Sさんには紙芝居以外の、昔話の語り部をやってもらおうってなって、Sさんのお手伝いだから、しょうがないから、私がいただいた紙芝居を代わりに読んだんです。

紙芝居でふるさと浪江を思い出す

それがきっかけで、自治会長のOさんが「せっかくもらったのをそのまましまっておくのももったいないがら、これ持って仮設住宅まわりしよう」となって。

あと、浪江で毎年一一月の下旬にある十日市祭りができなくなっちゃったもんですから、復興祭っていう名目で避難先でお祭りやろうってなったときにも、ステージ紙芝居やったりしてたんです。

そのときは、被害に遭って間もなく、一年くらいしか経ってなかったですから、安波《あんば》様っていう請戸の神様の話を読んだときには、請戸の人からは「俺ら津波で流されたのになんで安波様なんてやんだ」って怒られたこともありました。

けど、いろんな仮設住宅に行くと、「いや、これは覚えてる。おらのとこのあれだ」とか、「おらんとこの部落にこんなお話もあった」とか、「おらこんな話は知らねがったな」とか、どんどん、盛り上がっていく。紙芝居を通して、浪江のお話とか思い出をお話ししてもらった。

震災も紙芝居で伝えたい

Sさんは、自分の避難の状況をずーっと書いて、その手記を自費出版して『恐ろしい放射能の空の下』っていう本にしてた。もし良ければ読んでって、集会所の入り口の机に積んで置いてあったんですね。

それを、二〇一二年の三月に、昔話の紙芝居をプレゼントしに来たときに、紙芝居作家のIさんが見て、「これはすごいですね」って。「こうやって本にしておくのも良いんですけど、これだと一部の人しか見ないから、紙芝居にさせてください」って言って、それでできたのが『見えない雲の下で』っていう震災の紙芝居。

Sさんは、この紙芝居が出来上がる直前の六月に亡くなった。だから、出来上がった紙芝居は見てないんですけど、せっかく作ってもらった紙芝居だから発表しましょうっていうことで、Sさんはいなくなっちゃったけど、みんな呼んで仮設住宅の集会所で発表したんですよ。

紙芝居を通して、一人ひとりの避難を語る

浪江ってほんとに自主避難みたいな感じだったんです。東電が手配したバスで避難した双葉、大熊、富岡とかの原発立地地域と違って、避難訓練もしてなかった。それでもみんなバラバラに、防災無線とかテレビで菅《かん》元首相が発表してるニュース見て、「え、避難しなくちゃいけないんだってよ」って感じで避難した。

うちの親戚のおじさんなんかは、地震とか津波で役場に避難して、そこから町のバスに乗せられていった人なんですね。結構な人数が、津島っていう一番放射線量の高い方面に向かって避難して、三日もいた。

そういう避難のことが、『見えない雲の下で』には書いてあるんですよ。だもんですから、みんな体験をした人が「あーそうだよな、あのとき寒かったよね」とか、セリフを聞いて、「んだ、あんとき灯油なくてストーブもらったけど、たけなかったんだ」とか、おらはこうだった、私はこうだったってみんな言うわけですよ。

で、それを聞いてたIさんが「みんなそれぞれにドラマがあるんだね」ってなって、「もっといろいろ紙芝居作りたいんで、もしお話聞かせてもらえれば」なんてことになった。

自身の経験も紙芝居に

で、Aさんも作ってあげるからって言われたんですよ。

でも私、避難所にそんないたわけじゃないから、そんな避難の苦労って言われても困るんですけどって思ってた。「でも何かあるでしょ」って言われたんで、「じゃあうちで一番苦労したのは猫なんで、猫の話でいいですか?」って。

うちは外猫二匹いたんだけど、長期で戻れなくなると思わなかったから浪江に置いてきてたんです。父が遺体捜索の仕事してたから、半年くらい毎日、避難先と浪江行ったり来たりしてたんで、探したんだけど、どこ探してもいねんだよなって。

みんなもまさか帰ってこられないとは思わなかったから、犬でも猫でもそのまんまだった人が多かったでしょ。そういう犬猫がいっぱいいたから、「せっかく浪江まで行くんだから餌持ってって」って言って、餌をあちこちに置いてもらって、とりあえず食べられるようにしてもらってたんですよ。餌置いとくと、集まって食べにくるみたいだったよ。

そんな、置き去りにされたペットと、まちに入れなくなってからの父が見た被災地の光景を、当時父から聞いて、『眠り猫の独り言』を作ってもらったんです。

震災を紙芝居で語ること

でも、やっぱり自分の作品ってそのとき思い出して読みづらいんだよね。普通、震災の語り部さんていうのは自分の体験を文章にして、当時の写真とかをスクリーンに映してお話しする。でも紙芝居だと順序立てて、ある程度組み立ててお話しできる。客観的にお話しできるんで、すごい自分も楽。

他の人の震災のお話を紙芝居に作るときは、本人から聞き取り調査して、間違いなく作ってる。私たちはその調査にも同行してるから、紙芝居に出てきたこの子はこうなりましたよとか、この方はいまこうしてますとか、当時こんな感じだったらしいですってことは言える。自分のことだけじゃなくて他の人のこともしゃべれるっていうのが、紙芝居はいいのかもしれない。

最近は、震災のお話をする前に、浪江っていうのはどういう町だったかを紹介するために、昔話を一本読んでからということがある。浪江っていうのは、海の方から山の方に東西に長い町だから、それぞれの文化があって、ていう話をして、「今日は山の方のお話をしますね」とか、「今帰宅困難で帰れないないところなんですけども、大堀《おおぼり》相馬焼のあった地域の話しますね」とか、昔話をちょろっとやってから震災の話をする。

新しい人と浪江をつくる

もともと暮らしてた人たちは、避難してから一〇年以上経って、子どもも避難先で大きくなって卒業したり就職したり、浪江の家が住めなくなったから、解体して更地になったお宅が多い。一〇年経つとそれだけ年齢も上がって病気になったりとかすると、病院のない浪江に帰って生活するのは無理だと思って、帰ってこれないなって人もいる。やっぱり帰ってくるってなると躊躇するんですよね。だから、無理に帰ってこいなんて言えないし、そういう人たちは、まあしょうがないんだろうって思うしかない。

浪江出身だけど震災前から浪江を出てた人たちとか、避難している人たちと、実際に住んでる人とはこれからの浪江に対する価値観が違う。帰ってくる予定のない人たちは、自分たち浪江に住むわけじゃないし、元の浪江に戻したいって懐古が強い。元のふるさとに戻そうっていう気持ちはわかる。でも、街も人も元には戻らないのよ。実際に住んでる人は、身に染みてるから切り替える。難しいけど、全部の人に合わせられるわけじゃない。だから、これから浪江に住む人に任せるしかない。

新しい人たちが入ってくるから、その人たちに合わせて変わっていく。いろんな大学の人が浪江に来て研究したり勉強したりしてる。浪江の農家さんのとこでいろいろ勉強させてもらった農大生の子なんかは、卒業したら浪江に移住して畑つくりたいですっていう人もいる。都市計画とかの関係やってるまちづくりの研究やってる人も、卒業後も浪江にはちょこちょこお休みのときにでも来させてもらいますなんて言ってる。それに、BさんのOCAFEができてからは今まで紙芝居でいろんなとこでお世話になった人たちも、みんな浪江に来てくれた。そういうやっぱり浪江がいいんだっていう人たちもいるんです。そういう人たちと新しい浪江がつくれたらいいなと思ってます。

●5－3 Bさんの聞き書き

浪江は自分で選んだふるさと

見える景色は、震災前とがらっと変わった。いや、おんなじだけど、何か違うんだよな。自分の気持ちもどんどん変わってきて、やっと色も戻ってきた。

やっぱり浪江は帰る場所なんだなと思ってる。いろいろあったとしても、私の故郷であって、年とったらここに来るんだろうなって思う。震災前は、毎日の暮らしで忙しかったから当たり前に思ってたけど、結婚してからはここが故郷。だって自分で選んできたからね。先祖代々もらったこの土地を維持してく、私たちが今できる範囲でやってく。

我慢強い母と破天荒な父と仲良しきょうだい

子どもの頃は、四人きょうだいの一番下でおてんばだった。うちの父って農家もやってたんだけど建設業の社長やってたから、いろんなところにバスに乗って連れてってもくれたんだよね。

母はいつもそばにいてくれた。そろばん塾行くにしても、「団子食べてけ」とか。一番私の身近にいてくれたのは母のような気がする。一番下だからこそ、一番ずっとそばにいて、かわいがってもらえたような気がするね。

それから、建設業は時代の流れで今からだと大変だっていうことで終わって、飲食業始めて、手伝いを中学校からしてた。その後、山に山小屋つくって釣り堀つくって、滝つくって、今ちょっと壊れちゃったけど水車置いて、そばをついて、粉ひいて、みんなで食とか暮らしを楽しんでた。とにかく好きだったんだな、父が。何かいろいろ挑戦する父親だったの。その血が私にも入ってる気がする。

そして、じっと我慢するのは母。破天荒で、いろんなのやっちゃう父親のことをちゃんと支えて、我慢強かったのは母親だから。私、顔も母にそっくりなんだね。きょうだいはうんと仲いいんですよ。きょうだい仲いいっていうのは、やっぱり母のおかげかな。母がそういう育て方してくれたから。今でも仲いいし、私だけ離れて浪江に嫁いじゃったので、心配してくれた。

結婚して浪江に、今までとは一八〇度違う生活

二二歳のときに結婚して（浪江に）来ました。若いよね。自分でもびっくりした。

ここでの暮らしは、今まで独身だった暮らしと一八〇度違った暮らしだったね。自分ちでも農家はやってたんですが、ここは大きな農家だったので、スカートとかパンプスとかブーツとかはすべて封印しましたね。ここでの暮らしは長靴とそれなりの服装でっていうことで、スタートしたんです。

最初に浪江に来たときは、暗い、電気がない、さびしいと思いました。だけど、もうここで生きてくんだって思ったから、親に迷惑はかけられないと思ったんです。何があろうと私は帰れないと思って、いろいろ積極的に、やれと言われることすべてやったような気がしますね。トラクター乗ったり、えーって思いながら養豚もやったり。親を悲しませないように私はいろんなことやったのかなって思う。お盆と正月しか帰れなかったので。もっと自分の意見言って、余裕をもって生きればよかったのに、ずーっと真面目に生きてきたかなって、その間は。

ここにお嫁さんに来るとき、実家の母が「神様見てんだからな」って言って送り出したの。神様見てるっていうことは、一生懸命生きなくちゃいけないし、嘘をついちゃいけないしっていう意味だなって私は思ったの。人に対しての思いやりもそうだし。だからそういう気持ちで、ずっと二二歳から暮らしてます。

浪江に慣れるために、家族のために、なんでも引き受けた

私は結婚してここに来て、子育てよりも前に、ここにまず慣れなくちゃいけないっていうことがあって。子どももすぐできなかったしね。何か自分にできることがあるかなっていうことで、いろんなこと引き受けました。地域の婦人会もそうだし、婦人消防隊もそうだった。婦人消防隊って長靴はいて、町の中行進しなくちゃいけないの。男の人たちと一緒にね。寒いときは大変じゃない。だから私、庶務会計やってたから、みんなにホッカイロ買ってあげて、日当出して、「やるなら楽しくやっぺね」って言ってたの。そしたら、震災後に会ったとき、一緒にや

ってた仲間が楽しかったって言ってくれた。

子どもができてからはPTAの役員を、最初はじゃんけんで負けたんですけど、たった数年間しかない子どもの姿を見たいな、見逃したらもったいないと思って、そのあとは進んでやるようにしました。子育てには一生懸命でした。

でも私は大変だったよ。どっか行くときも、嫁だからご飯の用意してから出かける。でもね、婦人会行ってくるよって言うと胸を張って出かけられた。婦人会って嫁に来たら入んなくちゃいけない、もう入るものだとなってて、みんなお嫁さん同士だからとっても仲良くて、頑張ろうねっていうつながりができてた。

自分の中でルールとして、家のこともしっかり、疎かにしないって、きちんとバランス取りながらやってきたような気がするね。いろいろやってきて、家庭と嫁の立場と役職って大変だったんだけど、振り返ると全部自分のためになりましたね。自分がもう一人欲しいと思うくらい忙しかったんですけど、いろんなことを乗り越えられた。

嫌だって言ったら始まんないよね。とにかくやってみよう、やってみてダメだったら次のことを考えよう。ただ家を、主人とともに守ってかなくちゃいけないから、とにかく前を向くしかなかったね、下向く暇はなかったね。

震災、頑張り屋の娘さん

そんなことでの震災。宮城県の名取で地震に遭って、家に帰れたのは次の日でした。娘は仕事休みだったんだけど、働いてた介護施設が心配だからって、夜が明けるのを待って送ってたんです。その子はやっと授かった娘だったんです。娘が帰ってくる場所はここしかないので、みんな周りは避難して、(誰も)いなかったんですけど、自宅で待ってました。でも、そのあと「原発が危ない、逃げて」って言われて、下の娘と一緒に逃げた後、娘からSOSの電話が入ったんです。

声聞いたら元気なくて、頑張りすぎてるなって思ったんだけど、「できるよね」って聞いたら、「うん、できる」って。「じゃあ頑張りな。でも近くに誰かいる?」って聞いたら、「婦長さんがいる」って言ったから代わってもらって、婦長さんに「娘を抱きしめてほしい」ってお願いしたんですね。そしたら娘は頑張れるから。その後、ちょっと元気になったんですけど、次の日も倒れてしまって。初めての就職先で、ご飯もよく食べてない、そして一〇〇人の患者さんをあっちこっちに転々と移動させてたので、もう限界が来てた。職場の先輩から、娘が死んじゃうから迎えにきてって連絡来て、それで場所もわかんなかったけど探して迎えに行ったんです。

だから、頑張りすぎてる娘見て、自分に似てるって思いました。幼い頃から周りに気をつかう娘だから、ありのままでいいから、自分らしく生きてほしいなって思いましたね。

ただ避難してたんじゃない

震災後、避難生活をしてるなかで、振り返ったときにただ避難してたっていうのがとっても自分は嫌で、ちょっと自分の中で許せないから、何かしようって思ったのが、マラソン。避難した場所で練習をしました。走るっていうのも、自分との挑戦。走ったこともないから、辛いでしょう。だけど、ちょっとずつ伸ばして大会に出ようって娘と三人で出ました。苦しかったけど達成感がありましたね。三年続けて出場しました。マラソンって自分の身体だけ。そういう、お金がかかんなくて自分にできるものを探しましたね。

心、どうしていいかわかんない部分あったのかな。だけど何かしようって思って絵を描いたり、切り絵をしました。お地蔵さんも結構描いた。川に行って平らな石を拾って、花とか動物の絵を描いて、避難して仮の暮らししてる玄関に並べてたら、「かわいいね」って地域の方とお話しするきっかけができました。手に収まるお地蔵さんも描いて、ちょっと元気ないって言う人にあげたら、元気出たって言ってくれた。とにかくそういう、人に迷惑かけないように自分の中でできるものを探した。

陶芸はそのあと。浪江で土をいじってはいけないって言われて、帰れないから避難先の庭に野菜もちょっと植えて土に触れるようになった。陶芸は、娘が先に近くの陶芸教室に行ってて、私も自分の器作ってみたいなって思って挑戦しました。そうすっとまた、落ち着くのよ。一回二時間、土をこねるんですね。無になる静かな時間に、とにかく心が落ち着いたかな。

あと詩を書いたんですね。これは、震災前に自分の中でちょっと乗り越えられないことがあったとき、絶対悲しい言葉は使わないようにしようと思って、ポエムを書き始めて、震災のときも書いたんです。農業に対しての思い、自分に対しての思い、生きるってこと。何かものを書くっていうことで自分を落ち着かせてたのかなぁ。避難生活で時間がたっぷりあるのに、心が満たされないのはなぜだろうっていうところから始まって、何かしようってのはあった、ずっと。このままで終わっちゃいけないって。

草木染めもそうなんだよね。浪江に色がなくなってしまって、何で色を感じないんだろうなって思いの中で、色を感じたいって思って草木染めを始めたの。何か生み出そうじゃないんだよな、全部自然なことなの。色がないなら色をちょっと感じたいと思っただけ。

紙芝居との出会い

震災後、浪江のために何かしたいなってずっと思ってたんですけど、それが何だかわからなくて、農業委員っていうのをさせていただいたんですね。農業委員の会議は浪江に入れないので、二本松でやってたんです。それで、二本松支所にいたとき、浪江まち物語つたえ隊の代表のOさんがちょうど来て、私は初顔合わせだったんです。でも、農業委員の代表とOさんがおんなじ仮設住宅で、代表も一緒に紙芝居手伝ってたんだね。一緒にしゃべってたら、Oさんが私に「紙芝居やんねか」って。「え、私にできますか?」って言ったの。したら「できるできる」って。それで、婦人消防隊で紙芝居やってたから、どんなものかなって興味がわいて、読み手の育成講座に参加したんです。

Aさんがやってる姿見て、あーすごいなーって思いました。ただの紙だけど、パッと出せるし、パッとしゃべれるし、セリフを読むだけでいいんだけど、でも読む中にもいろんな感情が入ったり、いろんな言葉の違いがあったり。で、真似ろとは言わないんですよ。それぞれの個性があるから、それぞれの読み方でいいんだなって。そこから混ぜてもらうようになりました。そしたらちょうど、Aさんもずっと忙しかったせいか体調悪くして、Oさんと私が歩くようになった。

　それから、震災の紙芝居もできてきて、「Bさんもないか」って言われて。「ないです」って最初言ったんですけど、娘の介護施設の話をして、そのときの家族の出来事を紙芝居にしてもらいました。私が娘から聞いてない話も結構あったんで、ほんとに大変だったんだなって。だから思うことは、介護施設の人だって、介護者だって、看護師さんだって、多分自分を犠牲に、家族を犠牲にやってきて、震災を乗り越えた。そういう人たちに感謝したいですね。これからは自分の命を大切にしてほしいって思いました。この作品は大切な宝物ですね、私のね。

紙芝居が教えてくれた言葉、新しい世界

『無念』のアニメーションを作ってるとき、私たちは素人だから、俳優の方に「どんなふうにしゃべったらいいべ」って聞いたんですね。そしたら、「私は俳優です。声優ではありません。皆さんが体験したことを声に出してください」って言われたんです。そしたらみんな本番ではころっと変わって、泣きながら本気でしゃべりました。


　私、震災あったって大丈夫大丈夫って、頑張ろう頑張ろうってずーっと思ってたの。だけど、『無念』のアニメーションの中に、「立ち止まってもいいんだよ、泣いてもいいんだよ」っていうようなセリフがあるんです。そこで、肩の荷がちょっと降りた。あ、立ち止まっていいんだ、泣いたっていいんだって。絶対負けないなんて思ってやってきたけど、そうじゃなくて、ゆっくりゆっくり前に進めばいいんだっていうのを知ったかな。

『無念』のアニメーションができて、活動も遠くから声かけられるようになって、ほんとにいろんな方とのご縁がありましたね。東京でも何回も上映会してくれて、その人たちとはいまでもつながってますね。だから『無念』っていう作品はこれからも多分ずっと続きますね、いろんな人の無念があるので。

　いろんなとこで、改めて自分を修正する言葉とか、いろいろいい出会いがあったからこそ、ここまで来れたかな。紙芝居によって私は、知らない世界をいっぱい知った。第三の人生。もちろん電車に乗るとか、新幹線乗るのもそうだし、飛行機乗るのもそう。できないができるようになった。あとは、私が知らないとこで、すごい頑張ってる人がいっぱいいいたってことを知ることができました。だからよかった。知らないで終わるとこだった。震災は大きな出来事だったけど、震災後出会った人たちが宝物のように私は思えてならない。

浪江につくった私たちの帰る場所が、みんなの帰る場所になった

私なんだかね、メラメラと湧き出るものがあんだよね、このままじゃダメだという。OCAFEをつくるときもそう。OCAFEは「私たち家族が帰る場所をつくろう」ってつくったんですよね。

居住制限区域解除後、五、六年ぶりに娘たちを連れて自宅に帰ってきたとき、東電の人に片付けてもらってて、家はがらーっと何にもなかったんですよ。で主人が家を壊すかどうか、残すかどうかって言ったら、「何言ってんの、やっと帰ってこれたんだよ、壊さないで」って娘が言ったの。でも、解体したくなくても、解体せざるをえなくなった。動物が入ってひどくなった家を子どもに残したらあの子たち維持管理できたのかなって思うと、壊してよかったのかな。でも、あの家があったらみんな休める場所つくれたよねとか、なんとかして屋根を直せばよかったのかなとかいろいろ考える。結局自宅は壊して、倉庫だったとこリフォームしたの。

私たちが帰る場所として作ったんだけど、地域の人集えればいいなあって。娘がコーヒーコーディネーター（の資格）取ってたので、コーヒー飲める場所になればいいなとは思ってて、あと世話になった東京の人たちが、ここだけじゃなくて他の地域にもボランティアでしょっちゅう来てて、フェイスブックで地べたに座っておにぎり食べてる姿見て、この人たちが休める場所つくりたいって、それも一つあるの。だから私たちだけじゃなくって、みんなが帰ってもいいところ。みんなの居場所になってほしいな。また来てねっていうと、違う人連れて来てくれたり、何回も来てくれてる人もいて、広がってね、ありがたい。

震災前はできないことが多かった。自分の時間は取れなかったから。田植えで親戚一同飲み食いするから朝早くからお赤飯作っておかず作ってって、そういう繰り返しだったの。でもそれが全部生きてる

んだよ。今度は自分のために時間を使えるし、自分が今までできなかったり嫌だったことがないようにみんなに振る舞いたい、ここに来たら居心地いいように振る舞いたいって想いがある。今までできなかったことをここでやってるのかもしれない。

紙芝居をOCAFEで読むように

紙芝居は始まってたけど、まさかここで紙芝居すると思わなかったよね、まず。紙芝居をOCAFEで読み始めたのはできてすぐ、二か月後の（イベントの）「オカフェス」。このときは娘とも一緒に読んだんだよね。五〇人くらい参加してくれた。

震災の紙芝居、県内の人は最初そんな話聞きたくないって人が多かったんですよ、自分らも体験してるから。だから県外とかでしゃべってたんだけど、OCAFEで紙芝居読んだら、熱心に聞いてくれたんだよね。それで収穫祭でも紙芝居を上演するっていうようになって、去年の収穫祭なんかはこの地域の昔話読んだんだけど、知らない人多いんですよね、昔話を。聞けてよかったなんていう声もあったしね。

紙芝居だから町のことを伝えられる

語り部だと、自分の体験を話す。でも私たちは紙芝居を通して昔話や震災であったことを伝えてる。浪江町に来たとき紙芝居を通して、「浪江ってこんなに紙芝居が残っているんだ、すごいな。ここってどこだろう、行ってみようか」とか、そういうふうに関心をもってくれればいいよね。紙芝居ツアーの地図を作ってもいいかな。これは津島のどこら辺とか、これは海の話とか。『歯形の栗』なんてかわいいよね、でも帰宅困難区域の話だから入れない。昔の話ってやっぱり意味があるんだよね。

それで震災後の話も、こういうのがこんなにあるんだってなれば、浪江を知る大切な方法。入れない場所がまだあることってわかんないよね、信じられないよね、すべて元どおりになった感じだけど違う。やっぱりね、そういうのも知ってもらわなくちゃいけないんだよね。

浪江で読むから伝わること

今まで続けてきた私たちの紙芝居が、ようやく浪江で読める。まだ帰れないいんですって読んでたのが、浪江で読めるようになった。紙芝居聞くためにOCAFEに来た人には、この風景を見てもらって、フレコンバックいっぱい山積みになってた（除染廃棄物が仮置きされた）風景もちょっと前まであったから、それも説明して見てもらって、ここで間違いなく暮らしてたとこなんだよって。だからここで読む意味ってあるんだよね。

　ほんとに帰れない人がまだいるわけで、その間に家も朽ち果ててしまってる。私たちが県外に行くと、もう帰れるんでしょって言われるのも、多いんだよ。でも県外で、まだ帰れないんだっていうのと、浪江で、ちょっとずつ帰れるようになって少しずつ少しずつ前に進めるようになったっていうのは違うんだよね。この場所だからこそ意味があるんだよね。OCAFEで花を植えたり、草木染めしたり、震災の話をしたり、今できることをいろいろするなかでも、やっぱり忘れないように紙芝居ってやってる。

未来に伝える紙芝居

　私たちの代は、ちゃんと伝えなくちゃいけない役目を持ってるんだよね。今こういう状態ですよ、こういうことがあったんですよって。だからって東電はダメなんだじゃなくって、原発事故のことはあったこと、それを責めて何か始まっかってそうじゃない。間違いなく安全に廃炉までやってもらいたいって思いと、その後の暮らしで四〇〇人以上が震災関連死で亡くなってる、そういうことも忘れないでほしい。地震や津波で家もなくしたり、家族も亡くした人もいる。その後どうなったかっていうのがちゃんとつなげていかなくちゃいけないよね。

　年とった人はさ、今までの浪江知ってんのかって言いたくなっちゃう。でもね、今は県外から来た人もイベントを自分たちでやり、始まってるし、昔からいる人は一回躊躇しながら混ざり始めて、新しいまちづくりが始まってる。みんなで助け合って、これでいいんだよね。

　でも、将来すっかり良くなったとき、浪江にはこういう話があるんだよ、こういうのは忘れちゃいけないし、その中で亡くなった方もいるし、家をなくした人もいるんだから、それは後世に伝えたいよね。中学校とか小学校に紙芝居置いとけば、いつかまた手に取ってもらえて、次世代にバトンタッチできると思うんだよね。それが大事なことかな。紙芝居あるってすごい財産だよね。

おわりに

たくさんの人と出会い、
ご縁がつながりました。

浪江のために何かしたい思いは、
　見つかりました。
私の居場所「紙芝居」感謝

　Bより

6 浪江のまちの再生の始まり

●6−1 紙芝居を通して、グリーフと向き合う、伝える

Bさんの「私たちの代は、ちゃんと伝えなくちゃいけない役目を持ってるんだよね」という言葉からは、原子力災害によって浪江町で起こった出来事を次世代に伝えていく使命感が伝わる。その想いを支えるのが、紙芝居ではないだろうか。紙芝居は上演方法や構造の簡易さから、いつでも、どこでも、誰でも上演できるという特徴を持つ。「いつかまた手に取ってもらえて、次世代にバトンタッチできると思うんだよね」というBさんの言葉には、昔の浪江町も、原子力災害によって浪江町で起こった物語も、未来の浪江に紙芝居を通して伝えることができるという希望がある（図13−4）。浪江町に紙芝居があるからこそ、Aさんも Bさんも、新しい人を受け入れて、みんなで助け合って新しい町をつくっていくという想いにつながっている。紙芝居は、大切な場所を失った人たちにとって、その場所の代わりとなって多くの物語を伝え、その場所を大切に思う人々をつなぐ力がある。

● 6−2 聞き書きを経て見えた浪江の風景

二〇二四年一月、聞き書きの文字起こしが完成した後に再び浪江町を訪れたとき、Aさんが中学生のときに友達と待ち合わせていた踏切や、Bさんが草木を使って浪江の色を取り戻した畑を巡った。私（中村）は二〇二三年の一一月以降の、限られた場所の、再び歩き出した浪江町しか見たことがない。けれども紙芝居を通して、津島地区にある淵のことも、大堀相馬焼の窯元のことも、「おふくろ」が大切にしていた景色があったことも知っている。震災についても、原子力についてもまだまだ勉強が足りない私に、Aさん、Bさんは紙芝居を読んでくれて、浪江町で起こったことを、そのときの想いを教えてくれた。紙芝居だからこそ、原子力災害による悔しい思いも、悲しみも、言葉にのせることができるのだと思う。

● 6−3 再び、収穫祭の風景

OCAFEの前庭のピザ釜は煙を上げ温められ、ライブの機材も整えられ、小さな陶器市、昔から使われている十年《じゅうねん》（えごま）の脱穀の農機具が展示されている。青空と暖かな日差しが眩しい。気持ち良い秋の日、しかし背景にある山と森には、まだ入ってはいけない。

そして収穫祭が始まった。次から次に料理が振る舞われる。郷土料理（十年もち、かぼちゃまんじゅう、なつはぜのジャム）も本格ピザも、どれもおいしい。地元の二人組ミュージシャンが、浪江の歌を歌う。歌声は青空に吸い込まれていった。十年の実は昔からの木製手回し送風機で選別され、この村が昔から伝えてきた土地の知恵を教えてくれる。ダンボールいっぱいに送られてきたチューリップの球根を、これでもかと密植する。何色の花が咲くか議論して、来年の春が待ち遠しくなる。そして、昔話と震災の避難の物語（『大堀相馬焼き物語』『おふくろ』）と二本の紙芝居が上演された。このまちで起きた二〇〇年前の物語と一二年前の物語が、生き

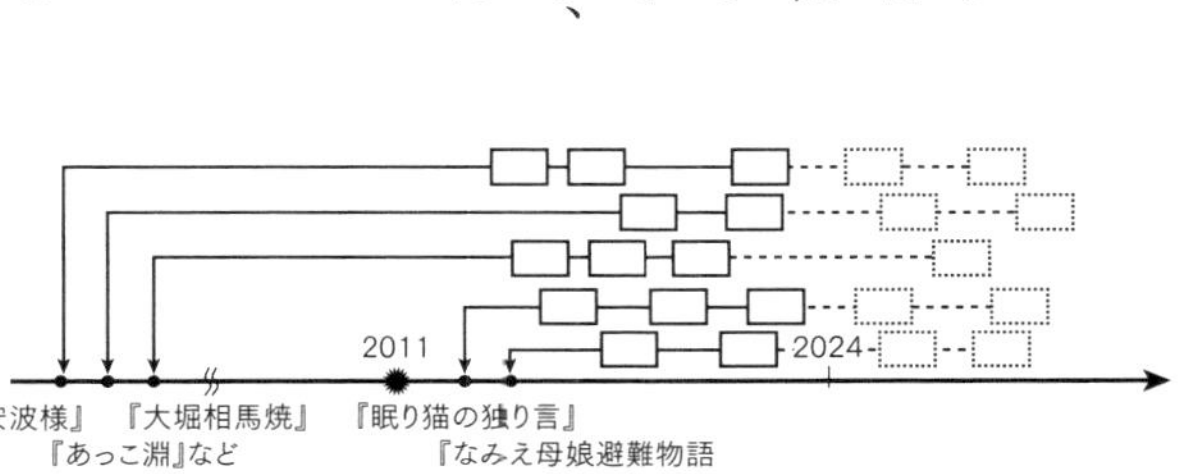

図13-4 未来でも繰り返し上演される紙芝居と浪江町

生きと語られる。その言葉も浪江の青空に吸い込まれていった。

ここでは「確かなもの」を確かに感じる。信じられない世界のただ中に、信じられる確かな世界が打ち立てられ始めている。福島の災害には加害者がいる。理不尽に奪われ、損害や慰謝として金額に算定され、しかし本当に大切なものは置き去りにされることが、何度も何度も繰り返されてきたのだと思う。この国の公害闘争や和解、そこで目指された世界のことも思う。

この収穫祭の風景は、何重もの喪失の先に、それでも確かな世界をつくり出す、浪江の人々の生きる力によって生み出されている。賑やかで暖かく、和気あいあいの祭りの風景の中に、紙芝居の世界が開かれ閉じられ、以前の浪江とつながり、未来の浪江にこの風景が伝えられていく。

付記・謝辞
本稿は、東京工業大学大学院環境・社会理工学院都市・環境学コース二〇二三年度修士論文、中村千都星「原子力災害によるまちの喪失と再生の研究――福島県『浪江まち物語つたえ隊』への聞き書きを通して」をもとに改稿したものである。
本研究は、科学研究費補助金基盤研究（B）「持続可能な地球環境に必要な『変革的な適応』を実現する為のまちづくり研究の再資源化」（課題番号 21H02223）の助成を受けて実施された。
浪江まち物語つたえ隊の皆様には、貴重な時間をいただき、お心こめて紙芝居や浪江町について詳細に教えていただきました。心から感謝申し上げます。

第14章

コミュニティデザイナーたちが一二年後の浜通りで見、聞き、考えたこと

――「第一二回パシフィックリム国際会議２０２３」の報告

山本真紗子・杉田早苗・マリ・エリザベス・土肥真人

1 コミュニティデザインと原子力災害

私たちは「確かなもの」を確かめながら生きている。その確かなものが揺らぎ、崩れるとき、深い喪失を感じ、変わってしまった世界に自らの居場所を失う。コミュニティデザインは、そこに暮らす人々にとってまちが確かなものになるように、日々の暮らしの中でまちと人を結び直すことを目指す。東日本大震災の被災地にも多くのまちづくりの専門家やコミュニティデザイナーが入り、人々と一緒に失われたまちを復興すべく活動した。

コミュニティデザインは、かつて国と自治体と専門家が都市計画を通してまちをつくっていた時代に、住民がまちづくりに参加すべきだと主張し、そのための技術を開発し、さまざまな制度をつくってきた運動である。アメリカでは一九六〇年代に公民権運動と都市再開発への反対運動が、人種や貧困などの社会問題と都市デザインの関係を明らかにし、公正を求める都市デザイン運動としてコミュニティデザインが生まれた［ヘスター・土肥

1997]。日本のコミュニティデザインの源流の一つは、日照権や大気汚染をめぐる生活圏での公害に対する住民運動にある。被差別部落のまちづくりもまた、コミュニティデザインの源の一つだ［内田 1993］。阪神・淡路大震災の復興にも多くのコミュニティデザイナーが関わった［浅野ほか 1995 など］。韓国と台湾では、民主主義と都市デザインが直接に結びつき、コミュニティデザインが展開された(1)。太平洋を囲む国々で、それぞれの歴史的、社会的文脈で、しかしほぼ同時期に、住民がまちづくりに関わるべきだという運動が生まれ、八〇年代には相互に交流するようになっていった。そして一九九八年に「パシフィックリム国際会議（環太平洋コミュニティデザインネットワーク会議）」が始まり、以来、多くの国や地域のコミュニティデザイナーがそれぞれの実践と理論を紹介し合い、議論し、共有し、一一回の会議を重ねてきた(2)。

また、近年のコミュニティデザインは、社会的な公正を追求することに加えて、まちを囲む山や川を含む流域単位での小規模自律分散型の水管理や、都市農地と食と地域の伝統をまちの重要な資源とするコミュニティ農園など、自然や農へと広がっている［ヘスター 2018］。そしてこれらすべての活動において、まちが人々の心に触れ、人々と強く深い関係を育み、人々の価値観の変化を生み出すことも理解されつつある［木塲ほか 2021］。

原発事故は、山、川、海、農地、まち、それらすべてが豊かに在った福島県の浜通りで、それらすべてから人々を引き剝がしてしまった。原子力災害によるまちの喪失は、自然災害によるそれに加えて、さらに深刻な事態を引き起こす。それは、放射線が人類の感覚器官では捉えられないものであることに由来する。昨日と何も変わらないまちや家や山や川が、そのままの姿でそこにあり、しかし放射性物質が降り注いだ後は、立ち入ることのできない危険なまちや家や山や川になった。自分の感覚器官は安全だと脳に伝え、科学的な知性がそれは誤りだと修正する。喪失を感覚で確かめられないうちに、時が経ち、ゆっくりとまちは荒廃し除去され、本当に失われていった。世界を確かなものにしている私たちの感覚は、もはや信じられないものとなった。世界をそのまま信じることができず、そして自分の感覚すら確かなものではなくなった。現実に起こったまちや家や山や川の喪失、さらに世界と自分の確かさの喪失は、どれほどの絶望と不安を引き起こしたのか。この状況を生み出したのは、膨大なエネルギーを必要とし、その生産を地方に依存する私たちの文明だ。[3]

福島の、人がいなくなったまちで、コミュニティデザインが開発してきた参加の技術は無力であった。それでもコミュニティデザイナーたちは「まちを信じることができれば、自分を信じることができ、そして世界を変えにいける」と考えている。[4] 無人の歳月の後に一部、避難指示が解除され人が戻り、新たな人も入り始め、さらに何年も経った現在、福島に私たちにできることはあるのか、私たちのすべきことは何なのか。それを学び考えるために、「第一二回パシフィックリム国際会議2023」は催行され、世界各地と日本中から一〇〇名余のコミュニティデザイナーが福島に集い、そして浜通りの方々は暖かく私たちを迎え入れてくれた。

2 福島の四つのツアーと仙台カンファレンス(Big Table)

——小高、富岡、ふたば未来学園、浪江のツアーの学び

第一二回となるパシフィックリム国際会議は二〇二三年九月一六〜一八日、二〇日に開催され、福島プログラム(ツアー)、仙台カンファレンス(Big Table)、東京カンファレンスの三つで構成された。福島プログラム(一六〜一七日)では浜通りの四つの地域を見学する四つのツアーを実施し、仙台カンファレンス(一八日)では川﨑興太先生およびランドルフ(ランディ)・ヘスター先生[5](Randolph T. Hester)の講演、さらには福島浜通りの各ツアーで経験してきた学びをもとに議論を行った。また、二〇日は東京カンファレンス「エコロジカル・デモクラシー：人々の心に触れまちづくりはスケールアップする」において、ランディ・ヘスター先生および木場《こば》佳音《かのん》さん[6]の基調講演およびエコロジカル・デモクラシーにおける聖性についてディスカッションを行った。

以下、福島プログラムとそれに連動する仙台カンファレンスについて紹介していきたい。

●2－1　福島プログラム

一日目のプログラムは、午前中に「東日本大震災・原子力災害伝承館」、午後は双葉町役場の方に、放置されたままの町役場旧庁舎、小学校を案内してもらった（写真14－1～14－3）。残されたままの行政資料やランドセルは止まったまま流れた一〇年以上の時を教えてくれる。役場の方のご自身の話、双葉町の話が、時に楽しく時に真剣に参加者の心に伝わってゆく。

二日目のプログラムは「小高《おだか》」「富岡」「ふたば未来学園」「浪江」の各チームがそれぞれのテーマでツアーを組んで現地を見学し、地域住民や活動されている方々からお話を伺った。

以下、それぞれのツアーの概要と参加者の感想[7]を紹介したい。

①小高ツアー「避難指示解除から七年を経たまち小高」（南相馬市小高区）

小高ツアー（参加者二〇名）では、小高中心部の現状を視察し、「双葉屋旅館」の方から旅館の創業と街の復興のお話を伺った。次に浦尻《うらじり》地区を訪れ、津波の被害の現状を視察し、また一〇〇〇年以上前からある「大悲山《だいひさん》の磨崖仏《まがいぶつ》」を見学した。さらに、「大富《おおとみ》集落センター」にて、大富地区の元区長の方から地区内の復興の現状について説明いただいた。最後に、小高中心部の「アオスバシ」（青葉寿司という寿司屋をパンとカフェ、コワーキングスペースに改修したもの）にて、小高に移住し、施設の改修を地元住民と手掛けたITエンジニアの方からコミュニティ再興のお話を伺った（表14－1）。

写真14-3　双葉町役場旧庁舎

写真14-1・14-2「東日本大震災・原子力災害伝承館」

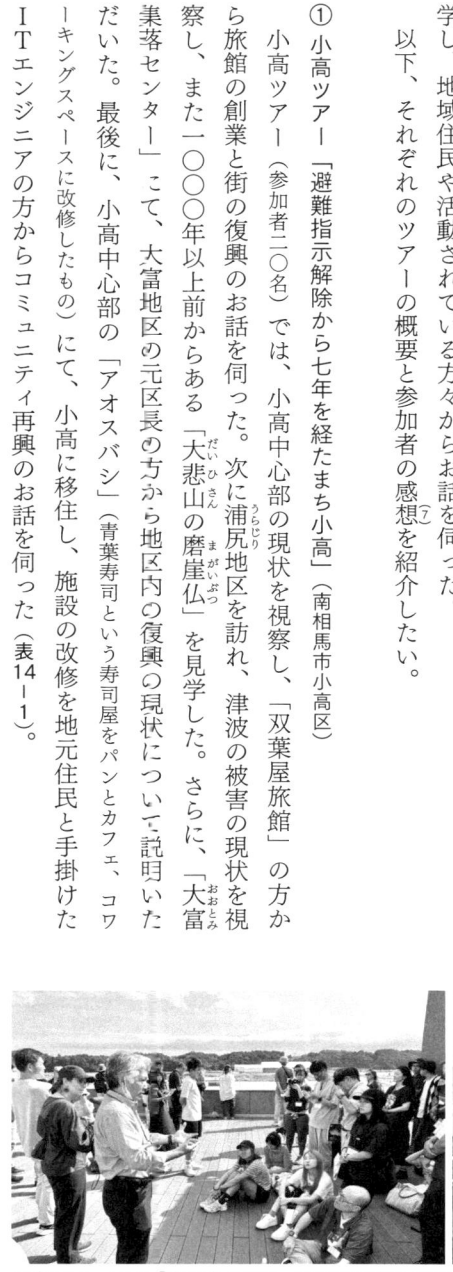

ツアー参加者からは、以下の感想が寄せられた（＊は英語の回答を日本語訳したもの）。

・人が住めず荒廃したエリアを包み込む緑、自然。

・穏やかな海と小高の人々の言葉。

・現地の方々が皆さんを歓待していらした風景が、心に残りました。

・……三名の小高区民の方とお会いしました。三名はやり方は違うけれども、人口が急激に少なくなった小高に人が帰ってこられるように、自分たちができることを真摯に考え、小さなことから始めていった人たちでした。人がいなくなってコミュニティが喪失し、まちのスケールでは復興が進んでいないように見えるかもしれないけれども、心の復興をしようとしている人たちがたくさんいるということは今でも印象深いことです。

・最も心に残った風景は、小高ツアーで偶然出会った漁師の男性でした。……毎朝四時起きで、自分の家だけでなく、地域でまだ帰ってこない民家や空き地の草刈りなど、手入れをしていると、当然のように屈託なくお話しくださいました。また別れ際に、「福島の魚は毎日検査している。安全で、おいしいから、食べてな」とおっしゃいました。この方の日常がいかに強いか、心を打たれるとともに、こうした方々の営みの意義を伝えていかなくてはいけないと痛感しました。

＊浦尻地区では、二〇一一年の津波で集落と多くの住民が失われた小高海岸を見下ろす高台に、地元の神社（綿津見《わたつみ》神社）と隣接して公民館（浦尻公会堂）があり、津波避難と啓発のために重要な役割を果たしていることを知った。……また、大富集落センターの高齢の農家の方が、原発事故によって酪農から転換し、蜂蜜や蜂蜜酒を開発し「里山」ブランドで販売していることには感銘を受けた。……最後に、大阪でのハイテク関連の仕事を辞め、小

表14-1 小高ツアー概要（「避難指示解除から7年を経たまち小高」）

ツアー目的	南相馬市小高区は，かつて1つの自治体（小高町）でした．原発事故による避難指示は2016年7月に解除されました．個々の住民や住民組織は，小高のまちなかで，あるいは集落部で，それぞれのやるべきこと，やれること，やりたいことが重なった領域で，実践に取り組んでいます．その実態について，現地のフィールドワークと，住民との対話を通じて理解を深めます．
行　程	【9/16午後】全体ツアー解散後，小高地区中心部まちあるき，夕食，ディスカッション，原町区のホテル泊 【9/17午前】小高地区山間部・沿岸部視察 【9/17午後】小高地区中心部にて地域の方ヒアリング，ディスカッション

高の中心街の活性化のために「アオスバシ　パンとカフェ」をオープンした若いカフェオーナーの社会起業家精神に感動した。

自然や小高で会った人々について言及するものが多くみられた。海と山、農地などさまざまな側面を持つ地域の特性と対応するように、高台から見える海や歴史ある仏像とそれを取り巻く雄大な自然、そして多様な生業を営む方との出会いがあった。いまの小高の日常の風景を形づくっている人々との対話から、震災後の小高のまちの復興を学んだツアーだった。

写真14-4 大悲山大杉

② 富岡ツアー「旧帰還困難区域での暮らし：富岡と浪江の地元住民と復興への取り組み」（富岡町）

富岡ツアー（参加者二二名）では、「とみおかアーカイブ・ミュージアム」の見学と学芸員の方のお話を伺った。語り部の方からは避難の間に連れ合いを亡くした悲しい話を伺った。また、ワイナリーを夢見て除染後の荒れ地をぶどう畑にした農地を訪問し、浪江町の昔話と震災を紙芝居で伝える「浪江まち物語つたえ隊」の活動拠点であるＯＣＡＦＥを訪ねた（表14－2）。

ツアー参加者からは、以下の感想が寄せられた（＊は英語の回答を日本語訳したもの）。

・最も心に残った風景は、「とみおかアーカイブ・ミュージアム」の模型から想像した昔の富岡町の風景です。……最も心に残った人は、浪江町のOCAFEで紙芝居を聞かせてくださった、Oさん、Yさん、Iさんです。単なる語り部とは呼びがたく、「今を生きる」そして「語り継がれる」語り部活動だと思いました。……最も心に残った場所は富岡町のワイナリーです。被曝した大地で食につながる作物を育てビジネスにする皆さんがいきいきと働く現場を拝見でき、たくさんの学びを得ました。

・目に見えない放射能の脅威が存在する町は、一見普通の風景を保っているかのように見えますが、実際は汚染によって人々の生活が根底から覆されていると感じました。訪問したワイナリーでの農作業や、つたえ隊の皆さんによって伝えられる紙芝居は、震災の痛みを乗り越えようとする町の意志の表れであり、その姿から人々の強さと復興に向けた努力が見て取れました。

・……富岡町が受けた被害と震災前のまちを伝えるための「とみおかアーカイブ・ミュージアム」、まちづくりの議論では復興についてばかりだったので、何かを始めないといけない、将来の子どもたちのための自然環境を残さないといけないという想いから始められたぶどう畑、「浪江まち物語つたえ隊」の三名の方が紙芝居を通して当時の状況と向き合っていたこと、……すべてが深く印象に残りました。

＊地元の人々の笑顔に、強い印象を受けた。それは、必ずしも元どおりにではなく、新しい未来に向けてコミュニティを再建しようという強い意志の表れのように感じた。

・「とみおかアーカイブ・ミュージアム」の門馬《もんま》健《たけし》さんが言われた「震災前の富岡がなくなって、復興だけの富岡になったら、それは得体の知れないまちになってしまう」という言葉。だか

表14-2 富岡ツアー概要（「旧帰還困難区域での暮らし：富岡と浪江の地元住民と復興への取り組み」）

ツアー目的	このツアーでは，現在も一部帰還困難区域にある富岡市と浪江町を訪問し，その歴史や復興に取り組む人々について学びます．とみおかアーカイブミュージアム訪問，元住民・帰還者による語り部ツアー，新しくできたワイナリー訪問，避難体験をもとにした紙芝居鑑賞などを行います．
行　程	「とみおかアーカイブ・ミュージアム」訪問，語り部ツアー参加，新しくできたワイナリー訪問，避難経験に基づく紙芝居鑑賞

ら町の人々の家から、何もしなければ失われてしまう日常の記録を集めている。「浪江まち物語つたえ隊」の紙芝居。……私たちまちづくりに関わるものは、何ができるのだろうか、浪江の町はどうなるのだろうか、という質問への回答についてずっと考えている。「昔の町は戻らないし、人も戻ってこない。だから新しい人と新しいまちをつくる」。

＊福島第二原発を背景に見たぶどう畑が最も印象的だった。ここに育つぶどうの木は真っすぐに希望を表している。同時に農家がぶどうをワインに仕立てたときに、福島の農産物への信頼が回復されているのか、それがわからないという事実が悲しかった。

いまだ多くの区域が帰還困難区域に指定されている富岡・浪江のツアーでは、かつてのまちの痕跡を大切にしながら、震災の痛みを乗り越え、新しい自分たちのまちやコミュニティをつくり出そうと活動している人々に感銘を受けた参加者が多かった。故郷への強い想いから何かせずにはいられなかった富岡・浪江の人々が、土地と結びついた小さな活動を始めることで、未来への新しい道を切り開こうとしている姿を見ることができた。

③ふたば未来学園ツアー「福島の住み続けられるコミュニティデザインを次世代の視点から探る」(広野町)

ふたば未来学園ツアー(参加者一九名)では、最初に大熊町を訪れ、一〇年前のストリートビューと比較してまちの変化を知った。また、広野町にある「ぷらっとあっと」という市民発信でつくられた多世代交流スペースを訪れた。ここは学校帰りの地元の小学生や周辺住民の交流の場所となっている。最後に、「ふたば未来学園」を

写真14-5「浪江まち物語つたえ隊」の紙芝居

訪問した。同校の卒業生・在校生と交流し、被災経験やカリキュラムなどのお話を伺った（表14-3）。

ツアー参加者からは、以下の感想が寄せられた（＊は英語の回答を日本語訳したもの）。

＊今回のツアーで最も強く印象に残ったのは、福島の地域復興に貢献することを個人的な使命としている人々だった。地元の子どもたちと「SAND-STORY」（砂遊びなどを通して子どもの成長に関わる環境改善に取り組むNPO法人）のワークショップをする教授、オフィス兼ショップに世代を超えた共有スペースをつくった若者、コミュニティを再建するためのプロジェクトをつくった未来学園の高校生たちなどだ。

＊幼い頃の思い出を持つ若い世代が、創造的なプログラムによって勇気づけられ、将来、故郷には戻らなかったとしても、ずっと関係を持ち続けてくれるといいと思う。そうなれば、若者の故郷の記憶が将来の可能性となり、故郷は大切にされ続けるだろう。

・ふたば未来学園の生徒とのワークショップがとくに印象に残った。……自身が都市住民として原発の恩恵を受けていたこと、その負荷がこの地で顕在化していたことについて考えさせられた。

＊ふたば未来学園の高校生と一緒にワークショップをしたことが一番の思い出だ。彼らの考え方を、深く

写真14-6「ふたば未来学園」の高校生とのワークショップ

表14-3 ふたば未来学園ツアー概要（「福島の住み続けられるコミュニティデザインを次世代の視点から探る」）

ツアー目的	福島の原発事故は，子どもたちにも多大な影響を与えてきました．双葉郡の高校生たちもまた，避難先で6校に分散し，長い避難生活を余儀なくされてきました．このツアーでは，双葉郡の地元の中高生，教育者，住民の方をお招きし，次世代に向けて，展望が持てる地域をどう創っていけばよいのかを，コミュニティデザインを切り口にしながら対話します．
行　程	【午前】生徒たちが入学後に実際に訪れるフィールドワークを体験する 【午後】在校生，卒業生，教育関係者，周辺地域の住民をお招きして，この学校での学びや，地域との関わり，これからの未来などについて対話する

理解する時間だったし、それは素晴らしかった。

＊震災当時、大人だった人と子どもだった人では、被災体験が異なることを理解し、被災者に対する固定観念を払拭することができたので、みらい学園のツアーを選んで本当によかったと思う。

参加者からは、ふたば未来学園の創造的なプログラム、そして高校生たちの主体的で創造的なプロジェクトに言及した感想が多く挙げられた。また印象に残っていることとして、学園の高校生と一緒に行ったワークショップを挙げた参加者が多くいた。ふたば未来学園の高校生と話すことで、都市と地方のエネルギー消費の不均衡、大人と子どもの被災体験の違いなど、これまで見えていなかったことに気づき、学ぶことができたツアーだった。

④浪江ツアー「福島復興の光と影」（浪江町）

浪江ツアー（参加者二五名）では、復興の光の側面として、原子力に依存しない水素を活用したまちづくりについて浪江町役場にてレクチャーを受けた。その後、「福島水素エネルギー研究フィールド」および「いこいの村なみえ」を視察し、水素の製造、運搬、利用等の現状について学んだ。続いて、福島の影の側面として、地域の約九八％が帰還困難区域に指定されている津島地区の現状を視察するとともに、「ふるさとを返せ　津島原発訴訟」原告団の方にお話を伺った（表14－4）。

ツアー参加者からは、以下の感想が寄せられた。

・（津島では）家屋の解体が始まっていたものの、一見すると普通の里山のようで、人が住めない場所、とは到底思えなかった。しかしながら、……建屋はイノシシなどの動物に荒らされていた。そして何より、遠目からは藪だと思っていたところはもともと田んぼで、草が伸び切り木も成長しつつある様子に愕然とした。

・最も心に残った風景は、津島の今の景色（自然に帰った元田んぼ）。……ふるさとに帰ることができずそのまま亡くなっていく方が多いことに危惧しているという言葉。

・浪江の集落に帰ってきたひとの意志を強く感じました。育ってきた環境とつながっている人たちの想いの強さと、自分たちはそこに居続けると決めた確固たる想いが、いま能登の集落で住み続けているひとたちと通じるような、自然とともに生きてきたひとの在り方だと思います。

・適切な情報が得られていないことにより、適切な判断ができない状況にあるということに、住民の方の悲しみ、あきらめ、苛立ちがあったのだと改めて感じました。

・浪江町の現状を憂い、怒り、訴える人々。帰還困難地域から少し離れた役場近くの復興住宅で新しい生活が始まっている風景。まちなかには解体されていく家屋が目につく。……さらに他所では、新規エネルギー開発が復興の推進力として扱われる。……どのように復興に対する合意形成をしていくべきだろうか。

・まちの人たちは原状復帰を求めていて、原状復帰をするにしても現状はゼロではなく、マイナスの状態であるという話が印象に残っている。除染をして人が住むことのできる環境を整えて初めてゼロにスタート地点に立てるのだと。

・(お話を伺った方は)現在、国と東京電力を訴える裁判を行っていて、ただふるさとを、ささやかな日常を返してほしいから闘っているということ、そして最も傷ついた人々が闘っている現状を教えてくれまし

写真14-7 樹林化が進む農地(津島地区)

表14-4 浪江ツアー概要(「福島復興の光と影」)

ツアー目的	福島に来るあなたに，復興の光と影の両面をちゃんと見て，心で感じてほしい．私たちは，そのために最もよいツアーを企画すべく，福島第一原発事故によって最も大きな被害を受けた自治体の1つである浪江町を選びました．復興の光の側面，影の側面について学びます．
行　程	【午前】復興の光の側面について学ぶ 浪江町の中心市街地に行って，復興の状況に関するレクチャーを受け， 復興事業の現場を視察 【午後】復興の影の側面について学ぶ 浪江町の山間部に行って，今なお避難指示が発令されている荒廃した地域を視察し， 避難し続けている住民の方の話を伺う

た。……また、仙台カンファレンスの際に、川崎先生が、いわゆる復興の光といわれているサイドが実は最も深い闇であると仰っていたこと、薬袋奈美子先生が、本当の意味での光とは人々の絆や一人ひとりが立ち上がる姿だと思うと話されていて、本当にそのとおりだなと思い、心に残っています。

回答者すべてが津島地区で見た風景と、そこで伺ったお話に言及していた。人々の暮らしが消えた集落、解体される家屋、自然が旺盛に繁茂する風景、津島の日常を取り戻そうと立ち上がる人々の思い。ツアー前半で見た輝かしい水素エネルギー施設とまったく異なるレベルの現実がそこには広がっていた。本当の復興とは何であるかを、深く考えさせられるツアーだった。

●2−2 仙台カンファレンス(Big Table)

会議の三日目午前は、四つのツアーチームが集合し、また仙台からの参加者も加わり、浜通りの二日間を振り返った。ふたば未来学園、富岡、浪江、小高の各チームが、それぞれの体験と学びを、演劇や詩や写真で発表し、質疑を行った。浜通りのまちでの学びの共有は笑顔や笑い声とともにあり、それは皆が、原子力災害の深刻さを体感しながら、そこに生きる人々からエネルギーと知恵を授かってきたからであろう。

ランディ・ヘスター先生が、ツアー参加者が報告したまちと人の物語に、コミュニティデザイナーが重視する「土地の知恵(Local Wisdom)」が多くあることを指摘した。「震災、原発災害の前の姿を失ってしまい、復興だけのまちになったら、富岡町は得体の知れないまちになってしまう[8]」もまた、「土地の知恵」がまちの証であり、これによって一度は引き離されたまちと人はたとえ以前とは違う形であっても再び結びつくことができる、ということを表している。

川﨑興太先生は、災害と被災の情報を補強する講演を行ってくれた。原子力災害を客観的な数値で示すと同時に、福島で起きていることは天災であり人災であり、なによりも「文明の災害(Civilization Disaster)」であると述べた。私たちの文明は、土地と人、まちと人を切り離してしまう。その極限の姿が福島に現れている。ヘスター先生と川﨑先生が提出した二つの言葉、「土地の知恵」と「文明の災害」が、仙台カンファレンスの全体会議の議論のフレームワークとなった。私たちは、「文明の災害」に対抗する「土地の知恵」の可能性と必要性について議論した。例えば、「福島復興の光と影」（浪江ツアーの名称）とは、という問いに対して、潤沢な資源が投下され脚光を浴びる復興の光と、まちと引き裂かれたままの人々という影、あるいは収束の見えない原子炉という影が指摘された。さらには、光の中にこそ最も深い闇があるのでは、という応答もあった。「土地の知恵」に代表される、コミュニティデザイナーが培ってきた思想や技術を、これからの福島にどのように役立てられるのか。世界中のまちづくりを現在の文明の変更に役立てられるのか。仙台カンファレンスでの議論に結論はなく、参加者一人ひとりが考え続けることとなる。

次節では、福島ツアー、仙台カンファレンスのおよそ半年後に、コミュニティデザイナーたちに、この議論の続きをアンケートした結果を紹介する。

3　一二年遅れのコミュニティデザインができること、しなければいけないこと

——パシフィックリム国際会議参加者のアンケート結果より

●3－1　はじめに

本アンケートは、福島ツアーおよび仙台カンファレンスでの議論をベースに、参加者一人ひとりに対して、当時の感想をより深く聞き、議論を深めることを目的に行った。したがって、アンケートの対象者は第2節で述べた福島ツアーおよび仙台カンファレンスの参加者である。また、本アンケートでは参加者の深い思考を伺うために、広く浅く回答を収集する一般的なアンケート手法ではなく、設問文を考えるにあたって必要となる情報（検

討の対象となる議論の内容）を記載したうえで、自身の考えを書いてもらう形式でアンケートを設計した。

アンケートは一〇一名（うち、日本人五七人、外国人四四人）に送付し、三四名から回答が得られた。アンケート概要及び回収状況を以下に示す（表14－5・14－6）。

本稿ではアンケートのうち、次の五つの質問項目について分析を行った[9]。一つ目は「質問1　福島ツアーの感想（最も心に残った風景・人・場所・言葉）」で、これに関してはすでに第2節第1項に結果を示した。二つ目は「質問2　まちと切り離された人々、人々と切り離されたまちを、もう一度結びつけるために思いつくこと」、三つ目は「質問3　文明の災害とも言える原子力災害に対して土地の知恵（ローカルウィズダム）が必要だとする議論を、どのように受け止めたか」で、結果はそれぞれ以下、本節の第2項と第3項に示す。四つ目は「質問4　コミュニティデザインが福島の事例から学ぶべきこと」、五つ目は「質問5　信じられる世界のために、コミュニティデザイナーができること」で、この二つの回答には関連性が見られたため、まとめて分析して本節の第4項に結果を示した。

以下、本節ではアンケート回答の原文を「」で、回答者IDを（）で表記した。

表14-5 アンケートの実施概要

調査対象	2023年9月に行われた「パシフィック・リム 2023」に参加したうち対象者101名（日本人 57人，外国人 44人）
形　式	Google Forms
期　間	2024年1月29日～ 2月7日

表14-6 アンケートの回収状況

回収件数	34件（日本人 23件，外国人 11件）
回収率	33.6%（日本人 40.3%，外国人 25%）
回答者の年代	15～24歳 5人，25～44歳 14人，45～64歳 15人 （日本人：15～24歳 5人，25～44歳 9人，45～64歳 9人） （外国人：15～24歳 0人，25～44歳 5人，45～64歳 6人）
外国人回答者の国籍・地域	オーストラリア，ドイツ，中国，香港，台湾，マレーシア，シンガポール，タイ：各1名 アメリカ：3名

●3－2　人々と故郷をつなぐ「復興」

「質問2　日本の災害復興政策は、場所の復興（インフラの再生）をすれば人が帰還してくる、というモデルです。原子力災害でも、政府の政策は、避難した人々の生活支援よりも除染や新しい施設の建設に向けられたと川崎先生は指摘しています。まちと切り離された人々、人々と切り離されたまちを、もう一度結びつけるために、皆さんの思いつくことを教えてください」という質問を行った。

三一名から回答があり、整理したところ《V　その他》を除き大きく四つの項目に分類できた（表14－7）。以下、各項目の内容を見ていく（＊は英語の回答を日本語訳したもの）。

一つ目は《I　まちに関わり続けられるようにする》である。

「まちに物理的に関わり続け、まちを世話しているという意識を持てることが必要」（2）や、「どんなかたちでも、そこで育ったひとを、その場所に連れてくる」（28）といった場所に物理的に関わることが必要といった意見や、物理的に関わるきっかけとなる祭りやイベントを開催する（13・30）といった意見もみられた。こうした取り組みは、震災後、実際に多くの被災地でも実践されてきたことだろう。

二つ目は《II　地域住民に主体性を与え、ともにつくる》である。

「若者のプログラムを取り入れ、問題に取り組み解決する方法を一緒に創造してもらう」（7＊）、「市民のボトムアップの活動をつないで支援していく」（11）、「復興の道筋を決定する主体性を地域社会に与えることが必要だ。この主体性が復興の重要な成果の一部となる」（23＊）といった意見がみられた。これらの取り組みは、まさにコミュニティデザイナーによる支援が可能な側面だと言える。

三つ目は、《III　変わらぬ風景・変わらぬ自然や土地の歴史の価値で人と場所をつなぐ》である。

「もう一度人々とまちを結びつけるためには、震災以前にあったもの、震災による痕跡を残しつつ、それを福島の地に刻んでいくことが被害にあわれた人々への追悼やこれからの反省といった意味で重要なのではないか」（3）、「歴史と自然は、雄大にそこにあり、その変わらぬ価値がまた人々をつなげてくれるのでは」（12）、「昔の町やコミュニティに戻る人がほとんどいないような場所を再建する価値があるのか懐疑的だった。しかし……たとえ新しい人々が記憶し、語り継ぐとしても、その土地の物語や歴史は重要だと知った」（24＊）、「自分が育ち暮

項目	回答	ID
IV 結論を急がずグリーフやまちへの想いなど人々の心の声に耳を澄ます	有効なアプローチはまったく浮かばないが，人々に場所への思いを切らせないことが一つ重要になると考えた．それこそ紙芝居のような，場所とつながり自身の気持ちを整理できるような活動が，結びつきの再生に寄与できるのではないか．	4
	災害復興政策が物理的なインフラ復旧に偏重している現状は，避難した人々との結びつきを再構築する上で不十分です．人々が帰還するためには，単に環境の安全性を確保するだけではなく，地域コミュニティが社会的，心理的な安全を感じる場所としての資質を取り戻すことが必要です．交流の場の創出や地域文化の復活，グリーフケアなど心のケアを行うプログラムなど，人々の心にも焦点を当てた復興がより重要なのではないかと感じます．	5
	実際の場所に立ち入れない以上，やはり頭の中にあるイメージの世界を介して場所とつながることが大事なのではないでしょうか．また，イメージの世界で場所とつながることは個人の思い出があれば可能ではありますが，それをより膨らませてくれる，絵や文字，言葉，共に福島を語れる誰かを集めることができることなのではないでしょうか．	14
	一人ひとりの心，ペースを大事にして，まちへの想い（過去のまちのこと，現在のまちのこと，未来のまちのこと）を住民みんなで話し合っていくことが，まったく変わってしまったまちと人々を再びつなぐために大事なことであると感じます．	15
	福島での災害は，人類が今まで遭遇した，どの災害にも属していないものだと認識しています．場所を復興することだけでなく，人々がその土地での日常を取り戻すための何かをしなければならないということは福島のツアーに係ったすべての人が感じたことだと思います．まちと切り離された人々の記憶は，ずっと心に残っているものであり，決して政府の復興という言葉では完全にぬぐえないものだということを私たちが理解したうえで，現場レベルで市民ときちんと話し，そして彼らの意見を発する場をつくることが必要だと感じました．政府の政策が従来の復興モデルを適用したのは，原子力災害の脅威への無知によるものにほかならないからであって，今回において意思決定機関が講じるべき措置として真っ先にあるのが，土地と離れ離れになってしまった人々の声を聞き，共有する場をつくることであり，現状を知るうえで不可欠なことだと思います．もう一度彼らが土地を取り戻すのは，トップダウンの一時の措置によってではなく，市民たちと政府のものが対話し理解することがスタートにあって成しうるものなのではないかと思いました．	17
	災害以前にあったまちと人々のつながりの発見，戻ってきたいという人たちの意向の起点となるものの把握およびそれを取り戻す活動．	19
	＊10年もの間，避難生活を送っている人たちに，元の故郷への定住を促すことは非常に難しいように思える．しかし，ここに住んでいた人たちが故郷に戻れるように支え，トラウマを癒すような小さなイベントを企画することはある．	20
	もう一度結びつきたくない方々もいるという状況を知ることが重要だと思います．両者は併存しています．	27
V その他	切り離されてしまったものをもう一度結びつけることは難しいと感じる．もう一度結びつけるために，どうすればよいかは良い提案が思いつかないが，切り離される前に切り離されない対策が必要なのではないかと思う．切り離されてしまうことの要因の一つとして，場所に根付くことがそこまでできていないことがあると感じている．その場所に住むことを選んだ理由が何であれ，その場所，そこの地域の人との関係が災害を超えて人とまちを切り離さない抑止力になるのではないかと考えた．	1
	＊インフラは確かに復興の基礎となるものだが，それは，個々のユーザーをコミュニティへと再接続するために必要なネットワークとサービスが整備されている場合のみ機能する．	9
	＊インフラの改善とは別に，私たちができることは，地元の産業を再構築し，雇用の機会を創出することで，入れ替わった人々を呼び戻すことだ．だが，それは彼らに代わって意思決定をするという意味ではなく，戻るかどうかを決めるのは彼ら自身だ．要するに，福島の広い範囲を考えれば，元の住民を呼び戻すのか，観光客を呼び込むのか，具体的なプロジェクトの目的を明確にしなければならない．目的が異なれば，戦略も異なる．	10
	＊政府は避難民の地元コミュニティへの復帰を支援するためにもっと多くのことができたように私には思える．たしかに多くのインフラ整備は必要だが，それは地域社会のニーズに慎重に的を絞ったものでなければならない．工事に関与する企業の利益によって動かされるものではない．2008年以降の四川省地震地帯の復興では，私は日本の震災復興よりもはるかに深いレベルで調査し，参加したが，孤立した山間部のコミュニティへのアクセスと接続性を向上させるインフラ（小さな道路，携帯電話網）によって，かなりのコミュニティ再生が可能になった．元の住民が家や宅地を所有し続け，自然とのつながりを求める都市部の富裕層が流入したことで，民間の再投資が促進された．しかし同時に，多くの政策や政府投資（村の学校や医療施設を閉鎖し，大きな町に集中させるなど）は，人々の小規模コミュニティからの離脱を促し，地域の環境衛生を無視，あるいは悪化させる傾向もあった．	21

ID：□＝15～24歳，▒＝25～44歳，■＝45～64歳．
＊：英語の回答を翻訳したもの．

表14-7 質問2「まちと切り離された人々，人々と切り離されたまちを，もう一度結びつけるために思いつくこと」への回答

項目	回答	ID
I まちに関わり続けられるようにする	まちに物理的に関わり続け，まちを世話しているという意識を持てることが必要だと思う．新しいまちづくりを行う場で住民が声をあげることができたり，安直な発想かもしれないが，除染作業に住民も関われるようにするなど，実際にまちに手を加え続けられるとよいのではないだろうか．	2
	復興には時間がかかるし，引っ越した人たちがすでに別の場所で新しい生活を始めていて，つながりが希薄になってしまうのも無理はない，と感じた．しかし，より多くの人々や，将来福島に移り住むかもしれない新しい住民とつながる機会にもなりえる．私が最も興味を持ち，取り組みたいと思っているのは，さまざまなレベルの関わり合いを持つ人々と場所のネットワークをどのように構築するかということだ．	8
	結びつけるためのイベント（メッセージ性が高いものでかつ楽しいもの）の開催．	13
	希望的に考えるならば，その環境で育ったひとであるならば，それは身体レベルに刷り込まれたものであり，そのひとが生きているあいだ（その身体が在る限り）は，元のまちや環境に戻ったとき，そのひとがその環境に身を置けば，なんらかの記憶や思いが呼応するかなとは思います．なので，どんなかたちでも，そこで育ったひとを，その場所に連れてくることかなと考えています．	28
	地域のお祭りやイベントの試行的復活など，まちとかかわる機会を増やす．	30
	被災者の方々は，福島県内や東京といった遠地に避難しました．そのような避難地域と地元とが連携する「二地域連携まちづくり」のような仕組みをつくれるようにしておきたい．制度的な改革や地方自治体の意識の変革も必要になってくるでしょう．	32
II 地域住民に主体性を与え，ともにつくる	コミュニティの構築には時間がかかると思う．若者のプログラムを取り入れ，問題に取り組み解決する方法を一緒に創造してもらうことは，可能な解決策だろう．	7
	市民のボトムアップの活動をつないで支援していく．	11
	政府当局は，復興の道筋を決定する主体性を地域社会に与えることが必要だ．この主体性が復興の重要な成果の一部となる．再建と復興には，工学的アプローチとは対照的に，より統合的なアプローチが必要だ．	23
	私はまさに，そのインフラの再生を担当している土木の世界に身を置く人間です．しかし，土木は決してハードをつくって終わり，という職能ではありません．厳しい自然環境を切り開き，人々の安心・安全のために，地域の風土に根ざしたインフラを構築してきている，と考えています．目に見えるハード整備ばかりでなく，それらを「使いこなす」「ともにつくっていく／育てていく」ローカルウィズダムは，土木の世界にも存在します．デザイナーもプランナーも，広い意味でエンジニアだとすると，それ以外の職能の皆さん，公務員も，民間の会社員も，地域住民の一人ひとりも，インフラと一緒に暮らしている皆さんに「ローカルウィズダム」は備わっていると考えています． 僕がコミュニティデザイナーを名乗れるのであれば，これらのローカルウィズダムをコトバにして，みんなで共感できるカタチにして，風景として未来世代に引き継ぎたいと思います．	29
III 変わらぬ風景・変わらぬ自然や土地の歴史の価値で人と場所をつなぐ	原子力災害を受けた福島において，今まであった施設を取り壊し，新しい施設へ次々と変えていくことは今まであった人々の記憶やふるさとへの思いでなどを一掃してしまうことなのではないかと思った．もう一度人々とまちを結びつけるためには，震災以前にあったもの，震災による痕跡を残しつつ，それを福島の地に刻んでいくことが被害にあわれた人々への追悼やこれからの反省といった意味で重要なのではないかと思う．	3
	今回の参加で，福島の素晴らしい人，自然，歴史を数え切れないほど発見しました．小高の大悲山の圧倒される大杉，そして見事な百日紅，浦尻貝塚．歴史と自然は雄大にそこにあり，その変わらぬ価値がまた人々をつなげてくれるのでは，と感じました．とにかくすごいパワースポットでした．	12
	原子力災害によって福島に住んでいた人々は県外への避難を余儀なくされ，街から人の暮らしが離れた一方で，住民の心を支えていた自然や風景はまだ残されているのではないか，と推察しています．例えば富岡町にある桜並木や，小さい頃に遊んでいた公園や山などの自然は，これまで福島に住んでいた方々の心の支えとなり，暮らしや歴史を象徴する場所になっていたと考えています．また，福島のツアーでぶどう畑や桜の木を植える活動など，自然との関わりがあることが印象に残っており，何かを始めたいと思ったときや心を少しでも回復したいときに自然が後押ししたのではないか，と思いました．家などの建物は人の手が加わらないと次第に朽ち果ててしまいますが，これらの自然や風景から何を学ぶことができるのか，どのような暮らしや文化を象徴していたのかを読み解いていくことで，まちと切り離された人々，人々と切り離されたまちを，もう一度結びつける一歩になるのではないかと考えています．福島に住んだことのない自分が簡単にアイデアを言うことはできませんが，引き続き何が人とまちを結びつけるのに必要なのかを考え続けたいと思います．	18
	私は，昔の町やコミュニティに戻る人がほとんどいないような場所を再建する価値があるのか懐疑的だった．しかし……たとえ新しい人々が記憶し，語り継ぐとしても，その土地の物語や歴史は重要だと知った．	24
	基本は空間をできるだけ変えず，あるいは，復元することが重要だと思います．	26
	一言ではとても言えないが，自分が育ち暮らしたまちの風景を忘れないでいることが大切な気がする．	31

らしたまちの風景を忘れないでいることが大切」（31）など、変わらざるをえない状況下にあっても雄大に残る自然やその美しさ、人々と土地が紡いできた歴史の素晴らしさに、人々と場所をつなぐ可能性を見いだしている意見がみられた。

しかし、変わらぬ自然の美しさや風景は、人々と場所を再度結びつける可能性を持つ一方で、いまだ目に見えない放射能の脅威が残るゆえに離れざるをえなかった故郷への思いを、よりいっそう複雑にしているようにも思える。

これに対しては、四つ目の《Ⅳ　結論を急がずグリーフやまちへの想いなど人々の心の声に耳を澄ます》が、大切なことを指摘している。

「紙芝居のような、場所とつながり自身の気持ちを整理できるような活動が、結びつきの再生に寄与できるのではないか」（4）、「交流の場の創出や地域文化の復活、グリーフケアなど心のケアを行うプログラムなど、人々の心にも焦点を当てた復興がより重要なのではないか」（5）、「一人ひとりの心、ペースを大事にして、まちへの想い（過去のまちのこと、現在のまちのこと、未来のまちのこと）を住民みんなで話し合っていくことが、まったく変わってしまったまちと人々を再びつなぐために大事なこと」（15）、「ここに住んでいた人たちが故郷に戻れるように支え、トラウマを癒すような小さなイベントを企画する」（20＊）、「もう一度結びつきたくない方々もいるという状況を知ることが重要。両者は併存している」（27）といった意見がみられた。これらの意見は、人々と故郷をつなぐ「復興」をするためには、地元に戻ることを想定し、どうしたら戻れるかを性急に議論するのではなく、そもそもの人々の複雑な思いや悲しみを一人ひとりのペースに沿って聞き、原子力災害の被災者に寄り添う必要性を示している。

以上、「まちと切り離された人々、人々と切り離されたまちを、もう一度結びつけるために、皆さんの思いつくことを教えてください」という設問に対するコミュニティデザイナーの回答は、大きく以下の四つに整理することができた。

《Ⅰ　まちに関わり続けられるようにする》
《Ⅱ　地域住民に主体性を与え、ともにつくる》
《Ⅲ　変わらぬ風景・変わらぬ自然や土地の歴史の価値で人と場所をつなぐ》
《Ⅳ　結論を急がずグリーフやまちへの想いなど人々の心の声に耳を澄ます》

●3−3「文明の災害」と「土地の知恵」

「質問3　仙台カンファレンスでは、川﨑先生が、原子力災害は天災であり人災であり、なによりも『文明の災害』だと指摘されました。ランディ先生は、福島の浜通りにある『土地の知恵（ローカルウィズダム）』が必要だと言い、皆さんでこの点を議論しました。皆さんはどのようにこの議論を受け止められますか」という質問には、二九名からの回答があった。

回答内容を整理したところ、大きく五つの項目に分類できた（表14−8）。以下、表に沿って内容をみていきたい（＊は英語の回答を日本語訳したもの）。

一つ目は、《Ⅰ　「土地の知恵」を場所の復興に活かす》である。

原子力災害という住民が戻ることを阻まれ、新たなまちをつくることを強いられている状況に対し、「ローカルウィズダムはその土地の自然や文化を伝え、福島がまったく新しいまちになるのではなく、これまでの文脈も残しながら生まれ変わることを可能にする」（3）ことが指摘された。また、「故郷の知恵・技術の束」であり、「祖先から受け継いできたローカルウィズダムを、時代に合わせて更新しながら未来世代に引き継いでいくのが、今を生きる私たちの責務であるし、それを多様な皆さんと笑顔で実践していく必要がある」（29）との意見や、「ローカルウィズダムは福島という場所の象徴として、人々に必要」（14）といった意見もみられた。これらは、個々の「土地の知恵」がそれぞれの場所の未来を描く種となる可能性と、それらを活かした場所の復興の必要性

項目	回答	ID
V 確かに信じる「土地の知恵」を近代の文明に対抗する新たな文明にする	川崎先生の指摘する「原子力災害は文明の災害である」という見方は，私たちがどのように科学技術を利用し発展させるかという問いを突きつけ，ランディ先生の「ローカルウィズダムが必要」との指摘は，地域独自の知識や経験が，大規模な技術システムの問題に対峙するうえで欠かせないという深い理解を示しています．これらの議論は，倫理的な視点や地域社会の参画の重要性を改めてわれわれに知らせるものであると感じました．	5
	＊ローカルウィズダムは切り捨てられた．どのようにすれば教育は，ローカルウィズダムが他の種類の知恵と結びつくことに再び価値を見いだすことができるのか？　どうすれば知恵の概念を広げることができるのか？	6
	＊災害は客観的な歴史の一部ではあるが，その場所を永遠に定義するものではない．歴史がもたらすトラウマを乗り越え，新たな文明を再構築するためには，土地の知恵が必要だ．	10
	土地の知恵は，思いどおりにならない（何でもコントロールすることはできない）ことを教えてくれると思います．また，土地の知恵から，人間は自然によって生かされた存在であること，そして生かされた存在として，さまざまな生き物とともに生きてゆくすべを学ぶことができると思います．土地の知恵を学ぶことで，人間が傲慢になることを防ぎ，文明の災害を防ぐことにつながると思いました．	15
	福島の状況を見ると，人間の不注意によって引き起こされた災害や，震災による一時的な破壊という言葉では表現できない，もっと長い時間をかけて形成されてしまった，原子力を許容する“空気”のようなものが作用していたように思えます．その“空気”は，原子力という人間が科学的には理解できても感覚的に捉えることのできない大規模のエネルギーに，生活の安定化を全面的に委ねてしまい，目で見えないものを人間が信じ切ってしまう環境を引き起こすもので，これが，川崎先生が指摘された文明の災害による負の部分だと感じました．それに対して，ランディ先生が放った Native Wisdom という言葉は，地元の方が自分の目で見て蓄積してきた土地の知恵であり，それは人間が確かに信じられるものとして皆に受け止められるものだと思います．そしてこの知恵が唯一，原子力という感覚で信じることが難しい脅威に対抗しうる確かなもので，私には川崎先生とランディ先生の議論が，信じるという行為とは何かを本質的に問うているものだと直感的に感じられました．	17
	ランディ・ヘスター先生が仙台会議で仰っていた Native Wisdom を発見し共有すること，地域レベルから政治レベルまでさまざまなスケールとレイヤーのアプローチがコミュニティデザインに必要であると，パシフィックリムの会議を通して考えました．今回の会議では世界中のコミュニティデザイナーが東北に集まり，それぞれの国や地域で活動し達成してきたことについて話し合い，ローカルな活動と研究をしているだけでなく政治を動かすためのアプローチを行っていることがわかりました．そして，これらの議論の中で話されていた，各々が持つ分野やレイヤーを超えて自然と社会にエンパワーメントしていくこと，草の根の民主主義と活動をつなげることで大きな力を得ること，日常のパターンを研究し活かすこと，環境正義と文化的多様性を獲得すること，弱いグループをサポートすること，そしてこれらのことをグローバルへとスケールアップすること，などがコミュニティデザインで本質的に求められていることではないかと感じました．個人や地域，グラスルーツの想いや活動を共有していくこと，日常にある聖性を発見していくことで世界を信じられることにつながるのではないかと考えました．	18
	原子力災害は特定の人が原因ではなく，文明の災害という話はとても共感できた．今後このような災害を回避するためには，人ではなく文明自体を変えていく必要があるのか，そのために何をしなければならないのか，誰に対して世界を変える活動をすればよいのか，など，多々疑問に思いました．一方で，それを自分自身はまだ消化できないのが現状です．	19

ID：□＝15 ～ 24歳，▒＝25 ～ 44歳，■＝45 ～ 64歳．
＊：英語の回答を翻訳したもの．

表14-8 質問3「文明の災害とも言える原子力災害に対して『土地の知恵』が必要だとする議論をどのように受け止めたか」への回答

項目	回　答	ID
I 「土地の知恵」を場所の復興に活かす	福島の原子力災害は放射線により，長い期間，住民が故郷を帰ることを阻んできた．それにより，故郷へは帰れないという人も多く，まちは新たな人を受け入れ，新しいまちをつくることを強いられている．そのなかで，ローカルウィズダムはその土地の自然や文化を伝え，福島がまったく新しいまちになるのではなく，これまでの文脈も残しながら生まれ変わることを可能にするのではないかと思った．	3
	当日は，英語と日本語が交互に話され，考えが霧散してしまっていましたが，改めて，文明の災害であること，場所から切り離されることと聞いて，インターネットによって場所から切り離される現代の私たちを思い浮かべていました．インターネット社会に生きる人たちは，まだ，結び直す場所のあるだけましなのだろうとも思います．場所そのものを失ってしまった人たちは，頭の中にある記憶や空想，想像の中でしかその場所に結びつくことはできません．中村さんが論文にした紙芝居のように，人々の頭の中にある福島を絵や文字や言葉，もしかしたら何かの形などにするしか，震災前の福島とつながる手立てはないのだと思いました．ローカルウィズダムも当時の福島と人々をつなぐ手段の一つなのでしょう．実際にその知恵を活かすには場所も必要かもしれませんが，逆に活かす場所を失ったローカルウィズダムは福島という場所の象徴として，人々に必要なのかもしれないと考えました．	14
	帰りたくても帰れない人たち，二次避難先での生活が定着して戻らない人たち，避難解除がされた後の街の様子を見て戻れない人たちなど，さまざまな要因で街が今の状況になっていると思いますが，地域の方々が未来のまちの姿を選択する際にわかりやすい形で伝えていく事が重要であり，伝える側もあらゆる未来の方向性を理解していく必要性があると思いました．ローカルウィズダムはとても重要であり，描く未来を広範に捉える必要性があると考えます．	13
	川崎先生がご指摘された「文明の災害」，またこれまでの日本の災害対策，社会基盤整備，復興政策等が，自然災害を対象とした，基礎自治体が主体となる災害対応を想定したものであるというご指摘，本当に勉強になりました．未曾有の大災害である東日本大震災は，自然災害としても激甚災害であったことに加え，原子力災害を引き起こしました．さらに，2020年より全世界で蔓延した COVID-19 は，あらたなカタチの複合災害や復興まちづくりを難しくしていると考えます．私たちは，このような常に新しいコトバ，新しい状況のなか，生きていくのだ，ということがわかりました． ランディ先生のお話を，初めて直に拝聴して感動しました．「ローカルウィズダム」を安易に日本語にするのはよくないことは承知のうえで，「故郷の知恵・技術の束」だと考えていました．不易流行を大切にしながら，祖先から受け継いできたローカルウィズダムを時代に合わせて更新しながら，未来世代に引き継いでいくのが今を生きる私たちの責務であるし，それを多様な皆さんと笑顔で実践していく必要があると思います．	29
II 「土地の知恵」と制度をつなぐ	＊部外者として，ローカルウィズダムを信じていても，土地の知恵を開発プログラムに生かすために，シンプルで創造的で，皆が協力できる方法を見つけなければならない．	20
	＊トップダウンの再建・復興活動から私が感じたことは，川崎教授とランディが指摘した，土地の知恵と制度や事業との間には溝があるという川崎教授とランディの指摘をさらに強めるものだった．たしかに，過去に戻って災害を防ぐことはできない．しかし，震災を活用して，制度と草の根の間のギャップを縮めるべきだ．	23
III 人々の日常から蓄積できる知と蓄積できない知	東北の三陸地方に伝わる「津波てんでんこ」という言い習わしが頭に浮かんだ．「地震が起きたら津波が来るので，肉親にもかまわず，各自，てんでばらばらに逃げろ」という言い伝えで，津波が頻発する三陸地方で地震発生時の生存率を上げるためのネイティブウィズダムだと言えるだろう．私がこれを知っているのは東日本大震災の頃の報道があったからで，奇しくも大災害を経たことで三陸から日本全国に伝播した． 自然や環境など，地球規模の現象との向き合い方はネイティブウィズダムやローカルウィズダムとして蓄積されてきている．だが，福島の原発事故のように人為が及ぼす影響への対応は，蓄積された共通の知恵がない．これは蓄積できる知恵なのか，はたまたまったく別の問題なのだろうか，というようなことを考えながら議論を聞いていた．	2
	ランディ先生の「ローカルウィズダム」の「ウィズダム」が気になりました．私は，講演の中で，アリストテレスが知のあり方について，エピステーメー，テクネー，フロネーシスをとくに重要視したことを紹介しました．フロネーシスは英語では wisdom と訳されています．それとの兼ね合いでランディ先生がおっしゃっていたのかどうか，気になりました．	26
IV スケールの大きな問題と「土地の知恵」をつなぐ	＊私もそのとおりだと思います．米国太平洋岸北西部にある「カスケーディア海岸線と人々のハザード研究ハブ」のメンバーとして，私や多くの同僚は，地域コミュニティとの学際的な知識の共同生産を通じて，地域の知恵が沿岸ハザードの科学やリスク軽減にどのように反映できるかを理解しようとしています．2023年3月に仙台で開催された世界防災フォーラムでは，同じような目標を取り上げたパネルがいくつもあった．しかし，その多くはリップサービスかもしれない．PRCDN（環太平洋コミュニティデザインネットワーク会議）は，より大きな社会政治的・環境的スケールで活動する科学者，技術者，政策立案者と連携し，洗練された包括的な方法で土地の知恵を支持することが重要だと思います．	21
	そのとおりだと思う．月並みな言い方だが，ローカルとグローバルの相互的な知の共有と，常識だと思われている知識の再考は改めて重要と感じた．	31

を指摘している。

二つ目は、《Ⅱ 「土地の知恵」と制度をつなぐ》である。「土地の知恵を開発プログラムに活かすために、シンプルで創造的で、皆が協力できる方法を見つけなければならない」(20*)といった意見や、「土地の知恵と制度や事業との間には溝がある」ため、「制度と草の根の間のギャップを縮めるべき」(23*)との意見では、復興の制度やプロセスに「土地の知恵」を組み込む必要性が指摘されている。これらは、日々、コミュニティデザインの現場と制度との狭間を調整してきたであろう年齢層の高い世代からの意見であった。

三つ目は、《Ⅲ 人々の日常から蓄積できる知と蓄積できない知》である。人々の日常や経験から確かに信じられる「土地の知恵」は、アリストテレスのフロネーシスに重なる(26)。そして、このような存在である「土地の知恵」は、自然環境問題への向き合い方として蓄積されつつあるが、原子力災害への対応には蓄積された共通の知恵がない(2)ことが指摘された。そもそもこうした問題は、人々の日常や経験から最も遠い位置にあることを考えると、原子力災害の問題に対して「土地の知恵」は何ができるのだろうか。

これに対し、四つ目の《Ⅳ スケールの大きな問題に対し「土地の知恵」から再考する》が一つの考えを提示してくれている。「より大きな社会政治的・環境的スケールで活動する科学者、技術者、政策立案者と連携し、洗練された包括的な方法で土地の知恵を支持することが重要」(21*)、「ローカルとグローバルの相互的な知の共有と、常識だと思われている知識の再考は改めて重要」(31)との意見がみられた。スケールの大きな「文明の災害」である原子力災害に対して、小さなスケールの「土地の知恵」を用いて足元から確かめることの大切さを述べており、スケールの大きな問題に対抗する存在としての「土地の知恵」の価値を教えてくれている。

また、五つ目の《Ⅴ 確かに信じうる「土地の知恵」を近代の文明に対抗する新たな文明とする》も、「土地の知恵」のまったく新しい役割を示している。

「長い時間をかけて形成されてしまった、原子力を許容する〝空気〟」は「原子力という人間が科学的には理解できても感覚的に捉えることのできない大規模のエネルギーに、生活の安定化を全面的に委ねてしまい、目で見えないものを人間が信じ切ってしまう環境を引き起こすもの」だった（17）。一方、「土地の知恵」は、「地元の方が自分の目で見て蓄積してきた土地の知恵であり、それは人間が確かに信じられるものとして皆に受け止められるもの」であり、「この知恵が唯一原子力という感覚で信じることが難しい脅威に対抗しうる確かなもの」（17）だとする意見がみられた。ほかにも、「地域独自の知識や経験が、大規模な技術システムの問題に対峙するうえで欠かせない」（5）、「歴史がもたらすトラウマを乗り越え、新たな文明を再構築するためには、土地の知恵が必要」（10＊）、「土地の知恵から、人間は自然によって生かされた存在であること、そして生かされた存在として、さまざまな生き物とともに生きてゆくすべを学ぶことができる……土地の知恵を学ぶことで、人間が傲慢になることを防ぎ、文明の災害を防ぐことにつながる」（15）等の意見がみられた。これらの回答が若い世代を中心に述べられていることは、大変興味深い。こうした意見は、「知」や「知恵」としての「土地の知恵」の価値を示しているだけではなく、それを支持し尊重する「対抗文明」を形成しうる「土地の知恵」の可能性を指摘している。

以上、「文明の災害とも言える原子力災害に対して『土地の知恵』が必要だとする議論をどのように受け止めたか」という設問に対するコミュニティデザイナーの回答は、大きく以下の五つに整理することができた。

《Ⅰ　「土地の知恵」を場所の復興に活かす》
《Ⅱ　「土地の知恵」と制度をつなぐ》
《Ⅲ　人々の日常から蓄積できる知と蓄積できない知》
《Ⅳ　スケールの大きな問題に対し「土地の知恵」から再考する》
《Ⅴ　確かに信じうる「土地の知恵」を近代の文明に対抗する新たな文明とする》

●3-4 コミュニティデザイナーが震災から学び、これからに向けてできること

「質問4 私たちの感覚器官では感じることのできない放射能がまちや村、森や川を包み、人はそこに入ることができなくなりました。汚染されていると科学的知識から理解できても、私たちの感覚世界は何も危険を感じることはなく、安全な世界だと伝えてきます。見えない放射能は、放射線による生命の毀損だけでなく、感覚している世界への不信、そして世界を感覚できない自己への不信という存在の危機を招来しています。世界を信じるため、信じられる世界を取り返すために、コミュニティデザイナーにできることは何でしょうか」と、「質問5 コミュニティデザイナーが、福島が経験していることから学ばなければならないこと」は、回答に関連性が読み取れたため、両者を組み合わせて考察を行うこととした（図14-1）。

まず、それぞれのアンケート結果から述べる（＊は英語の回答を日本語訳したもの）。

質問4には三四件の回答があり、傾向として以下の三つに分類できた。

一つ目は、《地域の人々の声を丁寧に聞き、つながりをつくる》である。

つながりをつくることに関しては、例えば「人間関係という無形の大切なものに目を向けること」（8＊）という意見がみられ、地域の声を聞くことについては、「地域の人々と対話し、感じ合い、見直し、見いだし、少しずつつくり、手入れする。時間のかかるプロセスの豊かさを、楽しみ共有し合える」（12）という声があった。つなげる方法としては、「『コトバ』にする、もしくは『カタチ』にすること」（29）、「地元の人々が小さな行動を積み重ねる」（20＊）などの意見がみられた。

二つ目は《場所を知る》ことについてである。

具体的には、信じられる世界のためには、「データの透明性とデータの開示」（24＊）、「事実を知ること」（27）が重要であるという意見や、「直接参加することで、表面的かつ抽象化された理解に対抗できる」（21＊）という

意見がみられた。これについては、「現実と身体の知覚が重なり合うような場所を取り戻さなければいけない」(16)という回答もあった。一方、「できることが不明な状態のままでも、足を運ばなければ、何も見えてこない」(30)、「悩みを共有し、ともに悩むこと」(1)と、知るだけにとどまらない姿勢の重要性に言及した者もいた。これらの意見は、多面的に場所を知る重要性を教えてくれる。また、そのことは「土地の知恵」を理解する入り口として位置づけることができるだろう。

三つ目は《市民自身が知識を蓄えて意見を持ち、正しい行動を起こせるように力をつけていくということ》、《伝えること》ことである。市民が力をつけるという点については、「住民主体の自己統治」(26)、「(政府が雇った専門家にすべてを委ねるのとは対照的な)シビックテクノロジーが、復興を促進する技術となること」(9*)という回答がみられた。また、コミュニティデザイナーはメッセージを対外的に伝えるべく、「今回のパシフィックリムのような開催を継続して行う」(13)、「不公平の認識を広める」(4)という意見があった。

一方で、コミュニティの範疇を超えた放射能の恐ろしさに触れ、「できることはあまりないと感じる」(28)と答えた者もいた。

質問5に対しては、三五件の回答があり、傾向として以下の三つの項目に分類できた。

一つ目は質問4と同様、《地域の人々の声を丁寧に聞き、つながりをつくる》である。つながりについては、例えば「場所を失った人々をつなぐ術」(4)、「災害が起きた際に再びまちと人を結びつける仕組みづくり」(1)、また「制度とコミュニティの橋渡しをするプロセス」(23*)など多面的な要素について言及された。地域の人々の声を聞くことについては、「一人ひとりの心に寄り添い、蔑ろにしないこと」(15)、「復興プロセスにどう住民の声を取り入れるか」(5)などの意見がみられた。

二つ目に《土地の知恵を見直すことの大切さ》についてである。

このことについては、「地域特有の文化や価値をどう維持し育てるか」(5)、「日常なり秩序なりの重要性を学

伝える

＊この会議を福島で開催すること自体が力が強い．コミュニティデザイナーはデザイナーではなく，コミュニティの一員なのだから，二次情報に頼って「完璧な」プランを作る必要はない．彼ら自身が，身体的にも心的にも，ここに来るべきだ（10）
・コミュニティデザイナーとして，人々をつないで放射能に対して共通認識を立てること．福島などで直接被害を受けた人々と都市圏の人々の橋渡しとなり，場所の認識や不公平の認識や宣伝を広める（4）
・まさしく，メッセージ性が強い今回のようなパシリムの開催を継続していくことが重要かと思います（13）
・そこにはかつて確かにまちがあり，生活が営まれていたことを知り，それを伝えていくこと，そのための場をつくることが求められていると思う（2）

市民に力をつける

・住民の自治と住民の自己自律による住民主体の地方自治が重要だと思います（26）
＊（政府が雇った専門家にすべてを委ねるのとは対照的な）シビックテクノロジーが，復興を促進する技術となること（9）
＊市民社会としての公教育，意識の共有，責任（25）
＊共有された集合的な知識は，押しつけられた知識や情報に対抗できる唯一の方法となる（23）

できることはない

・できることはあまりないかなと感じます．私はコミュニティとは地域の中で成立するものであり，環境は視覚的というか身体的な感覚をもとに成立するものだと思います．コミュニティデザインの範疇を超えたもの，だからこそ放射能には恐ろしさを感じます（28）

（c）

場所を知る

・事実を知ることだと思います（27）
・それを具体的に示すためには，より対象を絞って地域の実情を知る必要があります．できることが不明な状態のままでも，足を運ばなければ，何も見えてこないのではないでしょうか（30）
＊直接参加することで，表面的かつ抽象化された理解に対抗できる（21）
＊データの透明性とデータの開示は，科学者と政府を信頼する私たちにとって非常に重要だと思います（24）
・まずは，現状を深く理解し，共有することであると考える（1）
・現実と身体の知覚が重なり合うような場所を取り戻さなければいけない（16）

**コミュニティデザイナーが
これからに
向けてできること**

つなぐ

・時間のかかるプロセスの豊かさを，楽しみ共有し合える，それを打ち出せるのはコミュニティデザイナーの強みであり，その価値が社会的に共有しているものであることをもっと知ってもらいたいと思います（12）
・いま，地元の土地にいまだに根ざして暮らす人々の思いや活動を読み解き，客観的にみている現状あるいはそのような人とのつなぎを担うことがコミュニティデザイナーには求められているかもと感じました（19）
＊小さな，漸進的な行動をしながら，一緒に，私たちと環境の関係の再構築をサポートする（6）
＊私たちがデザインし構築する物理的なモノを越えて，人間関係という無形の大切なものに目を向けること（8）
＊私たちは，（とくに力を持つ）ネットワークや関係を構築し，コミュニティやステークホルダー，次世代の能力を高めることにもっと力を入れる必要がある（7）
・地域が結束することの価値を，地域レベルで再認識してもらう実践に勤しむこと（31）
＊政府と地域社会という両面を見ることができる，コンサルタント，サードセクターの参加，アドボカシーグループによる橋渡し役として活動できる（25）
・コミュニティの範疇に自然，生き物を入れること（16）

住民の声を聞く

＊コミュニティデザイナーとして，私たちは会話を通じて手助けができると思います（24）
・不安な時に，心置きなく不安だと言える環境をつくること（33）
・一人ひとりの悲しみ，苦しみ，気持ちを置き去りにしないこと，そのためにはそれを共有できる場所があることが，とても大事であるということを感じました（15）
・住民の声を丁寧に聞き　そのニーズを形にしていること，また文化や歴史の継承，心のケア，経済活動の再興など，緩やかなアプローチ，地域社会の再結集をする支援がコミュニティデザイナーのやるべき仕事かもしれません（5）
・大きなコミュニティの意志に気づくこと．小さな個人の意思をとり逃さないこと（16）
＊地元の人々が小さな行動を積み重ねる（20）
・双葉屋旅館のともこさんのような，まちに意思回復を目指して進んでいる人々の声をちゃんと聞いていることだと思います（17）
・安心してグリーフを共有できる場づくり（15）
・直感的ですが，「コトバにする」あるいは「カタチにする」ことが，コミュニティデザイナーの職能であると感じました（29）
・生活場所を基盤とする〈わたしたち〉の価値とこれに包まれた〈わたし〉の居場所をつくる（26）

＊：英語の回答を日本語訳したもの．
➔：つながりが考えられるもの．

社会システムをつくる

＊コミュニティデザイン計画の取り組みやアプローチがどのようなものであれ，多段階・多部門・多面的な計画を立てることを理解する（25）
＊より大きな社会政治的・環境的スケールで活動する科学者，技術者，政策立案者と連携し，地域の組織と行動が大きな地域の復興に果たす役割をより明確に示すべきである（21）
・レジリエンスをなんとか実現するか，その理論や方法論を確立する（32）
・予防と持続可能な発展にもつながるコミュニティの形成を目指すべきです（5）
・いまつくられている国のルールや制度，市場の仕組みを含めていま一度見直さなにればいけない（16）

(f)

政府に声をあげる

・未来への権利と責任を打ち出すこと（12）
・国家が進むことへの批判的な眼差しを常に意識的に行うこと（28）
・不公平を固定化するような意思決定を防ぐ術（4）
・私たちが政府や上のものに掛け合っていなければいけないと認めているのを覚えています（17）
・皆で声をあげて戦う（2）
＊復興の機会はあるのに，政府がそれを難しくしている（22）

民主主義を再考する

・どのように民主主義的に取り組むか（11）
・復興を成功に導くことは，コミュニティの力なくしては不可能であること（31）
・さまざまなコミュニティの「あり方」について，学ぶ必要がある（30）
・世界を変えるというコミュニティデザインの原点（19）

(d)

(e)

コミュニティデザイナーが福島の事例から学ぶべきこと

土地の知恵を見直す

・自然と社会の連関を考えて進んでいくこと（13）
・地域特有の文化や価値をどう維持し育てるか（5）
・日常なり秩序なりの重要性を学び，デザインしていくこと（26）
・日常なり秩序なりというものは一瞬にして崩壊してしまう（26）

(b)

つなぐ

＊コネクティビティと関係性が鍵となる．ボトムアップとトップの思考／行動／人々をどう結ぶか．長期的な行動と短期的な行動をどのように結びつけることができるのか？（6）
・場所を失った人々をつなぐ術（4）
・離れた状態でも故郷を忘れず気にかけることができる状況，故郷に帰った時にに故郷を思い出す場所があること（3）
・災害が起きた時に再びまちと人とを結ぶ仕組みづくり（1）
＊新しいコミュニティを形成するために，地元住民や未来の住民とネットワークをつくり，共同構想を練ることは，出発点になりうる（20）
＊小さなことから始めることが重要です．そうすることで大きな変化が起こるからです（10）
・制度とコミュニティの橋渡しをするプロセス（23）*
・新しい建物（または公園）を増やすことではなく，空間が少し人々をつなぎ，関係をつくることができるかということだ（8）
＊土地や場所の歴史とつながりのつながりは重要である．コミュニティデザインは，人々の最新ニーズに対応することだけを目的とすべきではない（24）

住民の声を聞く

・一人ひとりの心に寄り添い，蔑ろにしないこと（15）
＊回復は感情的な復興も意味する（7）
・復興プロセスにおける住民の声をどう取り入れるか（5）
・市民の思いを形にする（11）
・無関心を，少しでも揺さぶり，紐解くためにも，言葉にすること，現実にすること（29）

(a)

図14-1 質問4・5「コミュニティデザイナーが福島の事例から学び，これからに向けてできること」アンケート結果

び、デザインしていくこと」(26)などの意見がみられた。同時に、「日常なり秩序なりというものは一瞬にして崩壊してしまう」(26)と、この日常がいかに脆《もろ》いかということについても言及された。

そして三つ目に《社会システムのあり方を再考すること》である。

これは、図14－1中の「民主主義を再考すること」や「政府に声をあげる」とも深い関連性を持っている。例えば、「(市民からなる)コミュニティのあり方を学ぶ必要がある」(30)、「国家が推し進めることに批判的な眼差しを常に意識的に行うこと」(28)と言及された。より大きな枠組みとして、「レジリエンスを実現するための理論や方法論を確立すること」(32)という意見もみられた。このような社会システムに関する回答は、四五～六四歳の年代に多くみられた。

二つの質問への回答結果を総合的に捉え、今回の福島ツアーを通じて《コミュニティデザイナーが福島の事例から学び、そしてこれからできること》について考察したい。

《I　地域住民の声を聞き、バラバラになったものをつなぐ》(図14－1(a))

二つの質問への回答に共通して最も顕著な傾向としてみられたのが、地域住民の声を聞くことと、震災により分離してしまったもの(人と人、人と場所、場所と文化、歴史など)の関係を再構築することの必要性であった。これらの回答には、ツアーへの参加を通じて現地の人の話を聞き、実際の風景を見たからこそ得られた意見もみられた(17・19)。このことからは、福島の人々の思いが蔑ろにされている現実や、つながりを失った光景が確かに福島に広がっていることを意味している。コミュニティデザイナーはこの真実に真摯に向き合い、ネットワークの再構築に努める必要がある。

《II　市民自身が土地・場所について知り、学び、互いを受け入れる》(図14－1(b)(c))

また、場所を知ることができる力を市民自身が持てるように、コミュニティデザイナーは行動するべきである。そのためのヒントは、自然と社会を一緒に考えて、土地の知恵を得ることにある。「コミュニティに自然を入れること」(16)という言葉のとおり、人間社会だけで物事を考えていても、その場所を理解することはできない。その土地における植生、地形、気候などの自然の特別さを知り、それを社会の道標にする必要がある。皆が共に生きていることを理解し、たとえ意見が合わなくても相手を排除することなく、「〈わたしたち〉」(26)の感覚を持って時間をかけて互いを認め合うことが大切である。このことはIで触れた住民同士の会話の機会を設けることも関連するだろう。そうして得られた土地の知恵は、「押しつけられた知識や情報に対抗できる唯一の方法」(23*)となりうる。

《Ⅲ　コミュニティを強くして、不公正を是正する仕組みをつくる》(図14-1(d)(e)(f))

こうして土地の知恵を身につけ、互いに理解し合い力を持った市民こそが、民主主義を強くし、不公正に立ち向かうシステムを再構築する可能性を持つ。福島の復興には専門家や政府など多くの主体が関係してきたが、「復興の機会はあるのに、政府がそれを難しくしている」(22*)と、結果的にそのことが失敗を招いたと指摘する声もある。大きな権力に対する批判的な眼差しを持ち、地域の知識を持った人々が小さな取り組みについて協力することで、その土地に根を張った復興を実現することができるのではないだろうか。

●3-5　まとめ

甚大な原子力災害に見舞われ、世界を信じられなくなった場所で、コミュニティデザイナーにできることはあるのだろうか。あるとすれば、何ができるのだろうか。今回のアンケート結果からは、その答えを垣間見ることができた。

それは、地域住民の声を聞き、バラバラになったものをつなぎ合わせ、土地に根付いた強いコミュニティを形成し、不公正に立ち向かうということである。これは、コミュニティデザイナーの本質ともいえる部分である。重要なことは、「これからどうしたいか？　どうするか？」を性急に聞くのではなく、グリーフや愛着あるまちへの想いなど人々の心の声に耳を澄ますことである。

そして、半世紀にわたり市民とともに「土地の知恵」によるプランニングやデザインを実績してきたコミュニティデザイナーには、個々の経験・土地から生まれる「土地の知恵」を束ね、近代が形成してきた文明に対抗しうる「新たな文明」にまで「土地の知恵」を昇華する役割も求められている。

4 コミュニティデザインが福島に教えてもらい、お返ししたいこと

●4－1 場所との関係を強めること

まちに長く住み、人間関係や四季折々の風景に馴染み、根付くこと、そこから生まれ共有されるのが「土地の知恵」である。まちに馴染んで、はじめてそのまちのことを知り、愛おしくなり、責任を持って大切に世話するようになる。私たちコミュニティデザイナーの仕事は、この回路を後押しすることだ。私たちはまちと人を切り離す力が不断に働いていることを知っており、これに対抗してきた。福島ツアーと仙台カンファレンスから、場所やまちから人々を引き離す現在の文明の姿の最も激しく現れるものの一つが、原子力災害だと教えられた。数十万人の人々を、その人たちの一部であるまちや場所から切り離し、それでもなお私たちの文明は莫大なエネルギーに依存している。そのエネルギーを主に消費する大都市でも、人々は場所性を失い、まちに根付けない。場所と関係を持たない経済構造と巨大な科学技術が、私たちの文明の中心にある。

●4－2 現在の文明に働きかけること

「文明の災害」という言葉は、コミュニティデザインの任務の一つを明らかにした。それは、まちと人を切り離す文明に、普段から意識的に対抗することだ。まちづくり活動の中にまちで使うエネルギーについての学びを組み込むことは、世界を誰かに委ねるのではなく、自らの手の届く確かなものとするために重要なことだ。大都

市の人々がエネルギーを誰かに任せたことが、浜通りの人々とまちの関係を壊し続けている。エネルギーを誰かに任せる文明への信頼が揺らいだことは、まちと人々の関係の再考を促している。日本中で、世界中で、自分たちのまちを自分たちで世話することのうちに、エネルギーについての項を設けることが、一〇年余りを無力に過ごさざるをえなかったコミュニティデザイナーたちの仕事となる。

●4―3　土地の知恵を何度も学び、新しくつくり、蓄積すること

土地の知恵を発掘し、想像力豊かにそれぞれのまちでエネルギーをつくり、節約し、楽しみ、そして新しい土地の知恵とすることが、まちと人を切り離させないためのコミュニティデザイナーの役割になる[10]。

土地の知恵にはまた、性急な判断をしないという特徴がある。「誰にだって言い分があることに注意していこう」「急ぐな、急ぐな No Rush Rush」［ヘスター 2018: 416–417］。科学的知の正誤あるいは優劣を競う議論のためのテーブルに加え、皆がそれぞれの仕方で話せる、科学の言葉ではない愛着や心配や思いやりや習わしなどの言葉、言葉にならない感情を表す絵や詩などが交換され、吟味されるためのテーブルが必要だ。時間をかけて状況を共有し、相互に納得する回路をコミュニティデザインに組み込もう[11]。

●4―4　住む、ということ

二〇一一年以降、避難指示区域の多くには人々は帰ることができず、先祖代々引き継がれ、一人ひとりの人生の舞台であった浜通りの山や川や農地やまちと、人々は完全に切り離された。震災を生き延びたのに、自身の一部であるふるさとの地を奪われ続けることで、深く傷つき生きられなかった人々がいたことを忘れてはならない。まちと人々をより強く優しく結びつけ、相互に支え合い、世界を確かなものにすることが、コミュニティデザインの仕事である。まちと人が完全に切り離されたとき、何が起こるかを私たちは知った。そしてひとたびまちと人々が切り離されたときに、私たちの職能は無力であることも知った。

東京カンファレンスでは、「住む」ことがテーマであった。地上の一画の土地に住み、自然についても社会関係についても知恵を蓄え、まちを世話すると、本当に大切なものがまちに埋め込まれてゆく。基調講演でランディ・ヘスター先生はこれを「聖性に住む」と表現し、もう一人の基調講演者である木場佳音さんは「まちを通して世界が変わる」と言った。今回のアンケート結果が示すのは、人々が土地に住み、まちを世話することを応援し、同時に世界や文明に働きかけ、それらを確かなものにすることが、福島のまちの復興のために私たちコミュニティデザイナーが世界中でなすべき行動である、ということだ。

註

(1) 台湾のマツ島では、民主化の流れの中で、市街地のセンターの位置にコミュニティガーデンがつくられた。コミュニティガーデンは多くの地域住民によって世話がされ食料生産の場となると同時に、地域住民の重要なコミュニケーションの場となっている［ヘスター 2018: 34–35］。

(2) およそ二年に一度、アメリカ、台湾、韓国、香港、シンガポール、日本の都市や地方で開催。「環太平洋コミュニティデザインネットワーク（Pacific Rim Community Design Network）」のウェブサイト（https://prcdnet.org）を参照のこと。

(3) 本会議の仙台カンファレンスにおける講演より、筆者の記録による。

(4) 本会議の東京カンファレンスにおける基調講演より、筆者の記録による。

(5) カリフォルニア大学バークレー校名誉教授、パシフィックリム国際会議の創設者の一人。

(6) ランディ先生の最新著作［Hester and Nelson 2019］の研究会主宰。まちづくり専門家。

(7) 参加者の感想は、第3節に収載しているアンケート内において回答を得たものである。第2節では各ツアーの特徴をよく表している感想を一部抜粋して掲載した。なお、アンケートの設問文は以下のとおりである。「今回のパシフィックリム会議では、二〇一一年東日本大震災及び福島第一原子力発電事故からの復興の過程でさまざまな課題を抱える福島にスポットを当てました。多くの町では避難が強制され、住民のいない状態が何年も続きました。人々と共にデザインするコミュニティデザイナーは、この一〇年間、ほとんど福島に関わることができませんでした。皆さんの福島ツアーの感想を教えてください。最も心に残った風景、人、場所、言葉は、何でしたか」。

(8) 富岡町ツアーで訪れた「とみおかアーカイブ・ミュージアム」の門馬健さんの発言より、筆者の記録による。

(9) アンケート回答のうち設問の主旨から外れるものは掲載していない。アンケート結果の全体は、別途「パシフィックリム２０２３報告書」にて記載する予定である。

(10) 水や食に関しても、小規模自立分散が提唱されている。

(11) 「ネガティブ・ケイパビリティ」という言葉を、今回のカンファレンスの下見でお話しした鈴木浩先生に教わった。

謝辞

この国際学会は多くの方の協力で実現した。川﨑興太先生（福島大学）、窪田亜矢先生（東北大学）にはとくに浜通りのツアー全体を監修していただき、また浪江と小高のツアーのコーディネートも引き受けてくれた。ユリア・ゲルスタ先生（東北大学）、牛木力先生（東北芸術工科大学）は、それぞれ富岡とふたば未来学園のツアーを組んでくれた。深く感謝しています。そしてなによりも、浜通りで私たちを温かく迎えてくれた多くの方々へ。短いけれど共に過ごした場所と時間が、会議の参加者の心に触れ胸に刻まれたことを感謝とともにお伝えしたい。ありがとうございました。

本稿の一部は、科学研究費補助金基盤研究（B）「持続可能な地球環境に必要な『変革的な適応』を実現する為のまちづくり研究の再資源化」（課題番号21H02223）の助成を受けて実施された。

編者あとがき

川﨑興太

飯舘村《いいたてむら》の長泥《ながどろ》地区は、帰還困難区域に指定された行政区である。二〇一八年から除染土を農地の土として再生利用し、資源作物などを栽培する実証事業が行われてきた。この実証事業は、避難指示の早期解除を望む長泥地区の方々に対して、国が特定復興再生拠点区域を指定するうえでの交換条件として提示したものである。当時、行政区長であった鴫原良友《しぎはらよしとも》氏は、拠点区域の避難指示解除に際して行われたインタビューで、次のように語っている［テレビユー福島 2023］。

自分の土地っていうか田畑に汚染土を入れるという決断がな。この段階になってきて、最終処分場みたいな感覚で言う人がいたので、これが一番いま、本当に正しかったのか、良かったのか悪かったのか、すごくいま悩んでいる。

答えを出すのでなくて、いま一生懸命探っているのに、それをいい悪いで言われるのが俺としては一番きついなと。

除染土を喜んで引き受ける人はいない。除染を実施して放射線量が下がって避難指示が解除されれば、帰還する住民がいるかもしれない。除染土の再生利用の実証事業を受け入れなければ、国は「住民の同意が得られなかった」と引き下がってしまって拠点区域に指定されず、避難指示は解除されない。長泥地区の方々は、苦しい選択を迫られるなかで実証事業を受け入れることを決断した。しかし、その決断をもって悩みが消えたわけではなく、ずっと自分に問い続けている。なんとかいい方向にと答えを探っているのに、まわりからはいい悪いで言われてしまう(1)。

本書の執筆者は、これまでの復興政策の延長線上に福島の明るい未来が待っているとは必ずしも言えないと論じている。被害や生活再建の実態がきちんと把握されていないし、被災者の思いが十分に斟酌《しんしゃく》されていない。未来への疎外に未来からの疎外が重なっている現代社会において、原発事故によってさらに未来から疎外されることになった人たちのことを理解するどころか、理解しようともしていないように見える［見田 2018］。

福島原発事故が発生してから国による福島の復興に対する特別な支援策が続いているが、事故発生から二〇年目の二〇三〇年度で大きな節目を迎えることが予想される。そうだとすれば、最後の五年間にあたる二〇二六年度から二〇三〇年度が福島の復興の「総仕上げ」の期間になるだろう。これまで進められてきた新産業の創出、雇用の確保、移住の促進などを続ければ総仕上げになると言えるのか？　本書の執筆者は、もっと大事なことがあると論じている。

本書の執筆者は「解」を示していない。原子力災害は続いているので、そもそも示しえないということもある。しかしそれ以上に、「解」を示しうるほどに被災者や被災地を理解しえていないと考えているからだ。せめて執筆者がなしうることは、考えるべきことは何か、その視点なり論点なりを提示することであると考え、本書を上梓することにした。『福島復興の視点・論点』［川﨑ほか編 2024］の第二弾たるゆえんである。本書を通じて、福島の復興に向けた学術的かつ社会的な知的基盤に厚みを加えることができ、また、国民の一人ひとりが福島の問題を当事者として経験する手がかりを供することができたとすれば、本書の執筆者にとってこれにまさる喜びはない。

本書の編集を引き受けてくださったのは新泉社の安喜健人さんである。安喜さんは東日本大震災・福島原発事故の発生時に、たまたま福島に居合わせ、その後、たびたび福島に通って福島の方々のお話を聞き続けてきた方である。安喜さんは本書の学術的・社会的な意義を認めてくださり、丁寧に出版まで導いてくださった。本当にありがとうございました。執筆者を代表して、心より感謝申し上げます。

二〇二四年一〇月

註

(1) 自治体にも同様の側面がある。例えば、帰還困難区域の避難指示解除が大きな課題となっている。国は、将来的に帰還困難区域をすべて避難指示解除するとの方針を立てている。これまでに特定復興再生拠点区域での解除が完了しており、二〇二四年現在では特定帰還居住区域での解除に向けて除染・家屋解体やインフラの復旧・再生などが進められている。避難指示の解除が段階的に進められること自体はよいことであるが、帰還困難区域の全体の将来像と避難指示解除に向けた具体的な方針が示されていないので、どうしても問題が発生することになる。自治体は帰還困難区域の全域除染・全域解除を要望している。特定復興再生拠点区域を拡大できるのであればそれで済む話であるが、国は新たに特定帰還居住区域を制度化した。同じような土地柄の地域に指定の範囲や効果が異なる二つの制度を適用すれば、新たに住民間の分断を生み出すことになる。自治体は特定帰還居住区域を指定したくない。しかし、指定しなければ解除は進まない。しかも、特定帰還居住区域の指定を自治体が申請し、国が認定することになっている。自治体もなんとかいい方向にと答えを探っているのに、まわりからはいい悪いで言われてしまう。

文献一覧

序章

蟻塚亮二［2023］『悲しむことは生きること――原発事故とPTSD』風媒社.
今井照・朝日新聞福島総局編［2021］『原発避難者「心の軌跡」――実態調査10年の〈全〉記録』公人の友社.
川﨑興太［2022］『福島復興の到達点――原子力災害からの復興に関する10年後の記録』東信堂.
川﨑興太編［2021］『福島復興10年間の検証――原子力災害からの復興に向けた長期的な課題』丸善出版.
川﨑興太編集代表［2022］『福島原発事故と避難自治体――原発避難12市町村長が語る復興の過去と未来』東信堂.
川﨑興太・窪田亜矢・石塚裕子・萩原拓也編［2024］『福島復興の視点・論点――原子力災害における政策と人々の暮らし』明石書店.
鈴木浩［2021］『福島原発災害10年を経て――生活・生業の再建，地域社会・地域経済の再生に向けて』自治体研究社.
関礼子・原口弥生編［2023］『シリーズ 環境社会学講座 3　福島原発事故は人びとに何をもたらしたのか――不可視化される被害，再生産される加害構造』新泉社.
成元哲・牛島佳代編［2023］『原発分断と修復的アプローチ――福島原発事故が引き起こした分断をめぐる現状と課題』東信堂.
高木竜輔・佐藤彰彦・金井利之編［2021］『原発事故被災自治体の再生と苦悩――富岡町10年の記録』第一法規.
東日本大震災復興構想会議［2011］「東日本大震災復興構想会議（第1回）議事録」.
日野行介［2024］『双葉町 不屈の将 井戸川克隆――原発から沈黙の民を守る』平凡社.
松本行真［2023］『原子力災害により分化・複層化する地域社会――復旧・復興に向けた富岡町の道程』御茶の水書房.
吉田千亜［2024］『原発事故，ひとりひとりの記憶――3.11から今に続くこと』岩波ジュニア新書.
わかな［2021］『わかな十五歳――中学生の瞳に映った3.11』ミツイパブリッシング.

第1章

東浩紀［2015］『一般意志 2.0――ルソー，フロイト，グーグル』講談社文庫.
荒木田岳［2020］『村の日本近代史』ちくま新書.
アリストテレス［1971］『ニコマコス倫理学（上）』高田三郎訳，岩波文庫.
アルチュセール，ルイ［2015］『政治と歴史――エコール・ノルマル講義 1955–1972』市田良彦・

王寺賢太訳，平凡社.
アーレント，ハンナ［2017］『全体主義の起原 3――全体主義』新版，大久保和郎・大島かおり訳，みすず書房.
生田長人［2013］『防災法』信山社.
今井照［2023］『未来の自治体論――デジタル社会と地方自治』第一法規.
岩田靖夫［1985］『アリストテレスの倫理思想』岩波書店.
宇野重規［2010］『〈私〉時代のデモクラシー』岩波新書.
江藤淳［2013］「非現実の美学」,『近代以前』文春学藝ライブラリー，pp. 139–162.
江藤淳［2015］「『ごっこ』の世界が終ったとき」,『一九四六年憲法――その拘束』文春学藝ライブラリー，pp. 129–164.
加藤孝明［2024］「非被災地からみた Fukushima 被災地の復興――都市計画分野の視点から」,［川﨑・窪田・石塚・萩原編 2024: 90–95］.
金井利之［2012］『原発と自治体――「核害」とどう向き合うか』岩波ブックレット.
川﨑興太［2018］『福島の除染と復興』丸善出版.
川﨑興太［2022］『福島復興の到達点――原子力災害からの復興に関する10年後の記録』東信堂.
川﨑興太［2023a］「福島の原風景と現風景」，日本建築学会都市計画委員会『次の災害対策・復興を実現する――新・復興とは』2023年度日本建築学会大会（近畿）都市計画部門パネルディスカッション資料，pp. 41–44.
川﨑興太［2023b］『都市計画・まちづくりの基礎研究――人口減少・非成長時代における課題と可能性』花伝社.
川﨑興太［2023c］「原発避難自治体の存続と自治体の価値――原発避難者特例法の運用実態に関する考察」，日本建築学会原発長期災害対応特別研究委員会『原発事故による長期的放射能影響への対策のための建築学会提言案』2023年度日本建築学会大会（近畿）地球環境部門研究協議会資料，pp. 21–40.
川﨑興太［2024］「復興ごっこ」，日本建築学会原発長期災害対応特別研究委員会『日本建築学会原発長期災害対応特別研究委員会　活動報告書』pp 25–30.
川﨑興太編［2021］『福島復興10年間の検証――原子力災害からの復興に向けた長期的な課題』丸善出版.
川﨑興太・窪田亜矢・石塚裕子・萩原拓也編［2024］『福島復興の視点・論点――原子力災害における政策と人々の暮らし』明石書店.
越山健治［2024］「災害復興からみた福島復興の特質」，川﨑興太・窪田亜矢・石塚裕子・萩原拓也編『福島復興の視点・論点――原子力災害における政策と人々の暮らし』明石書店，pp. 96–101.
琴寄政人［2018］『子ども／明日への扉』文化科学高等研究院出版局.
シュミット，カール［2015］「現代議会主義の精神史的状況（1923年）」,『現代議会主義の精神史的状況 他一篇』樋口陽一訳，岩波文庫，pp. 7–121.
庄司俊作［2012］『日本の村落と主体形成――協同と自治』日本経済評論社.
関谷直也［2021］「放射線災害のリスク・コミュニケーション」，アジア・パシフィック・イニシアティブ『福島原発事故10年検証委員会　民間事故調最終報告書』ディスカヴァー・ト

ゥエンティワン，pp. 95–127.
先崎彰容［2019］『バッシング論』新潮新書.
田中正人［2022］『減災・復興政策と社会的不平等――居住地選択機会の保障に向けて』日本経済評論社.
トクヴィル，アレクシ・ド［2005a］『アメリカのデモクラシー　第一巻（上）』松本礼二訳，岩波文庫.
トクヴィル，アレクシ・ド［2005b］『アメリカのデモクラシー　第一巻（下）』松本礼二訳，岩波文庫.
トクヴィル，アレクシ・ド［2008a］『アメリカのデモクラシー　第二巻（上）』松本礼二訳，岩波文庫.
トクヴィル，アレクシ・ド［2008b］『アメリカのデモクラシー　第二巻（下）』松本礼二訳，岩波文庫.
中沢新一［2011］『日本の大転換』集英社新書.
中畑正志［2023］『アリストテレスの哲学』岩波新書.
中林一樹［2011］「復旧・復興のプロセス 1・2」，ひょうご震災記念21世紀研究機構災害対策全書編集企画委員会編『災害対策全書 3　復旧・復興』ひょうご震災記念21世紀研究機構災害対策全書編集企画委員会（ぎょうせい発売），pp. 32–39.
ナンシー，ジャン=リュック［2012］『フクシマの後で――破局・技術・民主主義』渡名喜庸哲訳，以文社.
西尾勝［1990］『行政学の基礎概念』東京大学出版会.
野中郁次郎編［2012］『失敗の本質――戦場のリーダーシップ篇』ダイヤモンド社.
ハイエク，フリードリヒ［2010］『ハイエク全集 II-4　哲学論集』嶋津格監訳，春秋社.
長谷川公一［2023］「原発城下町の形成と福島原発事故の構造的背景」，関礼子・原口弥生編『シリーズ 環境社会学講座 3　福島原発事故は人びとに何をもたらしたのか――不可視化される被害，再生産される加害構造』新泉社，pp. 57–82.
ヴィトゲンシュタイン，ルートヴィヒ［1968］『論理哲学論考』藤本隆志・坂井秀寿訳，法政大学出版局.
東日本大震災復興構想会議［2011］「東日本大震災復興構想会議（第1回）議事録」.
藤田省三［2003］『精神史的考察』平凡社ライブラリー.
ブルデュー，ピエール［2009］『パスカル的省察』加藤晴久訳，藤原書店.
ベック，ウルリッヒ，アンソニー・ギデンズ，スコット・ラッシュ［1997］『再帰的近代化――近現代における政治，伝統，美的原理』松尾精文・小幡正敏・叶堂隆三訳，而立書房.
牧紀男［2023］『平成災害復興誌――新たなる再建スキームをめざして』慶應義塾大学出版会.
御厨貴［2014］「『「災後」の文明』のリアリティを求めて」，サントリー文化財団「震災後の日本に関する研究会」編『別冊アステイオン　「災後」の文明』阪急コミュニケーションズ，pp. 7–18.
宮本憲一［2014］『戦後日本公害史論』岩波書店.
矢野雅文［2021］『科学資本のパラダイムシフト――パンデミック後の世界』文化科学高等研究院出版局.

吉本隆明［2015］『「反原発」異論』論創社.
ルソー，ジャン=ジャック［1954］『社会契約論――政治的権利の諸原理』桑原武夫・前川貞次郎訳，岩波文庫.
NHK［2021］「ETV特集　震災関連死　何が命を奪ったのか　福島1995人の“経緯書”」（2021年3月13日放送）.

コラムA

鈴木伶音・髙橋和詩・荒川知輝・田澤士琉・佐藤陽菜乃・川﨑興太［2023］「双葉郡8町村における自治体職員の現状と課題」，『都市計画報告集』日本都市計画学会，21(4): 439–446.
東日本大震災復興対策本部［2011］「東日本大震災からの復興の基本方針」.

第2章

青木聡子［2024］「順応的な社会運動で解決を考える――原発反対運動支援の試行と模索を事例に」，宮内泰介・三上直之編『シリーズ 環境社会学講座6　複雑な問題をどう解決すればよいのか――環境社会学の実践』新泉社，pp. 210–231.
赤上裕幸［2018］『「もしもあの時」の社会学――歴史にifがあったなら』筑摩選書.
飯島伸子［1984］『環境問題と被害者運動』学文社.
石原明子［2021］「医療コンフリクト解決への修復的正義の応用に関する理論的検討」，『熊本法学』153: 170–129.
今井照［2014］『自治体再建――原発避難と「移動する村」』ちくま新書.
植田今日子［2012］「なぜ被災者が津波常習地へと帰るのか――気仙沼市唐桑町の海難史のなかの津波」，『環境社会学研究』18: 60–81.
植田今日子［2015］「放射能汚染が耕作者に問うこと――福島県二本松市東和地区にみる“除染”のアポリア」，『日本文化人類学会研究大会発表要旨集』第49回（2015年）研究大会，B09.
菅野哲［2020］『〈全村避難〉を生きる――生存・生活権を破壊した福島第一原発「過酷」事故』言叢社.
窪田亜矢［2020］「原発被害のまちの存続とは何か？――事例研究：浪江町における町外コミュニティの様相」，『日本建築学会計画系論文集』85(777): 2351–2361.
窪田亜矢［2022］「大深度地下利用を奇貨として，今とは異なる都市計画を構想する――安全と公益に対する責任としての予備原則」，『環境と公害』52(1): 26–31.
ゼア，ハワード［2003］『修復的司法とは何か――応報から関係修復へ』西村春夫・細井洋子・高橋則夫監訳，新泉社.
関礼子編［2023］『福島からの手紙――十二年後の原発災害』新泉社.
髙﨑優子［2021］「環境社会学における東日本大震災への『応答』をめぐる論点」，『環境社会学研究』27: 278–281.
高野樹・菅蒼太・皆川健瑠・清水遥翔・川邊浩也・川﨑興太［2020］「福島県双葉町の『仮の町』における住民の生活実態とコミュニティの維持・形成状況――福島県の復興公営住宅・勿来酒井団地の入居者を対象とする事例研究」，『都市計画報告集』日本都市計画学会，18: 267–273.

テレビユー福島［2024.3.10］「除染土は『県外で最終処分』進まない理解と計画　残り21年，約束の行方は」.
（https://newsdig.tbs.co.jp/articles/-/1043879）［最終アクセス日：2024年3月31日］
東京新聞［2021.7.30］「『原発事故前の故郷に戻して』浪江町・津島訴訟の原告団長が語った決意」.
（https://www.tokyo-np.co.jp/article/120658）［最終アクセス日：2024年3月31日］
東京新聞［2023.3.15］「『連れていって』義父の願い叶わず…避難指示解除でも『帰りたい』とは言えない　福島・浪江の津島地区」.
（https://www.tokyo-np.co.jp/article/237995）［最終アクセス日：2024年3月31日］
東京新聞［2023.3.20］「『いつかここに帰る』ぶれず12年　古里の再生へ，まず自分から　福島・浪江の津島地区」.
（https://www.tokyo-np.co.jp/article/239012）［最終アクセス日：2024年3月31日］
福島民報［2023.3.26］「『やっぱり津島に住みたい』古里の風景求め帰還準備　福島県浪江町」.
（https://www.minpo.jp/news/moredetail/20230326105831）［最終アクセス日：2024年3月31日］
藤川賢［2012］「福島原発事故における被害構造とその特徴」,『環境社会学研究』18: 45–59.
舩橋晴俊［2001］「環境問題の社会学的研究」，飯島伸子・鳥越皓之・長谷川公一・舩橋晴俊編『講座 環境社会学 第1巻　環境社会学の視点』有斐閣，pp. 29–62.
堀川三郎［2012］「環境社会学にとって『被害』とは何か――ポスト3.11の環境社会学を考えるための一素材として」,『環境社会学研究』18: 5–26.
宮内泰介編［2013］『なぜ環境保全はうまくいかないのか――現場から考える「順応的ガバナンス」の可能性』新泉社.
山辺恵理子［2010］「修復的正義から『修復的実践』へ――『修復的』であることの教育的意義の探求」,『研究室紀要』東京大学大学院教育学研究科基礎教育学研究室，36: 73–78.
除本理史［2021］「福島原発被災地における農と暮らしの再生に向けて――飯舘村の事例を中心に」,『経営研究』大阪市立大学経営学会，71(4): 149–157.
吉村良一［2020］「福島原発事故賠償訴訟における『損害論』の動向(1)――仙台・東京高裁判決の検討を中心に」,『立命館法学』389: 205–254.

第3章

飯島伸子［2000］「地球環境問題時代における公害・環境問題と環境社会学――加害―被害構造の視点から」,『環境社会学研究』6: 5–22.
生田長人［2016］「防災法制度の構造的課題と展望」,『日本不動産学会誌』29(4): 41–46.
柏木昭［1992］「障害者の人権と自己決定」,『精神医学ソーシャル・ワーク』29: 92–104.
川﨑興太［2022］「原発避難12市町村の概要」，川﨑興太編集代表『福島原発事故と避難自治体――原発避難12市町村長が語る復興の過去と未来』東信堂，pp. 8–20.
窪田亜矢［2019］「原発被災地域におけるゾーニングに関する研究――福島第一原発被災地域の緊急避難・応急避難・長期化避難の三つの期間を対象として」,『日本建築学会計画系論文集』84(763): 1947–1956.

窪田亜矢［2020］「原発被害のまちの存続とは何か？――事例研究：浪江町における町外コミュニティの様相」,『日本建築学会計画系論文集』85(777): 2351–2361.
窪田亜矢［2024］「あとがき」, 川﨑興太・窪田亜矢・石塚裕子・萩原拓也編『福島復興の視点・論点――原子力災害における政策と人々の暮らし』明石書店, p. 643.
窪田亜矢・李美沙・萩原拓也・益邑明伸［2020］「原発複合被災の土地利用・管理への影響把握と集落単位による対応に関する研究――避難指示解除を経た福島県南相馬市小高区浦尻行政区を対象として」,『日本建築学会計画系論文集』85(773): 1491–1501.
ケース, アン, アンガス・ディートン［2021］『絶望死のアメリカ――資本主義がめざすべきもの』松本裕訳, みすず書房.
厚生労働省［2008］「応急仮設住宅の設置に関するガイドライン」.
佐々木昌二［2019］「応急仮設住宅と災害公営住宅との連携のための法制度上の提案について」,『日本災害復興学会論文集』13: 11–20.
佐藤嘉幸・田口卓臣［2016］『脱原発の哲学』人文書院.
塩崎賢明［2014］『復興〈災害〉――阪神・淡路大震災と東日本大震災』岩波新書.
塩崎賢明・田中正人・目黒悦子・堀田祐三子［2007］「災害復興公営住宅入居世帯における居住空間特性の変化と社会的『孤立化』――阪神・淡路大震災の事例を通して」,『日本建築学会計画系論文集』72(611): 109–116.
清水奈名子・髙橋若菜［2024］「原発避難者の人権をめぐる課題――国連人権理事会『国内避難民の人権特別報告者』報告書が指摘した課題とは」,『環境と公害』53(3): 35–40.
シュクラー, ジュディス［2023］『不正義とは何か』川上洋平・沼尾恵・松元雅和訳, 岩波書店.
髙橋若菜・清水奈名子・髙橋知花［2020］「看過された広域避難者の意向 (1)――新潟・山形・秋田県自治体調査に実在したエビデンス」,『宇都宮大学国際学部研究論集』50: 43–62.
髙橋若菜・清水奈名子・髙橋知花［2021］「看過された広域避難者の意向 (2)――福島県全国調査と新潟・山形・秋田県調査の比較から」,『宇都宮大学国際学部研究論集』51: 43–64.
髙橋若菜・清水奈名子・髙橋知花［2022］「看過された広域避難者の意向 (3)――新潟・山形・秋田県のエビデンスから見た支援策の批判的検討」,『宇都宮大学国際学部研究論集』53: 31–46.
竹沢尚一郎・伊東未来・大倉弘之［2020］「国内避難民としての福島原発事故避難者の精神的苦痛に関する研究――苦難の人類学へ」,『西南学院大学国際文化論集』35(1): 39–114.
田中正人［2016］「原発被災地における居住者の避難プロセスと帰還／移住選択困難性の背景――福島県川内村荻・貝の坂地区の事例」,『地域安全学会論文集』29: 155–164.
田中正人［2017］「原発被災地における居住者の帰還プロセスの実態とその背景――福島県双葉郡川内村の事例」,『地域安全学会論文集』31: 137–146.
田中正人［2019］「原発被災地における居住者の帰還実態とその論点――福島県双葉郡川内村旧避難指示区域の事例」,『地域安全学会論文集』35: 271–278.
田中正人［2022a］『減災・復興政策と社会的不平等――居住地選択機会の保障に向けて』日本経済評論社.
田中正人［2022b］「災害公営住宅は被災者の孤立にどうアプローチすべきか？」,『住宅会議』115: 14–19.

田中正人［2023a］「原子力災害に対して住宅政策は何をすべきか？――長期避難生活のもとで，生活拠点の流動性と複数性を保障することの意味」，『原発事故による長期的放射能影響への対策のための建築学会提言案』日本建築学会原発長期災害対応特別研究委員会，pp. 66–71.
田中正人［2023b］「東日本大震災における災害公営住宅入居者の生活再建実態――『生活構造』の維持の視点から」，『日本建築学会学術講演梗概集』2023年度，pp. 1223–1224.
田中正人［2024］「原発被災地における居住地選択の意味――長期化する避難生活のもとで被災者は何を選択し得たのか？」，川﨑興太・窪田亜矢・石塚裕子・萩原拓也編『福島復興の視点・論点――原子力災害における政策と人々の暮らし』明石書店，pp. 350–390.
田中正人・高橋知香子・上野易弘［2010］「応急仮設住宅における『孤独死』の発生実態とその背景――阪神・淡路大震災の事例を通して」，『日本建築学会計画系論文集』75(654): 1815–1823.
田中正人・中北衣美［2010］「集団移転による被災集落の分割実態とその影響――新潟県長岡市西谷地区の事例を通して」，『地域安全学会論文集』13: 463–470.
津久井進［2012］『大災害と法』岩波新書.
日野行介・吉田千亜・渡辺淑彦・除本理史［2016］「福島『避難終了政策』は何をもたらすか――原発事故被害の現在」，『世界』878: 169–181.
平山洋介［1988］「公営住宅政策と社会福祉政策の関係に関する基礎的研究」神戸大学博士論文.
山川充夫・瀬戸真之編［2018］『福島復興学――被災地再生と被災者生活再建に向けて』八朔社.
山川充夫・初澤敏生編［2021］『福島復興学 II――原発事故後10年を問う』八朔社.
山口紗由・大橋寿美子・佐藤典子・志村結美・篠原聡子［2017］「東日本大震災における被災者の家族形態の変化と今後の住まいの意向について――福島県双葉郡葛尾村を対象としたアンケート調査より」，『日本女子大学大学院紀要 家政学研究科・人間生活学研究科』23: 187–195.
ヤング，アイリス・マリオン［2022］『正義への責任』岡野八代・池田直子訳，岩波現代文庫.
除本理史・渡辺淑彦編［2015］『原発災害はなぜ不均等な復興をもたらすのか――福島事故から「人間の復興」，地域再生へ』ミネルヴァ書房.
吉田千亜［2016］『ルポ 母子避難――消されゆく原発事故被害者』岩波新書.
Jimenez-Damary, Cecilia [2023], “Visit to Japan : report of the Special Rapporteur on the Human Rights of Internally Displaced Persons (A/HRC/53/35/Add.1),” United Nations. (https://digitallibrary.un.org/record/4013281?v=pdf) [Last accessed: August 31, 2024]

第4章

川副早央里［2013］「原発避難者の受け入れをめぐる状況――いわき市の事例から」，『環境と公害』42(4): 37–41.
小林利行・中山準之助・河野啓［2021］「世論調査にみる震災10年の人々の意識――『東日本大震災から10年 復興に関する意識調査』の結果から」，『放送研究と調査』71(7): 28–57.
関礼子・原口弥生編［2023］『シリーズ 環境社会学講座 3　福島原発事故は人びとに何をもたらしたのか――不可視化される被害，再生産される加害構造』新泉社.

成元哲編［2015］『終わらない被災の時間――原発事故が福島県中通りの親子に与える影響（ストレス）』石風社.
高木竜輔［2015］「原発事故に対するいわき市民の意識構造（1）――調査結果の概要」,『いわき明星大学人文学部研究紀要』(28): 65–80.
高木竜輔［2019］「原発事故によるいわき市民の被害とコミュニティ分断」,『環境と公害』49(1): 54–59.
高木竜輔［2023］「避難者を受け入れた被災地域の葛藤」,［関・原口編 2023: 102–117］.
高木竜輔・佐藤彰彦・金井利之編［2021］『原発事故被災自治体の再生と苦悩――富岡町10年の記録』第一法規.
日野行介［2013］『福島原発事故　県民健康管理調査の闇』岩波新書.
福島県［2021］「令和3年度　福島県政世論調査　結果報告書」.
福島県［2022］「令和4年度　福島県政世論調査　結果報告書」.
福島県［2023］「令和5年度　福島県政世論調査　結果報告書」.
三菱総合研究所［2024］「震災・復興についての東京都民と福島県民の意識の比較――第6回調査結果の報告（2023年実施）」.
山本薫子・高木竜輔・佐藤彰彦・山下祐介［2015］『原発避難者の声を聞く――復興政策の何が問題か』岩波ブックレット.

第5章

アガンベン，ジョルジョ［2007］『ホモ・サケル――主権権力と剝き出しの生』高桑和巳訳，以文社.
アレント，ハンナ［1994］『人間の条件』志水速雄訳，ちくま学芸文庫.
磯前順一［2024］『生者のざわめく世界で――震災転移論』木立の文庫.
いとうせいこう［2015］『想像ラジオ』河出文庫.
いとうせいこう［2017］「解説『個人的な悪夢にむけて』」,［吉村 2017: 184–189］.
木村真三［2014］『「放射能汚染地図」の今』講談社.
倉野憲司校注［1963］『古事記』岩波文庫.
小出裕章［2018］「福島『原発安全神話』から『被曝安全神話』へ」,『DAYS JAPAN』15(8).
天童荒太［2019］「失われた命への誠実な祈り（文庫版あとがきに代えて）」,『ムーンナイト・ダイバー』文春文庫, pp. 279–291.
フーコー，ミシェル［2020］『言葉と物――人文科学の考古学』新装版，渡辺一民・佐々木明訳，新潮社.
フロイト，ジークムント［2009］『フロイト全集 12　1912–13年　トーテムとタブー』須藤訓任責任編集，岩波書店.
吉村萬壱［2017］『ボラード病』文春文庫.

第6章

大熊町［1975］「大熊町農村総合整備計画書」.
大熊町［1978］「町勢要覧　おおくま」.

大熊町［1982］「原子力とわが町」.
大熊町［1983］「町勢要覧　緑と太陽と海おおくま」.
大熊町［2008］「大熊町勢要覧　フルーツの香り漂うロマンの里2008」.
葛尾村［2017］「葛尾村公共施設等総合管理計画」.
川内村［1976］「むら勢要覧　かわうち」.
川内村［1977］「川内村基本構想　改訂 昭和52年4月」.
川内村［2018］「川内村公共施設等総合管理計画」.
総務省統計局［2010］「国勢調査」.
総務省統計局［2020］「国勢調査」.
富岡町［1988］「富岡町がわかる本　統計資料」.
富岡町［2022］「富岡町公共施設等総合管理計画」.
浪江町［1996］「なみえ――浪江町合併40周年役場新庁舎落成記念誌」.
浪江町［2006］「海と緑の輝きに満ちて――浪江町合併50周年記念誌」.
浪江町［2017］「浪江町公共施設等総合管理計画」.
楢葉町［1972］「町勢要覧　町のあらまし」.
楢葉町［1981］「町勢要覧　町制25周年記念ならは」.
楢葉町［1994］「原子力と楢葉町――20年のあゆみ」.
楢葉町［2017］「楢葉町公共施設等総合管理計画」.
楢葉町歴史資料館編［1996］『楢葉町のあゆみ――年表に見る楢葉の歴史　合併40周年記念特別企画展』楢葉町歴史資料館.
広野町［1959］「町勢要覧」.
広野町［1990］「東北に春を告げるまちひろの」.
広野町［2009］「町勢要覧」.
福島県企画調整部地域政策課［2011］「JFAアカデミー福島〜世界に通用する人材の育成」,『自治体国際フォーラム』256: 34–36.
福島県商工労働部経営指導課［1984］「双葉町商店街診断報告書」.
ふたばグラントデザイン検討委員会［2019］「ふたばグランドデザイン報告書」.
双葉町［1978］「町勢要覧　ふたば」.
双葉町［2008］「町勢要覧」.

第7章

奥澤理恵子・窪田亜矢［2020］「原発被災を経たまちなかにおける交流空間の果たした役割――被災から8年の福島県南相馬市小高区を対象に」,『都市計画論文集』55(3): 872–879.
小高町教育委員会編［1975］『小高町史』小高町.
齊藤充弘［2019］「原発事故発生前からの地域構造の変化をふまえた復興計画の課題に関する研究――福島県浜通り地域を対象として」,『都市計画論文集』54(3): 1395–1402.
續橋和樹・川﨑興太［2018］「避難指示解除後の浪江町中心市街地における生活環境の復旧・再生状況と帰還者の生活実態に関する研究」,『都市計画論文集』53(2): 215–223.
富岡町史編纂委員会編［1986］『富岡町史　第2巻　資料編』富岡町.

浪江町史編纂委員会編［2008］『浪江町史　別巻2　浪江町の民俗』浪江町.

第8章

経済産業省［2023］「富岡町における避難指示の解除について」.
（https://www.meti.go.jp/earthquake/nuclear/kinkyu/hinanshiji/2023/20231121tomiokamachi_hinansijikaijo.html）［最終アクセス日：2024年7月31日］
田中正人［2016］「原発被災地における居住者の避難プロセスと帰還／移住選択困難性の背景――福島県川内村荻・貝の坂地区の事例」,『地域安全学会論文集』29: 155–164.
富岡町［2020］「災害復興計画（第二次）後期」.
（https://www.tomioka-town.jp/uploaded/attachment/1019.pdf）［最終アクセス日：2024年7月31日］
富岡町［2024a］「町の人口の動きについて（令和6年4月1日現在）」.
（https://www.tomioka-town.jp/soshiki/jumin/4851.html）［最終アクセス日：2024年7月31日］
富岡町［2024b］「県内外の避難・居住先別人数（令和6年4月1日現在）」.
（https://www.tomioka-town.jp/soshiki/jumin/5132.html）［最終アクセス日：2024年7月31日］
萩原拓也・太田慈乃・窪田亜矢［2018］「原発被災集落における家屋の維持・再建に関する研究――福島県南相馬市小高区上浦行政区におけるケーススタディ」,『日本建築学会計画系論文集』83(751): 1809–1819.
復興庁・福島県・富岡町［2023］「富岡町 住民意向調査 報告書」.
（https://www.reconstruction.go.jp/topics/main-cat1/sub-cat1-4/ikoucyousa/r5_houkokusyo_tomioka.pdf）［最終アクセス日：2024年7月31日］
横山智樹［2020］「原発被災地の復興過程における『通うこと』『帰ること』の意味」,『社会学評論』70(4): 379–396.

第9章

阿部昌樹［2015］「全町避難・全村避難と地方自治」, 小原隆治・稲継裕昭編『大震災に学ぶ社会科学 第2巻　震災後の自治体ガバナンス』東洋経済新報社, pp. 49–71.
阿部昌樹［2019］「自治体の『領域性』と『社団性』――原発災害から見えてきたこと」, 今井照編『原発災害で自治体ができたことできなかったこと――自治体の可能性と限界を考える』公人の友社, pp. 22–33.
飯舘村［2011］「もう一度『ふるさと』へ　までいな希望プラン」.
市澤秀耕・市澤美由紀［2013］『山の珈琲屋――飯舘「椏久里」の記録』言叢社.
今井照［2011］「原発災害事務処理特例法の制定について」,『自治総研』395: 89–118.
今井照［2014］『自治体再建――原発避難と「移動する村」』ちくま新書.
今井照［2022］「移動社会化における市民権保障に向けて――『二重の住民登録』はなぜ実現しなかったのか」,『自治総研』529: 69–109.
植田昌也［2011］「原発避難者特例法について」,『地方自治』767: 56–93.
太田匡彦［2015］「居住・時間・住民――地方公共団体の基礎に措定されるべき連帯に関する一考察」, 嶋田暁文・阿部昌樹・木佐茂男編『地方自治の基礎概念――住民・住所・自治体

をどうとらえるか？』公人の友社，pp. 25–68.
岡田正則［2017］「原発災害避難住民の『二重の地位』の保障――『生活の本拠』選択権と帰還権を保障する法制度の提案」，『学術の動向』22(4): 80–83.
金井利之［2014］「住民生活再建と住民登録の在り方」，『学術の動向』19(4): 81–88.
川﨑興太［2022］『福島復興の到達点――原子力災害からの復興に関する10年後の記録』東信堂.
川﨑興太［2023］「原発避難自治体の存続と自治体の価値――原発避難者特例法の運用実態に関する考察」，日本建築学会原発長期災害対応特別研究委員会『原発事故による長期的放射能影響への対策のための建築学会提言案』2023年度日本建築学会大会（近畿）地球環境部門研究協議会資料，pp. 21–40.
菅野典雄［2011］『美しい村に放射能が降った――飯舘村長・決断と覚悟の120日』ワニブックス.
窪田亜矢［2021］「都市空間政策は『在居』をどのように扱っているか？――在居に関連する法制度と事業の基礎的研究」，『日本建築学会計画系論文集』86(779): 209–217.
総務省自治行政局行政課長［2011］「避難住民に関する特定の事務の告示等について（通知）」.
総務省自治行政局長［2012］「東日本大震災における原子力発電所の事故による災害の影響により避難している住民の避難場所に関する証明について（通知）」.
日本学術会議東日本大震災復興支援委員会原子力発電所事故に伴う健康影響評価と国民の健康管理並びに医療のあり方検討分科会［2017］「東日本大震災に伴う原発避難者の住民としての地位に関する提言」.
法務省民事局長・厚生省保険局長・社会保険庁年金保険部長・食糧庁長官・自治省行政局長［2008］「住民基本台帳事務処理要領について」.
松尾隆佑［2022］『3.11の政治理論――原発避難者支援と汚染廃棄物処理をめぐって』明石書店.
松本英昭［2018］『要説　地方自治法――新地方自治制度の全容』第十次改訂版，ぎょうせい.
山﨑重孝［2011］「住民と住所に関する一考察」，『地方自治』767: 2–14.

コラムB

川﨑興太［2023］「原発避難自治体の存続と自治体の価値――原発避難者特例法の運用実態に関する考察」，日本建築学会原発長期災害対応特別研究委員会『原発事故による長期的放射能影響への対策のための建築学会提言案』2023年度日本建築学会大会（近畿）地球環境部門研究協議会資料，pp. 21–40.
川﨑興太編集代表［2022］『福島原発事故と避難自治体――原発避難12市町村長が語る復興の過去と未来』東信堂.
河村和徳・伊藤裕顕［2016］「原子力災害と福島の地方選挙」，辻中豊編『大震災に学ぶ社会科学 第1巻　政治過程と政策』東洋経済新報社，pp. 319–342.
河村和徳・伊藤裕顕［2017］『被災地選挙の諸相――現職落選ドミノの衝撃から2016年参議院選挙まで』河北新報出版センター.
河村和徳・伊藤裕顕［2019］『被災地選挙の諸相 II――選挙を通じて考える被災地復興の光と影』河北新報出版センター.
砂原庸介［2015］『民主主義の条件』東洋経済新報社.
曽我謙悟［2019］『日本の地方政府――1700自治体の実態と課題』中公新書.

第10章

青田良介［2021］「東日本大震災 福島原発事故等に伴う広域避難者に対する支援のあり方に関する考察」，『都市防災研究論文集』8: 67–72.

今井照・朝日新聞福島総局編［2021］『原発避難者「心の軌跡」——実態調査10年の〈全〉記録』公人の友社.

後藤範章［2018］「原発事故契機の広域避難者の生活再編と受入地域の社会空間変容——ベクレルフリーを求めて主に東京圏から避難・移住する人々と『岡山現象』をめぐって」，松薗祐子編『「空間なきコミュニティ」における避難者の生活構造の再編に関する社会学的研究』2014–2017年度科学研究費補助金（基盤研究(B)）研究成果報告書，pp. 87–102.

後藤範章・宝田惇史［2015］「原発事故契機の広域避難・移住・支援活動の展開と地域社会——石垣と岡山を主たる事例として」，『災後の社会学』3: 41–61.

成元哲・牛島佳代編［2023］『原発分断と修復的アプローチ——福島原発事故が引き起こした分断をめぐる現状と課題』東信堂.

髙橋若菜編［2022］『奪われたくらし——原発被害の検証と共感共苦（コンパッション）』日本経済評論社.

西城戸誠・原田峻［2019］『避難と支援——埼玉県における広域避難者支援のローカルガバナンス』新泉社.

服部夏生編［2021］『つむぐ——3.11避難者の声』ほっと岡山.

速水聖子［2020］「避難をめぐる当事者間相互支援と共生のためのコミュニティ——ひろしま避難者の会『アスチカ』の事例」，『やまぐち地域社会研究』17: 15–30.

松井克浩［2017］『故郷喪失と再生への時間——新潟県への原発避難と支援の社会学』東信堂.

松井克浩［2021］『原発避難と再生への模索——「自分ごと」として考える』東信堂.

第12章

足立重和［2004］「地域づくりに働く盆踊りのリアリティ——岐阜県郡上市八幡町の郡上おどりの事例から」，『フォーラム現代社会学』3: 83–95.

大石始［2020］『盆踊りの戦後史——「ふるさと」の喪失と創造』筑摩書房.

大川光三・大川鈴子［2002］『20世紀ならはの遺産——21世紀に贈る写真集』平電子印刷所.

梶田真［2016］「避難指示解除と復興の現実—福島県楢葉町」，『E-journal GEO』11(2): 489–501.

川﨑興太［2017］「福島復興政策の転換と“2020年問題”」，『建築雑誌』1697: 44–45.

川﨑興太編［2021］『福島復興10年間の検証——原子力災害からの復興に向けた長期的な課題』丸善出版.

齊藤綾美［2019］「楢葉町における共同性の変容——ボランタリー・アソシエーションを中心に」，『八戸学院大学紀要』58: 45–59.

篠永信一朗・松村暢彦・片岡由香［2020］「祭礼活動の関与度と地域コミュニティに関する意識の関連性——愛媛県四国中央市伊予三島地区を対象として」，『都市計画論文集』55(3): 1047–1054.

鈴木春菜・藤井聡［2008］「『地域風土』への移動途上接触が『地域愛着』に及ぼす影響に関する研究」，『土木学会論文集D』64(2): 179–189.

関礼子［2013］「強制された避難と『生活（life）の復興』」，『環境社会学研究』19: 45–60.
関礼子［2018］「故郷喪失から故郷剝奪の被害論へ」，関礼子編『被災と避難の社会学』東信堂，pp. 146–161.
関礼子［2022］「ふるさと疎外・損傷・剝奪」，髙橋若菜編『奪われたくらし――原発被害の検証と共感共苦（コンパッション）』日本経済評論社，pp. 165–186.
成元哲・牛島佳代［2022］「トラウマを抱えたコミュニティ――集合的トラウマの社会学」，『中京大学現代社会学部紀要』16(1): 97–145.
高橋道子［2008］「市民社会のコミュニティ・アソシエーション・コミュニケーションに関しての一考察――理念型『町内会』モデルで読み解く市民的公共性」，『国際広報メディア・観光学ジャーナル』6: 113–134.
田所承己［2014a］「〈つながる／つながらない〉に対する基礎的視点」，長田攻一・田所承己編『〈つながる／つながらない〉の社会学――個人化する時代のコミュニティのかたち』弘文堂，pp. 2–17.
田所承己［2014b］「コミュニティカフェとモビリティ――地域空間における〈つながり〉の変容」，長田攻一・田所承己編『〈つながる／つながらない〉の社会学――個人化する時代のコミュニティのかたち』弘文堂，pp. 80–106.
丹波史紀［2016］「生活復興と情報」，『災害情報』14: 56–62.
楢葉町教育委員会編［2006］『暮らしの足あと――楢葉町の民俗』楢葉町教育委員会.
楢葉町史編纂委員会編［1995］『楢葉町史　第1巻 下　通史 下』楢葉町.
楢葉町政策企画課編［2021］『楢葉町災害記録誌　第3編――語り継ぐ震災，築く未来へ』楢葉町.
（一社）ならはみらい［2022］「100年続く，伝統をつくる．ならは百年祭，始動!!」（2022.06.21）.（https://narahamirai.com/news/2022/06/76c78fbb73d5ebdebf53a24bdbb32cd8193c6170.php）［最終アクセス日：2024年7月31日］
福島県避難地域復興課［2024］「避難指示区域の概念図」.
（https://www.pref.fukushima.lg.jp/sec/11050a/）［最終アクセス日：2024年2月1日］
復興庁［2024］「全国の避難者数」復興庁.
前川美行［2014］「『踊る身体』と『庭』に関する考察――盆踊りと箱庭療法の象徴性」，『東洋英和女学院大学心理相談室紀要』18: 46–55.
前田昌弘［2016］「原子力災害被災者の再定住とコミュニティ・デザイン」，『建築雑誌』1680: 28–29.
宮本常一［1967］「民衆の生活と放送」，『宮本常一著作集 2　日本の中央と地方』未来社，pp. 195–206.
除本理史［2021］「福島復興政策をどう見直すべきか――『ふるさとの喪失』被害の視点から」，『環境経済・政策研究』14(2): 55–58.
Erikson, Kai Theodor [1976], *Everything in Its Path: Destruction of Community in the Buffalo Creek Flood*, New York: Simon and Schuster.（＝2021，宮前良平・大門大朗・高原耕平訳『そこにすべてがあった――バッファロー・クリーク洪水と集合的トラウマの社会学』夕書房.）
Small, Katie [2008], "Social Dimensions of Community Festivals: An Application of Factor Analysis in the Development of the Social Impact Perception (SIP) Scale," *Event Management*, 11(1–2): 45–55.

第13章

木場佳音・杉田早苗・土肥真人［2021］「個人の大切な場所が織りなすまちの構造の研究——大岡山・千束地区を対象として」，『都市計画論文集』56(3): 975–982.

代田七瀬・吉野奈保子［2012］『聞くこと・記録すること——「聞き書き」という手法』SATOYAMAイニシアティブ国際パートナーシップ事務局・国連大学高等研究所.

まついのりこ［2006］『紙芝居の演じ方 Q&A』童心社.

第14章

浅野智子・土肥真人・野嶋政和［1995］「阪神・淡路大震災後の神戸市須磨区におけるまちづくりの取り組みに関する研究」，『ランドスケープ研究』59(5): 257–260.

内田雄造［1993］『同和地区のまちづくり論——環境整備計画・事業に関する研究』明石書店.

木場佳音・杉田早苗・土肥真人［2021］「個人の大切な場所が織りなすまちの構造の研究——大岡山・千束地区を対象として」，『都市計画論文集』56(3): 975–982.

ヘスター，ランドルフ［2018］『エコロジカル・デモクラシー——まちづくりと生態的多様性をつなぐデザイン』土肥真人訳，鹿島出版会.

ヘスター，ランドルフ・土肥真人［1997］『まちづくりの方法と技術——コミュニティー・デザイン・プライマー』現代企画室.

Hester, Randolph T. Jr. and Amber D. Nelson [2019], *Inhabiting the Sacred in Everyday Life: How to Design a Place That Touches Your Heart, Stirs You to Consecrate and Cultivate It as Home, Dwell Intentionally within It, Slay Monsters for It, and Let It Loose in Your Democracy*, Staunton, VA.: George F. Thompson.

編者あとがき

川﨑興太・窪田亜矢・石塚裕子・萩原拓也編［2024］『福島復興の視点・論点——原子力災害における政策と人々の暮らし』明石書店.

テレビユー福島［2023］「『原発のこと，他人事に扱ってもらっては困る』飯舘村の復興拠点，避難指示解除 元区長訴え 福島」（2023年5月1日放送）.（https://newsdig.tbs.co.jp/articles/-/463998）［最終アクセス日：2024年10月15日］

見田宗介［2018］『現代社会はどこに向かうか——高原の見晴らしを切り開くこと』岩波新書.

松井克浩（まついかつひろ）＊第10章

新潟大学人文学部教授.
専門は地域社会学，社会学理論.

佐藤孝雄（さとうたかお）＊第11章

福島大学地域未来デザインセンターコーディネーター.
専門はルポルタージュ.

山田美香（やまだみか）＊第12章

福島大学地域未来デザインセンター特任研究員.
専門はコミュニティ再生，市民参加.

中村千都星（なかむらちとせ）＊第13章

元東京工業大学環境・社会理工学院建築学系専攻.
専門はまちづくり.

土肥真人（どひまさと）＊第13章，第14章

東京科学大学環境・社会理工学院教授.
（一財）エコロジカル・デモクラシー財団代表理事.
専門はランドスケープ，コミュニティデザイン.

山本真紗子（やまもとまさこ）＊第14章

東京科学大学環境・社会理工学院助教.
専門はまちづくり，地域計画.

杉田早苗（すぎたさなえ）＊第14章

岩手大学農学部准教授.
専門は都市・地域計画，まちづくり，コミュニティデザイン.

マリ・エリザベス（Elizabeth MALY）＊第14章

東北大学災害科学国際研究所准教授.
専門は建築学.

[執筆者]（掲載順）

窪田亜矢（くぼたあや）＊第2章

東北大学都市デザイン研究室教授.
専門は地域デザイン.

田中正人（たなかまさと）＊第3章

追手門学院大学地域創造学部教授.
専門は都市計画，災害復興.

高木竜輔（たかきりょうすけ）＊第4亘

尚絅学院大学総合人間科学系社会部門准教授.
専門は地域社会学，災害社会学.

磯前順一（いそまえじゅんいち）＊第5章

国際日本文化研究センター教授.
専門は宗教学.

齊藤充弘（さいとうみつひろ）＊第6章

福島工業高等専門学校都市システム工学科教授.
専門は都市・地域計画，まちづくり.

植田啓太（うえだけいた）＊第7章

東北大学工学研究科都市・建築学専攻助手.
専門は都市・地域デザイン，都市計画.

土川喬太（つちかわきょうた）＊第8章

元日本大学大学院理工学研究科建築学専攻.
専門は建築設計.

井本佐保里（いもとさおり）＊第8章

日本女子大学建築デザイン学部准教授.
専門は建築計画，地域デザイン.

［編者］

川﨑興太（かわさきこうた）＊序章，第1章，第9章，コラムA・B

福島大学共生システム理工学類教授．

専門は都市計画，まちづくり，福島の復興．

主著に『福島復興の到達点――原子力災害からの復興に関する10年後の記録』（東信堂，2022年），『都市計画・まちづくりの基礎研究――人口減少・非成長時代における課題と可能性』（花伝社，2023年），『福島復興の視点・論点――原子力災害における政策と人々の暮らし』（共編，明石書店，2024年），『福島原発事故と避難自治体――原発避難12市町村長が語る復興の過去と未来』（編集代表，東信堂，2022年），『福島復興10年間の検証――原子力災害からの復興に向けた長期的な課題』（編著，丸善出版，2021年）など．

福島の原風景と現風景
——原子力災害からの復興の実相

2024 年 12 月 24 日　初版第 1 刷発行Ⓒ

編　者＝川﨑興太
発行所＝株式会社 新 泉 社
〒113-0034　東京都文京区湯島 1−2−5　聖堂前ビル
TEL 03(5296)9620　FAX 03(5296)9621

印刷・製本　萩原印刷
ISBN 978-4-7877-2408-3　C1036　Printed in Japan

関 礼子・原口弥生 編

シリーズ 環境社会学講座 3

福島原発事故は人びとに何をもたらしたのか

不可視化される被害，再生産される加害構造

「復興」と「再生」のなかで
増幅され埋もれていく被害——.

原発事故がもたらした大きな分断と喪失.
事故に至る加害構造が事故後に再生産される状況のなかで，
被害を封じ込め，不可視化していく力は，
人びとから何を剝奪し，被害を増幅させたのか.
複雑で多面的な被害を生き抜いてきた人びとの姿を見つめる.

四六判・296頁・定価2500円＋税
ISBN978-4-7877-2303-1

関 礼子 編

福島からの手紙

十二年後の原発災害

避難を強いられた人，留まることを強いられた人，
自主的に避難した人，留まることを選んだ人，
帰還した人，避難先での生活を続ける人——.

福島原発事故からの十二年.
人びとに流れた時間はどのようなものだったのか.
人びとはどのような〈いま〉を生きているのか.
十七人が語る，十二年後の福島の物語.

A5判・128頁・定価1000円＋税
ISBN978-4-7877-2309-3